新譯資治通鑑（二十九）

唐紀三十—三十五

張大可 韓兆琦 等 注譯

三民書局

國家圖書館出版品預行編目資料

新譯資治通鑑(二十九)／張大可,韓兆琦等注譯.——
初版三刷.——臺北市：三民，2024
冊；　公分.——(古籍今注新譯叢書)

ISBN 978-957-14-6239-4 （全套:精裝）
1. 資治通鑑 2. 注釋

610.23　　　105022920

古籍今注新譯叢書

新譯資治通鑑(二十九)

注譯者｜張大可　韓兆琦等
創辦人｜劉振強
發行人｜劉仲傑
出版者｜三民書局股份有限公司(成立於1953年)

三民網路書店
https://www.sanmin.com.tw

地址｜臺北市復興北路386號　(復北門市)　(02)2500-6600
臺北市重慶南路一段61號(重南門市)　(02)2361-7511

出版日期｜初版一刷 2017年1月
初版三刷 2024年5月

全套不分售
ISBN｜978-957-14-6239-4

新譯資治通鑑 目次

第二十九冊

卷第二百十四

唐紀三十

起閼逢閹茂（甲戌　西元七三四年），盡重光大荒落（辛巳　西元七四一年），凡八年。

【題解】本卷記事起西元七三四年，迄西元七四一年，凡八年。當唐玄宗開元二十二年至開元二十九年。這八年是唐玄宗執政，開元盛世的晚期，是唐帝國由盛轉衰的拐點，也是唐玄宗個人由明轉昏的過渡時期。開元後期，唐帝國的繁榮達到頂點。漕運通暢，又用和糴法儲糧，京師供應充足。開元二十五年，全國死刑只有五十八例，戶八百四十餘萬，口近五千萬，是唐百年承平的新高。唐玄宗於是產生了驕侈心，怠於政事，開始迷信神仙，講排場，要修改祭祀禮及喪禮，崇尚奢靡。特別是唐玄宗已厭惡直諫，喜歡聽奉承話。直言敢諫的張九齡被罷相，而奸巧諂諛的李林甫主宰中樞，因後宮之寵而廢立太子，這是唐玄宗由明轉昏的標誌。安史之亂的兩位主角安祿山和史思明，就是在這一背景下登場的。安祿山兵敗死罪，也是唐玄宗不聽張九齡之言而直接赦免的。此時唐帝國盛強，而邊將失信輕啟邊釁，唐帝國的東、北、西三面有警，吐蕃犯邊，唐軍雖勝，但已無絕對優勢。

玄宗至道大聖大明孝皇帝中之中

開元二十二年（甲戌　西元七三四年）

春，正月己巳❶，上發西京❷。己丑❸，至東都❹。張九齡❺自韶州❻入見，求終喪❼，不許。

二月壬寅❽，秦州❾地連震，壞公私屋殆❿盡，吏民壓死者四千餘人，命左丞相⓫蕭嵩⓬賑恤⓭。

方士⓮張果⓯自言有神仙術，誑⓰人云堯⓱時為侍中⓲，於今數千歲，多往來恆山⓳中。則天⓴以來，屢徵㉑不至。恆州㉒刺史㉓韋濟薦㉔之，上遣中書舍人㉕徐嶠㉖齎㉗璽書㉘迎之。庚寅㉙，至東都，肩輿㉚入宮，恩禮甚厚。

張九齡請不禁鑄錢㉛。三月庚辰㉜，敕㉝百官議之。裴耀卿㉞等皆曰：「一啓此門，恐小人棄農逐利，而濫惡㉟更甚。」祕書監㊱崔沔㊲曰：「若稅銅折役㊳，則官冶㊴可成，計估度庸㊵，則私鑄無利，易而可久，簡而難誣㊶。且夫錢之為物，貴以通貨㊷，利不在多㊸，何待私鑄然後足用也。」左[1]監門錄事參軍㊹劉秩㊺曰：「夫人富則不可以賞勸㊻，貧則不可以威禁，若許其私鑄，貧者必不能為之。臣恐貧者益貧而役於富，富者益富而逞㊼其欲。漢文帝㊽時，吳王濞㊾富埒㊿天子，鑄錢所致也。」上乃止。秩，子玄(51)之子也。

夏，四月壬辰52，以朔方節度使53信安王禕54兼關內道采訪處置使55，增領涇、原56等十二州。

【章旨】以上為第一段，寫秦州大地震，唐玄宗迷信神仙，朝廷評議禁鑄私錢。

【注釋】❶己巳　正月初六日。❷上發西京　上，指唐玄宗。發，出發；啟程。西京，都城名，在今陝西西安。❸己丑　正月二十六日。❹東都　都城名，在今河南洛陽。唐高宗顯慶二年（西元六五七年）始以洛陽為東都。❺張九齡　（西元六七三—七四〇年）字子壽，一名博物，韶州曲江（今廣東韶關市西南）人，擅長著文。官至中書令。傳見《舊唐書》卷九十九、《新唐書》卷一百二十六。❻韶州　州名，治所在今廣東韶關市西南。❼求終喪　張九齡居母喪未終便奪哀拜中書侍郎、同中書門下平章事，故請求服滿母喪三年之孝再任職。❽壬寅　二月初十日。❾秦州　州名，治所在今甘肅天水市。❿殆　幾乎；將近。⓫左丞相　官名，開元元年（西元七一三年）左右僕射改名為左右丞相，為尚書省長官，總管吏、戶、禮、兵、刑、工六部政務。⓬蕭嵩　（西元六七〇—七四九年）官至中書令。傳見《舊唐書》卷九十九、《新唐書》卷一百一。⓭賑恤　救濟。⓮方士　方術之士。指古代講求神仙、煉丹、占卜、星相之類仙方法術，自稱能預測吉凶禍福，能長生不死的人。⓯張果　號通玄先生。傳見《舊唐書》卷一百九十一、《新唐書》卷二百四。⓰誑　欺騙。⓱堯　傳說中的遠古帝王。⓲侍中　此指為堯的侍從官。⓳恆山　山名，五嶽之一。在今河北曲陽西北與山西接壤處。⓴則天　即武則天，西元六九〇—七〇五年在位。由后妃登帝位，改唐為周。事詳《舊唐書》卷六、《新唐書》卷四。㉑徵　徵召。指朝廷以禮聘請有學問才行的人出任官職。㉒恆州　州名，治所在今河北正定。㉓刺史　官名，州長官，總掌一州政務。㉔薦　推薦。向朝廷推薦博學異能的人才，是唐代刺史的一項任務。㉕中書舍人　官名，中書省要員，掌起草詔令，參與百官奏議和文武官考課的裁決。㉖徐嶠　字巨山，官至中書舍人。傳見《新唐書》卷一百九十九。㉗齎　攜帶。㉘璽書　古時用印章封記的文書，秦以後專指皇帝詔書。㉙庚寅　本年二月無庚寅，當為庚申之誤。庚申為二月二十八日。㉚肩輿　用人力抬扛的代步工具。起初上無覆蓋，後加遮蔽物，成為轎輿。俗稱轎子。㉛張九齡請不禁鑄錢　唐初以來行用官鑄錢，嚴禁私鑄。高宗以後，私鑄蜂起，惡濫錢充斥，屢禁不止，影響物價。開元初官鑄開元通寶，宋璟為相，官方用粟回收惡錢，重申嚴禁私鑄，開元二十二年（西元七三四年）三月，張九齡提出不禁止私人鑄錢的主張。見〈敕議放私鑄錢〉，載《全唐文》卷二百八十四。㉜庚辰　三月十九日。㉝敕　自上命下之詞。南北朝以後，專指皇帝詔書。㉞裴耀卿　（西元六八〇—七四三年）字煥之，絳州稷山（今山西稷山縣）人，官至中書令。此時為黃門侍郎、同中書門下平章事，充轉運使。傳見《舊唐書》卷九十八、《新唐書》卷一百二。㉟濫惡　濫鑄惡錢。㊱祕書監　官名，祕書省長官，主管國家經籍圖書。㊲崔沔　（西元六七二—七三九年）字善沖，京兆長安（今陝西西安西）人，官至中書侍郎。傳見《舊唐書》卷一百八十八、《新唐書》卷一百二十九。㊳稅銅折役　崔沔主張採取由人民交銅以折合傜役的措施。稅銅，以銅納稅。折役，折合傜役。㊴冶　冶鑄。此指冶銅鑄錢。㊵計估度庸　即計算所鑄錢的價值和用費。計，計算；計量。估，物價。度，衡量；計算。庸，用。㊶易而可久二句　意謂稅銅折役辦法，既容易施行，可以持久，又簡明扼要，不易欺騙。易，容易。久，持久。簡，簡明。誣，欺騙。㊷貴以通貨　錢幣的重要作用在於使貨物流通。貴，重要。通貨，流通貨物。㊸利不在多　並不是錢幣愈多愈有利。利，利益。㊹左監門錄事參軍　唐軍制，中央十六衛中有左右監門衛。左監門錄事參軍為左監門衛大將軍的僚屬，掌印發。凡憑簿籍出入宮殿房門的京官，經左右監門衛大將軍判押（簽署意見）後，由錄事參軍加蓋印署然後才能通行。㊺劉秩　字祚卿，彭城（今江蘇徐州）人，劉知幾之子，歷官左監門錄事參軍、憲部員外郎、給事中、尚書右丞、國子祭酒。著有《政典》三十五卷、《止戈記》七卷、《至德新議》十二卷、《指要》三卷。傳見《舊唐書》卷一百二、《新唐書》卷一百三十二。㊻勸　獎勵。㊼逞　擴張。㊽漢文帝　（西元前二〇二—前一五七年）名恆，漢高祖之子。西元前一七九—前一五七年在位。事詳《史記》卷十、《漢書》卷四。㊾吳王濞　即劉濞（？—西元前一五四年），漢高祖劉邦兄劉仲之子，初封吳王，後因不滿漢景帝削藩而發動七國之亂。事見《史記》卷一百六、《漢書》卷三十五。㊿埒　相等。(51)子玄　即劉知幾（西元六六一—七二一年），史學家，徐州彭城（今江蘇徐州）人，因名與唐玄宗李隆基音近避嫌，故以字行。任史官二十年，撰述甚多。今存《史通》二十卷，是我國古代重要史評著作。傳見《舊唐書》卷一百二、《新唐書》卷一百三十二。(52)壬辰　四月初一日。(53)朔方節度使　使職名。使職是唐朝職事官以外因事為名、無品秩無定員的差遣官。節度使為方鎮的差遣長官。朔方差遣長官節度使，始置於開元九年（西元七二一年，據岑仲勉考定，參見《唐史餘瀋》卷二），其目的是抗禦北方的突厥，治所在今寧夏靈武西南，為玄宗時禦邊十節度經略使之一。(54)信安王禕　（西元六六四—七四三年）唐太宗孫李琨之子，開元十二年（西元七二四年）封為信安郡王。傳見《舊唐書》卷七十六、《新唐書》卷八十。(55)關內道采訪處置使　使職名，采訪使為固定的地方監察差遣官。開元二十一年（西元七三三年）置十五道采訪使（見本書卷二百十三），以六條檢察地方官吏的非法行為。因有「便宜行事，先行後聞」的處置權力，故並稱采訪處置使。關內道采訪處置使，治所在今陝西西安，初由京官領職，至此由朔方節度使兼領。56涇原　州名，即涇州、原州。涇州治所在今甘肅涇川市北，原州治所在今寧夏固原。

【校　記】1左　原作「右」。據章鈺校，十二行本、乙十一行本皆作「左」，今據改。按，《新唐書》卷一百三十二〈劉秩傳〉載秩為左監門錄事參軍。

【語　譯】玄宗至道大聖大明孝皇帝中之中

開元二十二年（甲戌　西元七三四年）

春，正月初六日己巳，玄宗從西京長安出發。二十六日己丑，到達東都洛陽。張九齡從韶州來入朝覲見，請求守完喪期，玄宗沒有答應。

二月初十日壬寅，秦州地區連續發生地震，公私房屋幾乎全部倒塌了，壓死官民四千多人，玄宗派左丞相蕭嵩前去救濟撫恤。

方士張果自稱有神仙之術，騙人說他在堯時就擔任侍中，到現在有幾千年了，常常往來於恆山之中。武則天當政以來，多次徵召，他都不來。恆州刺史韋濟推薦他，玄宗派中書舍人徐嶠帶著詔書迎接他。庚寅日，張果到達東都洛陽，乘坐轎子入宮，玄宗對他的恩賜禮遇十分優厚。

張九齡請求不要禁止私人鑄錢。三月十九日庚辰，玄宗敕命百官討論此事。裴耀卿等人都說：「這個口子一旦放開，恐怕小人就會棄農逐利，而民間濫造的惡錢會更加嚴重。」祕書監崔沔說：「如果採取交銅納稅並折算成徭役以充冶鑄，那麼國家鑄錢就可以成功，計算鑄錢的成本和工錢，那麼私人鑄錢無利可圖，此法簡易而能持久，便於操作而且難以被蒙蔽。況且錢這個東西，貴在能使貨物流通，好處不在錢的數量多，何必要靠私人鑄錢來滿足用度呢。」左監門錄事參軍劉秩說：「人富有就不能用賞賜來勉勵，人窮就不能用嚴刑來禁止。如果允許私人鑄錢，那麼窮人肯定不能去做。臣擔心窮人越來越窮而被富人役使，富人越來越富而放縱他們的欲望。漢文帝時，吳王劉濞富比天子，就是允許私人鑄錢所造成的。」唐玄宗於是禁止私人鑄錢。劉秩，是劉知幾的兒子。

夏，四月初一日壬辰，任命朔方節度使信安王李禕兼任關內道采訪處置使，並增領涇、原等十二州。

吏部侍郎❶李林甫❷柔佞❸多狡數❹，深結宦官及妃嬪家，伺候❺上動靜，無不知之。由是每奏對❻，常稱旨❼，上悅之。時武惠妃❽寵幸傾❾後宮❿，生壽王清⓫，諸子莫得為比，太子⓬浸疏薄⓭。林甫乃因⓮宦官言於惠妃，願盡力保護壽王。惠妃德之，陰為內助，由是擢黃門侍郎⓯。五月戊子⓰，以裴耀卿為侍中⓱，張九齡為中書令⓲，林甫為禮部尚書、同中書門下三品⓳。

上種麥於苑⓴中，帥㉑太子以下親往芟㉒之，謂曰：「此所以薦宗廟㉓，故不敢不親，且欲使汝曹㉔知稼穡㉕艱難耳。」又徧以賜侍臣㉖，曰：「比㉗遣人視田中稼，多不得實，故自種以觀之㉘。」

六月壬辰㉙，幽州節度使㉚張守珪㉛大破契丹㉜，遣使獻捷㉝。○薛王業㉞疾病，上憂之，容髮為變。七月己巳㉟，薨㊱，贈諡㊲惠宣太子。

上以裴耀卿為江、淮、河南轉運使㊳，於河口㊴置輸場㊵。八月壬寅㊶，於輸場東置河陰倉，西置柏崖倉㊷，三門㊸東置集津倉，西置鹽倉，鑿漕渠十八里㊹，以避三門之險。先是㊺，舟運江、淮之米至東都含嘉倉㊻，僦車㊼陸運，三百里至陝㊽，率㊾兩斛㊿用千錢(51)[1]。耀卿令江、淮舟運悉輸河陰倉，更用河舟運至含嘉倉及太原倉(52)，自太原倉入渭(53)輸關中(54)，凡三歲，運米七百萬斛，省僦車錢三十萬緡(55)。或說(56)耀卿獻所省錢(57)，耀卿曰：「此公家贏縮(58)之利耳，柰何以之市寵乎！」悉奏以為市糴(59)錢。

【章　旨】以上為第二段，寫張九齡、裴耀卿、李林甫同時入相，李林甫營私陰附武惠妃，裴耀卿為轉運使公忠體國。

【注　釋】❶吏部侍郎　官名，吏部尚書之副，協助吏部尚書掌管官吏的銓選擬授、勳親封爵、考功課績等政務。❷李林甫（？—西元七五二年）唐宗室，玄宗時攀援武惠妃而為宰相。傳見《舊唐書》卷一百六、《新唐書》卷二百二十三。❸柔佞　諂媚邪佞。❹狡數　狡猾多變。❺伺候　候望；觀察。❻奏對　臣僚當面回答皇帝提出的問題。❼稱旨　符合皇帝的旨意。稱，符合。旨，意見；主張。宋以後專稱皇帝的意見、命令為旨。❽武惠妃　（？—西元七三七年）唐玄宗的寵妃，死後贈貞順皇后。傳見《舊唐書》卷五十一、《新唐書》卷七十六。❾傾　超越。❿後宮　皇帝妃嬪所居宮室，此借指妃嬪。⓫壽王清　唐玄宗第十八子，初名清，後改名瑁，開元十三年（西元七二五年）封為壽王。傳見《舊唐書》卷一百七、《新唐書》卷八十二。⓬太子　指玄宗第二子李瑛，開元三年（西元七一五年）立為太子。⓭浸疏薄　逐漸疏遠淡薄。⓮因　依托。⓯黃門侍郎　官名，門下省副長官，主要職責是協助長官侍中行使門下省的審議、封駁職能，並參議政事。⓰戊子　五月二十八日。⓱侍中　官名，門下省長官，佐天子總大政的宰相。主掌宣達帝命，接納奏章，行使審議、封駁職能。⓲中書令　官名，中書省長官，佐天子執大政的宰相。主掌起草詔書，對軍政大事提出處理意見，再經門下省審議，然後宣付尚書省執行。⓳禮部尚書同中書門下三品　禮部尚書，官名，尚書省禮部長官，主管禮儀、祭祀、貢舉等政事。同中書門下三品，是指非三省長官而預議國政為宰相的職稱。唐制，中書、門下省長官為正三品知政事官，是宰相。貞觀（西元六二七—六四九年）以後，其他非三省長官的官員被皇帝指定擔任宰相職務或預聞宰相事務的，另加同中書門下三品、同中書門下平章事、參議朝政、參知政事、參知機務等專銜。禮部尚書、同中書門下三品則表示本官為禮部尚書，而參議政事，擔任宰相職務。⑳苑　畜養禽獸並種植林木供帝王遊玩之地，此指宮城北的禁苑。㉑帥　同「率」。㉒芟　鋤草。㉓薦宗廟　薦，獻。宗廟，即太廟，供奉皇帝祖先神主的廟宇。古禮制，吉禮中有薦新於太廟之禮，以初熟五穀或時鮮果蔬至太廟祭獻祖先。㉔汝曹　你們。曹，輩。㉕稼穡　稼，種植穀物。穡，收穫穀物。稼穡也用作泛指農業勞動。㉖侍臣　侍從皇帝左右的官員。㉗比　副詞，近來。㉘自種以觀之　指唐玄宗親自種麥來調查地力的生產量。㉙壬辰　六月初三日。㉚幽州節度使　使職名，又稱范陽節度使。為幽州（范陽）方鎮的差遣長官。治所在今北京市城西南。為開元禦邊十節度經略使之一。㉛張守珪　（？—西元七三九年）唐守邊將領，官至御史大夫。傳見《舊唐書》卷一百三、《新唐書》卷一百三十三。㉜契丹　族名，唐東北遼河上游少數民族，太宗時始在該地置松漠都督府，任契丹首領為都督，其後時叛時服。詳見《舊唐書》卷一百九十九下、《新唐書》卷一百四十四。㉝獻捷　猶如獻俘。古代軍禮的一種，戰勝歸來，將俘虜和戰利品獻於太廟。㉞薛王業　（？—西元七三四年）唐玄宗同父異母弟，本名隆業，避玄宗諱單名業。睿宗即位，進封薛王。傳見《舊唐書》卷九十五、《新唐書》卷八十一。㉟己巳　七月初十日。㊱薨　周代天子死稱崩，諸侯死稱薨。唐制，三品以上官死稱薨，五品以上稱卒，自六品至於庶人稱死。㊲諡　帝王、貴族、大臣死後，給予的褒貶評價性的稱號。帝王諡號，由禮官議上。貴族、大臣諡號，由考功郎中上行狀，太常博士擬諡號，若名實不符，給事中駁奏再議。議定後奏請皇帝贈賜之。㊳江淮河南轉運使　江、淮、河南，指江南道、淮南道、河南道。此係貞觀時按地理形勢劃分十道中的三道。轉運使，使職名，主管糧食、財賦轉運事務的財政使職，多以大臣兼領。裴耀卿任江淮河南轉運使，為轉運使的首次設置。設置時間有開元十八年（西元七二〇年）、二十一年、二十二年三種不同記載。應以《唐會要·轉運使》、《通典·食貨·漕運》所載二十一年為是。㊴河口　汴水達黃河處。在今河南滎陽東北。㊵輸場　《通典·食貨·漕運》作遞場，為轉運時裝卸糧穀的聚散場所。㊶壬寅　八月十四日。㊷於輸場東置河陰倉二句　《通典·食貨·漕運》作「置河陰縣及河陰倉、河清縣置柏崖倉」。河陰縣在今河南鄭州西北，河清縣在今河南濟源西南。㊸三門　即三門山，又名砥柱。位於今河南三門峽市東北黃河之中，形成三門，中為神門，南為鬼門，北為人門，只有人門稍可行舟。㊹鑿漕渠十八里　鑿漕渠，誤。據《通典·食貨·漕運》和《新唐書·食貨志》，裴耀卿鑿三門北山十八里陸行，以避急流險灘。㊺先是　此前。追敘以前史事的常用語。㊻含嘉倉　隋在洛陽建立的官倉，唐不斷擴大，成為當時大型官倉之一。西元一九六九年考古發現其遺址，已探明二百五十九個倉窖，其中一窖還存有碳化穀子五十萬斤。㊼僦車　雇車。僦，雇。㊽陝陝州。治所在今河南陝縣。㊾率　大概。㊿斛　量器名，古代以十斗為一斛。(51)千錢　從含嘉倉用車運糧到陝縣，陸行三百里，運送兩斛糧大約需用傭工錢一千錢。(52)太原倉　隋文帝建立的官倉，初名常平倉。唐朝繼續使用，成為控東西二京漕運的重要轉運倉。倉在今河南陝縣西南四里，面積周回六里，規模宏大。(53)渭　即渭河。發源於甘肅，流經西安，在潼關入黃河。(54)關中　地區名，相當於今陝西中部。舊說在東函谷關、南武關、西散關、北蕭關等四關之中。(55)緡　古代銅錢一千文為一緡。(56)說　遊說，勸說別人接受自己的意見。(57)獻所省錢　將所節省的運費獻給皇帝。(58)贏縮　即盈虧。贏，有餘。縮，不足。(59)市糴　即和糴，唐政府出錢向農民徵購糧食。市，買。

【校　記】[1]千錢　原作「十錢」。嚴衍《通鑑補》改作「千錢」，當是，今據校改。胡三省注亦云：「『十錢』誤，當從『千錢』為是。」

【語　譯】吏部侍郎李林甫諂媚邪佞，狡詐多變，與宦官和妃嬪家族深加交結，窺伺玄宗的動靜，對玄宗的舉動無不知曉。因此，每次上奏對答，常常符合皇帝的旨意，玄宗很喜歡他。當時武惠妃在後宮中最受玄宗寵幸，她生下壽王李清，各個皇子都不能和他相比，太子漸漸地被疏遠冷淡，李林甫就通過宦官對武惠妃說，他願意盡力保護壽王。武惠妃很感激他，暗地從中相助，因此，他被提拔為黃門侍郎。五月二十八日戊子，任命裴耀卿為侍中，張九齡為中書令，李林甫為禮部尚書、同中書門下三品。

玄宗在禁苑中種植麥子，率領太子以下諸子親自前往鋤草，對他們說：「這是為了獻祭祖先，所以不敢不親自進行，而且想讓你們瞭解耕種收穫的艱難。」玄宗又遍賜侍臣，說道：「近來派人查看田裡莊稼，我大多得不到實際情況，所以親自耕種，以便觀察實情。」

六月初三日壬辰，幽州節度使張守珪大敗契丹，派使者進獻所獲俘虜及戰利品。〇薛王李業患病，玄宗很憂慮，面容頭髮都變了。七月初十日己巳，李業去世，贈謚號為惠宣太子。

玄宗任命裴耀卿為江、淮、河南轉運使，在黃河口設置貨物轉運場。八月十四日壬寅，在轉運場的東邊設置河陰倉，西邊設置柏崖倉，在三門山東邊設置集津倉，西邊設置鹽倉，為了避開三門山的險惡，開鑿漕運渠道十八里。此前，船運江、淮的糧米到東都含嘉倉，雇車陸運，三百里抵達陝州，大約運兩斛米花費千錢。裴耀卿讓江、淮的船運糧米都輸送到河陰倉，換用黃河的船運到含嘉倉和太原倉，從太原倉進入渭水運往關中，一共三年，運米七百萬斛，節省雇車費三十萬緡。有人勸說裴耀卿把所省下的錢獻給玄宗，裴耀卿說：「這是國家盈虧之間節省下來的利錢，怎麼能夠拿來向皇帝買好呢！」就上奏全部作為買糧食的錢。

張果固請歸恆山，制❶以為銀青光祿大夫❷，號通玄先生，厚賜而遣之。後卒，好異者奏以為尸解❸，上由是頗信神仙❹。

冬，十二月戊子❺朔❻，日有食之。○乙巳❼，幽州節度使張守珪斬契丹王屈烈❽及可突干❾，傳首❿。

時可突干連年為邊患，趙含章⓫、薛楚玉⓬皆不能討。守珪到官，屢擊破之。可突干困迫，遣使詐降，守珪使管記王悔就撫之。悔至其牙帳⓭，察契丹上下殊⓮無降意，但稍徙營帳近西北，密遣人引突厥，謀殺悔以叛。悔知之。牙官⓯李過折與可突干分典兵馬，爭權不叶⓰，悔說過折使圖之。過折夜勒⓱兵斬屈烈及可突干，盡誅其黨，帥餘眾來降。守珪出師紫蒙川⓲[1]，大閱⓳以鎮撫之。梟⓴屈烈、可突干首于天津橋㉑[2]之南。

突厥毗伽可汗㉒為其大臣梅錄啜所毒，未死，討誅梅錄啜及其族黨。既卒，子伊然可汗立，尋㉓卒，弟登利可汗㉔立。庚戌㉕，來告喪。

禁京城匄者，置病坊㉖以廩㉗之。

【章　旨】以上為第三段，寫幽州節度使張守珪大破契丹。

【注　釋】❶制　唐代皇帝發布命令的一種。本稱詔，武則天時因「曌」、「詔」同音，改稱制。凡重要的賞罰政刑則用制書。❷銀青光祿大夫　文散官名，唐文散官，是無實職不治事但又表示身分、地位的加官，共二十九階。銀青光祿大夫為從三品，屬第五階。❸尸解　神仙家所謂尸解，猶如蟬蛻，靈魂離去而屍體還在。❹上由是頗信神仙　唐玄宗開元初改集仙殿為集賢殿，表明他不信神仙。至是則頗信神仙，到了晚年，更是深信不疑。頗信，十分相信。❺戊子　十二月初一日。❻朔　農曆的每月初一日。❼乙巳　十二月十八日。❽屈烈　又作「屈剌」，契丹王，權臣可突干所立，西元七三〇—七三四年在位。事見《新唐書》卷二百十九。❾可突干　（？—西元七三四年）一作「可突于」，契丹大臣，驍勇專權。事見《舊唐書》卷一百九十九下、《新唐書》卷二百十九。❿傳首　把首級傳送到京師。⓫趙含章　（？—西元七三二年）時任幽州長史，知范陽節度使事。其事散見《舊唐書》卷一百九十九下、《新唐書》卷二百十九〈契丹傳〉等篇。⓬薛楚玉　曾任幽州長史，知范陽節度使事。事見《舊唐書》卷九十三、《新唐書》卷一百十一。⓭牙帳　將帥樹牙旗於軍帳前，故稱將帥所居幕帳為牙帳。⓮殊甚。⓯牙官　副武官。⓰叶　和洽。⓱勒　統率。⓲紫蒙川　古水名，在今遼寧朝陽西北。⓳大閱　大規模檢閱軍隊。⓴梟斬頭懸掛於木上。㉑天津橋　古橋名，洛水上架設的一座以船相連的浮橋。故址在今河南洛陽舊城西南。㉒毗伽可汗　名默棘連，骨咄祿之子。先為左賢王，其弟闕特勤擁立為可汗，西元七一六—七三一年在位。事見《舊唐書》卷二百十五下。㉓尋不久。㉔登利可汗　又稱苾伽骨咄祿可汗，係苾伽可汗之子，開元二十八年（西元七四〇年）為其叔父所殺。事見《舊唐書》卷一百九十四上、《新唐書》卷二百十五下。㉕庚戌　十二月二十三日。㉖病坊　即悲田養病坊。唐國家撥給田地，收養孤貧老病平民的慈善機構。先設使專管，開元初改由僧尼主領，會昌滅佛後，選耆壽主持。㉗廩　廩食，官府供給糧食。

【校　記】[1]紫蒙川　原作「紫蒙州」。據章鈺校，十二行本、乙十一行本、孔天胤本皆作「紫蒙川」，今據改。[2]天津橋　原脫「橋」字，當是刻工脫落。

【語　譯】張果堅決請求返回恆山，玄宗下詔任命他為銀青光祿大夫，號通玄先生，給他優厚的賞賜，送走了他。後來張果死了，喜好怪異之事的人上奏說他尸解成仙了，玄宗從此十分相信神仙。

冬，十二月初一日戊子，發生日蝕。〇十八日乙巳，幽州節度使張守珪斬殺契丹王屈烈及可突干，首級傳送京師。

當時可突干連年為患邊境，趙含章、薛楚玉都不能討平他。張守珪到任後，多次打敗可突干。可突干處境窘迫，派使者詐降，張守珪派管記王悔就地安撫他。王悔到了可突干的牙帳，覺察契丹上下沒有一點投降的意思，只是把營帳稍稍地移向西北，祕密派人招引突厥，謀劃殺害王悔反叛。王悔知道了這一內情。牙官李過折與可突干分別掌管兵馬，爭權不和，王悔勸說李過折讓他謀害可突干。李過折夜間率兵殺死屈烈和可突干，全部殺死了他們的黨羽，率領餘下的部眾來降。張守珪出師紫蒙川，大規模地檢閱部隊，對士兵進行鎮撫。斬下屈烈、可突干的首級掛在天津橋的南端示眾。

突厥毗伽可汗被他的大臣梅錄啜所毒害，沒有死，便攻殺了梅錄啜和他的家族黨羽。毗伽可汗死後，兒子伊然可汗嗣立，不久就死了，弟弟登利可汗嗣立。十二月二十三日庚戌，來朝廷報喪。

禁止在京城乞討，設置病坊供給他們糧米。

二十三年（乙亥　西元七三五年）

春，正月，契丹知兵馬中郎❶李過折來獻捷，制以過折為北平王、檢校松漠州都督❷。

乙亥❸，上耕藉田❹，九推❺乃止，公卿以下皆終畝。赦天下，都城酺❻三日。

上御五鳳樓酺宴，觀者諠隘❼，樂不得奏。金吾❽白梃❾如雨，不能遏❿，上患之。高力士⑪奏河南⑫丞⑬嚴安之為理⑭嚴，為人所畏，請使止之，上從之。安之至，以手板⑮繞場畫地曰：「犯此者死！」於是盡三日，人指其畫以相戒⑯，無敢犯者。

時命三百里內刺史、縣令各帥所部音樂集於樓下，各較勝負。懷州⑰刺史以車載樂工數百，皆衣文繡⑱，服箱⑲之牛皆為虎豹犀象之狀。魯山⑳令元德秀㉑惟遣樂工數人，連袂歌于蔿㉒。上曰：「懷州之人，其塗炭㉓乎！」立㉔以刺史為散官㉕。德秀性介潔質樸㉖，士大夫皆服其高。

上美張守珪之功，欲以為相。張九齡諫曰：「宰相者，代天理物㉗，非賞功之官也。」上曰：「假以其名，而不使任其職，可乎？」對曰：「不可。惟名與器不可以假人㉘，君之所司㉙也。且守珪纔破契丹，陛下㉚即以為宰相，若盡滅奚、厥㉛，將以何官賞之？」上乃止。二月，守珪詣㉜東都獻捷，拜右羽林大將軍㉝，兼御史大夫㉞，賜二子官，賞賚甚厚。

初，殿中侍御史㉟楊汪既殺張審素㊱，更名萬頃。審素二子瑝、琇㊲皆幼，坐流嶺表㊳，尋逃歸，謀伺便復讎㊴。三月丁卯㊵，手殺萬頃於都城，繫表㊶於斧，言父冤狀。欲之江外㊷殺與萬頃同謀陷其父者，至汜水㊸，為有司㊹所得。議者多言二子父死非罪，稱年[45]孝烈[46]，能復父讎，宜加矜宥[47]，張九齡亦欲活之。裴耀卿、李林甫以為如此，壞國法。上亦以為然，謂九齡曰：「孝子之情，義不顧死[48]。然殺人而赦之，此塗[49]不可啟也。」乃下敕[50]曰：「國家設法，期於止殺。各伸[51]為子之志，誰非徇[52]孝之人！展轉相讎，何有限極！咎繇[53]作士，法在必行。曾參殺人，亦不可恕[54]。宜付河南府[55]杖殺[56]。」士民皆憐之，為作哀誄[57]，牓[58]於衢路[59]。市人[60]斂[61]錢葬之於北邙[62]，恐萬頃家發之，仍為作[1]疑冢[63]數處。

唐初，公主[64]實封[65]止[66]三百戶，中宗[67]時，太平公主[68]至五千戶，率以七丁為限。開元以來，皇妹止千戶，皇女又半之，皆以三丁為限。駙馬[69]皆除三品員外官[70]，而不任以職事。公主邑[71]入至少[2]，至不能具車服。左右或言其太薄，上曰：「百姓租賦，非我所有。戰士出死力，賞不過束[72]帛。女子何功，而享多戶邪？且欲使之知儉嗇[73]耳。」秋，七月，咸宜公主[74]將下嫁，始加實封至千戶。公主，武惠妃之女也。於是諸公主皆加至千戶。

冬，十月戊申[75]，突騎施[76]寇北庭[77]及安西[78]撥換城[79]。

閏月壬午[80]朔，日有食之。

十二月乙亥[81]，冊[82]故蜀州[83]司戶[84]楊玄琰[85]女為壽王妃。玄琰，汪[86]之曾孫也。

是歲，契丹王過折為其臣涅禮87所殺，并其諸子，一子剌乾奔安東88得免。涅禮上言，過折用刑殘虐，眾情不安，故殺之。上赦其罪，因以涅禮為松漠都督，且賜書責之曰：「卿之蕃法多無義於君長，自昔如此，朕亦知之。然過折是卿之王，有惡輒殺之，為此王者，不亦難乎！但恐今3卿為王後，人亦爾。常不自保，誰願作王？亦應防慮後事，豈得取快目前。」突厥尋引兵東侵奚、契丹，涅禮與奚王李歸國共4擊破之。

【章旨】以上為第四段，寫唐玄宗耕藉田九推，娛樂有度，禁報私仇，仍不失為明主。

【注釋】❶知兵馬中郎　李過折的官銜。兩《唐書・契丹傳》作衙官，似為突厥派到契丹的官員，與契丹大臣可突干分掌兵力。後李過折殺可突干，被唐封為北平郡王，授特進、檢校松漠州都督。這裡言李過折為突厥知兵馬中郎，不詳其故。❷檢校松漠州都督　官名。檢校，指詔除而非正式任命的官。初唐時，帶檢校的官表示任其事而未實授其官，中唐後成為虛銜。松漠州，唐羈縻州，治所在今內蒙古巴林右旗南。都督，唐在內屬的蕃夷部落所在地設置都督府，任命其首領為都督。松漠州都督府，契丹酋長內屬時置。❸乙亥　正月十八日。❹藉田　即籍田。古時帝王於孟春之月（正月）在城郊舉行祭祀，親耕農田的儀式，以示勸農之意。❺九推　依舊制，藉田之儀，天子三推，公卿九推，庶人終畝。據杜佑《通典・禮・籍田》載，當年玄宗欲重耕籍，遂進耕五十餘步，盡隴（田埂）乃止。推，以手扶犁作耕田狀。❻酺　聚會飲酒。❼諠隘　喧鬧擁堵。諠，聲音大而雜。隘，同「阨」。阻塞。❽金吾　警衛兵士。唐朝由金吾衛將軍率所屬翊府和番上兵士擔任宮中及京城的巡警。❾白梃　大木棍。❿遏　阻止。⓫高力士　（西元六八四—七六二年）宦官。玄宗寵任極專，官至驃騎大將軍，封渤海郡公。傳見《舊唐書》卷一百八十四、《新唐書》卷二百七。⓬河南　縣名，縣治在今河南洛陽西。⓭丞　縣丞，為縣的副長官。⓮理　即治。唐避高宗李治諱，改「治」為「理」。⓯手板　即笏。古代官員上朝或謁見上司時所執，備記事用。⓰戒同「誡」。告誡；警告。⑰懷州　州名，治所在今河南沁陽。⑱文繡　刺繡華美的絲織品。⑲服箱　牽拉車箱。服，同「負」。箱，車箱。⑳魯山　縣名，縣治在今河南魯山縣。㉑元德秀　（西元六九五—七五四年）字紫芝，河南縣人，開元進士。為卓行之士，曾任魯山令。著有〈季子聽樂論〉、〈蹇士賦〉。傳見《舊唐書》卷一百九十下、《新唐書》卷一百九十四。㉒于蔿　元德秀所作之歌。《新唐書》元德秀本傳作〈于蔿于〉。《明皇雜錄》卷十尚有「玄宗聞而異之，試徵其詞，乃歎曰：『賢人之言也』。」說明其詞有規勸的寓意。㉓塗炭　爛泥和炭火，比喻災難困苦。此指唐玄宗不滿懷州刺史大擺排場，所進樂隊龐大，加重民眾負擔。㉔立　立即。㉕散官　無職事的清閒官。㉖介潔質樸　言其品性高尚。介，耿直。潔，清白。質，誠實。樸，樸素。㉗宰相者二句　意思是宰相職位崇高，責任重大。代天，代表天子。理物，治理萬事。㉘名與器不可以假人　《左傳》成公二年孔子語。名，表示職務地位的名稱。器，標誌名位、爵號的器物，如鐘鼎寶器。㉙司　掌管。㉚陛下　秦以後臣下對天子的專稱，表示以卑達尊之意。陛，殿壇的臺階。㉛奚厥　奚和突厥，唐朝東北和北方的少數民族。㉜詣　往；到。㉝右羽林大將軍　武官名，唐有左右羽林軍，各置大將軍一員，將軍二員，統領所部禁兵，擔任大朝會和天子巡幸的警衛。㉞御史大夫　官名，御史臺長官，主管對百官的彈劾、糾察，執掌監察大權。㉟殿中侍御史　官名，御史臺所屬殿院的官員，主管糾察殿廷供奉儀式的違失。㊱楊汪既殺張審素　張審素為嶲州（治所在今四川西昌）都督，被告有貪汙罪，朝廷派殿中侍御史楊汪前去按治，路上為審素同黨攔劫要挾。楊汪遂奏稱審素謀反而斬之，並抄沒其家。事見本書卷二百十三開元十九年九月。㊲瑝琇　張審素的兩個兒子張瑝、張琇。事見《舊唐書》卷一百八十八。㊳嶺表　指五嶺以南地區。即廣東、廣西一帶。㊴讎　同「仇」。仇恨。㊵丁卯　三月十一日。㊶表　唐代臣下上給皇帝的奏章有奏抄、奏彈、露布、議、表、狀六種。表是一種最常用的形式，一般臣下給天子的文書都可稱為表。㊷江外　泛指長江以南。㊸汜水　水名，發源於河南鞏縣東南，北流經滎陽汜水鎮西，北注入黃河。㊹有司　官吏，或主管部門。㊺穉年　幼年。㊻孝烈　孝行顯赫。㊼矜宥　矜，憐憫。宥，寬免。㊽義不顧死　意即孝子不怕死是應該的。義，合宜的道德、行為或道理。顧，畏忌；怕。㊾塗　同「途」。道路。㊿敕　皇帝頒發命令的一種形式。唐代的敕有發日敕（手詔）、敕旨、論事敕書和敕牒的分別。見《唐六典》卷九〈中書省〉。此敕當為發日敕。(51)伸　伸展；陳述。(52)徇　同「殉」。為達到某種目的而獻身。(53)咎繇　也稱皋陶，傳說為舜之臣，掌刑獄之事。(54)曾參殺人二句　曾參（西元前五〇五—前四三五年），孔子弟子，以孝聞名。孔子收他為弟子，也是因為他「通孝道」。據載，他曾作《孝經》，死於魯。此二句言孝如曾參，他殺了人，也不可寬恕。曾參事見《史記》卷六十七。(55)河南府　府名，治所在今河南洛陽東北。(56)杖殺　用棍棒打死。(57)哀誄　一種哀祭文體。敘述死者生前事跡，表示哀悼。(58)牓　同「榜」。

布告。(59)衢路　四通八達的道路。(60)市人　城市居民。(61)斂　搜集。(62)北邙　山名，亦作「北芒」，即邙山。在今河南洛陽北。(63)疑冢　指作多處墳墓，使人疑惑，不知其實葬之處。冢，墳墓。(64)公主　帝王女的稱號。皇帝之女稱公主，大姐稱長公主，姑稱大長公主。(65)實封　唐貴族、功臣有食邑封戶之制。食封戶數有虛數與實數之別。實封是指實際收取衣食租稅的戶數。實封可傳之子孫，但有遞減的規定。封戶的租調初由貴族直接收取，後改交官府，再由太府寺發給封主。(66)止　副詞，只有、僅僅。(67)中宗　（西元六五六—七一〇年）名顯，高宗之子，西元七〇五—七一〇年在位。事詳《舊唐書》卷七、《新唐書》卷四。(68)太平公主　（？—西元七一三年）武則天之女。傳見《舊唐書》卷一百八十三、《新唐書》卷八十三。(69)駙馬　官名，北魏、南齊以後皇帝女婿例授駙馬都尉，簡稱駙馬，但已非實官。唐代駙馬都尉都由尚公主者擔任，只食俸祿而已。(70)員外官　正員以外的官員。唐初員外官少，神龍（西元七〇五—七〇七年）後大為增加。有員外和員外同正之別，前者俸祿減正官之半，後者不給職田，俸祿同正官。(71)公主邑　公主食邑。食邑即食封。(72)束　一小捆。帛的計量單位。(73)儉嗇　儉，節約。嗇，不浪費。(74)咸宜公主　武惠妃所生。傳見《新唐書》卷八十二。(75)戊申　十月二十六日。(76)突騎施　西突厥的別部，牙帳在碎葉城（今吉爾吉斯斯坦北部托克馬克附近）。事見《舊唐書》卷一百九十四下、《新唐書》卷二百十五下。(77)北庭　即北庭都護府，治所在今新疆吉木薩爾北破城子。唐在邊地所設六大都護府之一，長安二年（西元七〇二年）置，統轄天山北路及中亞一帶羈縻州府，與安西都護府相犄角，共治西域。(78)安西　即安西都護府，唐六大都護府之一，貞觀十四年（西元六四〇年）置。初總轄西域，置北庭後，專治天山南道及葱嶺以西羈縻州府。治所初在今新疆吐魯番東高昌故城，後移至今新疆庫車。(79)撥換城　古城名，故址在今新疆阿克蘇。(80)壬午　閏十一月初一日。(81)乙亥　十二月二十四日。(82)冊　冊封。唐制，凡立后妃、建太子、封諸王及封立少數民族首領都要行冊封之禮。其儀主要是當面宣讀冊文，授印璽。(83)蜀州　州名，治所在今四川崇州。(84)司戶　官名，即州僚佐司戶參軍，掌管戶口、籍帳、婚嫁、田宅、雜傜、道路等事務。(85)楊玄琰　楊貴妃之父，贈太尉、齊國公。事見《舊唐書》卷五十一、《新唐書》卷七十六。(86)汪　即楊汪，字元度，仕隋至大理卿、國子祭酒。傳見《隋書》卷五十六。(87)涅禮　《舊唐書·契丹傳》作泥禮，乃寫音的不同，但是以泥禮為可突干的餘黨，則與《通鑑》為過折之臣稍異。(88)安東　即安東都護府。唐六大都護府之一。總章元年（西元六六八年）置，轄高麗各府州。治所常遷，此時在河北盧龍。

【校　記】[1]作　原無此字。據章鈺校，十二行本、乙十一行本皆有此字，今據補。[2]至少　據章鈺校，十二行本、乙十一行本皆無「至」字。按，如無「至」字，「少」字則應連下讀。③今 原無此字。據章鈺校，十二行本、乙十一行本皆有此字，今據補。④共 原無此字。據章鈺校，十二行本、乙十一行本皆有此字，今據補。

【語　譯】二十三年（乙亥　西元七三五年）

春，正月，契丹知兵馬中郎李過折來京獻俘虜和戰利品，下制書任命李過折為北平王、檢校松漠州都督。

正月十八日乙亥，玄宗耕種籍田，九推才停止，公卿以下都耕完一畝。大赦天下，京城中聚飲三天。

玄宗親臨五鳳樓聚會宴飲，觀看的人喧鬧擁堵，音樂不能演奏。金吾衛兵的棍棒揮動如雨，也不能阻止，玄宗很擔心。高力士上奏說河南丞嚴安之治政嚴厲，被人們所畏懼，請讓他來制止混亂局面，玄宗同意了。嚴安之到了，用手板繞著場子劃地為線說：「越過這條線的處死！」於是整整三天，人們指著這條線互相告誡，沒有敢越過的。

當時命令京師三百里以內的刺史、縣令各自率領所統屬的樂隊聚集樓下，各自比賽勝負。懷州刺史用車裝載幾百個樂工，都穿著彩色繡衣，拉車箱的牛都打扮成老虎、豹子、犀牛、大象的樣子。魯山縣令元德秀只派遣幾個樂工，手拉手唱著〈于蔿〉歌。玄宗說：「懷州的民眾，大概會生靈塗炭吧！」立即把懷州刺史任為散官。元德秀品性耿介清白質樸，士大夫都欽佩他的高尚。

玄宗讚賞張守珪的功勞，想任命他為宰相。張九齡勸諫說：「宰相是代天子治理萬物的，它不是賞功的官職。」玄宗說：「給他宰相的名義，而不讓他擔任實職，可以嗎？」張九齡回答說：「不可以。只有名位和禮器不能給人，這是國君所主管的。況且張守珪才打敗契丹，陛下就任命他為宰相，如果他盡滅奚、突厥，將用什麼官職來賞賜他呢？」玄宗這才作罷。二月，張守珪到東都進獻俘虜和戰利品，被任命為右羽林大將軍，兼御史大夫，賜予他兩個兒子官職，賞賜極為豐厚。

當初，殿中侍御史楊汪殺了張審素後，改名叫楊萬頃。張審素的兩個兒子張瑝、張琇都年幼，連坐流放嶺南，不久就逃了回來，謀劃伺機報仇。三月十一日丁卯，在都城親手殺了楊萬頃，把表章繫在斧頭上，陳訴父親蒙冤的情況。他們想去江南殺掉和楊萬頃同謀陷害他們父親的人，到了汜水，被有關部門抓獲。議論的人大都說兩個孩子的父親死於非罪，幼年孝行顯赫，能為父報仇，應該予以憐憫和寬宥，張九齡也想救他們。裴耀卿、李林甫認為如果這樣，便破壞了國法。玄宗也這樣認為，對張九齡說：「孝子之情，為了義而不怕死。但是殺了人而被赦免，此例不可開。」便下令說：「國家立法，希望制止殺戮。各人要表達做人子的志向，那麼誰不是殉身孝道的人呢！輾轉相仇，還有什麼極限！咎繇做法官，立法就必須實行。曾參殺了人，也不能寬恕。應該把兩人交付河南府用棍棒打死。」士民都憐憫這兩個孩子，替他們撰寫哀文誄詞，懸貼在大道上。市民聚資把他倆安葬在北邙，擔心楊萬頃家人挖墳，便造了幾處迷惑人的假墳。

唐初，公主實封只有三百戶，中宗時，太平公主封至五千戶，大體以七丁為限。開元以來，皇帝的妹妹只封一千戶，皇帝的女兒又減半，都以三丁為限。駙馬全都封三品員外官，而不擔任實際職務。公主封邑的收入極少，以致不能置辦齊全車馬服飾。玄宗身邊的人說公主封邑收入太微薄，玄宗說：「百姓租賦，非我所有。戰士們出死力，賞賜不過一束帛。女子有什麼功勞，而享受許多封戶呢？而且我想讓她們知道節儉啊。」秋，七月，咸宜公主將要下嫁，才開始實封加到一千戶。咸宜公主是武惠妃的女兒。從這時諸公主的封戶都增加到一千戶。

冬，十月二十六日戊申，突騎施侵擾北庭和安西撥換城。

閏十一月初一日壬午，發生日蝕。

十二月二十四日乙亥，冊封原蜀州司戶楊玄琰之女為壽王妃。楊玄琰，是楊汪的曾孫。

這一年，契丹王過折被他的大臣涅禮殺死，他的兒子們也一起被殺，只有一個兒子剌乾跑到安東得免一死。涅禮上書朝廷說，過折用刑殘酷暴虐，民情不安，所以把他殺了。玄宗赦免了他的罪過，便任命涅禮為松漠都督，並賜書責備他說：「你們的蕃法大多對君長不義，從過去就是這樣，朕也知道。然而過折是你們的君王，有惡行就殺掉他，做這樣的君王，不也太難了嗎！只怕你今天做了君王後，別人也這樣做。君王常常不能自保，誰願意做君王？你也該防備考慮後事，怎能只顧眼前的快活。」突厥不久率兵東侵奚、契丹，涅禮與奚王李歸國一起打敗了突厥。

二十四年（丙子　西元七三六年）

春，正月庚寅❶，敕：「天下逃戶，聽盡今年內自首，有舊產者令還本貫❷，無者別俟❸進止。踰限不首，當命專使搜求，散配諸軍。」

北庭都護蓋嘉運❹擊突騎施，大破之。

二月甲寅❺，宴新除縣令於朝堂❻。上作令長新戒一篇，賜天下縣令。

庚午❼，更皇子❽名，鴻曰瑛，潭曰琮，浚曰璵，洽曰琰，涓曰瑤，滉曰琬，涺曰琚，濰曰璲，澐曰璬，澤曰璘，清曰瑁，洄曰玢，沭曰琦，溢曰環，沔曰理[1]，泚曰玼，漼曰珪，澄曰珙，潓曰瑱，漎曰璿，滔曰璥。

舊制，考功員外郎❾掌試貢舉人❿。有進士⓫李權，陵侮⓬員外李昂，議者以員外郎位卑，不能服眾。三月壬辰⓭，敕自今委禮部侍郎⓮試貢舉人。

張守珪使平盧討擊使⓯、左驍衛將軍⓰安祿山⓱討奚、契丹叛者。祿山恃⓲勇輕進，為虜所敗。夏，四月辛亥⓳，守珪奏請斬之。祿山臨刑呼曰：「大夫不欲滅奚、契丹邪？柰何殺祿山！」守珪亦惜其驍勇，欲活之[2]，乃更執送京師。張九齡批曰：「昔穰苴誅莊賈⑳，孫武斬宮嬪㉑，守珪軍令若行，祿山不宜免死。」上惜其才，敕令免官，以白衣㉒將領。九齡固爭曰：「祿山失律喪師，於法不可不誅。且臣觀其貌有反相，不殺必為後患。」上曰：「卿勿以王夷甫識石勒㉓，枉害忠良。」竟赦之㉔。

安祿山者，本營州㉕雜胡㉖，初名阿犖山。其母，巫也，父死，母攜之再適㉗突厥安延偃。會其部落破散，與延偃兄子思順㉘俱逃來，故冒姓安氏，名祿山。又有史窣干㉙者，與祿山同里閈㉚，先後一日生。及長，相親愛，皆為互市牙郎㉛，以驍勇聞。張守珪以祿山為捉生將。祿山每與數騎出，輒擒契丹數十人而返。狡黠㉜[3]，善揣人情。守珪愛之，養以為子。

窣干嘗負官債亡入奚中，為奚遊弈㉝所得，欲殺之，窣干紿㉞曰：「我，唐之和親使㉟也。汝殺我，禍且㊱及汝國。」遊弈信之，送詣牙帳。窣干見奚王，長揖㊲不拜。奚王雖怒，而畏唐，不敢殺，以客禮館㊳之，使百人隨窣干入朝。窣干謂奚王曰：「王所[4]遣人雖多，觀其才，皆不足以見天子。聞王有良將瑣高㊴者，何不使之入朝！」奚王即命瑣高與牙下三百人隨窣干入朝。窣干將至平盧，先使人謂軍使㊵裴休子曰：「奚使瑣高與精銳俱來，聲云入朝，實欲襲軍城。宜謹為之備，先事圖之。」休子乃具軍容出迎，至館，悉阬殺其從兵，執瑣高送幽州。張守珪以窣干為有功，奏為果毅㊶，累遷將軍㊷。後入奏事，上與語，悅之，賜名思明。

【章旨】以上為第五段，寫雜胡安祿山、史思明登場。

【注釋】❶庚寅　正月初十日。❷貫　原籍。❸俟　等待。❹蓋嘉運　開元後期任北庭都護，破突騎施有功，加河西、隴右節度使，後在與吐蕃爭戰中受挫。其事散見《舊唐書》卷一百九十四下、《新唐書》卷二百十五下等篇。❺甲寅　二月初四日。❻朝堂　漢代百官治事、會議大事的地方稱朝堂。唐代大明宮的朝堂，在含元殿前翔鸞閣與棲鳳閣下。❼庚午　二月二十日。❽皇子　據《舊唐書》卷一百七、《新唐書》卷八十二，玄宗皇子三十人，七人早夭。這裡列舉二十一人，因另二人夏悼王一、懷哀王敏也早亡。❾考功員外郎　官名，吏部考功司副官，與考功郎中共掌內外文武官吏的考課。郎中管京官考，員外郎掌外官考。❿貢舉人　唐代科舉制，常科考生有兩個來源，一是學館課試合格的生員，一是投牒自舉（自己報名）由州縣考試合格的鄉貢。這兩種被送到尚書省參加考試的人，就是這裡所說貢舉人。⓫進士　唐科舉制，凡試於禮部的，都謂之進士，及第的稱為前進士。⓬陵侮　侵陵侮辱。陵，同「淩」。⓭壬辰　三月十二日。⓮禮部侍郎　官名，禮部副長官，協助禮部尚書執掌天下禮儀、祭享、貢舉等政事。開元二十四年（西元七三六年）以後，考試貢舉人由禮部侍郎專掌。⓯平盧討擊使　平盧，軍鎮名，治所在今遼寧朝陽。平盧討擊使，為幽州節度使所屬平盧軍專事征討的使職。姚汝能《安祿山事跡》作「充（張守珪）衙前討擊使」。⓰左驍衛將軍　武官名，唐中央十二衛將軍之一，掌宮廷警衛，督攝隊伍。安祿山在平盧無從履行此職。姚汝能《安祿山事跡》作「以軍功加員外左騎（驍之誤）衛將軍」為是。⓱安祿山　（？—西元七五七年）營州柳城（今遼寧朝陽南）胡人，被幽州節度使張守珪養以子，取得玄宗信任後，任平盧、范陽、河東三節度使，後反唐稱帝，至德間被其子安慶緒殺死。傳見《舊唐書》卷二百上、《新唐書》卷二百二十五上。⓲恃　仗恃；依賴。⓳辛亥　四月初二日。⓴穰苴誅莊賈　齊景公任命司馬穰苴為將，穰苴說：「願得君之寵臣以監軍。」景公派莊賈前往。莊賈平素驕貴，穰苴和他相約，日中會於軍門，而他夕時才到。穰苴以莊賈不守時，將他斬首以號令三軍。事見《史記》卷六十四。㉑孫武斬

宮嬪　孫武以兵法十三篇見吳王闔閭，吳王用百八十名宮女讓他試行演習。孫武將宮女分為二隊，以吳王的寵姬二人各為隊長，手中持戟。操演方法和紀律布置停當，並擺出刑罰用具，三令五申。於是擊鼓使之右，婦人只是大笑。孫子說：「約束不行，申令不熟，將之罪也。」再三令五申而擊鼓使之左，婦人又大笑。孫子腰斬隊長，吳王阻止，孫子以「將在軍，君命有所不受」而斬之，用其次為隊長。再擊鼓，婦人左右前後跪起都能合乎規矩，無人敢再出聲。於是吳王知孫子能用兵，任命為將。事見《史記》卷六十五。㉒白衣　古代平民著白衣，因以稱無功名官位的人為白衣。㉓王夷甫識石勒　王夷甫，即西晉士族王衍。石勒，羯人。石勒年十四，隨邑人行販於洛陽。一天，他依靠在上東門吹口哨，王衍見了甚為奇異，對左右的人說：「那個小胡兒，我觀察他的聲音、眼神，定有奇志，恐怕將來為天下之患。」急忙回去派人來收捕，石勒已經離去。事見《晉書》卷一百四。王衍，傳見《晉書》卷四十三。石勒，傳見《晉書》卷一百四、一百五。㉔竟赦之　唐玄宗終於赦免了安祿山的死罪。唐玄宗不殺安祿山，是誤聽李林甫的邪說，用胡人做邊將，以利制夷，終於留下了隱患。㉕營州　州名，治所在今遼寧朝陽。㉖雜胡　混血胡人。㉗適　女子出嫁。㉘思順　即安思順（？—西元七五六年），曾任河西節度使、工部尚書（《舊唐書．哥舒翰傳》作「戶部尚書」）。後因哥舒翰誣奏他與安祿山潛通而被殺。㉙窣干　即史思明（？—西元七六一年），唐玄宗賜名思明。營州雜胡。傳見《舊唐書》卷二百上、《新唐書》卷二百二十五上。㉚閈　閭里的門；巷門。㉛互市牙郎　互市，唐在與少數民族接壤地區開闢物資貿易市場稱為互市，並設立互市監進行管理。牙郎，即牙儈、牙人，在市場上從事說合買賣雙方成交的人。㉜狡黠　狡猾。㉝遊弈　游動哨兵。㉞紿　欺騙。㉟和親使　使職名，中原漢族王朝與少數民族首領之間進行有政治目的的聯姻，稱為和親。和親使是為進行和親而專門派遣的使臣。㊱且　將要。㊲長揖　相見時拱手自上而至極下以為禮，以示恭敬。揖，古拱手禮。㊳館　住宿。㊴瑣高　奚中酋豪人名，奚族名瑣高者頗常見。參見岑仲勉《唐史餘瀋》卷二。㊵軍使　使職名，天寶以前戍守邊防的軍隊，有軍、守捉、城、鎮四種大小不同的制置，都設使職以統領，總歸於道。詳《新唐書．兵志》。㊶果毅　軍官名，即果毅都尉，為折衝府（亦稱軍府）的副將。㊷將軍　唐制，南衙十六衛有上將軍、大將軍、將軍，北衙諸軍亦有大將軍、將軍。此處所說，是指武散官將軍。唐武散官二十九階，從一品至從五品下各階稱大將軍、將軍或中郎將、郎將。

【校　記】①理　嚴衍《通鑑補》改作「瑝」。②欲活之　原無此三字。據章鈺校，十二行本、乙十一行本、孔天胤本皆有此三字，張敦仁《通鑑刊本識誤》同，今據補。③黠　原作「猾」。據章鈺校，十二行本、乙十一行本、孔天胤本皆作「黠」，今從改。[4]所　原無此字。據章鈺校，十二行本、乙十一行本皆有此字，今據補。

【語　譯】二十四年（丙子　西元七三六年）

春，正月初十日庚寅，敕令：「天下逃戶，准許在今年內自首，有舊產業的人讓他們返回原籍，沒有產業的人另外等候安置。超過期限不自首的，當令專使搜查，分散配發給各軍。」

北庭都護蓋嘉運攻打突騎施，打敗了他。

二月初四日甲寅，在朝堂上宴請新任命的縣令。玄宗撰寫了一篇〈令長新戒〉，頒賜給全國的縣令。

二月二十日庚午，更改皇子的名：鴻為瑛，潭為琮，浚為璵，洽為琰，涓為瑤，滉為琬，涺為琚，濰為璲，澐為璬，澤為璘，清為瑁，洄為玢，沭為琦，溢為環，沔為理，泚為玼，漼為珪，澄為珙，潓為瑱，漎為璿，滔為璥。

舊制，由考功員外郎掌管考試貢舉士人，有一位名叫李權的進士，陵辱員外郎李昂，朝中議論的人認為員外郎職位低下，不能服眾。三月十二日壬辰，敕令從現在起任命禮部侍郎考試貢舉士人。

張守珪派平盧討擊使、左驍衛將軍安祿山討伐奚、契丹的反叛者。安祿山自恃勇武輕率進軍，被敵人打敗。夏，四月初二日辛亥，張守珪奏請處死安祿山。安祿山臨刑前呼喊說：「大夫您不是想滅掉奚、契丹嗎？怎麼要殺死我安祿山！」張守珪也憐惜他的驍勇，想讓他活命，就抓起來改送京師。張九齡在奏章上批示說：「從前司馬穰苴殺莊賈，孫武斬吳王寵姬。張守珪軍令如果執行，安祿山就不應免死。」玄宗愛惜安祿山的才能，下敕令免去他的官職，以平民身分為將領兵。張九齡力爭說：「安祿山違令喪師，在軍法上不能不殺。而且臣觀看他的外貌有反相，不殺必為後患。」玄宗說：「你不要用王衍識辨石勒的典故，錯殺忠良。」最終玄宗赦免了安祿山。

安祿山，原本營州雜胡，原名阿犖山。他的母親是個女巫，父親死後，母親帶著他改嫁突厥人安延偃。遇上部落敗散，他和安延偃哥哥之子安思順一起逃過來，所以就冒姓安氏，名祿山。又有一個名叫史窣干的人，與安祿山同鄉里，前後一天生的。等到長大了，彼此親愛，都做了互市牙郎，因驍勇而聞名。張守珪任命安祿山為捉生將。安祿山每次和幾個騎兵出去，就能活捉幾十個契丹人回來。他狡猾詭詐，善揣人意。張守珪喜歡他，收養為義子。

史窣干曾欠官債逃到奚中，被奚人的巡邏兵抓住，打算殺死他，史窣干欺騙他們說：「我是唐的和親使者。你們殺我，災禍就將降臨到你們國家。」巡邏兵相信了他的話，把他送到牙帳。史窣干見到奚王，拱手行禮不去下拜。奚王雖然生氣，但畏懼唐，不敢殺他，用賓客之禮留宿他，派一百人隨從史窣干入朝。史窣干對奚王說：「大王所派遣的人雖然很多，但觀察他們的才能，都不足以朝見天子。聽說大王有位良將名叫瑣高的，為什麼不派他入朝呢！」奚王當即命瑣高與牙下三百人隨從史窣干入朝。史窣干快到平盧，先派人對軍使裴休子說：「奚人派遣瑣高和精兵一起來了，聲稱入朝，實際是想偷襲軍城。你們應嚴加防備，先下手對付他們。」裴休子就安排軍隊儀仗出迎，到了館舍，全部活埋了隨從瑣高的士兵，抓住瑣高送往幽州。張守珪認為史窣干有功，上奏任命他為果毅，累次升遷為將軍。他後來入朝奏事，玄宗和他交談，很喜歡他，賜名思明。

故連州❶司馬❷武攸望❸之子溫眘坐交通❹權貴，杖死。乙丑❺，朔方、河東節度使❻信安王禕貶衢州❼刺史，廣武王承宏❽貶房州❾別駕❿，涇州刺史薛自勸貶澧州⓫別駕，皆坐與溫眘交遊故也。承宏，守禮⓬之子也。辛未⓭，蒲州⓮刺史王琚⓯貶通州⓰刺史，坐與禕交書也。

五月，醴泉⓱妖人劉志誠作亂，驅掠路人，將趣咸陽⓲。村民走告縣官，焚橋斷路以拒之，其眾遂潰。數日，悉擒斬之。

六月，初分月給百官俸錢⑲。

初，上因藉田赦⑳，命有司議增宗廟籩豆之薦㉑及服紀㉒未通者。太常卿㉓韋縚㉔奏請宗廟每坐籩豆十二㉕。

兵部侍郎㉖張均㉗、職方郎中㉘韋述㉙議曰：「聖人知孝子之情深，而物類之無限，故為之節制。人之嗜好本無憑準，宴私㉚之饌與時遷移，故聖人一切同歸於古。屈到嗜芰，屈建不以薦㉛，以為不以私欲干國之典。今欲取甘旨肥濃㉜，皆充祭用，苟踰舊制，其何限焉！書曰：『黍稷非馨，明德惟馨㉝。』若以今之珍饌㉞，平生所習，求神無方，何必泥古，則簠簋㉟可去，而盤盂盃案㊱當在御㊲矣，韶濩㊳可息，而箜篌㊴箏㊵笛當在奏矣。既非正物，後嗣何觀！夫神，以精明臨人者也，不求豐大。苟失於禮，雖多何為！豈可廢棄禮經以從流俗！且君子愛人以禮，不求苟合，況在宗廟，敢忘舊章！」

太子賓客㊶崔沔議曰：「祭祀之興，肇㊷於太古㊸。茹毛飲血㊹，則有毛血之薦。未有麴櫱㊺，則有玄酒㊻之奠。施及後王，禮物漸備。然以神道致敬，不敢廢也。籩豆簠簋樽罍㊼之實，皆周人之時饌也，其用通於宴饗賓客。而周公制禮㊽，與毛血玄酒同薦鬼神。國家由禮立訓，因時制範，清廟[49]時饗，禮饌畢陳，用周制也。園寢〔1〕[50]上食，時膳具設，遵漢法也。職貢[51]來祭，致遠物也。有新必薦，順時令[52]也。苑囿[53]之內，躬稼[54]所收，蒐狩[55]之時，親發所中，莫不薦而後食，盡誠敬也。若此至矣，復何加焉！但當申敕[56]有司，無或簡怠，則鮮美肥濃，盡在是矣，不必加籩豆之數也[57]。」

上固欲量加品味。縚又奏每室加籩豆各六，四時各實以新果珍羞[58]，從之。

縚又奏：「喪服『舅，緦麻[59]三月，從母[60]、外祖父母皆小功[61]五月。』外祖至尊，同於從母之服。姨、舅一等，服則輕重有殊。堂姨、舅親即未疏，恩絕不相為服。舅母來承外族，不如同爨[62]之禮。竊[63]以古意猶有所未暢者也，請加外祖父母為大功[64]九月，姨、舅皆小功五月，堂舅、堂姨、舅母並加至袒免[65]。」

崔沔議曰：「正家之道，不可以貳。總一定義，理歸本宗。是以內有齊、斬[66]，外皆緦麻，尊名所加，不過一等，此先王不易之道也。願守八年明旨[67]，一依古禮，以為萬代成法。」

韋述議曰：「喪服傳曰：『禽獸知母而不知父。野人曰，父母何等〔2〕焉！都邑之士則知尊禰[68]矣，大夫及學士則知尊祖矣。』聖人究天道而厚於祖禰，繫族姓而親其子孫，母黨比於本族，不可同貫，明矣。今若外祖與[3]舅加服一等，堂舅及姨列於服紀，則中外之制，相去幾何！廢禮徇情，所務者末。古之制作者，知人情之易搖，恐失禮之將漸，別其同異，輕重相懸，欲使後來之人永不相雜。微旨斯在，豈徒然哉！苟可加也，亦可減也。往聖可得而非，則禮經可得而隳[69]矣。先王之制，謂之彝倫[70]，奉以周旋，猶恐失墜，一紊其敘，庸可止乎！請依儀禮喪服為定。」

禮部員外郎[71]楊仲昌[72]議曰：「鄭文貞公魏徵[73]始加舅服至小功五月[74]。雖文貞賢也，而周、孔[75]聖也，以賢改聖，後學何從！竊恐內外乖[76]序，親疏奪[77]倫，情之所沿，何所不至！昔子路有姊之喪而不除，孔子曰：『先王制禮，行道之人，皆不忍也。』子路[78]除[79]之。此則聖人援[80]事抑情之明例也。記[81]曰：『毋輕議禮。』明其蟠於天地[82]，並彼日月，賢者由之，安敢損益也！」

敕：「姨舅既服小功，舅母不得全降，宜服緦麻，堂姨舅宜服袒免。」

均，說[83]之子也。

【章旨】以上為第六段，寫唐玄宗要增加宗廟祭祀的禮品與加重喪服之禮。

【注　釋】❶連州　州名，唐有二連州，一治所桂陽，在今廣東連州，一治所在今四川筠連，不知孰是。❷司馬　官名，為州刺史的副官，佐理州府眾務，掌列曹事宜。❸武攸望　武則天叔父之子。武則天時曾封為會稽郡王，中宗降為鄴國公，任太常卿（《新唐書・外戚傳》作葉國公、太府卿）。韋后之亂平定後，貶春州（今廣東陽江縣）司馬而死。《通鑑》言攸望為故連州司馬，與兩《唐書・外戚傳》不合。❹交通　交往；勾結。❺乙丑　四月十六日。❻河東節度使　使職名，為河東方鎮的差遣長官，治所在今山西太原西南晉源鎮，開元十一年（西元七二三年）置。見《唐會要》卷七十八〈節度使〉。其目的是為配合抗擊突厥，太原以北諸鎮受其節制。❼衢州　州名，治所在今浙江衢州。❽承宏　章懷太子之孫，開元初年封廣武郡王。傳見《舊唐書》卷八十六、《新唐書》卷八十一。❾房州　州名，治所在今湖北房縣。❿別駕　官名，州副官，佐刺史總理州郡眾務，掌管列曹事宜。⓫澧州　州名，治所在今湖南澧縣。⓬守禮　即嗣雍王李守禮（?—西元七四一年），章懷太子之子。傳見《舊唐書》卷八十六、《新唐書》卷八十一。⓭辛未　四月二十二日。⓮蒲州　州名，治所在今山西永濟西南蒲州鎮。⓯王琚　（?—西元七四六年）官至中書侍郎。傳見《舊唐書》卷一百六、《新唐書》卷一百三十一。⓰通州　州名，治所在今四川達縣。⓱醴泉　縣名，縣治在今陝西禮泉縣東北。⓲咸陽　縣名，縣治在今陝西咸陽東北二十里。⓳俸錢　官員從國家領得俸祿的錢幣部分（另有職分田和祿米），又稱俸料錢。據《唐會要》卷九十一〈內外官料錢上〉，開元二十四年（西元七三六年）六月二十三日敕，百官俸料錢，月俸、食料、防閤或庶僕和雜用合為一色，都以月俸為名，隨月給付。⓴上因藉田赦　據《舊唐書・禮儀志四》，開元二十三年（西元七三五年）正月，玄宗親祀神農於東都，禮畢，躬耕耒耜於千畝之甸，禮畢大赦。㉑籩豆之薦　又叫籩祭，據《儀禮注》，籩祭乃是棗栗之祭，用籩豆盛棗、栗等果脯進行祭祀。籩豆，祭禮的禮器，用竹編製，形如豆，用來盛果脯等食物。㉒服紀　即服制，喪服制度，按其與死者的親疏關係而分別有斬衰、齊衰、大功、小功、緦麻五等。服，舊時喪禮規定穿戴的衣服。也用來指居喪。㉓太常卿　官名，為太常寺長官，主掌禮樂、郊廟、社稷事務。㉔韋縚　宰相韋安石姪子。官至太子少師。傳見《新唐書》卷一百二十二。㉕籩豆十二　顯慶（西元六五六—六六一年）中許敬宗建議，宗廟祭祀所供籩豆，大祀十二，中祀十，小祀八。至此，韋縚請皆為十二。㉖兵部侍郎　官名，為兵部副長官，協助兵部尚書掌管中央及地方武官的選用、考查，以及有關兵籍、軍械、軍令等事宜。㉗張均　開元時宰相張說之子，累官至刑部尚書，後受安祿山偽命為中書令。傳見《舊唐書》卷九十七、《新唐書》卷一百二十五。㉘職方郎中　官名，兵部職方司長官，掌地圖、城隍、鎮戍、烽候之事。㉙韋述　（?—約西元七五七年）史學家，嗜學著書，居史職二十年，封方城縣侯。著有《開元譜》二十卷、《國史》一百一十三卷、《唐職儀》三十卷、《高宗實錄》三十卷、《御史臺記》十卷、

《兩京新記》五卷。傳見《舊唐書》卷一百二、《新唐書》卷一百三十二。㉚宴私　私人宴飲。㉛屈到嗜芰二句　《國語・楚語》載，楚國貴族屈到喜食芰，有病，召其宗老吩咐說：「祭我必須用芰。」至祭祀時，宗老將祭芰，屈建命去掉，說：「國君有牛享，大夫有羊饋，士用豚犬作奠，庶人用魚炙祭祀，籩豆脯醢，則上下都可用。不獻珍異，不擺放過多，不以自己的私欲干擾國典。」便不用芰獻。芰，菱角。㉜甘旨肥濃　原文為「甘旨之物，肥濃之味」（《唐會要》卷十七〈祭器議〉），泛指美物佳味。甘，甜。旨，美味，多用來形容酒。肥，肥膩，指油脂多的厚味食物。濃，濃厚，非清淡之味。㉝黍稷非馨二句　語出《尚書・君陳》。意思是敬神的黍稷本身並不香，只有敬神的人德性完美，心底虔誠，黍稷才香。馨，香。明德，完美的德性。㉞珍饌　珍貴食物。饌，食物。㉟簠簋　祭器。簠，古代盛稻粱的器皿，多方形，或說內圓外方。簋，古代盛黍稷的器皿，多圓形，或說外圓內方。㊱盤盂盃案　盤，淺而敞口的盛器。盂，盛湯漿或食物的器皿。盃，盛飲料的器皿。案，擺放、遞送食物的有腳器物。此數種都屬一般盛物器皿。㊲御　進用。㊳韶濩　舜樂曰〈韶〉，湯樂曰〈濩〉，指廟堂之樂，或泛指古樂。㊴箜篌　古代樂器，似瑟而比較小。㊵箏　古代的一種絃樂器。㊶太子賓客　官名，屬東宮之官。主要職務是侍從太子，進行規諫，祭祀、典禮時導引禮儀。㊷肇　始。㊸太古　遠古；上古時代。㊹茹毛飲血　吃生肉。茹，吃。㊺麴蘗　釀酒發酵的麴母，稱為酒母。此指代酒。麴，「麯」的異體字。㊻玄酒　上古祭祀用水。傳說司烜氏月下以鏡取明水為玄酒。㊼樽罍　酒器。㊽周公制禮　周公，名姬旦，周文王子，輔助武王滅紂建周。武王死，成王年幼，周公攝政。周代的禮樂制度相傳都是周公所制定。事見《史記》卷三十三。㊾清廟　宗廟的通稱。㊿園寢　帝王園廟陵寢。(51)職貢　職方所進獻的貢物。職方，掌天下地圖，主四方貢獻之官。(52)時令　按季節制定的政令，或作季節解。(53)苑囿　畜養禽獸的園地。(54)躬稼　天子親身耕種。(55)蒐狩　打獵。(56)申敕　告誡。(57)不必加籩豆之數也　胡三省注：「自此以上，諸人之議，皆因舊禮而中之。」(58)珍羞　指珍貴的食物。羞，同「饈」。食物。(59)緦麻　喪服名，五服（斬衰、齊衰、大功、小功、緦麻）中最輕的一種。用疏織細麻布製成孝服，服喪三月，凡疏遠親屬、親戚皆服緦麻。(60)從母　姨母，母親的姐妹。(61)小功　喪服名，五服之一。用較粗的熟布製成。服期五個月。(62)同爨　指同居同炊。爨，即灶。(63)竊　自己的謙稱。(64)大功　喪服名，五服之一。用熟麻布做成，較齊衰稍細，較小功為粗。服期九個月。(65)袒免　袒衣免冠。露左臂曰袒，去冠紮髮曰免。免是用一寸寬的布，從脖項中部向前交於額上，然後向後繞於髻。古代喪禮，凡五服外的遠親，無喪服之制，只袒衣免冠，以示哀思。(66)齊斬　即齊衰、斬衰。喪服名，屬五服。據《儀禮・喪服》，齊衰次於斬衰，以粗麻布做成，因其緝邊縫齊，故名齊衰。服期有一年的，如孫為祖父，夫為妻；有五個月的，如為曾祖父母；有三個月的，如為高祖父母。斬衰，是五種喪服中最重的一種。用最粗的麻布製成的喪服，衣不縫，以示無修飾。服期三年。凡子和未嫁女對父，媳對公，承重孫對祖父，妻對夫，都服斬衰。(67)八年明旨　指開元七年（西元七一九年）八月，敕自今五服並依〈喪服傳〉文，見本書卷二百十二。八年是指玄宗以先天元年（西元七一二年）即位，至開元七年，在位已八年。(68)禰　古時父死在宗廟中立的神主。(69)隳　毀壞。(70)彝倫　天地人之常道。彝，常。(71)禮部員外郎　官名，禮部司副官，佐禮部郎中掌五禮，舉措儀制，辨別禮儀運用是否恰當。(72)楊仲昌　字蔓，虢州閿鄉（今河南靈寶西）人，官至吏部郎中。傳見《舊唐書》卷一百八十五下、《新唐書》卷一百二十。(73)鄭文貞公魏徵　（西元五八〇—六四三年）字玄成，館陶（今屬河北）人，唐太宗時著名宰相，封鄭國公，諡曰文貞。傳見《舊唐書》卷七十一、《新唐書》卷九十七。(74)加舅服至小功五月　貞觀十四年（西元六四〇年）太宗令禮官議喪服未為得禮者，魏徵等請加改之條中，有「舅，舊服緦麻，請加與從母同服小功五月。」見《貞觀政要》卷七〈禮樂〉。(75)周孔　即周公、孔子。孔子（西元前五五一—前四七九年），春秋魯國人，傳說有弟子三千人，身通六藝者七十二人。曾刪《詩經》、《尚書》，定《禮》、《樂》，贊《周易》，修《春秋》，為儒家的創始人。事詳《史記》卷四十七。(76)乖　違背。(77)奪　亂。(78)子路（西元前五四二—前四八〇年）孔子弟子。事詳《史記》卷六十七。(79)除　除喪，除去喪禮之服。(80)援　援引；引證。(81)記指《禮記》，亦稱《小戴記》或《小戴禮記》，儒家經典之一。是秦漢以前各種禮儀論著的選集。相傳為西漢戴聖編纂。(82)蟠於天地　語出《禮記·樂記》「汲夫禮樂之極乎天而蟠於地」。蟠，充滿。(83)說　張說（西元六六六—七三〇年），開元時政治家，官至中書令，封燕國公，卒諡文貞。傳見《舊唐書》卷九十七、《新唐書》卷一百二十五。

【校　記】①寢　原作「陵」。據章鈺校，十二行本、乙十一行本皆作「寢」，今從改。②等　據章鈺校，十二行本、乙十一行本皆作「笄」，張瑛《通鑑校勘記》同。③與　據章鈺校，十二行本、乙十一行本皆作「及」。

【語　譯】原連州司馬武攸望之子武溫昚犯了勾結權貴罪，被杖刑打死。四月十六日乙丑，朔方、河東節度使信安王李禕貶為衢州刺史，廣武王李承宏貶為房州別駕，涇州刺史薛自勸貶為澧州別駕，都是因為與武溫昚交遊的緣故。李承宏是李守禮之子。二十二日辛未，蒲州刺史王琚被貶為通州刺史，犯了與李禕通書信的罪過。

五月，醴泉妖人劉志誠作亂，驅趕搶劫路上行人，即將前往咸陽，村民跑去報告縣官，燒橋斷路，對他進行抵禦，他的部眾便潰散了。幾天之間，全部抓獲處死。

六月，開始按月給百官發放薪水。

當初，玄宗因親耕籍田而大赦天下，命令有關部門討論增加祭祀宗廟的籩豆祭品和喪服制度不適宜的地方。太常卿韋縚上奏請求宗廟中每個靈座設置籩豆十二。

兵部侍郎張均、職方郎中韋述建議說：「聖人知道孝子情感深厚，而事物的種類無窮，所以加以節制。人的嗜好本來就沒有可依據的標準，私人宴會中的食物隨著時代的變遷而改變，所以聖人一切都回歸古制。屈到喜歡吃菱角，屈建卻不祭獻菱角，認為不要用個人的嗜好來干擾國家的典制。現在想把甜美肥膩的食品，都拿來用作祭祀，如果逾越舊有的制度，那還有什麼限制！《尚書》說：『黍稷並不馨香，只有明德才馨香。』如果認為今天的珍饈美味，平生所常食，求神沒有規則，何必拘泥古制，那麼簠、簋可以撤除，而盤、盂、杯、案應當進用，〈韶〉樂、〈濩〉樂可以停止，而箜篌、箏、笛應當演奏了。既然不是禮定的正規物品，後世子孫觀瞻什麼呢！神，是用精靈神明來感應人的，不求豐富隆盛。如果有違於禮，即使再多有什麼用呢！怎麼可以廢棄正規的禮制而順從流俗！況且君子用禮來愛人，不求隨便迎合，何況是在宗廟裡，怎敢忘記舊有的典章制度！」

太子賓客崔沔建議說：「祭祀的興起，肇始於遠古。茹毛飲血時，就用毛血獻祭；沒有酒時，就用清水祭奠。到了後代的帝王，典章文物漸漸完備。然而向神靈致敬，不敢有所偏廢。籩、豆、簠、簋、樽、罍所盛的祭品，都是周朝人當時的食物，其用途與宴饗賓客相同。而周公制定禮儀，把這些東西跟毛血清水一起薦享鬼神。國家依據禮來建立法則，根據時代的變化來制定規範。宗廟四時祭饗，禮法所規定的祭品全部陳列，這是採用周代的制度。向祖宗陵寢獻祭食品，把日常的膳食全都擺上，這是遵循漢代的法制。職方貢物用來祭祀，是向祖先送來遠方的物品。有新鮮的食物一定獻祭，是順應季節的變化。在苑囿內，天子親自耕作所收穫的糧食，在打獵時，天子親自射中的獵物，無不先獻祭祖先而後食用，極盡誠敬之意。如果這樣做就足以完美了，還要增加什麼祭品呢！只要敕命有關部門，對祭祀之事不要簡略怠慢，那麼鮮美肥膩的祭品，都包括在內了，不必再增加籩豆的數量了。」

玄宗執意要適量增加祭品的品種。韋縚又奏請每室增加籩豆各六，四季各供以新鮮水果和珍異食物，玄宗同意了。

韋縚又上奏：「〈喪服〉上說：『為舅舅守緦麻之喪三個月，為姨母、外祖父母守小功之喪都是五個月。』外祖父母是至尊，所以同於姨母的服制。姨母、舅舅是同等的，但服制輕重有所差別。堂姨、堂舅親屬關係雖不疏遠，但超出五服，不為他們服喪。舅母來自外姓，不能像同吃同住的親屬那樣服喪禮。臣以為古人喪服之意還有些不夠通達之處，請為外祖父母服喪加到九個月，為姨母、舅父都服喪五個月，堂舅、堂姨、舅母都加到服袒衣免冠。」

崔沔建議說：「治家的正確原則，在於不能有歧義。統一定義，道理都回到根本之處。因此對內有齊衰、斬衰，對外都為緦麻，有尊者名號的所增加不過一等，這是先王不可改變的原則。希望遵守開元七年天子聖明的詔旨，一律遵循古禮，作為萬世不變的成法。」

韋述建議說：「〈喪服傳〉說：『禽獸知母而不知父。鄉野之人說，父母有什麼尊卑等級！都邑之士則知尊先父，大夫和學士則知尊先祖。』聖人探究天道而重視祖、父，維繫族人的姓氏而親近他們的子孫，娘家的人和本族的人相比，不能同等，這是很明顯的。現在如果外祖父與舅父加服一等，堂舅及姨母列入喪服條文中，那麼內外的服制，有什麼差別呢！違棄禮制以徇私情，是追求細微末節。古代制定禮制的人，知道人情容易改變，擔心逐漸違背禮制，就區別同異，服喪之制輕重懸殊，想讓後來的人永遠不相混淆。精微的宗旨就在這裡，哪裡是無所用心呢！如果可以增加，也就可以減少。前聖可以非議，而《禮經》也可以廢棄了。先王的典制，稱之常理，遵奉執行，還怕失誤，一旦亂了秩序，哪裡還能止住！請遵循《儀禮》的喪服制度為準。」

禮部員外郎楊仲昌建議說：「鄭文貞公魏徵首先把舅服增加到小功五月。雖然文貞公賢能，而周公、孔子是聖人，用賢人來改變聖人，使後學者何所依從！臣擔心內外次序混亂，親疏失去倫常，任憑情感發展，什麼事情做不出來！過去子路為姐姐服喪期滿而不除服，孔子說：『先王制定禮儀，行仁義的人都不忍心除服。』於是子路便除服。這就是聖人援引事理抑制私情的明顯例子。《禮記》說：『不要輕率議論禮儀。』表明禮是遍及天地，與日月並存，賢人遵循它，怎麼敢增減呢！」

玄宗敕令：「姨舅已服小功，舅母不得全行降服，應服緦麻，堂姨舅應服袒免。」

張均，是張說的兒子。

秋，八月壬子❶，千秋節❷，羣臣皆獻寶鏡。張九齡以為以鏡自照見形容，以人自照見吉凶，乃述前世興廢之源，為書五卷，謂之千秋金鏡錄，上之。上賜書褒美。

甲寅❸，突騎施遣其大臣胡祿達干來請降，許之。

御史大夫李適之❹，承乾❺之孫也，以才幹得幸於上，數為承乾論辯。甲戌❻，追贈承乾恆山愍王。○乙亥❼，汴哀王璥❽薨。

冬，十月戊申❾，車駕發東都。先是，敕以來年二月二日行幸❿西京，會宮中有怪，明日，上召宰相，即議西還。裴耀卿、張九齡曰：「今農收未畢，請俟仲冬⓫。」李林甫潛知上指⓬，二相退，林甫獨留，言於上曰：「長安、洛陽，陛下東西宮耳，往來行幸，何更擇時！借使妨於農收，但應蠲⓭所過租稅而已。臣請宣示百司，即日西行。」上悅，從之。過陝州⓮，以刺史盧奐⓯有善政，題贊於其聽事⑯而去。奐，懷慎⑰之子也。丁卯⑱，至西京。

朔方節度使牛仙客⑲，前在河西⑳，能節用度，勤職業，倉庫充實，器械精利。上聞而嘉之，欲加尚書㉑。張九齡曰：「不可。尚書，古之納言，唐興以來，惟舊相及揚歷中外有德望者乃為之。仙客本河湟使典㉒，今驟居清要㉓，恐羞朝廷。」上曰：「然則但加實封可乎？」對曰：「不可。封爵㉔所以勸有功也。邊將實倉庫，修器械，乃常務耳，不足為功。陛下賞其勤，賜之金帛可也，裂土封㉕之，恐非其宜。」上默然。李林甫言於上曰：「仙客，宰相才也，何有於尚書！九齡書生，不達大體。」上悅。明日，復以仙客實封為言，九齡固執㉖如初。上怒，變色曰：「事皆由卿邪！」九齡頓首㉗謝曰：「陛下不知臣愚，使待罪㉘宰相。事有未允，臣不敢不盡言。」上曰：「卿嫌仙客寒微，如卿有何閥閱㉙？」九齡曰：「臣嶺海孤賤㉚，不如仙客生於中華㉛。然臣出入臺閣㉜，典司誥命㉝有年矣。仙客邊隅小吏，目不知書，若大任之，恐不愜㉞眾望。」林甫退而言曰：「苟有才識，何必辭學㉟！天子用人，有何不可！」十一月戊戌㊱，賜仙客爵㊲隴西縣公㊳，食實封三百戶。

初，上欲以李林甫為相，問於中書令張九齡，九齡對曰：「宰相繫國安危，陛下相林甫，臣恐異日[39]為廟社[40]之憂。」上不從。時九齡方以文學為上所重，林甫雖恨，猶曲意[41]事之。侍中裴耀卿與九齡善，林甫并疾[42]之。是時，上在位歲久，漸肆[43]奢欲，怠於政事，而九齡遇事無細大皆力爭，林甫巧伺[44]上意，日思所以中傷之。

上之為臨淄王[45]也，趙麗妃[46]、皇甫德儀、劉才人皆有寵，麗妃生太子瑛[47]，德儀生鄂王瑤[48]，才人生光王琚[49]。及即位，幸武惠妃，麗妃等愛皆弛。惠妃生壽王瑁，寵冠諸子。太子與瑤、琚會於內第[50]，各以母失職有怨望[51]語。駙馬都尉楊洄尚[52]咸宜公主，常伺三子過失以告惠妃。惠妃泣訴於上曰：「太子陰結黨與，將害妾[53]母子，亦指斥至尊[54]。」上大怒，以語宰相，欲皆廢之。九齡曰：「陛下踐阼[55]垂三十年[56]，太子諸王不離深宮[57]，日受聖訓。天下之人皆慶陛下享國久長，子孫蕃昌。今三子皆已成人，不聞大過，陛下柰何一日以無根之語，喜怒之際，盡廢之乎！且太子天下本，不可輕搖。昔晉獻公聽驪姬之讒殺申生，三世大亂[58]。漢武帝信江充之誣罪戾太子，京城流血[59]。晉惠帝用賈后之譖廢愍懷太子，中原塗炭[60]。隋文帝納獨孤后之言黜太子勇，立煬帝，遂失天下[61]。由此觀之，不可不慎。陛下必欲為此，臣不敢奉詔[62]。」上不悅。林甫初無所言，退而私謂宦官之貴幸[63]者曰：「此主上家事，何必問外人！」上猶豫未決。惠妃密使官奴[64]牛貴兒謂九齡曰：「有廢必有興，公為之援[65]，宰相可長處。」九齡叱之，以其語白上，上為之動色。故訖[66]九齡罷相，太子得無動。林甫日夜短[67]九齡於上，上浸[68]疏之。

林甫引蕭炅[69]為戶部侍郎[70]。炅素不學，嘗對中書侍郎[71]嚴挺之[72]讀「伏臘[73]」為「伏獵」。挺之言於九齡曰：「省中豈容有『伏獵侍郎』！」由是出炅為岐州[74]刺史，故林甫怨挺之。九齡與挺之善，欲引以為相，嘗謂之曰：「李尚書[75]方承恩，足下[76]宜一造門[77]，與之款暱[78]。」挺之素負氣[79]，薄林甫為人，竟不之詣，林甫恨之益深。挺之先娶妻，出[80]之，更嫁蔚州[81]刺史王元琰。元琰坐贓罪[82]下三司按鞫[83]，挺之為之營解。林甫因左右使於禁中[84]白上，上謂宰相曰：「挺之為罪人請屬所由[85]。」九齡曰：「此乃挺之出妻，不宜有情。」上曰：「雖離乃復有私。」於是上積前事，以耀卿、九齡為阿黨[86]。壬寅[87]，以耀卿為左丞相，九齡為右丞相，並罷政事[88]。以林甫兼中書令，仙客為工部尚書、同中書門下三品[89]，領朔方節度如故。嚴挺之貶洺州[90]刺史，王元琰流[91]嶺南[92]。

上即位以來，所用之相，姚崇尚通[93]，宋璟尚法[94]，張嘉貞尚吏[95]，張說尚文[96]，李元紘、杜暹尚儉(97)，韓休、張九齡尚直(98)，各其所長也。九齡既得罪，自是朝廷之士，皆容身保位，無復直言。

李林甫欲蔽塞人主視聽，自專(99)大權，明召諸諫官(100)謂曰：「今明主在上，羣臣將順之不暇，烏(101)用多言！諸君不見立仗馬(102)乎？食三品料，一鳴輒斥去，悔之何及！」補闕杜璡嘗上書言事，明日，黜為下邽令(103)，自是諫爭(104)路絕矣。

牛仙客既為林甫所引進[1]，專給唯諾(105)而已。然二人皆謹守格式(106)，百官遷除(107)，各有常度。雖奇才異行，不免終老常調，其以巧諂邪險自進者，則超騰(108)不次，自有它蹊(109)矣。

林甫城府(110)深密，人莫窺其際。好以甘言啗人，而陰中傷之，不露辭色。凡為上所厚者，始則親結之；及位勢稍逼，輒以計去之。雖老姦巨猾，無能逃於其術者。

【章　旨】以上為第七段，寫李林甫、牛仙客以諂諛入相，張九齡因直諫被唐玄宗疏遠。小人進，君子退，唐玄宗由明轉昏。

【注　釋】❶壬子　八月初五日。❷千秋節　皇帝生日。唐玄宗生於八月初五日。開元十七年（西元七二九年），張說等請以這天為千秋節。天寶二年（西元七四三年）改名天長節，至元和二年（西元八〇七年）停止。❸甲寅　八月初七日。❹李

適之 一名昌，恆山王李承乾之孫，官至左相（天寶元年改官名，侍中為左相）。傳見《舊唐書》卷九十九、《新唐書》卷一百三十一。❺承乾 唐太宗長子李承乾（?—西元六四四年），先立為皇太子，以謀反罪廢為庶人。傳見《舊唐書》卷七十六、《新唐書》卷八十。❻甲戌 八月二十七日。❼乙亥 八月二十八日。❽汴哀王璥 （?—西元七三六年）唐玄宗第三十子，封汴王。傳見《舊唐書》卷一百七、《新唐書》卷八十二。❾戊申 十月初二日。❿幸 皇帝親臨。⓫仲冬 農曆十一月，處於冬季之中，故稱仲冬。仲，第二，位次在中。⓬指 同「旨」。意向。⓭蠲 通「捐」。減免。⓮陝州 州名，治所在今河南陝縣。⓯盧奐 官至尚書右丞。傳見《舊唐書》卷九十八、《新唐書》卷一百二十六。⓰聽事 官府辦公的地方。聽，同「廳」。⓱懷慎 即盧懷慎（?—西元七一六年），官至黃門侍郎，封漁陽伯。傳見《舊唐書》卷九十八、《新唐書》卷一百二十六。⓲丁卯 十月二十一日。⓳牛仙客 （西元六七四—七四二年）涇州鶉觚（今甘肅靈臺）人，初為縣小吏，累官至侍中兼兵部尚書，封豳國公。傳見《舊唐書》卷一百三、《新唐書》卷一百三十三。⓴前在河西 河西，即河西節度使。使職名，為河西方鎮的差遣長官，景雲元年（西元七〇〇年）置，其目的是阻隔吐蕃與突厥。治所在今甘肅武威。牛仙客開元十六年（西元七二八年）至二十四年為河西節度使。㉑尚書 官名，此時有尚書左右丞相、六部尚書。據兩《唐書》牛仙客本傳，張九齡反對牛仙客為尚書，是在開元二十四年十月。次月張九齡便罷知政事，玄宗遂以仙客為工部尚書、同中書門下三品，仍知門下事。於此可以看出，玄宗所「欲加尚書」，當是工部尚書。㉒河湟使典 指牛仙客曾任隴右洮州司馬、河西節度使判官等使府典吏之職。河湟，猶言河隴。指河西、隴右兩節度使所轄之地。因為開元元年（西元七一三年）所置隴右節度使治所在鄯州（今青海樂都），鄯州城亦名湟水，故簡稱隴右為湟。使典，使府典吏。㉓清要 清要官，又稱清望官。據《唐六典》卷二吏部尚書條，內外三品以上官及中書、黃門侍郎、尚書左右丞、諸司侍郎並太常少卿、祕書少監、太子少詹事、左右庶子、左右率及國子司業為清望官。㉔封爵 唐制，封爵有親王至開國縣男九等，各有相應的食邑封戶和品階。見《新唐書》卷四十六。㉕裂土封 即實食封。實封要將封戶租調由國家劃分給封主，故稱裂土封。㉖固執 堅持己見，不肯變通。㉗頓首 古禮拜的一種。周禮有稽首、頓首等九拜。稽首是頭至地多時；頓首是頭至地則舉，如以頭叩物。見《周禮·春官·大祝》的《注》、《疏》。㉘待罪 大臣對帝王陳奏時的自謙之詞。意思是身居其職而力不勝任，必將獲罪，故稱任職為待罪。㉙閥閱 功績和資歷。也指門第。㉚嶺海孤賤 嶺海，指出生邊遠地域。張九齡為韶州（今廣東韶關市）人，生在五嶺之外、大海之涯的邊遠地方。孤賤，指出生門第卑微。張九齡僅曾祖做過州別駕，為一般庶族地主，門第不高。㉛生於中華 出生在中原。牛仙客，涇州人，在今甘肅涇川縣北，屬中原。㉜出入臺閣 張九齡開元十年（西元七二二年）任過尚書省吏部的司動員外郎，故言出入臺閣。臺閣，指尚書省。㉝典司誥命　指張九齡開元十一年（西元七二三年）任中書舍人，主要任務是起草詔旨敕制和璽書冊命。誥命，皇帝賜爵或授官的詔令。㉞愜　符合；滿意。㉟辭學　文辭之學。指會作文章。㊱戊戌　十一月二十三日。㊲爵　表示身分地位的一種稱號。㊳縣公　唐九等爵的第五等。食邑一千五百戶（虛封），從二品。唐代封爵分為九等：親王、郡王、國公、開國郡公、開國縣公、開國縣侯、開國縣伯、開國縣子、開國縣男。各有不同的品階和食邑。㊴異日　他日。此指將來。㊵廟社　宗廟社稷，也指國家朝廷。㊶曲意　委曲己意而奉承別人。㊷疾　同「嫉」。妒嫉；忌恨。㊸肆　放縱。㊹巧伺　巧妙地偵探。㊺上之為臨淄王　玄宗未即位前，曾在武則天長壽二年（西元六九三年）封為臨淄王。㊻趙麗妃　趙元禮女，本樂伎人，有才貌，善歌舞。玄宗為臨淄王時在潞州所納。事見《舊唐書》卷一百七。㊼太子瑛（？—西元七三七年）玄宗第二子。開元三年（西元七一五年）立為太子，二十五年廢為庶人並賜死。傳見《舊唐書》卷一百七、《新唐書》卷八十二。㊽鄂王瑤　（？—西元七三七年）玄宗第五子。傳見《舊唐書》卷一百七、《新唐書》卷八十二。㊾光王琚　（？—西元七三七年）玄宗第八子。傳見《舊唐書》卷一百七、《新唐書》卷八十二。㊿內第　指宮禁中。當時太子、諸王皆居禁中。(51)怨望　心懷不滿。(52)尚　仰攀婚姻，特指娶公主為妻。(53)妾　舊時女子自稱的謙詞。(54)至尊　對帝王的尊稱。(55)踐阼　天子即位。(56)垂三十年　玄宗延和元年（西元七一二年，即先天元年）七月即位，至此（開元二十四年）共二十五年。垂，將近。(57)太子諸王不離深宮　玄宗不令諸王出閤，於安國寺東附苑城作十王宅居住，引詞學工書之人入教。諸孫成長，又在十宅院外置百孫院，並在宮中設置維城庫，專門給用諸王俸物。事見《舊唐書》卷一百七。(58)晉獻公聽驪姬之讒殺申生二句　晉獻公，晉武公之子，西元前六七六—前六五一年在位。事見《史記》卷三十九。驪姬（？—西元前六五一年），晉獻公寵妃。獻公伐驪戎所得，深受寵愛，生子奚齊。後被大夫里克鞭殺。申生，晉獻公子，母為齊桓公女，立為太子，後因驪姬生子而被疏遠，最終被迫自殺。據《左傳》僖公四年至二十四年（西元前六五六—前六三六年）和《史記・晉世家》記載，僖公四年，晉獻公聽信驪姬讒言，以為太子申生心存不軌，太子被迫自殺。欲立驪姬子奚齊。大夫里克殺奚齊。公子夷吾、重耳及子圉爭國，晉三世大亂。(59)漢武帝信江充之誣罪戾太子二句　漢武帝（西元前一五六—前八七年），名徹，景帝之子，西元前一四〇—前八七年在位。事詳《漢書》卷六。江充（？—西元前九一年），官至直指繡衣使者，負責鎮壓三輔盜賊，禁察貴賤奢譖。傳見《漢書》卷四十五。戾太子（西元前一二八—前九一年），漢武帝太子劉據的諡號。傳見《漢書》卷六十三。漢武帝末年，權臣江充專擅，懼怕武帝死後太子誅己，欲誣其為巫蠱詛咒皇上。太子乃發長樂宮侍衛斬充，並與丞相等激戰，長安城中大亂。太子敗逃，藏匿不得而自殺。後武帝知太子冤，遂族滅江充家及參與者。(60)晉惠帝用賈后之譖廢愍懷太子二句　晉惠帝（西元二五九—三〇六年），名衷，晉武帝之子，西元二九〇—三〇六年在位。事詳《晉書》卷四。賈后（？—西元三〇〇年），惠帝皇后。傳見《晉書》卷三十一。愍懷太子（西元二七六—二九九年），名遹，惠帝長子，母為謝才人，卒諡愍懷。傳見《晉書》卷五十三。賈后忌非己出的太子名聲好，便以酒醉之，得其手書，因稱太子不軌，廢為庶人，又殺之，引起宗室諸王不滿。後來八王為爭皇權反覆廝殺。「八王之亂」使中原人民受盡災難。61隋文帝納獨孤后之言黜太子勇三句　隋文帝（西元五四一—六〇四年），即楊堅，西元五八一—六〇四年在位。事詳《隋書》卷一、卷二、《北史》卷十一。獨孤后（西元五五二—六〇二年），隋文帝皇后。傳見《隋書》卷三十六。太子勇（？—西元六〇四年），隋文帝長子，先立為太子，開皇二十年（西元六〇〇年）廢。傳見《隋書》卷四十五。煬帝，即楊廣（西元五八九—六一八年），西元六〇四—六一七年在位。事詳《隋書》卷三、卷四、《北史》卷十二。太子楊勇直率任情，與隋文帝多有不合。獨孤皇后欲另立次子晉王楊廣，使人偵視東宮，構成其罪。遂廢太子，立晉王廣，後即位，是為煬帝。煬帝驕奢淫逸，暴虐無道，導致隋朝滅亡。62奉詔　接受詔命。63貴幸　地位尊貴而為君王所親近。64官奴　沒入官府的奴隸。65援　援助；引進。66訖　同「迄」。到。67短　缺點；過失。此作動詞，為指出缺點之意。68浸　逐漸。69蕭炅　開元天寶時人，曾任河南府尹、京兆尹、戶部侍郎、岐州刺史、河西節度使，與李林甫友善。其事散見《舊唐書》卷一百九十六上〈吐蕃傳〉、《新唐書》卷二百九〈王旭傳〉等篇。70戶部侍郎　官名，戶部副長官，佐戶部尚書掌管全國田戶、均輸、錢穀等政令。據《舊唐書》卷一百九十六上〈吐蕃傳〉，開元二十四年玄宗詔令以岐州刺史蕭炅為戶部侍郎判涼州事，代崔希逸為河西節度使。71中書侍郎　官名，中書省副長官。其主要職責是參加朝廷各種重大政務的討論，實際負責以起草詔令為中心的中書省工作。72嚴挺之（西元六七三—七四二年）華州華陰（今陝西華陰）人，官至太府卿。傳見《舊唐書》卷九十九、《新唐書》卷一百二十九。73伏臘　伏，伏日。夏季有三伏，夏至後第三個庚日為初伏，第四個庚日為中伏，立秋後第一個庚日為末伏。臘，臘日。漢代以冬至後第二個戌日為臘日，後改為十二月初八。舊時伏日、臘日都要舉行祭祀。74岐州　州名，治所在今陝西鳳翔。75李尚書　指李林甫，時為禮部尚書、同中書門下三品。76足下　稱對方的敬詞。古代可用於下稱上或同輩相稱，後專用於對同輩的敬稱。77造門　指登門拜訪。造，到；去。78款暱　款洽；親暱。79負氣　自恃意氣，不肯屈從於人下。80出　出妻，指古時遺棄妻子。81蔚州　州名，治所在今山西靈丘。82坐贓罪　坐，獲罪。贓罪，貪汙受賄或盜竊財物罪。83三司按鞫　三司，唐代刑法機構。按鞫，審訊。唐代執行刑法的機構有御史臺主管監察審核，刑部主管司法行政，大理寺主管折獄詳刑。這三個機構稱為「三法司」。一般案件，大理寺審訊完畢，報刑部審核批准即可。但遇重大案件，或經大理寺判決而本人不服，則御史臺、刑部、大理寺各出一官員組成「三司使」重審。這叫「小三司」。特別重大的案件，還要組織御史臺、中書、門下三個機構的官員再行審理，常常是御史中丞、中書舍人、門下省的給事中參加，有時還由更高級的官員參加。這應是「大三司」。這些都可稱為三司按鞫。(84)禁中　帝王宮中。帝王宮殿的門戶有禁衛，非侍御者不得進入，故稱禁中。(85)請屬所由　請屬，即請託、私相囑託。屬，同「囑」。所由，必經其手的官吏；經管其事的官吏。(86)阿黨　阿私黨同；結黨營私。(87)壬寅　十一月二十七日。(88)以耀卿為左丞相三句　開元元年（西元七一三年）改左右僕射為左右丞相。左右丞相為尚書省長官，帶同中書門下三品為宰相，不帶則不去中書門下參議政事，不是宰相職。裴耀卿、張九齡為左右丞相，未帶同中書門下三品，故云並罷政事。(89)工部尚書同中書門下三品　官名。工部尚書，工部長官。同中書門下三品，宰相職稱。表示牛仙客以工部尚書的本官而任宰相職務。(90)洺州　州名，治所在今河北永年東南。(91)流　刑法名，五刑（笞、杖、徒、流、死）之一。(92)嶺南　地區名，或稱嶺表、嶺外。指五嶺以南地區。(93)姚崇尚通　姚崇（西元六四九—七二一年），本名元崇，武則天改名元之，陝州峽石（今河南三門峽市）人，武則天、睿宗、玄宗三朝都用為宰相。尚通，崇尚通變。開元初年，姚崇獨當重任，敢於「違經合道」、「反道適權」，使蝗害不成患，廟壞不為憂，通情達理，化災為祥，「善應變以成天下之務」，故云「尚通」。詳《舊唐書》卷九十六、《新唐書》卷一百二十六。(94)宋璟尚法　宋璟（西元六六二—七三七年），邢州南和（今河北南和）人，歷任鳳閣舍人、御史中丞、吏部侍郎、黃門侍郎，睿宗用為宰相，玄宗復任宰相。尚法，崇尚法治。言宋璟執法無私，剛直清嚴，「善守文以持天下之正」。事詳《舊唐書》卷九十六、《新唐書》卷一百二十四。(95)張嘉貞尚吏　張嘉貞（西元六六五—七三〇年），本范陽舊姓，隋時遷家蒲州猗氏（今山西臨猗），官至中書侍郎、同中書門下平章事。尚吏，指崇尚為吏之道。張嘉貞為政嚴肅，判事條理清晰，善於奏對，敏於裁遣，雖文牘盈几，也不致稽滯。詳《舊唐書》卷九十九、《新唐書》卷一百二十七。(96)張說尚文　張說（西元六六七—七三〇年），字道濟，或字說之，洛陽（今河南洛陽）人，三次出任宰相，終尚書左丞相。尚文，指張說擅長文辭，掌文學三十年，著文辭藻俊麗，思緒精密，朝廷大述作多出其手，碑誌尤為當代所不及。且倡修太宗「偃武修文」之政，建封禪，開集賢，引儒士，銳意於粉飾盛時，以致御筆賜諡文貞。詳《舊唐書》卷九十七、《新唐書》卷一百二十五。(97)李元紘杜暹尚儉　李元紘（？—西元七三三年），本姓丙氏，唐高祖賜為李姓，字大綱，京兆萬年（治今陝西西安東）人，歷任京兆尹及工、兵、吏、戶諸部官而至宰相。為政清儉，當權累年，未嘗改治宅第，僮馬敝弱，所得賞賜資給親族，宋璟讚美他「為國相，家無留儲」。傳見《舊唐書》卷九十八、《新唐書》卷一百二十六。杜暹（西元六八一—七四〇年），濮州濮陽（今河南濮陽西南）人，官至黃門侍郎、同中書門下平章事，終禮部尚書。杜暹為官不辭勤苦，不受贈遺，素有清直之名。傳見《舊唐書》卷九十八、《新唐書》卷一百二十六。(98)韓休張九齡尚直　韓休（西元六七一—七三九年），京兆長安（今陝西西安西）人，官至黃門侍郎、同中書門下平章事。為人志行方直，甘心忤宰相之意而為百姓謀利，堅持先去大奸後治細罪，雖皇帝也無法動搖。傳見《舊唐書》卷九十八、《新唐書》卷一百二十六。張九齡堅持名器不可以假人，屢以政事直諫玄宗，雖以直道被黜，仍不失為國家之柱石，帝業之輔臣。(99)專　獨斷。(100)諫官　專門以直言規勸帝王的官員。唐代門下省的左散騎常侍、左諫議大夫、左補闕、左拾遺和中書省的右散騎常侍、右諫議大夫、右補闕、右拾遺，都是諫官。諫，直言規勸。(101)烏　疑問助詞。(102)立仗馬　站立儀仗處的馬匹。仗，儀仗。唐制，每天尚乘以廄馬八匹分為左右兩廂，立於正殿側宮門外，候仗下即散。如果有盛大宴飲，則馬在樂懸之北，與大象相次，進馬二人，戎服執鞭，侍立馬匹左側，隨馬進退。(103)黜為下邽令　唐制，補闕從七品上，華州的下邽屬望縣，按「赤畿望緊等縣，不限戶數，並為上縣」（《唐會要》卷七十〈置戶口定州縣等第例〉）的規定，下邽縣令為從六品上，以官品秩說，由補闕遷下邽令，不應稱黜。可是唐人重內官，輕外職，並且補闕屬供奉官，位居清要，調出京城做縣令，雖品秩未降，也視為貶黜。(104)諫爭　同「諫諍」。以直言勸告，使人改正錯誤。(105)唯諾　卑恭順從。(106)格式　唐代政府機關必須遵行的兩種法律名稱。格，是國家機關遵行的偏重於禁防的條例，根據詔敕按政府機關為篇目整理而成。式，主要是執行律令所規定的細則以及百官有司的辦事章程，篇目也以官府為名。(107)遷除　官吏的遷轉除授。遷轉有升遷和貶謫的不同。(108)超騰　超遷騰越。(109)蹊　小路。(110)城府　比喻心機深隱難測。

【校　記】[1]進　原無此字。據章鈺校，十二行本、乙十一行本皆有此字，今據補。

【語　譯】秋，八月初五日壬子，千秋節，群臣全都進獻寶鏡。張九齡認為用鏡子自照可以看見形貌，用人自照可以看見吉凶，於是撰述前世興亡的根源，著書五卷，稱之為《千秋金鏡錄》，呈獻給玄宗。玄宗賜書稱美。

八月初七日甲寅，突騎施派他的大臣胡祿達干前來請求歸降，玄宗准許了。

御史大夫李適之，是李承乾的孫子，因有才幹而得到玄宗的寵幸，屢次替李承乾申辯。八月二十七日甲戌，追贈李承乾為恆山愍王。〇二十八日乙亥，汴哀王李璥去世。

冬，十月初二日戊申，玄宗車駕從東都出發。此前，敕令在明年二月二日駕臨西京。遇到宮中有怪異，次日，玄宗召宰相，商議立刻西行，返回西京。裴耀卿、張九齡說：「現在莊稼還沒有收割完，請求等到十一月出發。」李林甫暗中探知玄宗的想法，兩位宰相退出後，李林甫單獨留下來，對玄宗說：「長安、洛陽，是陛下的東宮、西宮而已，往來駕臨，何需另擇時日！假使妨礙農民收穫，只要免除所經之地的租稅就行了。臣請求宣示百官，當天西行回京。」玄宗很高興，同意了他的意見。路過陝州，因刺史盧奐為政優秀，就在他辦公的廳堂上題詞稱讚，然後離去。盧奐，是盧懷慎的兒子。二十一日丁卯，到達西京。

朔方節度使牛仙客，以前在河西，能夠節約費用，勤於職事，倉庫充盈，器械精良。玄宗聽說後就嘉獎他，想提拔他為尚書。張九齡說：「不可以。尚書，是古代的納言，唐建立以來，只有原來的宰相和揚名朝廷內外有德行威望的人才任此職。牛仙客本是河隴節度使典吏，如今突然位居清要高位，恐使朝廷蒙羞。」玄宗說：「那麼只加實封可以嗎？」回答說：「不可以。封爵是用來勉勵有功的人。邊防將領使倉庫充盈，整修器械，是日常的事務，不足以作為功績。陛下獎賞他的勤勉，賞賜給他黃金絹帛是可以的，裂土分封他，恐怕不適宜。」玄宗沉默無語。李林甫對玄宗說：「牛仙客，是宰相之才，任尚書有什麼不可以！張九齡一介書生，不識大體。」玄宗很高興。次日，又說起實封牛仙客這件事，張九齡像當初一樣固執己見。玄宗很生氣，臉色都變了，說：「事事都由著你嗎！」張九齡磕頭謝罪說：「陛下不知道臣愚昧，讓臣任職宰相，事情有不當之處，臣不敢不詳盡直言。」玄宗說：「你嫌牛仙客出身寒微，像你這樣又有什麼門第？」張九齡說：「臣是嶺南海邊孤陋卑微之人，比不上牛仙客生長在中原。然而臣出入於尚書省，典掌誥命已有多年，牛仙客是邊陲小吏，沒有看過書，如重用他，恐怕不符合大家的期望。」李林甫退朝後說：「如果有才幹識見，為什麼一定要會遣辭為文！天子任用一個人，有什麼不可以的！」十一月二十三日戊戌，賜牛仙客爵位為隴西縣公，實封食邑三百戶。

當初，玄宗想任命李林甫為宰相，詢問中書令張九齡，張九齡回答說：「宰相關係到國家的安危，陛下任用李林甫為宰相，臣擔心將來成為國家的憂患。」玄宗不加採納。當時張九齡正因為有文學才能被玄宗所器重，李林甫雖然心懷怨恨，但還是委曲心意奉事張九齡。侍中裴耀卿和張九齡關係好，李林甫也一併忌恨他。當時，玄宗在位年久，漸漸地恣意奢侈，怠於政事，而張九齡遇到事情無論大小都盡力諫諍，李林甫善於窺伺玄宗的心意，天天想方設法來中傷他。

玄宗為臨淄王時，趙麗妃、皇甫德儀、劉才人都受寵，趙麗妃生太子李瑛，皇甫德儀生鄂王李瑤，劉才人生光王李琚。等到即帝位，玄宗寵幸武惠妃，對麗妃等人的恩愛都淡薄了。武惠妃生壽王李瑁，玄宗對他寵愛超過諸子。太子與瑤、琚在宮中相會，各人因母親失寵有些不滿的話。駙馬都尉楊洄迎娶咸宜公主，他時常打探三位皇子的過失向武惠妃報告。武惠妃向玄宗哭訴：「太子暗中糾結黨羽，將要害我母子，還指責陛下。」玄宗大怒，把此事告訴了宰相，想把他們全都廢黜。張九齡說：「陛下登上帝位近三十年，太子和諸王沒有離開深宮，天天接受聖上的訓導。天下的人都慶幸陛下在位長久，子孫繁衍昌盛。如今三位皇子都已長大成人，沒有聽說有大的過錯，陛下怎麼能夠一朝因為一些無根據的話，在喜怒之際，把他們都廢黜呢！況且太子是天下之本，不能輕易動搖。從前晉獻公聽信驪姬的讒言殺了太子申生，三世大亂。漢武帝聽信江充的誣告治罪戾太子，引起京城流血事件。晉惠帝聽信賈后的讒言廢黜愍懷太子，中原地區生靈塗炭。隋文帝採納獨孤后之言廢黜太子勇，改立煬帝，便失去了天下。從這些例子看來，廢立太子不能不慎重。陛下一定要這樣做，臣不敢接受詔命。」玄宗很不高興。李林甫當初沒有說話，退朝後私下對受玄宗寵信的宦官說：「這是皇上家裡的事，何必詢問外人！」玄宗猶豫不決。武惠妃暗地派官奴牛貴兒對張九齡說：「有廢的必有立的，相公出手相助，宰相之位便可長久。」張九齡斥責了他，把他的話告訴了玄宗，玄宗對此很感動。所以直到張九齡被罷去相位，太子得以沒有變動。李林甫日夜向玄宗說張九齡的壞話，玄宗漸漸疏遠了張九齡。

李林甫推薦蕭炅擔任戶部侍郎。蕭炅一向不好學習，曾當著中書侍郎嚴挺之的面把「伏臘」讀成「伏獵」。嚴挺之對張九齡說：「臺省中怎可容許有『伏獵侍郎』！」因此把蕭炅外任為岐州刺史，所以李林甫怨恨嚴挺之。張九齡與嚴挺之相好，打算推薦他為宰相，曾對嚴挺之說：「李林甫尚書正受到玄宗的寵信，足下應當登門拜訪一次，與他親熱一下。」嚴挺之一向自恃意氣，鄙薄李林甫的為人，始終沒有登門，李林甫對他怨恨更深了。嚴挺之先前娶的妻子，被他休了，改嫁蔚州刺史王元琰。王元琰因貪汙罪被交付三司審訊，嚴挺之替他謀求免罪。李林甫身邊人乘到宮中機會告訴了玄宗，玄宗對宰相說：「嚴挺之替罪人請託經辦的官員。」張九齡說：「這是嚴挺之被休的妻子，其中不應該有私情。」玄宗說：「雖然離了婚，仍然還有私情。」於是加上以前積累的事情，玄宗認為裴耀卿、張九齡是結黨營私。十一月二十七日壬寅，以裴耀卿為左丞相，張九齡為右丞相，一併不再參議政事。任命李林甫兼中書令，牛仙客為工部尚書、同中書門下三品，領朔方節度使不變。嚴挺之貶為洺州刺史，王元琰流放嶺南。

玄宗即位以來，所任用的宰相，姚崇崇尚通達，宋璟崇尚法治，張嘉貞崇尚吏治，張說崇尚文學，李元紘、杜暹崇尚節儉，韓休、張九齡崇尚正直，各有所長。張九齡獲罪後，從此朝廷官員，都安身保位，不再直言。

李林甫想蒙蔽玄宗的視聽，自己獨攬大權，公然召集每個諫官，對他們說：「當今聖明的君主在上，群臣想要順從他都來不及，哪裡用得著多說話！各位沒有看到朝廷上設置的儀仗馬匹嗎？吃的是三品飼料，鳴叫一聲就趕出去，後悔也來不及了！」補闕杜璡曾上書言事，第二天，貶為下邽縣令，從此諫諍之路就斷絕了。

牛仙客既是李林甫所推薦的，只會唯諾附和而已。然而兩人都謹守法令章程，百官升遷任免，各有常規。即使有奇才異行的人，免不了到老也是按照常規調動，那些用巧言諂媚奸邪陰險自謀升遷的人，則可破格騰飛，自有其他的捷徑。

李林甫心機深隱難測，人們無法窺知他的心計所在。他喜歡用甜言蜜語引誘人，而在暗中傷人，不露聲色。凡是被玄宗所親厚的人，開始時親密地結交他；等到他的官位權勢稍微威脅到自己，就用計謀鏟除他。即使是老奸巨猾的人，也不能逃脫他的權術。

二十五年（丁丑　西元七三七年）

春，正月，初置玄學博士❶，每歲依明經❷舉。

二月，敕曰：「進士以聲韻為學❸，多昧❹古今，明經以帖誦❺為功，罕窮旨趣❻。自今明經問大義❼十條，對時務策❽三首，進士試大經十帖。」

戊辰❾，新羅王興光❿卒，子承慶⓫襲位。

乙酉⓬，幽州節度使張守珪破契丹於捺祿山。

己亥⓭，河西節度使崔希逸⓮襲吐蕃，破之於青海⓯西。初，希逸遣使謂吐蕃邊將[1]乞力徐曰：「兩國通好，今為一家，何必更置兵守捉⓰，妨人耕牧，請皆罷之。」乞力徐曰：「常侍忠厚，言必不欺。然朝廷未必專以邊事相委，萬一有姦人交鬬其間，掩吾不備，悔之何及！」希逸固請，乃刑白狗為盟⓱，各去守備，於是吐蕃畜牧被野。時吐蕃西擊勃律⓲，勃律來告急，上命吐蕃罷兵，吐蕃不奉詔，遂破勃律，上甚怒。會希逸傔人⓳孫誨入奏事，自欲求功，奏稱吐蕃無備，請掩擊⓴，必大獲。上命內給事㉑趙惠琮與誨偕往，審察事宜。惠琮等至，則矯詔㉒令希逸襲之。希逸不得已，發兵自涼州南入吐蕃境[2]二千餘里，至青海西，與吐蕃戰，大破之，斬首二千餘級，乞力徐脫身走。惠琮、誨皆受厚賞。自是吐蕃復絕朝貢㉓。

【章　旨】以上為第八段，寫唐邊將失信於吐蕃，挑起邊釁。

【注　釋】❶初置玄學博士　據《通典·選舉》、《唐會要·崇玄生》和《舊唐書·玄宗紀》、《新唐書·選舉志》等載，玄宗開元二十九年（西元七四一年）置崇玄學館於玄元皇帝廟，諸州置道學，令習《老子》等四經；生員習成後，每年隨舉人送尚書省，准明經考試。其博士置一員。《通鑑》載於二十五年，誤。玄學博士，崇玄學館教授官。教習《老子》、《莊子》、《文子》、《列子》。❷明經　唐科舉取士科目。主要考儒經。先試帖經，然後口試經義十條，並答時務策三條，按成績列為甲乙丙丁四等。❸進士以聲韻為學　永隆二年（西元六八一年）進士科始試雜文，故進士須注重聲韻之學。聲韻，又稱音韻，漢字字音中聲、韻、調三要素的總稱。辨析字音的三要素是音韻學的重要內容。❹昧　不瞭解。❺帖誦　帖，帖經，唐代進士、明經科考試項目之一。其辦法是以所習經書掩蓋兩端，中間唯開一行，裁紙為帖。凡帖三字，隨時增損，讓考生說出被帖的字。這種考試實際上是考對經文熟讀背誦的程度。以致考生取偏僻隱幽的經文，編為歌訣，熟讀記憶，以應付考試。因此稱帖誦。❻旨趣　宗旨；意義。❼問大義　口試經文意義。❽對時務策　對策，科舉考試的一種方式。具體做法是把設問寫在簡策上，讓考者對答。以當代政事為對策內容的，稱為對時務策。❾戊辰　二月二十四日。❿新羅王興光　新羅，西元四至九世紀在朝鮮半島東南部發展起來的一個國家，與唐朝關係甚為密切。興光，新羅王理洪弟，兄死繼任為王，西元七〇二—七三七年在位。襲兄為唐所封的豹韜衛大將軍雞林州都督之號。事見《舊唐書》卷一百九十九上、《新唐書》卷二百二十。⓫承慶　新羅國王，興光之子。西元七三七—七四三年在位。唐授開府儀同三司。⓬乙酉　三月十一日。⓭己亥　三月二十五日。⓮崔希逸　（？—西元七三八年）曾任宇文融勸農判官、鄭州刺史、江淮河南轉運副使。開元二十四年（西元七三六年）以散騎常侍為河西節度使，二十六年遷河南尹，赴任途中卒。其事散見《舊唐書》卷一百九十六上、《新唐書》卷二百十六上〈吐蕃傳〉等篇。⓯青海　湖名，我國最大的鹹水湖。在今青海東北部。⓰守捉　唐代前期戍邊軍隊，大者稱軍，小者稱守捉，其下還有城、鎮。軍、守捉、城、鎮皆有使。⓱盟　各方於神前立誓締約。⓲勃律　西域城邦名，有大勃律和小勃律。大勃律在今克什米爾東北部巴爾提斯坦；小勃律在其西北，今克什米爾吉爾吉特的雅辛河流域。唐開元中，先後冊封為王。小勃律王入朝於唐，以其地為綏遠軍，隸安西都護府。⓳傔人　又稱傔從，是唐軍鎮各級軍將所擁有的低級幕府成員。軍鎮大使三品以上有傔二十五人，遞減至子將只有傔二人。傔人由軍使自招，以供臨時遣用。⑳掩擊 即掩襲。乘人不備，突然襲擊。掩，遮蔽。㉑內給事 宦官名，內侍省宦官有內給事，地位僅次於內侍，掌管內侍省事。凡元正、冬至群臣朝賀皇后，則出入宣旨傳命。宮人衣服費用，亦由其承辦。㉒矯詔 詐稱皇帝的詔令。矯，假託；詐稱。㉓朝貢 朝聘、進貢。

【校 記】①邊將 原無此二字。據章鈺校，十二行本、乙十一行本皆有此二字，張敦仁《通鑑刊本識誤》、張瑛《通鑑校勘記》同，今據補。②境 原無此字。據章鈺校，十二行本、乙十一行本皆有此字，今據補。

【語 譯】二十五年（丁丑 西元七三七年）

春，正月，開始設置玄學博士，每年依照明經科考試選用。

二月，敕令說：「進士以聲韻為學業，大多不瞭解古今史實制度，明經以背誦試帖為功效，極少探討經義要旨。從現在起明經考試問大義十條，對時務策三題，進士考試大經十帖。」

二月二十四日戊辰，新羅王興光去世，其子承慶繼位。

三月十一日乙酉，幽州節度使張守珪在捺祿山打敗契丹。

三月二十五日己亥，河西節度使崔希逸襲擊吐蕃，在青海湖西邊打敗了他們。當初，崔希逸派遣使者對吐蕃邊將乞力徐說：「兩國互通友好，如今是一家人，何必又在守捉布置兵力，妨礙耕種放牧，請都撤走。」乞力徐說：「崔常侍忠厚，所說的話一定不假。然而唐朝廷未必把邊境事務全部委託給你，萬一有壞人在中間挑起衝突，趁我不備進行偷襲，那我後悔都來不及！」崔希逸再三請求，於是殺白狗締結盟約，各自撤去守備，於是吐蕃放牧的牲畜漫山遍野。這時吐蕃向西進攻勃律，勃律來朝廷告急，玄宗命令吐蕃撤兵，吐蕃不接受詔命，便打敗了勃律，玄宗大怒。恰好崔希逸的侍從孫誨回朝奏事，自己想求取功勞，上奏說吐蕃沒有防備，請求偷襲，必定大獲全勝。玄宗派內給事趙惠琮與孫誨一同前往，仔細觀察情況。趙惠琮等人抵達後，便偽託詔命要崔希逸偷襲吐蕃。崔希逸不得已，發兵從涼州南行進入吐蕃境內二千餘里，到達青海湖西邊，與吐蕃交戰，大敗吐蕃，斬首二千多級，乞力徐脫身逃走。趙惠琮、孫誨都受到重賞。從此吐蕃又斷絕了朝貢。

夏，四月辛酉❶，監察御史❷周子諒❸彈牛仙客非才，引讖書❹為證。上甚[1]怒，命左右撲❺於殿庭，絕而復蘇，仍杖之朝堂，流瀼州❻，至藍田❼而死。李林甫言：「子諒，張九齡所薦也。」甲子❽，貶九齡荊州❾長史❿。

楊洄⓫又譖⓬[2]太子瑛、鄂王瑤、光王琚⓭，云與太子妃兄駙馬薛鏽⓮潛搆異謀⓯。上召宰相謀之，李林甫對曰：「此陛下家事，非臣等所宜豫⓰。」上意乃決。乙丑⓱，使宦者宣制於宮中，廢瑛、瑤、琚為庶人，流鏽於瀼州。瑛、瑤、琚尋賜死城東驛，鏽賜死於藍田。瑤、琚皆好學有才識，死不以罪，人皆惜之。丙寅⓲，瑛舅家趙氏、妃家薛氏、瑤舅家皇甫氏，坐流貶者數十人，惟瑤妃家韋氏，以妃賢得免。

【章旨】以上為第九段，寫唐玄宗拒諫，貶張九齡，李林甫主政，太子瑛被廢。瑛、瑤、琚三子，以及駙馬薛鏽，均被賜死。

【注釋】❶辛酉　四月十七日。❷監察御史　官名，御史臺所屬察院的御史，執掌分察百官、巡按州縣，凡獄訟、軍戎、祭祀、營作、太府出納等都由監察御史監臨。❸周子諒　汝南（今河南汝南縣）人。見《柳宗元集》卷九，又散見《舊唐書》卷一百六〈李林甫傳〉、《新唐書》卷一百二十六〈張九齡傳〉等。❹讖書　載記巫師、方士製造的隱語或預言的書，被用來作為吉凶禍福符驗或徵兆的判斷依據。❺撲　擲擊。❻瀼州　州名，治所在今廣西上思西。❼藍田　縣名，縣治在今陝西藍田。❽甲子　四月二十日。❾荊州　州名，治所在今湖北荊州江陵城。❿長史　官名，州屬官。據《唐六典》，上州、中州設長史一人，下州不設。長史與別駕、司馬一起作為刺史的副貳，佐掌本州各曹事務。⓫楊洄　唐玄宗惠妃所生咸宜公主駙馬。此時唐玄宗寵愛惠妃，楊洄受惠妃指使譖害太子瑛，替惠妃之子壽王李瑁奪太子之位。⓬譖　打小報告；背後說人壞話。⓭太子瑛鄂王瑤光王琚　太子李瑛，唐玄宗第二子，其母趙麗妃，有才貌，善歌舞，深得唐玄宗寵愛，故李瑛在開元二年立為太子。鄂王李瑤之母皇甫德儀，光王李琚之母劉才人，均是唐玄宗在臨淄王邸時得幸的妃子。瑛、瑤、琚，三人之母，都是以色得幸。此時唐玄宗移情於惠妃，三人之母被冷落。惠妃於是趁機譖害太子瑛，以及瑤、琚，為己子壽王瑁奪太子之位。⓮薛鏽　太子妃之兄，尚玄宗第四女唐昌公主。⓯潛搆異謀　暗中圖謀不軌。⓰豫　同「與」。參與。李林甫代張九齡為相，稱揚壽王李瑁依附惠妃。李林甫用李勣回答唐高宗之問，以助成武則天奪取皇后之位，這裡李林甫助成壽王李瑁奪取太子之位。⓱乙丑　四月二十一日。⓲丙寅　四月二十二日。

【校　記】①甚　原無此字。據章鈺校，十二行本、乙十一行本皆有此字，今據補。②譖　原作「奏」。據章鈺校，十二行本、乙十一行本皆作「譖」，今據改。

【語　譯】夏，四月十七日辛酉，監察御史周子諒彈劾牛仙客沒有才幹，引用讖書作為證明。玄宗大怒，命令身邊的人在殿庭中暴打他，周子諒被打昏後又醒過來，仍然在朝堂上用棍棒打他，把他流放瀼州，到了藍田縣就死了。李林甫說：「周子諒是張九齡推薦的人。」二十日甲子，把張九齡貶為荊州長史。

楊洄又譖毀太子李瑛、鄂王李瑤、光王李琚，跟太子妃的哥哥駙馬薛鏽暗中圖謀不軌。玄宗召集宰相商議此事，李林甫回答說：「這是陛下的家事，不是臣等所應參與的。」於是玄宗下定決心。四月二十一日乙丑，派宦官在宮中宣讀制書，廢李瑛、李瑤、李琚為庶人，把薛鏽流放到瀼州。李瑛、李瑤、李琚不久被賜死在城東驛，薛鏽被賜死在藍田。李瑤、李琚都好學而有才識，不是因罪而死，人們都很惋惜。二十二日丙寅，李瑛舅家趙氏、妃子家薛氏、李瑤舅家皇甫氏，被牽連流放降職的有幾十人，只有李瑤妃子家韋氏，因妃子賢惠而免於處罰。

五月，夷州❶刺史楊濬坐贓當死，上命杖之六十，流古州❷。左丞相裴耀卿上疏❸，以為：「決杖贖死，恩則甚優❹。解體受笞，事頗為辱，止可施之徒隸❺，不當及於士人❻。」上從之。

癸未❼，敕以方隅❽底定，令中書門下❾與諸道節度使量軍鎮閒劇利害❿，審計兵防定額，於諸色征人⓫及客戶⓬中召募丁壯，長充邊軍，增給田宅，務加優恤⓭。

辛丑⓮，上命有司選宗子⓯有才者，授以臺省⓰及法官⓱、京縣⓲官。敕曰：「違道慢⓳常，義無私於王法。修身效節⓴，恩豈薄於它人！期於帥先，勵我風俗。」

秋，七月己卯㉑，大理少卿㉒徐嶠㉓奏：「今歲天下斷死刑五十八。大理獄院，由來相傳殺氣太盛，鳥雀不棲，今有鵲巢其樹。」於是百官以幾致刑措㉔，上表稱賀。上歸功宰輔㉕，庚辰㉖，賜李林甫爵晉國公，牛仙客豳國公。

上命李林甫、牛仙客與法官刪修律令格式㉗成，九月壬申㉘，頒行之。

先是，西北邊數十州多宿重兵，地租㉙營田㉚皆不能贍㉛，始用和糴㉜之法。有彭果㉝者，因牛仙客獻策，請行糴法於關中。戊子㉞，敕以「歲稔㉟穀賤傷農，命增時價什二三，和糴東、西畿㊱粟各數百萬斛，停今年江、淮所運租。」自是關中蓄積羨溢㊲，車駕不復幸東都矣。癸巳㊳，敕河南、北租應輸含嘉、太原倉者，皆留輸本州。

太常博士㊴王璵㊵上疏請立青帝壇㊶以迎春，從之。冬，十月辛丑㊷，制自今立春㊸親迎春於東郊。

時上頗好祀神鬼，故璵專習祠祭㊹之禮以干時。上悅之，以為侍御史㊺，領祠祭使㊻。璵祈禱或焚紙錢㊼，類巫覡㊽。習禮者羞之。壬申㊾，上幸驪山溫泉㊿。乙酉(51)，還宮。○己丑(52)，開府儀同三司(53)廣平文貞公宋璟薨。

十二月丙午(54)，惠妃武氏薨，贈諡貞順皇后。是歲，命將作大匠(55)康䛒素[1]之東都毀明堂(56)。䛒素上言：「毀之勞人，請去上層，卑於舊九十五尺，仍舊為乾元殿(57)。」從之。

初令租庸調、租資課，皆以土物輸京都(58)。

【章旨】以上為第十段，唐玄宗完成募兵制的改革，用招募的長征兵戍邊。用和糴法儲糧京師，兩京用土物代租賦，有利國計民生。

【注釋】❶夷州　州名，治所初在今貴州石阡，不久移至今貴州石阡西南，後移至今貴州鳳岡西北綏陽場。❷古州　州名，貞觀十二年（西元六三八年）置，治所今闕，當在廣西境。❸疏　書面向皇帝陳述政見。❹決杖贖死二句　據《唐六典・刑部員外郎》，贖罪用銅，絞斬死罪，贖銅不超過一百二十斤，但無以杖贖死的規定。故《舊唐書・裴耀卿傳》所載疏文有「雜犯死罪，（贖）無杖刑」。此謂「決杖贖死，恩則甚優」，乃奉承之言。決，判決。贖，贖罪。❺徒隸　徒，服勞役的人。隸，奴僕。❻士人　士大夫。❼癸未　五月初十日。❽方隅　邊境四方。❾中書門下　唐代宰相議政、辦公機構。唐承隋制，置中書、尚書、門下三省，三省長官和他官所任宰相共同在門下省的政事堂議論政事。永淳二年（西元六八三年）中書令裴炎執政事筆，遷政事堂於中書省。開元十一年（西元七二三年）中書令張說，改政事堂為中書門下，設吏、樞機、兵、戶、刑、禮五房，分科辦理政務。原來的政事堂只是宰相議政之所，現在，中書門下成為宰相辦公的機構。❿閒劇利害　指軍鎮事務的輕重緩急。閒，輕鬆。劇，事務繁重，情況緊急。利害，調權衡兵多與兵少所產生的影響。⓫諸色征人　各種被徵發的戍邊軍士。色，種類。⓬客戶　流寓他鄉非土著的住戶。⓭優恤　從優安置。⓮辛丑　五月二十八日。⓯宗子　皇族子弟。⓰臺省　唐代曾以尚書省為中臺、門下省為東臺、中書省為西臺，故總稱三省為臺省。⓱法官　指刑部、御史臺、大理寺官，皆與刑獄司法有關。⓲京縣　唐以長安（在今陝西西安西）、萬年（在今陝西西安東）、河南（縣治在洛水南外郭城的寬政坊，在今河南洛陽）、洛陽（縣治在洛水北外郭城的毓德坊，在今河南洛陽南）、太原（在今山西太原西南）、晉陽（在今山西太原南）六縣為京縣。⓳慢　怠慢；輕忽。⓴效節　效忠、守節操。㉑己卯　七月初七日。㉒大理少卿　官名，大理寺副長官，協助長官大理卿掌邦國折獄詳刑之事。㉓徐嶠　字巨山，徐堅之子，開元中任駕部員外郎、集賢院直學士、中書舍人、河南尹、大理少卿。傳見《新唐書》卷一百九十九。㉔幾致刑措　刑法幾乎不用。措，廢棄；放棄。㉕宰輔　輔政大臣，指宰相。㉖庚辰　七月初八日。㉗律令格式　唐朝四種法律文書。律，是刑法，用刑治罪的條文，具有根本法性質。令，是規則制度的規定，偏重於教誡。格，是禁人違反的條例。式，是要人遵循的章程。李林甫等刪修律令格式，見《舊唐書》卷五十。㉘壬申　九月初一。㉙地租　唐代前期的地租，一是武德（西元六一八—六二六年）以來在均田制基礎上徵收課戶的每丁租粟二石，二是普遍徵收的每畝二升的地稅。㉚營田　屯田的另一種稱呼。唐代的邊防鎮守軍，供給轉輸困難的，便就地屯墾田地以增加軍儲。開始主要是軍屯。後來逐漸把屯田稱為營田。營田由邊區發展到內地，軍營之外，增加了民營。管理營田的有工部的屯田郎中、司農寺，軍士營田掌握在節度使兼任的營田使手中。㉛贍　供給。㉜和糴　官府出錢購買民糧，以供軍用。名義上雙方協商交易，稱和糴。實際上往往按戶攤派，限期徵購，強制民戶賤價出售，和賦稅沒有本質區別。唐代後期的和羅就是如此。㉝彭果　（？—西元七四七年）累官南海太守，後因贓罪決杖，死於流放途中。㉞戊子　九月十七日。㉟歲稔　豐收年。㊱東西畿　畿，古代王都所在的千里地區稱畿，即所謂「邦畿千里」。唐顯慶二年（西元六五七年）以洛陽為東都，又稱東京，因稱長安為西都，又稱西京。故東畿指洛陽地區，西畿指長安地區。㊲羨溢　羨，剩餘。溢，滿。㊳癸巳　九月二十二日。㊴太常博士　官名，太常卿屬員，掌管五禮儀式的增減，大祭祀和大典禮時導引乘輿、唱行禮儀以及擬定謚號等事。㊵王璵　（？—西元七六八年）以祭祀、妖妄承恩而官至中書侍郎、同中書門下平章事。傳見《舊唐書》卷一百三十、《新唐書》卷一百七。㊶青帝壇　為祭祀青帝的祭壇。青帝，天帝名，東方之神。又東方為春，青帝又為春神。㊷辛丑　十月初一日。㊸立春　二十四節氣之一。時間在每年陽曆二月初四日或初五日。為春季的開始。㊹祠祭　此謂祭祀禮儀。或據《詩·天保》注，春祭曰祠，認為祠祭即春祭。㊺侍御史　官名，為御史臺三院御史中地位最高的臺院御史，主要執掌臺內常務，彈奏百官，推鞫獄訟，並參與三司理事。㊻祠祭使　使職名，主持春祭的專使。此時始置。㊼焚紙錢　漢朝已有錢幣殉葬之俗，見《史記·酷吏列傳》及其《集解》。後世演變為焚紙錢以事鬼神。㊽巫覡　男女巫的合稱。巫，女巫。覡，男巫。㊾壬申　十一月初二日。㊿驪山溫泉　驪山是秦嶺一支脈，在今陝西臨潼南部，其北麓有溫泉。貞觀十八年（西元六四一年）太宗建湯泉宮，高宗改名溫泉宮，玄宗改名華清宮，溫泉又稱華清池。(51)乙酉　十一月十五日。(52)己丑　十一月十九日。(53)開府儀同三司　散官名，唐文散官二十九階，開府儀同三司為最高階，從一品。(54)丙午　十二月初七日。(55)將作大匠　官名，將作監長官，職掌兩京宮室、宗廟、城廓、官廨、樓臺、橋道的土木營建。(56)明堂　古代帝王布政施教的地方。凡朝會、祭祀、慶賞、選士等大典，均在此舉行。唐明堂武則天垂拱四年（西元六八八年）於東都建成，證聖元年（西元六九五年）焚於火，天冊萬歲二年（西元六九六年，即萬歲登封元年、萬歲通天元年）重建。至是拆去上層。(57)乾元殿　宮殿名，麟德二年（西元六六五年）在隋含元殿舊址建成。(58)初令租庸調租資課二句　租庸調，唐初高祖、太宗時定下的賦役制度。規定每丁每年向官府交粟二石，叫租；交綾絹各二丈，布加五分之一，交綾絹絁的兼交棉三兩，交布的兼交麻三斤，叫調；每丁每年服役二十日叫役，若不服役，每日交絹三尺，叫做庸。資課，是開元以來的新法，以資代色役（諸色差役）的課稅，同納庸代正役相似，不過其種類複雜，情況多變。《通鑑》此條記載係綜合本年下述敕令：一是鑑於關輔蠶桑寡少，百姓賤糶菽粟、貴買絹帛以輸庸調，三月敕令今後關內庸、調、資課，按時價折交粟米，送於京師，路遠處還可交當地收貯，而有蠶桑的河南、河北，則可折租粟為絹，以代關中的調課（見《通典》卷六〈食貨·租稅下〉）；二是鑑於原來所定各地貢獻物資多非土產，有的需向外地買來，有的本地產物又未規定交納，故敕令中書門下會同朝集使，按「隨便」原則提出改革意見，作為今後貢獻的定準。這就是載於《唐六典・戶部郎中》的十道賦調和土貢的新規定。《通鑑》雖未完全反映這些敕令的內容，但它取其以土物輸納租庸調和資課，注重其補漏救弊的新意，故冠以「初令」，表明編者的見識和用心。

【校　記】①康詧素　原作「康諐素」。嚴衍《通鑑補》於「諐」字加方括號，已意識到「諐」係誤字。《舊唐書・禮儀志二》、《新唐書・禮樂志三》皆作「康詧素」，當是，今據校正。諐，同「愆」，罪也；過也，不宜用作人名。詧，同「辯」，用作人名，義尚可取。本卷下文「詧素」，原亦誤作「諐素」，今一併校正。

【語　譯】五月，夷州刺史楊濬犯貪贓罪該處死刑，玄宗命令打六十杖，流放到古州。左丞相裴耀卿上疏，認為：「判杖刑贖死罪，恩澤十分優厚。脫掉身上的衣服，遭受鞭笞，此事頗為侮辱，只能用之於囚徒奴隸，不該用於士大夫。」玄宗同意了他的意見。

五月初十日癸未，下敕書說因四方安定，命令中書門下與各道節度使衡量軍鎮的緩急和利害關係，審計邊防士兵的定額，在各種被徵發的人和寄籍戶口中招募壯丁，長期充當邊防軍，增加他們的田地住宅，務必加以優恤。

五月二十八日辛丑，玄宗命令有關部門選拔皇族子弟中有才幹的，授予他們臺省官、法官、京縣官。下敕書說：「如果你們違背正道，漠視綱常，我正義無私於王法。如果你們能修身效忠，皇恩難道會少於別人！希望你們率先示範，激勵我朝風俗。」

秋，七月初七日己卯，大理少卿徐嶠上奏：「今年全國判處死刑的有五十八人。大理獄院內，從來相傳殺氣太重，鳥雀都不棲息，現在有喜鵲在院內樹上做巢了。」於是百官認為幾乎刑罰停止不用，上表祝賀。玄宗把功勞歸於宰相。初八日庚辰，賜李林甫爵號為晉國公，牛仙客爵號為豳國公。

玄宗任命李林甫、牛仙客與法官一起刪改修訂的律令格式工作完成，九月初一日壬申，頒布施行。

此前，西北邊境幾十個州屯駐重兵，地租和營田收入都不能供養，便開始採用和糴的辦法。有個叫彭果的人，通過牛仙客獻策，請在關中實行和糴法。九月十七日戊子，下敕書說「因年歲豐收穀賤傷農，命令在當時糧價基礎上加價十分之二三，收購東都、西都附近粟米各幾百萬斛，停止今年江、淮地區所運的租糧。」

從此關中糧儲充溢，玄宗不再親臨東都了。二十二日癸巳，下敕書河南、河北糧租應輸往含嘉倉、太原倉的，都留下輸往本州。

太常博士王璵上疏請求建立青帝壇用來迎春，玄宗採納了。冬，十月初一日辛丑，玄宗下制書從現在開始立春日親自在東郊迎春。

當時玄宗十分喜歡祭祀鬼神，所以王璵專門學習祭祀的禮儀以求利當時。玄宗很喜歡王璵，任命他為侍御史，領祠祭使。王璵祈禱有時焚燒紙錢，好像巫師。熟悉禮儀的人為他感到羞恥。

十一月初二日壬申，玄宗到達驪山溫泉。十五日乙酉，回宮。〇十九日己丑，開府儀同三司廣平文貞公宋璟去世。

十二月初七日丙午，武惠妃去世，贈謚號為貞順皇后。

這一年，命令將作大匠康䛒素去東都拆毀明堂。康䛒素上奏說：「毀掉明堂人很勞苦，請拆除上層，低於原來九十五尺，仍舊為乾元殿。」玄宗採納了這一建議。

朝廷首次下令各地徵收的租庸調、租資課，都用各地土產運送到京都。

二十六年（戊寅　西元七三八年）

春，正月乙亥❶，以牛仙客為侍中。

丁丑❷，上迎氣❸於滻水之東。〇制邊地長征兵，召募向足❹。自今鎮兵勿復遣，在彼者縱還。〇令天下州、縣，里別置學❺。

壬辰❻，以李林甫領隴右節度副大使❼，以鄯州都督❽杜希望❾知留後❿。

二月乙卯⑪，以牛仙客兼河東節度副大使。○己未⑫，葬貞順皇后⑬于敬陵⑭。○壬戌⑮，敕河曲六州胡坐康待賓散隸諸州者⑯，聽還故土，於鹽⑰、夏⑱之間置宥州⑲以處之。

三月，吐蕃寇河西，節度使崔希逸擊破之。鄯州都督、知隴右留後杜希望攻吐蕃新城，拔之，以其地為威戎軍⑳，置兵一千戍之。

夏，五月乙酉㉑，李林甫兼河西節度使。○丙申㉒，以崔希逸為河南尹。希逸自念㉓失信於吐蕃，內懷愧恨，未幾而卒。

太子瑛既死，李林甫數勸上立壽王瑁。上以忠王璵㉔年長，且仁孝恭謹，又好學，意欲立之，猶豫歲餘不決。自念春秋㉕浸高，三子同日誅死，繼嗣未定，常忽忽不樂，寢膳為之減。高力士乘間請其故，上曰：「汝，我家老奴，豈不能揣我意！」力士曰：「得非以郎君㉖未定邪？」上曰：「然。」對曰：「大家㉗何必如此虛勞聖心，但推長而立，誰敢復爭！」上曰：「汝言是也！汝言是也！」由是遂定。

六月庚子㉘，立璵為太子。

辛丑㉙，以岐州刺史蕭炅為河西節度使總留後事，鄯州都督杜希望為隴右節度使，太僕卿[30]王昱為劍南節度使，分道經略吐蕃，仍毀所立赤嶺碑[31]。突騎施可汗蘇祿[32]素廉儉，每攻戰所得，輒與諸部分之，不留私蓄，由是眾樂為用。既尚唐公主[33]，又潛通突厥及吐蕃，突厥、吐蕃各以女妻之。蘇祿以三國女為可敦[34]，又立數子為葉護[35]，用度浸廣。由是攻戰所得，不復更分。晚年病風，一手攣縮[36]，諸部離心。酋長莫賀達干、都摩度兩部最彊，其部落又分為黃姓、黑姓[37]，互相乖阻[38]，於是莫賀達干勒兵夜襲蘇祿，殺之。都摩度初與莫賀達干連謀，既而復與之異，立蘇祿之子骨啜為吐火仙可汗，以收其餘眾，與莫賀達干相攻。莫賀達干遣使告磧西節度使[39]蓋嘉運，上命嘉運招集突騎施、拔汗那[40]以西諸國。吐火仙與都摩度據碎葉城[41]，黑姓可汗爾微特勒[42]據怛邏斯城[43]，相與連兵以拒唐。

太子將受冊命[44]，儀注[45]有中嚴、外辦[46]及絳紗袍，太子嫌與至尊同稱，表請易之。左丞相裴耀卿奏停中嚴，改外辦曰外備，改絳紗袍為朱明服。秋，七月己巳[47]，上御宣政殿[48]，冊太子。故事，太子乘輅[49]至殿門。至是，太子不就輅，自其宮步入。是日，赦天下。己卯[50]，冊忠王妃韋氏為太子妃。

杜希望將鄯州之眾奪吐蕃河橋，築鹽泉城[51]於河左。吐蕃發兵三萬逆戰。希望眾少不敵，將卒皆懼。左威衛郎將[52]王忠嗣[53]帥所部先犯其陳，所向闢易，殺數百人，虜陳亂。希望縱兵乘之，虜遂大敗。置鎮西軍於鹽泉。忠嗣以功遷左金吾將軍[54]。

八月辛巳[55]，勃海王武藝[56]卒，子欽茂立。

九月丙申[57]朔，日有食之。

初，儀鳳[58]中，吐蕃陷安戎城[59]而據之。其地險要，唐屢攻之，不克。劍南節度使王昱[60]築兩城於其側，頓軍蒲婆嶺[61]下，運資糧以逼之。吐蕃大發兵救安戎城，昱眾大敗，死者數千人。昱脫身走，糧仗軍資皆棄之。貶昱栝州[62]刺史，再貶高要[63]尉而死。

戊午[64]，冊南詔蒙歸義[65]為雲南王。歸義之先本哀牢夷[66]，地居姚州[67]之西，東南接交趾[68]，西北接吐蕃。蠻語謂王曰詔。先有六詔[69]：曰蒙舍，曰蒙越，曰越析，曰浪穹，曰樣備，曰越澹，兵力相埒，莫能相壹，歷代因之以分其勢。蒙舍最在南，故謂之南詔。高宗時，蒙舍細奴邏初入朝。細奴邏生邏盛，邏盛生盛邏皮，盛邏皮生皮邏閣[70]。皮邏閣浸彊大，而五詔微弱。會有破洱河蠻之功，乃賂王昱，求合六詔為一。昱為之奏請，朝廷許之，仍賜名歸義。於是以兵威脅服羣蠻，不從者滅之。遂擊破吐蕃，徙居大和城71，其後卒為邊患72。

冬，十月戊寅73，上幸驪山溫泉。壬辰74，上還宮。

是歲，於西京、東都往來之路作行宮75千餘間。○分左右羽林置龍武軍76，以萬騎營77隸焉。

潤州78刺史齊澣79奏：「舊[1]自瓜步80濟江迂六十里，請自京口埭81下直濟江，穿伊婁河二十五里即達揚子縣82，立伊婁埭。」從之。

【章旨】以上為第十一段，寫唐玄宗立第三子李璵為太子，即唐肅宗。唐聯南詔制約吐蕃，留下西南邊境隱患。

【注釋】❶乙亥　正月初六日。❷丁丑　正月初八日。❸迎氣　據《舊唐書・禮儀志》，每歲立春之日，祀青帝於東郊；立夏，祀赤帝於南郊；立秋，祀白帝於西郊；立冬，祀黑帝於北郊，是謂迎氣。此次迎氣，當是祀青帝迎春之禮。祀青帝，祠祭迎春。氣，節氣。❹向足　指招募長征健兒已接近足夠。向，趨向；接近。❺令天下州縣二句　他本此處標點里與州、縣並列，誤。《唐大詔令集》、《冊府元龜》載正月丁丑制：「宜令天下州縣，每一鄉之內，里別各置學，仍擇師資，令其教授。」故應讀作「令天下州、縣，里別置學」。❻壬辰　正月二十三日。❼隴右節度副大使　使職名，為隴右方鎮的差遣副長官。隴右節度使，隴右方鎮長官。開元元年（西元七一三年）始置，其目的是抵禦吐蕃，治所在今青海樂都。節度使一般由親王遙領或空闕，執行節度使由副大使到任稱某某節度副大使知節度事，省稱為節度使。即節度使實為副大使。❽鄯州都督　鄯州，州名，治所在今青海樂都。都督，官名，為邊區地方軍事長官，掌所統諸州兵馬、甲械、城隍、鎮戍、糧廩等軍事行政事務。❾杜希望　杜佑之父。傳見《舊唐書》卷一百四十七、《新唐書》卷一百六十六。❿留後　地方軍政長官因進京朝覲，或遙領未曾到任，或其他公務離開治所，則常擇一人總攝後事或監留府事，稱為留後。開元時親王授節度、都護、都督之職但不到任，稱親王遙領，由在鎮副職知節度、都護、都督職事。有的鎮將入朝為宰相，但節度、都督之職如故，或宰相授節度、都督而不到任，稱宰相遙領，其鎮務由留後攝知。此時，隴右是二者兼有，榮王滉為隴右節度大使，李林甫為副大使，都屬遙領，實際鎮務由鄯州都督杜希望以留後攝知。⑪乙卯　二月十七日。⑫己未　二月二十一日。⑬貞順皇后　武惠妃謚號。⑭敬陵　在今陝西長安東。⑮壬戌　二月二十四日。⑯河曲六州胡坐康待賓散隸諸州者　河曲六州胡，調露元年（西元六七九年）於靈州（治所在今甘肅靈武）、夏州（治所在今內蒙古烏審旗南白城子）南界置魯、麗、含、塞、依、契六州以處降胡，故稱為河曲六州胡，稱這些州為六胡州。開元九年（西元七二一年）胡人康待賓反，次年餘黨盡平後，遷殘胡五萬餘口於許、汝、唐、鄧、仙、豫等州。至是，允許散居的六州胡歸還故土。⑰鹽　即鹽州，州名，治所在今陝西定邊。⑱夏　州名，治所在今陝西橫山縣西。⑲宥州　州名，治所在今內蒙古鄂托克旗南。⑳威戎軍　軍鎮名，在今青海門源回族自治縣。㉑乙酉　五月十八日。㉒丙申　五月二十九日。㉓念　考慮。㉔忠王璵　即肅宗李亨（西元七一一—七六二年），玄宗第三子。西元七五六—七六二年在位。事詳《舊唐書》卷十、《新唐書》卷六。㉕春秋　指年齡。㉖郎君　指嗣君。㉗大家　宮中近臣或后妃對皇帝的稱呼。㉘庚子　六月初三日。㉙辛丑　六月初四日。㉚太僕卿　官名，太僕寺長官，掌輿馬及監牧之事。㉛赤嶺碑　開元二十一年（西元七三三年）應金城公主之請，立碑於赤嶺（今青海湟源日月山），為唐與吐蕃的分界。㉜蘇祿　（？—西元七三八年）本為突騎施首領娑葛的部將，娑葛為突厥默啜殺後，乃自立為可汗。勢力漸強，稱雄西域，受唐封為左羽林大將軍、金方道經略大使，冊立為忠順可汗。事見《舊唐書》卷一百九十四下、《新唐書》卷二百十五下。㉝尚唐公主　唐玄宗以突厥阿史那懷道之女為金河公主，妻蘇祿。按，本書卷二百十二作「交河公主」，但據岑仲勉考證應是「金河公主」。見《唐史餘瀋》卷二〈金河與交河公主〉。㉞可敦　可汗之妻。㉟葉護　突厥官名，突厥大臣有二十八等，葉護為最高一等官。㊱攣縮　蜷曲而不能伸。㊲黃姓黑姓　突騎施種人自謂娑葛後者為黃姓，蘇祿部為黑姓。㊳乖阻　乖違隔閡；不和諧。㊴磧西節度使　使職名，又稱安西四鎮節度使，或四鎮節度使，為磧西方鎮的差遣長官，開元六年（西元七一八年）置。其目的是安撫西域諸族。統安西、疏勒、于闐、焉耆四鎮，伊吾、翰海二軍和西州，治所與安西都護府相同，先在西州（今新疆吐魯番東高昌故城），後移龜茲（今新疆庫車），節度使例兼都護。㊵拔汗那　即大宛，西域城邦名，王治貴山城（前蘇聯中亞列寧巴納德或卜散賽）。唐玄宗改其國名為寧遠，並以宗室女為公主，妻其王。㊶碎葉城　城名，故址在吉爾吉斯斯坦北部托克馬克附近。㊷特勒　特勤之誤。《通鑑》的「特勒」，據西元一八八九年發現的〈闕特勤碑〉皆「特勤」之誤。特勤為突厥可汗子弟的稱呼，猶言王子。㊸怛邏斯城　城名，在今哈薩克共和國江布爾。㊹冊命　即冊封。㊺儀注　即《儀禮注》。《儀禮》是儒家經典之一，春秋戰國時代部分禮制的彙編。共十七篇。相傳是周公制作，孔子訂定。而實際成書是在戰國初期至中葉。《儀禮注》是東漢鄭玄所著。㊻中嚴外辦　在舉行臨軒冊立皇太子禮儀中，準備活動過程的稱號。據《新唐書·禮樂志》，冊立皇太子的禮儀，當宮官和衛隊布置完畢後，左庶子奏請「中嚴」，便開始由侍衛官迎皇太子出宮。侍中請「中嚴」，有司與群臣就位。侍中奏「外辦」，皇帝出房就座，皇太子就位。這樣一切準備完畢，接著便舉行讀冊、受冊、受璽綬的儀式。㊼己巳　七月初二。㊽宣政殿　為天子常朝之所，在大明宮含元殿之後，門下省和中書省便在殿的左右兩側。㊾輅　即輅車、挽車。二人挽（拉），一人推。車前有一橫木，供挽車用。㊿己卯　七月十二日。(51)鹽泉城　城名，在隴右道河州西北，今青海循化撒拉族自治縣境內。(52)左威衛郎將　武官名，唐兵制十二衛有左右威衛，但無郎將，只有所隸屬的翊府有左右郎將，故此左威衛郎將應是其翊府中郎將的省稱。威衛翊府中郎將掌領本府校尉旅帥從事宿衛。(53)王忠嗣　（西元七〇四—七四九年）本名訓，太原祁（今山西祁縣）人，以其父死王事，玄宗賜名忠嗣。官至河西、隴右、朔方、河東四鎮節度使。後為李林甫使人誣陷而貶死。傳見《舊唐書》卷一百三、《新唐書》卷一百三十三。(54)左金吾將軍　武官名，唐十二衛有左右金吾衛，左金吾將軍位居該衛府長官左金吾大將軍之次，職掌宮中及京城晝夜巡警，執捕奸人。皇帝出行則為儀仗，狩獵則為營衛。(55)辛巳　閏八月十五日。(56)勃海王武藝　（？—西元七三七年）勃海靺鞨首領，大祚榮之子，西元七一九—七三七年在位。事見《舊唐書》卷一百九十九下、《新唐書》卷二百十九。(57)丙申　九月初一日。(58)儀鳳　唐高宗年號（西元六七六—六七八年）。(59)安戎城　城名，在今四川馬爾康東南。高宗時築。(60)王昱　開元時人，曾任太僕卿、益州刺史、劍南節度使。其事散見《舊唐書》卷一百九十六上、《新唐書》卷二百十六上〈吐蕃傳〉等。(61)蒲婆嶺　《新唐書·吐蕃傳》作「蓬婆嶺」。在今四川阿壩藏族羌族自治州西南。(62)栝州　即括州，州名，治所在今浙江麗水縣東南。(63)高要　縣名，縣治在今廣東高要。(64)戊午　九月二十三日。(65)蒙歸義　（？—西元七四八年）南詔王，本名皮邏閣，唐玄宗賜名歸義。事見《舊唐書》卷一百九十七、《新唐書》卷二百二十二中。(66)哀牢夷　漢朝時居住在今雲南地區的少數民族。(67)姚州　州名，治所在今雲南姚安北。(68)交趾　漢代州名，後分置交、廣二州，再析置越州。唐初交州屬嶺南道。調露元年（西元六七九年）於此置安南都護府，治所在宋平（今越南境內），由交州刺史充任。(69)六詔　烏蠻在洱海地區建立的六個王國名。六詔名稱，《新唐書·南詔傳》作蒙嶲詔、越析詔、浪穹詔、邆賧詔、施浪詔、蒙舍詔。樊綽《雲南志》同。與《通鑑》據《雲南別錄》所載，有蒙越、樣備、越澹三詔相異。據前人考證，樣備是邆賧之別名，蒙越與蒙嶲當即一地。唯越澹眾說紛紜，尚難確定。參見趙呂甫《雲南志校釋》。(70)盛邏皮生皮邏閣　南詔蒙氏父名後一個字，為子名前一個字，有父子連名的習俗。皮邏閣，著名的南詔王，賜名蒙歸義、歸義，封越國公、臺登郡王。傳見《舊唐書》卷一百九十七、《新唐書》卷二百二十二上。(71)大和城　城名，在今雲南大理南十五里太和村。(72)卒為邊患　指南詔統一，留下西南邊境隱患。(73)戊寅　十月十四日。(74)壬辰　十月二十八日。(75)行宮　京城以外供帝王出行時居住的宮殿。(76)分左右羽林置龍武軍　左右羽林，即左右羽林軍，唐北衙禁軍名。龍朔二年（西元六六二年）改左右屯營置。主要職責是守護宮城，警衛皇宮，大朝會和行幸則護衛天子。羽林軍為天子直接掌握，歷來被用以牽制南衙禁軍。龍武軍，左右羽林軍分置左右龍武軍，分置時間，《通典》卷二十八作本年十一月。從此，唐北門四軍正式確立。(77)萬騎營　唐朝皇帝的貼身警衛部隊。唐太宗整頓「北門屯兵」設置左右屯營，定名為「飛騎」，並從中選出驍勇善騎射的百人做貼身警衛，稱「百騎」。武則天擴大其規模，改「百騎」為「千騎」，中宗又擴「千騎」為「萬騎」，分左右營，稱萬騎營。(78)潤州　州名，治所在今江蘇鎮江市。(79)齊澣　（西元六七五—七四六年）字洗心，定州義豐（今河北安國）人，官至尚書右丞。傳見《舊唐書》卷一百九十中、《新唐書》卷一百二十八。(80)瓜步　在今江蘇六合南。(81)京口埭　京口，即今江蘇鎮江市。埭，提高水位的土壩。(82)穿伊婁河二十五里即達揚子縣　伊婁河為在瓜州上穿鑿的運河，全長二十五里。《全唐文》卷三百五十三有〈請開伊婁河奏〉。按，《元和郡縣圖志》卷二十五丹徒縣條云：「江今闊一十八里。」則伊婁河當以一十五里為是。揚子縣，縣名，縣治在今江蘇揚州。

【校　記】[1]舊　原無此字。據章鈺校，十二行本、乙十一行本皆有此字，今據補。

【語　譯】二十六年（戊寅　西元七三八年）

春，正月初六日乙亥，任命牛仙客為侍中。

正月初八日丁丑，玄宗在滻水的東邊祭祀迎接春氣。○下制書說邊疆的長征兵，招募接近滿額。從今以後，鎮兵不再派送，已在邊地的放回去。○下令全國的州、縣，里另行設置學校。

正月二十三日壬辰，任命李林甫兼領隴右節度副大使，任命鄯州都督杜希望知留後。

二月十七日乙卯，任命牛仙客兼河東節度副大使。○二十一日己未，把貞順皇后安葬在敬陵。○二十四日壬戌，敕令河曲六州的胡人因受康待賓叛亂牽連而散屬各州的，准許他們返回故土，在鹽州、夏州之間設置宥州來安置他們。

三月，吐蕃入侵河西，節度使崔希逸打敗了他們。鄯州都督、知隴右留後杜希望攻打吐蕃新城，攻克了它，在那裡設置威戎軍，派兵一千人戍守。

夏，五月十八日乙酉，李林甫兼河西節度使。○二十九日丙申，任命崔希逸為河南尹。崔希逸自己想到失信於吐蕃，內懷愧恨，沒多久就死了。

太子李瑛死後，李林甫一再勸說玄宗立壽王李瑁為太子。玄宗認為忠王李璵年長，而且仁孝恭謹，又好學，心裡的主意是想立他為太子，猶豫了一年多也沒有決定。玄宗想到自己年歲漸老，三個兒子同一天處死，繼承人又沒有定下來，常常悶悶不樂，睡眠飲食都減少了。高力士乘機詢問其中的緣故，玄宗說：「你啊，是我家的老僕人，難道還不能猜到我的心思！」高力士說：「莫不是因為太子沒有定下來吧？」玄宗說：「是的。」高力士回答說：「皇上何必這樣虛勞聖心，只須推年長的立為太子，誰還敢再爭！」玄宗說：「你說得對啊！你說得對啊！」由此便定了下來。

六月初三日庚子，立李璵為太子。

六月初四日辛丑，任命岐州刺史蕭炅為河西節度使總留後事，鄯州都督杜希望為隴右節度使，太僕卿王昱為劍南節度使，分道策劃處治吐蕃事宜，還毀掉所立的赤嶺碑。

突騎施可汗蘇祿一向廉潔節儉，每次攻戰得到的戰利品，常與各部落分享，不留私人積蓄，因此大家都很樂意為他效力。他娶了唐朝公主後，又暗中聯絡突厥和吐蕃，突厥、吐蕃分別把女兒嫁給他。蘇祿封唐、突厥、吐蕃這三國之女都為可敦，又立幾個兒子為葉護，費用支出越來越大。因此攻戰得到的戰利品，不再分給部眾。蘇祿晚年中風，一隻手蜷曲，因此，各部都離心離德。酋長莫賀達干、都摩度兩個部落最為強大，其部落又分為黃姓、黑姓，彼此隔閡失和，這時莫賀達干率兵夜襲蘇祿，把他殺了。都摩度開始時與莫賀達干合謀，後來又與他分手，立蘇祿的兒子骨啜為吐火仙可汗，藉此來收聚他的餘部，與莫賀達干互相攻擊。莫賀達干派遣使者告訴磧西節度使蓋嘉運，玄宗命令蓋嘉運招集突騎施、拔汗那以西各國。吐火仙和都摩度佔據碎葉城，黑姓可汗爾微特勒佔據怛邏斯城，相互連兵抵抗唐軍。

太子將受冊命，《儀禮注》中有中嚴、外辦及絳紗袍等儀式規定，太子嫌這些規定與天子名稱相同，上表請求更改。左丞相裴耀卿便奏請停止中嚴，把外辦改稱外備，把絳紗袍改為朱明服。秋，七月初二日己巳，玄宗親臨宣政殿，冊立太子。舊制，太子乘輅車到殿門。到這時，太子並不乘輅車，從他的宮中步行入殿。這一天，大赦天下。十二日己卯，冊立忠王妃韋氏為太子妃。

杜希望率領鄯州的部眾奪取吐蕃河橋，在河的左岸修建鹽泉城。吐蕃發兵三萬迎戰。杜希望兵少抵擋不了，將領和士兵都很害怕。左威衛郎將王忠嗣率領所轄部隊先攻打吐蕃軍陣，所向披靡，殺死幾百人，敵人軍陣大亂。杜希望縱兵乘勢攻擊，於是敵人大敗。在鹽泉設置鎮西軍。王忠嗣因功升遷為左金吾將軍。

閏八月十五日辛巳，勃海王武藝去世，兒子欽茂即位。

九月初一日丙申，發生日蝕。

當初，儀鳳年間，吐蕃攻陷安戎城並佔據了它。這裡地勢險要，唐軍多次攻城，都不能攻克。劍南節度使王昱在它的側面修建了兩座城，把軍隊駐紮在蒲婆嶺下，運來物資糧米，壓迫安戎城。吐蕃出動大量軍隊救援安戎城。王昱的部隊大敗，死了幾千人。王昱逃脫，糧草軍械物資都丟棄了。王昱被貶為栝州刺史，再貶為高要縣尉而死。

九月二十三日戊午，冊封南詔蒙歸義為雲南王。歸義的先人本是哀牢夷，地處姚州西邊，東南與交趾接壤，西北和吐蕃相鄰。蠻語稱王為詔。原先有六詔：叫作蒙舍、蒙越、越析、浪穹、樣備、越澹，兵力相當，相互不能統一，歷代君主利用這點來分散他們的力量。蒙舍在最南邊，所以稱它南詔。高宗時，蒙舍細奴邏初次來朝。細奴邏生邏盛，邏盛生盛邏皮，盛邏皮生皮邏閣。皮邏閣逐漸強大，而五詔力量微弱。正遇上皮邏閣破洱河蠻有功，就賄賂王昱，請求把六詔合併在一起。王昱替他向朝廷奏請，朝廷答應了，並賜名歸義。於是皮邏閣用武力威脅征服各蠻族，不服從的就消滅他。並打敗了吐蕃，移居大和城，後來終於成為邊患。

冬，十月十四日戊寅，玄宗親臨驪山溫泉。二十八日壬辰，玄宗回宮。

這一年，在西京和東都往來的路上修築了行宮一千多間。○分左右羽林軍設置龍武軍，把萬騎營隸屬它。

潤州刺史齊澣奏言：「舊時從瓜步渡長江迂迴六十里，請從京口埭下直接渡江，開鑿伊婁河二十五里就可抵達揚子縣，建伊婁埭。」玄宗採納了這個建議。

二十七年（己卯　西元七三九年）

春，正月壬寅❶，命隴右節度大使榮王琬❷自至本道巡按處置諸軍，選募關內❸、河東❹壯士三五萬人，詣隴右防遏，至秋末無寇，聽還。

羣臣請加尊號曰聖文。二月己巳❺，許之。因赦天下，免百姓今年田租。

夏，四月癸酉❻，敕：「諸陰陽術數❼，自非昏喪卜擇❽，皆禁之。」

己丑❾，以牛仙客為兵部尚書❿兼侍中，李林甫為吏部尚書⓫兼中書令，總文武選事。

六月癸酉⓬，以御史大夫李適之兼幽州節度使。

幽州將趙堪、白真陁羅矯節度使張守珪之命，使平盧軍使⓭烏知義邀[1]擊叛奚餘黨於橫水⓮之北。知義不從，白真陁羅矯稱制指以迫之。知義不得已出師，與虜遇，先勝後敗。守珪隱其敗狀，以克獲聞。事頗泄，上令內謁者監⓯牛仙童往察之。守珪重賂仙童，歸罪於白真陁羅，逼令自縊死。仙童有寵於上，眾宦官疾之，共發其事。上怒，甲戌[16]，命楊思勗[17]杖殺之。思勗縛格，杖之數百，刳[18]取其心，割其肉啗之。守珪坐貶括州刺史。太子太師[19]蕭嵩嘗賂仙童以城南良田數頃，李林甫發之，嵩坐貶青州[20]刺史。

秋，八月乙亥[21]，磧西節度使蓋嘉運擒突騎施可汗吐火仙。嘉運攻碎葉城，吐火仙出戰，敗走，擒之於賀邏嶺。分遣疏勒鎮守使[22]夫蒙靈詧[23]與拔汗那王阿悉爛達干潛引兵突入怛邏斯城，擒黑姓可汗爾微，遂入曳建城，取交河公主[24]，悉收散髮之民[25]數萬以與拔汗那王，威震西陲[26]。

壬午[27]，吐蕃寇白草、安人等軍[28]，隴右節度使蕭炅擊破之。

甲申[29]，追謚孔子為文宣王。先是，祀先聖先師，周公南向，孔子東向坐。制：「自今孔子南向坐，被王者之服，釋奠[30]用宮懸[31]。」追贈弟子皆為公、侯、伯[32]。

九月戊午[33]，處木昆、鼠尼施、弓月等諸部先隸突騎施者皆帥眾內附，仍請徙居安西[34]管內。○太子更名紹[35]。

冬，十月辛巳[36]，改修東都明堂[37]。○丙戌[38]，上幸驪山溫泉。十一月辛丑[39]，還宮。○甲辰[40]，明堂成。

兼劍南節度使張宥㊶，文吏，不習軍旅，悉以軍政委團練副使㊷章仇兼瓊㊸。兼瓊入奏事，盛言安戎城可取，上悅之。丁巳㊹，以宥為光祿卿㊺。十二月，以兼瓊為劍南節度使。

初，睿宗㊻喪既除，祫㊼于太廟㊽。自是三年一祫，五年一禘㊾。是歲，夏既禘，冬又當祫。太常議以為祭數則瀆，請停今年祫祭。自是通計五年一祫、一禘。從之。

【章旨】以上為第十二段，寫唐邊患日益嚴重，東、北、西三面有警。孔子被追謚為文宣王。

【注釋】❶壬寅　正月初九日。❷榮王琬　玄宗第六子李琬（？—西元七五五年），初名嗣玄，開元十二年（西元七二四年）改名滉，封榮王。二十五年改名琬。卒贈靖恭太子。傳見《舊唐書》卷一百七、《新唐書》卷八十二。❸關內　地區名，指潼關以西關中之地。❹河東　地區名，泛指今山西全省。❺己巳　二月初七日。❻癸酉　四月十二日。❼陰陽術數　用陰陽五行相生相剋演化的數理，來推斷人事吉凶，如占候、卜筮、星命等。❽昏喪卜擇　用占卜選擇婚嫁、喪葬日期。昏，通「婚」。❾己丑　四月二十八日。❿兵部尚書　官名，尚書省兵部長官，主管武官的選用、考核，以及有關兵籍、軍械、軍令等事宜。⓫吏部尚書　官名，尚書省吏部長官，掌天下官吏選授、勳封、考課等政令。⓬癸酉　六月十二日。⓭平盧軍使　使職名，幽州節度使所屬平盧軍的長官。⓮橫水　即潢水，今內蒙古西拉木倫河。⓯內謁者監　宦官名，內侍省有內謁者監六人，正六品下，掌宮內宣布傳達詔令及諸親命婦朝會事宜。⓰甲戌　六月十三日。⓱楊思勗　（？—西元七四〇年）宦官，殘忍好殺，封虢國公。傳見《舊唐書》卷一百八十四、《新唐書》卷二百七。⓲剺　剖開。⓳太子太師　官名，東宮官屬之首，掌教諭太子。⓴青州　州名，治所在今山東青州。㉑乙亥　八月十五日。㉒疏勒鎮守使　使職名，為磧西節度使所屬城鎮疏勒的軍事長官。治所在今新疆喀什。㉓夫蒙靈詧　守邊將領，官至安西節度使、河西節度使。夫蒙，本西羌姓。其事散見《舊唐書》卷一百四、《新唐書》卷一百三十五〈高仙芝傳〉等。㉔交河公主　應為金河公主之誤。見岑仲勉《唐史餘瀋》卷二。玄宗以阿史那懷道女為金河公主，嫁蘇祿。至是取回。㉕散髮之民　《新唐書・突厥傳下》作「西國散亡數萬人」。《冊府元龜》卷三百五十八作「遂收諸散落百姓凡數萬人」。㉖西陲　西部邊疆。㉗壬午　八月二十二日。㉘白草安人等軍　戍軍名。據胡三省注，白草軍在蔚茹水之西，蔚茹水在原州蕭關縣，此時吐蕃兵不能到此，疑「白草」當作「白水」。白水軍，治所在今青海大通西北。安人軍，治所在今青海湟源西北。㉙甲申　八月二十四日。㉚釋奠　古代學校陳設酒食祭奠先聖先師孔子的一種典禮，置爵於神前進行祭祀。㉛宮懸　古代祭祀已故國王所用樂器。《周禮》規定，王用宮懸，諸侯用軒懸，卿大夫用判懸，士用特懸。宮懸是將鐘磬四面懸掛，象宮室四面有牆。軒懸三面懸掛，成曲形。判懸二面，特懸一面。以表示不同身分和地位。㉜公侯伯　據《禮記・王制》，古代爵位分公、侯、伯、子、男五等。唐玄宗追贈孔子的弟子顏淵為公，閔子騫等九人為侯，曾參等六十七人為伯。㉝戊午　九月二十九日。㉞安西　即安西節度使，或安西都護府。㉟太子更名紹　太子即後來繼位的肅宗李亨。初名嗣昇，開元十五年（西元七二七年）改名浚，二十三年改名璵，至此改名紹，後又改名亨。㊱辛巳　十月二十二日。㊲改修東都明堂　明堂為武則天時修建。據《舊唐書・玄宗紀》，此次改修，毀其上層，改拆下層為新乾元殿。㊳丙戌　十月二十七日。㊴辛丑　十一月十三日。㊵甲辰　十一月十六日。㊶張宥　曾任華州刺史、益州長史、劍南節度使、光祿卿、揚州長史。其事散見《舊唐書》卷一百九十六上、《新唐書》卷二百十六上〈吐蕃傳〉等。㊷團練副使　使職名，團練使、副使，為統領地方武裝團練兵的差遣官。㊸章仇兼瓊　開元天寶時人，曾任主客員外郎、益州司馬、益州長史、劍南節度使。《通鑑》言章仇兼瓊銜為團練副使，有誤。據《通典・職官典・都督》注、兩《唐書・職（百）官志》，團練使為至德（西元七五六—七五八年）後防禦使改置。考之《舊唐書・吐蕃傳上》，時張宥兼銜為劍南防禦使，章仇兼瓊為防禦副使。《通鑑》誤防禦副使為團練副使。㊹丁巳　十一月二十九日。㊺光祿卿　官名，光祿寺長官，掌酒醴膳珍饈之政，凡是祭祀的犧牲、朝會賓客的酒膳珍饈皆總管之。㊻睿宗　（西元六六二—七一六年）名旦，高宗第八子。西元六八四年、七一〇至七一二年在位。事詳《舊唐書》卷七、《新唐書》卷五。㊼袷　古代一種祭禮名稱，天子或諸侯把遠近祖先的牌位集合在太廟舉行的大合祭。三年舉行一次。㊽太廟　亦稱宗廟，天子的祖廟。㊾禘　古代帝王諸侯祭祀祖先的一種大祭禮，與袷並稱為殷祭。行禮之期，有說五年，而後世多用三十個月或四十二個月。

【校　記】 1邀　原無此字。據章鈺校，十二行本、乙十一行本皆有此字，今據補。

【語 譯】二十七年（己卯 西元七三九年）

春，正月初九日壬寅，命令隴右節度大使榮王李琬親自到本道去巡視處理各軍軍務，選擇招募關內、河東壯士三五萬人，去隴右防衛，到秋末沒有敵寇，准許返回。

大臣們請求給玄宗加尊號為聖文。二月初七日己巳，玄宗同意了。因此大赦天下，免除百姓今年的田租。

夏，四月十二日癸酉，下敕令：「各種陰陽術數，不是用於婚喪卜擇的，全都禁止。」

四月二十八日己丑，任命牛仙客為兵部尚書兼侍中，李林甫為吏部尚書兼中書令，總管文、武銓選事務。

六月十二日癸酉，任命御史大夫李適之兼幽州節度使。

幽州將領趙堪、白真陁羅偽造節度使張守珪的命令，令平盧軍使烏知義在橫水的北邊攔擊叛奚殘餘黨羽。烏知義不服從，白真陁羅偽稱聖上制書來強迫他。烏知義迫不得已而出兵，與敵人相遇，先勝後敗。張守珪隱瞞了失敗的情況，奏報他勝利並有所獲。事情洩漏了，玄宗命令內謁者監牛仙童前往調查。張守珪重金賄賂牛仙童，把過錯推給白真陁羅，逼迫他自縊而死。牛仙童有寵於玄宗，宦官們都痛恨他，一起揭發了這件事。玄宗大怒，六月十三日甲戌，命令楊思勗用棍棒打死牛仙童。楊思勗把牛仙童捆綁起來擊打，用棍棒打了幾百下，剖腹取心，割下他的肉來吃。張守珪因罪被貶為括州刺史。太子太師蕭嵩曾經拿城南數頃良田賄賂牛仙童，李林甫揭發了此事，蕭嵩因罪被貶為青州刺史。

秋，八月十五日乙亥，磧西節度使蓋嘉運生擒突騎施可汗吐火仙。蓋嘉運攻打碎葉城，吐火仙出來迎戰，失敗逃走，在賀邏嶺被抓獲。蓋嘉運分別派遣疏勒鎮守使夫蒙靈詧與拔汗那王阿悉爛達干祕密帶兵突然進入怛邏斯城，抓獲黑姓可汗爾微，便進入曳建城，獲得了交河公主，把幾萬散髮之民全部匯集起來，交給拔汗那王，唐軍威震西部邊陲。

八月二十二日壬午，吐蕃侵犯白草、安人等軍，隴右節度使蕭炅打敗了他們。

八月二十四日甲申，追贈孔子諡號為文宣王。此前，祭祀先聖先師，周公神位朝南，孔子神位朝東安置。玄宗下制書：「從今天起，孔子的神位朝南安置，穿王者的服裝，釋奠禮樂器用宮懸。」追贈孔子弟子的爵位都為公、侯、伯。

九月二十九日戊午，處木昆、鼠尼施、弓月等原先隸屬突騎施的各部落，都率領部眾歸附朝廷，仍請求移居安西都護府管轄區內。〇太子改名為李紹。

冬，十月二十二日辛巳，改修東都明堂。〇二十七日丙戌，玄宗親臨驪山溫泉。十一月十三日辛丑，回宮。〇十六日甲辰，明堂建成。

劍南節度使張宥，是個文官，不懂軍事，把軍政全部委託給團練副使章仇兼瓊。章仇兼瓊入朝奏事，大談安戎城可以奪取，玄宗很高興。十一月二十九日丁巳，任命張宥為光祿卿。十二月，任命章仇兼瓊為劍南節度使。

當初，睿宗的喪事已經除服，便在太廟舉行祫祭。從此三年舉行一次祫祭，五年舉行一次禘祭。這一年，夏季已舉行禘祭，冬季又當舉行祫祭。太常討論認為祭祀頻繁就會有瀆神明，請求停止今年的祫祭。從此通計五年一次祫祭、一次禘祭。玄宗採納了這一建議。

二十八年（庚寅　西元七四〇年）

春，正月癸巳❶，上幸驪山溫泉。庚子❷，還宮。

二月，荊州長史張九齡卒。上雖以九齡忤旨❸逐之，然終愛重其人，每宰相薦士，輒問曰：「風度得如九齡不❹？」

三月丁亥❺朔，日有食之。

章仇兼瓊潛與安戎城中吐蕃翟都局及維州❻別駕❼董承晏結謀，使局開門引內唐兵，盡殺吐蕃將卒，使監察御史許遠❽將兵守之。遠，敬宗❾之曾孫也。

甲寅❿，蓋嘉運入獻捷。上赦吐火仙罪，以為左金吾大將軍。嘉運請立阿史那懷道⓫之子昕為十姓可汗⓬，從之。夏，四月辛未⓭，以昕妻李氏為交河公主⓮。

六月，吐蕃圍安戎城。

上嘉蓋嘉運之功，以為河西、隴右節度使，使之經略吐蕃。嘉運恃恩流連⓯，不時發⓰。左丞相裴耀卿上疏，以為：「臣近與嘉運同班⓱，觀其舉措，誠勇烈⓲有餘，然言氣矜誇⓳，恐難成事。昔莫敖狃於蒲騷之役，卒喪楚師⓴。今嘉運有驕敵之色，臣竊憂之。況防秋㉑非遠，未言發日，若臨事始去，則士卒尚未相識，何以制敵！且將軍受命，鑿凶門㉒而出。今乃酣飲[1]朝夕，殆非憂國愛人之心。若不可改易，宜速遣進塗㉓，仍乞聖恩嚴加訓勵㉔。」上乃趣㉕嘉運行。已而嘉運竟無功。

秋，八月甲戌㉖，幽州奏破奚、契丹。

冬，十月甲子㉗，上幸驪山溫泉。辛巳㉘，還宮。○吐蕃寇安戎城及維州。發關中彍騎㉙救之，吐蕃引去。更命安戎城曰平戎。

十一月，罷牛仙客朔方、河東節度使。

突騎施莫賀達干聞阿史那昕為可汗，怒曰：「首誅蘇祿，我之謀也。今立史昕，何以賞我！」遂帥諸部叛。上乃立莫賀達干為可汗，使統突騎施之眾，命蓋嘉運招諭之。十二月乙卯㉚，莫賀達干降。

金城公主㉛薨。吐蕃告喪，且請和，上不許。

是歲，天下縣千五百七十三，戶八百四十一萬二千八百七十一，口四千八百一十四萬三千六百九㉜。西京、東都米斛㉝直㉞錢不滿二百，絹匹㉟亦如之。海內富安，行者雖萬里不持寸兵。

【章　旨】以上為第十三段，寫吐蕃此時為唐西邊最大邊患，唐玄宗憑恃國力強大，不許吐蕃和親。當時戶口八百四十餘萬，人口近五千萬，達到唐朝的極盛。

【注　釋】❶癸巳　正月初六日。❷庚子　正月十三日。❸忤旨　指不順從皇帝的意見。忤，不順從。❹不　同「否」。❺丁亥　三月初一日。❻維州　州名，治所在今四川理縣東北。❼別駕　官名，為州之上佐，佐刺史紀綱眾務，通判列曹。因品高俸厚而職閒，故常安排貶退大臣和宗室充任。❽許遠　（西元七〇九—七五七年）字令威，杭州鹽官（今浙江海寧西南）人，官至侍御史。安史之亂時，為死守睢陽的名將。傳見《舊唐書》卷一百八十七下、《新唐書》卷一百九十二。❾敬宗　即許敬宗（西元五九一—六七二年），官至侍中。參與修《五代史》、《晉書》、《東殿新書》、《西域圖志》等書。傳見《舊唐書》卷八十二、《新唐書》卷二百二十三上。❿甲寅　三月二十八日。⓫阿史那懷道　西突厥一部落首領，斛瑟羅之子。⓬十姓可汗　西突厥阿史那氏世統十姓部落，自立為可汗，稱十姓可汗。阿史那昕為十姓可汗事，《舊唐書・突厥傳下》、《唐會要・西突厥》、《新唐書・突厥傳下》與《玄宗實錄》（已佚）諸書所載，互有歧異。《通鑑》於此略採諸書，存其梗概。詳《通鑑考異》。⓭辛未　四月十五日。⓮交河公主　前載阿史那懷道女為交河公主（本書卷二百十二），今又載其兒媳為交河公主。

岑仲勉據《唐大詔令集》卷四十二冊交河公主文認定昕妻為交河公主是，懷道女應是金河公主之訛。見岑仲勉《唐史餘瀋》卷二。⑮流連　留戀不止，捨不得離去。指蓋嘉運恃功逗留京師。⑯不時發　不按時出發赴任。⑰同班　指朝會時排在同一個班列。當時裴耀卿為左丞相，從二品，蓋嘉運為安西都護也是從二品，故朝會在同班。班，班次。⑱勇烈　勇敢剛直。⑲矜誇　驕傲自大。⑳莫敖忸於蒲騷之役二句　莫敖，楚官名，相當於司馬一職。忸，同「狃」。習慣；因襲。蒲騷，古邑名，在今湖北應城西北。據《左傳》桓公十三年（西元前六九九年）記載：楚莫敖屈瑕大敗鄖國軍隊於蒲騷，又伐羅國。大夫鬥伯比為之送行，屈瑕心高氣傲，鬥伯比認為屈瑕此行必敗，於是把自己的看法告訴了楚子，楚子不聽，回宮告訴夫人鄧曼，鄧曼說：「莫敖習慣於蒲騷之役以少勝多的打法，自以為是，不會設防。」莫敖果不設備，被羅國及盧戎打敗。㉑防秋　唐朝中後期，吐蕃常在糧熟馬肥、天高氣爽的秋天向唐境進行掠奪侵擾。唐朝每年都從內地各軍鎮調集軍隊去防禦。一般是初秋去，無寇則冬初還，稱為防秋。㉒凶門　古代將軍出征時，鑿一扇向北的門，由此出發，以示必死的決心，稱為凶門。㉓塗　同「途」。㉔訓勵　訓誡勉勵。㉕趣　同「促」。催促。㉖甲戌　八月二十日。㉗甲子　十月十一日。㉘辛巳　十月二十八日。㉙彍騎　本義猶言武藝精強的騎士，此用作宿衛兵士名稱。唐代府兵制逐漸衰弛，番上宿衛兵士不足，開元十一年（西元七二三年）據張說建議，招募十二萬人宿衛京師，稱長從宿衛，第二年改稱彍騎。彍騎成為專事宿衛的職業兵士。彍，拉滿弓。㉚乙卯　十二月初三日。㉛金城公主　景龍元年（西元七〇七年），唐中宗以雍王李守禮之女為金城公主，嫁吐蕃王。金城公主在蕃三十多年，至是卒。㉜戶八百四十一萬二千八百七十一二句　胡三省注：「以開元之承平，而戶口猶不及漢之盛時，唐興以來，治日少而亂日多也。」㉝斛　計算糧食的單位，十斗為一斛。㉞直　同「值」。㉟匹　計算帛的單位。唐代帛闊一尺八寸，長四丈為一匹。

【校　記】①飲　據章鈺校，十二行本、乙十一行本皆作「宴」。

【語　譯】二十八年（庚寅　西元七四〇年）

春，正月初六日癸巳，玄宗親臨驪山溫泉。十三日庚子，回宮。

二月，荊州長史張九齡去世。玄宗雖然因為張九齡違逆自己的旨意，把他逐出外任，但是終究喜歡敬重他的為人，每當宰相推薦士人，就問道：「風度是否像張九齡？」

三月初一日丁亥，發生日蝕。

章仇兼瓊暗中和安戎城中吐蕃翟都局及維州別駕董承晏合謀，讓翟都局開門接納唐軍進城，把吐蕃將士全部殺死，派監察御史許遠率兵守城。許遠，是許敬宗的曾孫。

三月二十八日甲寅，蓋嘉運入朝進獻戰利品和俘虜。玄宗赦免了吐火仙的罪過，任命他為左金吾大將軍。蓋嘉運請求立阿史那懷道之子阿史那昕為十姓可汗，玄宗同意了。夏，四月十五日辛未，封阿史那昕的妻子李氏為交河公主。

六月，吐蕃包圍安戎城。

玄宗嘉獎蓋嘉運的功績，任命他為河西、隴右節度使，讓他經營謀劃吐蕃事宜。蓋嘉運倚仗玄宗的恩遇流連京城，不按時出發。左丞相裴耀卿上疏，認為：「臣近來和蓋嘉運在朝會中同一個班次，觀察他的行為舉止，確實勇烈有餘，然而言語氣勢驕傲自大，恐怕難以成事。從前莫敖因襲於蒲騷戰役，最終導致楚軍失敗。如今蓋嘉運有驕傲輕敵的神色，臣私下替他擔憂。況且防備秋天搶糧的事情已經不遠了，他也不說出發的日期，如果大事臨頭才去赴任，那麼他與士兵還不認識，憑什麼來制服敵人！而且將軍接到任命，開鑿凶門，從凶門出去。現在蓋嘉運竟日夜酣飲，恐怕沒有憂國愛民之心。如果任命不能改變，應當盡快送他上路，仍請聖上嚴加訓誡勉勵。」玄宗便催促蓋嘉運出發。後來蓋嘉運果然沒有功績。

秋，八月二十日甲戌，幽州奏報打敗奚、契丹。

冬，十月十一日甲子，玄宗親臨驪山溫泉。二十八日辛巳，回宮。〇吐蕃侵犯安戎城和維州。調關中彍騎前去援救，吐蕃率軍離去。安戎城改名為平戎。

十一月，免去牛仙客的朔方、河東節度使。

突騎施莫賀達干聽說阿史那昕為可汗，大怒，說：「最先殺蘇祿，是我的計謀。現在立了阿史那昕，用什麼來封賞我！」於是率領各部落反叛。玄宗就立莫賀達干為可汗，讓他統領突騎施的部眾，命令蓋嘉運招撫曉諭他。十二月初三日乙卯，莫賀達干投降。

金城公主去世。吐蕃來報喪，並且請求和好，玄宗沒有答應。

這一年，全國有一千五百七十三個縣，八百四十一萬二千八百七十一戶，四千八百一十四萬三千六百零九人。西京、東都的米一斛價格不到二百錢，絹一匹也是這個價格。海內富庶安寧，走路的人即使行程萬里也不用攜帶任何武器。

二十九年（辛巳　西元七四一年）

春，正月癸巳❶，上幸驪山溫泉。○丁酉❷，制：「承前❸諸州饑饉❹，皆待奏報，然始❺開倉賑給。道路悠遠，何救懸絕！自今委州縣長官與采訪使量事給訖奏聞。」○庚子❻，上還宮。

上夢玄元皇帝❼告云：「吾有像在京城西南百餘里，汝遣人求之，吾當與汝興慶宮❽相見。」上遣使求得之於盩厔❾樓觀山❿間。夏，閏四月，迎置興慶宮。五月，命畫玄元真容⓫，分置諸州開元觀⓬。

六月，吐蕃四十萬眾入寇，至安仁軍，渾崖峯騎將臧希液⓭帥眾五千擊破之。

秋，七月丙寅⓮，突厥遣使來告登利可汗⓯之喪。初，登利從叔⓰二人分典兵馬，號左、右殺⓱。登利患兩殺之專，與其母謀，誘右殺斬之，自將其眾。左殺判闕特勒⓲勒兵攻登利，殺之，立毗伽可汗之子為可汗。俄為骨咄⓳葉護所殺，更立其弟。尋又殺之，骨咄葉護自立為可汗。上以突厥內亂，癸酉⓴，命左羽林將軍孫老奴招諭回紇、葛邏祿、拔悉密㉑等部落。

乙亥㉒，東都洛水㉓溢，溺死者千餘人。

平盧兵馬使㉔安祿山傾巧㉕，善事人，人多譽之。上左右至平盧者，祿山皆厚賂之，由是上益以為賢。御史中丞㉖張利貞為河北采訪使，至平盧，祿山曲事㉗利貞，乃至左右皆有賂。利貞入奏，盛稱祿山之美。八月乙未㉘，以祿山為營州都督，充平盧軍使、兩蕃・勃海・黑水四府經略使㉙。

冬，十月丙申㉚，上幸驪山溫泉。

壬寅㉛，分北庭、安西為二節度㉜。

十一月庚戌㉝，司空㉞邠王守禮薨。守禮庸鄙無才識，每天將雨及霽㉟，守禮必先言之，已而皆驗。岐㊱、薛㊲諸王言於上曰：「邠兄有術。」上問其故，對曰：「臣無術。則天時以章懷之故，幽閉宮中十餘年㊳，歲賜敕杖者數四，背瘢㊴甚厚，將雨則沈悶，將霽則輕爽，臣以此知之耳。」因流涕㊵霑㊶襟。上亦為之慘然。

辛酉㊷，上還宮。

辛未㊸，太尉㊹寧王憲㊺薨。上哀惋特甚，曰：「天下，兄之天下也。兄固讓於我㊻，為唐、太伯㊼，常名不足以處之。」乃謚曰讓皇帝。其子汝陽王璡㊽，上表追述先志㊾，謙沖㊿不敢當帝號，上不許。斂(51)日，內出服(52)，以手書致於靈座，書稱「隆基白」。又名其墓曰惠陵，追謚其妃元氏曰恭皇后，祔(53)葬焉。

十二月乙巳(54)，吐蕃屠達化縣(55)，陷石堡城(56)，蓋嘉運不能禦。

【章旨】以上為第十四段，安祿山傾巧，賄賂大臣得美譽。吐蕃寇邊，唐軍不勝。

【注釋】❶癸巳　正月十一日。❷丁酉　正月十五日。❸承前　猶言從前。❹饑饉　穀不熟為饑，蔬不熟為饉。饑饉連用，表示荒年。❺然始　猶言然後。❻庚子　正月十八日。❼玄元皇帝　先秦道家老子即老聃，被道教徒奉為教主，稱太上老君。李淵尊為皇祖。乾封元年（西元六六六年）高宗封為玄元皇帝。❽興慶宮　皇宮名，玄宗開元二年（西元七一四年）以藩王時住宅改建，十六年於此聽政，有夾牆與大明宮通。❾盩厔　縣名，縣治在今陝西周至。❿樓觀山　為終南山名峰之一，山中今存樓觀臺，距西安城七十多公里。相傳春秋時函谷關令尹喜在此結草為樓觀，後老子西遊入關，他便迎住草樓。老子著《道德經》五千言，並在草樓南築臺授經，稱說經臺或授經臺。故樓觀山為道教傳說的發源地。⓫真容　肖相。⓬開元觀　開元二十六年（西元七三八年）玄宗下令每州選擇一地勢好的觀寺改名開元觀。至天寶元年（西元七四二年）又改名大唐開元天寶之觀。⓭渾崖峯騎將臧希液　渾崖峯，《新唐書・吐蕃傳上》作渾崖烽，當是安仁軍一烽火臺名。臧希液，《舊唐書・吐蕃傳上》作盛希液，應是守烽火臺的騎將。⓮丙寅　七月十八日。⓯登利可汗　突厥苾伽可汗之子，伊然可汗之弟。開元二十年（西元七三二年）伊然可汗立，不久病死，其弟繼位為登利可汗。後為判闕特勒所殺。⓰從叔　父親的伯父、叔父之子，年幼於父者稱從叔。⓱左右殺　殺，又作設、察，為突厥可汗的兄弟或非繼位子而掌兵馬者，即所謂「別部領兵者」。殺或分左右廂，稱左、右殺。登利即位年幼，叔父二人分掌兵馬，在東者為左殺，在西者為右殺。⓲判闕特勒　判闕，突厥苾伽可汗之子。特勒，應作特勤，突厥可汗子弟的稱呼。⓳骨咄　突厥判闕特勒之子，後自立為可汗。⓴癸酉　七月二十五日。㉑招諭回紇葛邏祿拔悉密　此次招諭無回紇在內。見岑仲勉《通鑑隋唐紀比事質疑》。㉒乙亥　七月二十七日。㉓洛水　古水名，即今河南洛河。㉔平盧兵馬使　使職名，兵馬使為軍鎮幕府掌知兵馬、領兵作戰的武職差遣官。此為平盧軍專知兵馬的武官。㉕傾巧　狡詐；見風行事。㉖御史中丞　官名，御史臺副長官，佐長官御史大夫執掌對百官的彈劾、糾察等監察政務。㉗曲事　指凡事都委屈己意而奉承別人。曲，曲意。㉘乙未　八月十七日。㉙兩蕃勃海黑水四府經略使　兩蕃，唐代稱奚、契丹二族為兩蕃。四府，指貞觀二十二年（西元六四八年）契丹首領窟哥內附，唐在其地置松漠都督府；同年，奚酋長可度者內附，唐置饒樂都督府；先天二年（西元七一三年）在勃海靺鞨地置忽汗州都督府；開元十年（西元七二二年）在黑水靺鞨地置黑水都督府，合稱四府。經略使，使職名，唐初始置於邊州，主要掌管少數民族兵民事務。節度使出現後，經略使成為所轄或兼任的使職。後節度使發展到內地，而經略使卻始終在有少數民族的邊州設置。㉚丙申　十月十九日。㉛壬寅　十月二十五日。㉜分北庭安西為二節度　北庭、安西早有分合，《通鑑》失書。此略舉之：開元十五年（西元七二七年）三月，分伊西、北庭為二節度，十九年合伊西、北庭二節度，二十二年四月伊西、北庭依舊為二節度，二十三年移伊西、北庭隸屬四鎮節度使，二十九年分置安西、北庭，即為本書此次所載。參見岑仲勉《通鑑隋唐紀比事質疑》。㉝庚戌　十一月初三。㉞司空　官名，三公之一。三公之官，佐天子，理邦國，但僅坐而論道，不視職事。㉟霽　雨雪停止，雲霧散去，天放晴。㊱岐即岐王李範（？—西元七二五年），睿宗第四子，本名隆範，後避與玄宗連名，遂單稱範，封歷鄭王、衛王、巴陵郡王，卒贈惠文太子。傳見《舊唐書》卷九十五、《新唐書》卷八十一。㊲薛　即薛王李業。㊳則天時以章懷之故二句　邠王守禮是章懷太子李賢次子。調露二年（西元六八〇年）李賢得罪，被廢為庶人，文明元年（西元六八四年）被殺。守禮因此被禁於宮中，十餘年不准出庭院。㊴瘢　瘡傷好後留下的痕跡。㊵涕　眼淚，亦可釋為鼻涕。㊶霑　潤溼。㊷辛酉　十一月十四日。㊸辛未　十一月二十四日。㊹太尉　官名，為三公之官。自唐太宗任太尉後，親王拜太尉者都不視事。㊺寧王憲　睿宗長子李憲（西元六七九—七四一年），曾立為皇太子，封歷永平郡王、壽春郡王、蔡王、宋王、寧王，諡曰讓皇帝。傳見《舊唐書》卷九十五、《新唐書》卷八十一。㊻天下三句　睿宗即位後，李憲為皇太子。武則天稱帝，睿宗降為皇嗣，李憲為皇孫。其後睿宗復位，李憲為嫡長子，應立為太子；然而睿宗第三子李隆基（即玄宗）討平韋氏（中宗皇后）有功，李憲請讓儲位於隆基。遂以隆基為太子。㊼唐太伯　唐，即傳說中的陶唐氏，也就是堯。堯禪位於舜。太伯，周先祖太王長子，相傳太王欲傳王位給第三子季歷（周文王父），太伯和二弟仲雍因此避居江南，斷髮文身，開發吳地，成為吳國始祖。㊽汝陽王璡　李憲之子李璡（？—西元七五〇年）。傳見《舊唐書》卷九十五、《新唐書》卷八十一。㊾先志　先父意志。㊿謙沖　謙虛。(51)斂　同「殮」。古喪制，為死者更換衣服稱小殮，入棺稱大殮。又棺埋入墓穴也稱為殮。(52)內出服　由宮內拿出天子的衣服以為殮。內，宮內。53祔 合葬。54乙巳 十二月二十八日。55達化縣 縣名，縣治在今甘肅貴德東。56石堡城 古城名，一名鐵刃城。在今青海湟源西南，為唐蕃交通要地，相互爭奪的重要據點。

【語譯】二十九年（辛巳 西元七四一年）

春，正月十一日癸巳，玄宗親臨驪山溫泉。〇十五日丁酉，下制書：「從前各州發生饑荒，都是等待奏章回批，然後才開倉賑濟。路程遙遠，怎能救急呢！從今起交付州縣長官與采訪使斟酌情況賑濟，事後再奏報。」〇十八日庚子，玄宗回宮。

玄宗夢見玄元皇帝老子告訴他說：「我有像在京城西南一百餘里的地方，你派人尋找，我當與你在興慶宮相見。」玄宗派使者在盩厔縣樓觀山中找到了老子的像。夏，閏四月，把像迎放在興慶宮。五月，命令畫老子的肖像，分別放在各州的開元觀中。

六月，吐蕃四十萬部眾入侵，抵達安仁軍，渾崖峰騎將臧希液率領部眾五千人打敗了吐蕃。

秋，七月十八日丙寅，突厥派使者前來就登利可汗之死告喪。當初，登利的堂叔二人分別掌管兵馬，號稱左、右殺。登利擔心兩殺專權，和他的母親謀劃，誘殺了右殺，自己統領他的部眾。左殺判闕特勒帶兵攻打登利，殺了登利，立毗伽可汗之子為可汗。不久便被骨咄葉護所殺，另立他的弟弟。不久又殺了他，骨咄葉護自立為可汗。玄宗因突厥內亂，二十五日癸酉，命令左羽林將軍孫老奴招撫曉諭回紇、葛邏祿、拔悉密等部落。

七月二十七日乙亥，東都洛水氾濫，淹死的有一千多人。

平盧兵馬使安祿山奸詐狡猾，善於侍奉別人，人們大多讚譽他。玄宗的身邊人到平盧去的，安祿山都重金賄賂他們，因此玄宗更認為安祿山賢能。御史中丞張利貞任河北采訪使，到達平盧，安祿山曲意侍奉張利貞，甚至連他的身邊人都受到賄賂。張利貞回朝上奏，極力稱讚安祿山的優點。八月十七日乙未，任命安祿山為營州都督，充平盧軍使、兩蕃・勃海・黑水四府經略使。

冬，十月十九日丙申，玄宗親臨驪山溫泉。

十月二十五日壬寅，把北庭、安西分為兩個節度。

十一月初三日庚戌，司空邠王李守禮去世。李守禮平庸淺薄沒有才識，每當天即將下雨和放晴，李守禮一定事先說出來，後來都應驗了。岐王、薛王等諸王告訴玄宗說：「邠兄有道術。」玄宗詢問李守禮其中緣故，李守禮回答說：「臣沒有道術。武則天時因為章懷太子的緣故，臣被幽禁宮中十餘年，每年下敕書杖打臣三四次，背上的疤痕很厚，要下雨時便感覺沉悶，即將天晴時就感覺輕爽，臣因此而知道罷了。」說罷流淚，沾溼了衣襟。玄宗也為他慘然傷感。

十一月十四日辛酉，玄宗回宮。

十一月二十四日辛未，太尉寧王李憲去世。玄宗特別悲痛惋惜，說：「天下，原是哥哥的天下。哥哥堅持要讓位給我，他是唐堯、太伯，平常的名號不足以匹配他。」於是謚為讓皇帝。他的兒子汝陽王李璡，上表追述先父的心志，謙讓不敢擔當帝號，玄宗沒有答應。殯殮那天，從宮中拿出天子的衣服，玄宗親手書寫輓詞於靈座，自稱「隆基白」。又命名寧王的墳墓為惠陵，追謚他的妃子元氏為恭皇后，合葬在惠陵。

十二月二十八日乙巳，吐蕃軍隊在達化縣屠城，攻陷石堡城，蓋嘉運不能抵抗。

【研　析】本卷最值得研析的問題有三：一、唐玄宗由明轉昏，二、太子廢立，三、安史之亂主角登場。

明主的標誌是納諫與用人。開元二十五年（西元七三七年），張九齡罷相之前，唐玄宗納諫，任用清正廉直之士，名相輩出。史稱：「上即位以來，所用之相，姚崇尚通，宋璟尚法，張嘉貞尚吏，張說尚文，李元紘、杜暹尚儉，韓休、張九齡尚直，各其所長也。」九齡因抗直罷相，從此，「朝廷之士，皆容身保位，無復直言。」唐玄宗的耳朵聾了，眼睛也瞎了，用人信讒，奸相李林甫、楊國忠相繼為首輔，蠱惑聖聽，奸詐無比。李林甫，甘言諂人，而暗中傷人，不露聲色，人稱「口有蜜，腹有劍」。張九齡在相位，太子瑛不廢，李林甫上臺，太子及諸王立即遭殺戮。楊國忠更是禍國殃民。君主昏昏，小人進，君子退，自李林甫入相以後，唐玄宗也就由明轉昏，再無賢相矣。

廢立太子，是一件國家大事，唐玄宗說廢就廢了，視同兒戲。唐玄宗廢太子在開元二十五年，唐玄宗五十三歲。唐玄宗卒於唐肅宗上元二年（西元七六一年），享年七十七歲。唐玄宗在帝王中算是一個高壽的皇帝。五十三歲，是知天命的中年，精力旺盛，但驕侈心和美色迷住了唐玄宗的眼睛，使他由明轉昏。唐玄宗廢太子瑛，同時遇害的還有鄂王瑤、光王琚、駙馬薛鏽。一朝害三子和一個女婿，在親情上對唐玄宗是一個沉重打擊。唐玄宗廢太子也是經歷了長時期思想感情鬥爭才痛下決心的。唐玄宗做此決定又是他性格的必然。唐玄宗善音律，重感情，天生好色。太子瑛的母親趙麗妃、鄂王瑤的母親皇甫德儀、光王琚的母親劉才人都是以色被唐玄宗選為王妃。太子母更是以娼進，善歌舞得寵。太子瑛是唐玄宗第二子，因母親得寵而立為皇太子。後來武惠妃專寵，太子瑛、鄂王瑤、光王琚三子之母，皆色衰愛弛而失寵，三子被玄宗疏遠，同病相憐而親近。武惠妃藉專寵而進讒言，詆毀太子，替自己的兒子壽王李瑁奪太子位。武惠妃女咸宜公主婿楊洄秉承武惠妃之意，誣告太子瑛、鄂王瑤、光王琚與駙馬薛鏽通謀為不軌。薛鏽是太子瑛妃之兄，尚玄宗第四女唐昌公主。由於宰相張九齡的護佑，直言廢長立幼，禍害無窮。唐玄宗下不了決心。李林甫，奸邪小人，趁機而入，通過楊洄與武惠妃結成同盟，先排擠了張九齡出朝，然後再由楊洄出面誣告三王與薛鏽通謀造反。武惠妃假稱宮中有賊，宣召三王穿甲入宮捉賊，回頭又去告知唐玄宗說：「三王造反，帶甲入宮。」如此拙劣的戲法，唐玄宗豈會不知。他已下決心要廢立太子，裝模作樣問李林甫的意見。李林甫告以帝王家事，大臣不問。唐玄宗於是廢三子及駙馬為庶子，隨即殺害。當三子及駙馬均死後，唐玄宗又感心痛，所以沒有立武惠妃之子壽王瑁為太子。唐玄宗想起了張九齡的警告，廢長立少，將引起諸王爭位。唐玄宗悶悶不樂，武惠妃驚懼病死。高力士勸唐玄宗立長以安國。於是在太子瑛死後一年多，唐玄宗立第三子忠王璵為皇太子。武惠妃機關算盡，反誤了性命。忠王璵漁翁得利，太子瑛三王悲劇結局。二十五年之後，代宗即位，寶應元年（西元七六二年），才為太子瑛三王平反。

唐玄宗專寵女色而廢立太子，後又因專寵楊貴妃而招致安史之亂。唐玄宗愛美人不愛江山，他的這一個性弱點，促成了他的驕侈心，是他由明轉昏的一個決定性因素。

開元二十四年，安史之亂的兩位主角，安祿山與史思明登場，兩人入朝，行動就十分詭異。安祿山與史思明，本是營州雜胡，兩人同里閭，史思明先一日生，長安祿山一天。兩人一起長大，互相親愛，同為市儈，以驍勇聞名。安祿山從軍，在平盧節度使張守珪帳下任捉生將，就是專門抓敵人活口的偵察兵。安祿山每次帶幾個騎兵深入契丹、奚人的領地，總能抓幾個活口回來，張守珪十分愛惜，收為養子。開元二十四年，安祿山以左驍衛將軍之職領兵討奚、契丹，違反軍令，恃勇輕進，打了敗仗，按律當斬。張守珪不忍誅殺，押送京師聽候唐玄宗處置。時張九齡為相，批示說：「從前齊司馬穰苴誅殺莊賈，孫武練兵斬了宮嬪，張守珪按軍令行動，安祿山不應當免死。」張守珪把敗軍之將上交朝廷處置，就是不想誅殺，張九齡堅持按軍法從事。唐玄宗礙於地方大員的情面，赦免了安祿山的死罪，是一種姑息養奸的行為。勝敗兵家常事，打了敗仗，追究情事，未必就有死刑。如果敗軍之將因驕、因抗上，是違紀行為，必須正法。東漢末，太尉張溫統軍討金城叛羌，將軍董卓抗命，言辭不順，孫堅主張誅殺，認為像董卓這樣抗命的人終為禍源。安祿山為張守珪之養子，一定是違紀犯罪當斬，不僅僅是敗軍，所以張九齡說安祿山有反相。相貌長有反骨，只是一個藉口的說法。唐玄宗姑息，導致了後來的大禍。史思明，更是奸詐，欺騙奚王，誘殺友好使者，輕啟邊釁，張守珪與史思明均有大罪。邊將擅殺冒功，唐玄宗不察反而嘉獎。史思明，原名史窣干，史思明為唐玄宗的賜名，在當時是莫大的榮譽。史稱史思明入朝奏事，唐玄宗與之對話，十分滿意。唐玄宗原本「英斷多藝」，這時明察的一雙慧眼已經蒙上煙幕，自然遇事不明了。專制君王，只要昏聵，則更加固執。明主納諫，昏主拒諫。唐玄宗聽不進張九齡的話，等到安史之亂蒙塵入蜀時，唐玄宗想起張九齡，特別派專使到張九齡的故里厚撫其家屬。唐玄宗能反思過失，這是他有別於暴君的個性特質。儘管世上沒有後悔藥，但唐玄宗能反思過失，也可讓人同情。

卷第二百十五

唐紀三十一

起玄黓敦牂（壬午　西元七四二年），盡彊圉大淵獻（丁亥　西元七四七年）十一月，凡五年有奇。

【題　解】本卷記事起西元七四二年，迄西元七四七年十一月，凡五年又十一個月。當唐玄宗天寶元年至天寶六載十一月。此時期天下承平，社會仍呈現上升發展態勢，而國家上層政治日益走向腐敗，動亂危機潛滋暗長。政治腐敗，有三大原因。一是最高統治者唐玄宗怠於政事，喜逸樂，好聲色。唐玄宗竟然以亂倫方式霸佔兒媳得到楊貴妃，楊氏一門貴幸，一個亂國奸臣楊國忠即將登上政治舞臺。楊貴妃專寵，不但君王不早朝，而且還放縱了一個亂臣賊子安祿山。不過此時期還只是一個潛在的危險。二是唐玄宗好大喜功，沿邊置十節度使，常備邊兵五十萬。耗費大量國庫資財，加上唐玄宗無節制的逸樂賞賜，增加民眾負擔。邊將輕啟事端，特別是與吐蕃的關係日益惡化。三是奸相李林甫權勢日隆，節節攀升而大權獨攬。唐玄宗一度有「無為」而要交權李林甫的想法。李林甫「口蜜腹劍」，排擠才望之士，專斷朝政，貪財受賄，選舉淩遲，以致有交白卷的「魁首」。上述三大原因是天寶年間的基本政治生態。君王怠政於上，奸相為惡於下，只是還未大壞而已。李林甫還引用酷吏為惡，加重政治的腐敗。一般論史者認為，天寶元年是中唐的起始點，也就是唐代政治由盛轉衰，由治轉亂的起始點。

玄宗至道大聖大明孝皇帝中之下

天寶元年（壬午　西元七四二年）

春，正月丁未❶朔，上御勤政樓❷受朝賀，赦天下，改元。○壬子❸，分平盧別為節度❹，以安祿山為節度使。

是時，天下聲教❺所被之州三百三十一，羈縻之州❻八百，置十節度、經略使以備邊。安西節度撫寧❼西域❽，統龜茲、焉耆、于闐、疏勒❾四鎮，治龜茲城，兵二萬四千。北庭節度❿防制突騎施、堅昆⓫，統瀚海、天山、伊吾三軍⓬，屯伊、西二州之境，治北庭都護府，兵二萬人。河西節度斷隔吐蕃、突厥，統赤水、大斗、建康、寧寇、玉門、墨離、豆盧、新泉八軍⓭，張掖、交城、白亭三守捉⓮，屯涼、肅、瓜、沙、會五州之境，治涼州，兵七萬三千人。朔方節度捍禦突厥，統經略、豐安、定遠三軍⓯，三受降城⓰，安北、單于二都護府⓱，屯靈、夏、豐⓲三州之境，治靈州，兵六萬四千七百人。河東節度與朔方掎角⓳以禦突厥，統天兵、大同、橫野、岢嵐四軍⓴，雲中守捉㉑，屯太原府㉒忻㉓、代㉔、嵐三州之境，治太原府，兵五萬五千人。范陽節度㉕臨制㉖奚、契丹，統經略、威武、清夷、靜塞、恆陽、北平、高陽、唐興、橫海九軍㉗，屯幽、薊、嬀、檀、易、恆、定、漠、滄九州之境，治幽州，兵九萬一千四百人。平盧節度鎮撫室韋、靺鞨㉘，統平盧、盧龍㉙二軍，榆關守捉㉚，安東都護府，屯營、平二州之境，治營州，兵三萬七千五百人。隴右節度備禦吐蕃，統臨洮、河源、白水、安人、振威、威戎、漠門、寧塞、積石、鎮西㉛十軍，綏和、合川、平夷三守捉㉜，屯鄯、廓、洮、河之境，治鄯州，兵七萬五千人。劍南節度西抗吐蕃，南撫蠻獠㉝，統天寶、平戎、昆明、寧遠、澄川、南江六軍㉞，屯益、翼、茂、當、嶲、柘、松、維、恭、雅、黎、姚、悉㉟十三州之境，治益州，兵三萬九百人。嶺南五府經略㊱綏靜夷、獠㊲，統經略、清海二軍㊳，桂、容、邕、交四管㊴，治廣州，兵萬五千四百人。此外又有長樂經略㊵，福州㊶領之，兵千五百人。東萊守捉㊷，萊州㊸領之，東牟守捉㊹，登州㊺領之，兵各千人。凡鎮兵四十九萬人，馬八萬餘匹。開元㊻之前，每歲供邊兵衣糧，費不過二百萬。天寶㊼之後，邊將奏益兵浸多㊽，每歲用衣千二十萬匹㊾，糧百九十萬斛，公私勞費，民始困苦矣。

【章旨】以上為第一段，寫唐玄宗天寶初，全國置十節度使，戍兵達四十九萬，再加上行政費用，民始疲困。

【注釋】❶丁未　正月初一日。❷勤政樓　全稱為勤政務本樓，天子料理政事之地。開元八年（西元七二〇年）於興慶宮西南建造，西鄰花萼相輝樓。❸壬子　正月初六日。❹分平盧別為節度　本書上卷所載平盧討擊使、軍使、兵馬使，都從屬於幽州節度使，至此平盧分置節度使。平盧節度使，使職名，為平盧方鎮的差遣長官，主要職責是鎮撫東北室韋、靺鞨諸族。《唐會要・節度使》和《新唐書・方鎮表》載平盧節度使始置於開元七年（西元七一九年）。《通鑑》載於此年，當另有所據。❺聲教　聲威和教化。❻羈縻之州　邊疆民族地區設置的地方行政單位。唐代在歸屬的邊疆民族地區，按部落大小分別設置府、州，任命民族首領為都督、刺史等官，各民族內部仍保持原有稱號，並可世襲，稱為羈縻州。❼撫寧　安定；安撫。❽西域　漢朝以後，對玉門關（今甘肅敦煌西北）以西地區的總稱。廣義西域包括亞洲中、西部，甚至歐洲東部、非洲北部。❾龜茲焉耆于闐疏勒　軍鎮名，唐安西四鎮，龜茲故地在今新疆庫車，焉耆故地在今新疆焉耆西南，于闐故地在今新疆和田西南，疏勒故地在今新疆喀什。❿北庭節度　即北庭節度使，使職名，為北庭方鎮的差遣長官，先天元年（西元七一二年）始置，其目的是防制西北的突騎施、堅昆、突厥等族，治所在今新疆吉木薩爾北破城子。節度使例兼北庭都護。開元後與安西四鎮節度使時有分合。⓫堅昆　古部落名，又稱融昆、結骨、紇骨、居勿、黠戛斯。在今葉尼塞河上游。⓬瀚海天山伊吾三軍　軍鎮名，瀚海軍在北庭都護府城內，天山軍在西州（今新疆吐魯番東南）城內，伊吾軍在伊州（今新疆哈密）西北甘露川。⓭赤水大斗句　軍鎮名，赤水軍在涼州（今甘肅武威）城內，大斗軍在今甘肅武威西，建康軍在今甘肅高臺東南，寧寇軍在今甘肅武威東北，玉門軍在今甘肅玉門西北，墨離軍在今阿富汗東北孔杜茲城附近，豆盧軍在沙州（今甘肅敦煌西）城內，新泉軍在會州（今甘肅靖遠）西北。⓮張掖交城白亭三守捉　張掖守捉在今甘肅武威南，交城守捉在今甘肅武威西，白亭守捉在今甘肅武威北。守捉次於軍，其下又有城、鎮，總之者曰道。⓯經略豐安定遠三軍　軍鎮名，經略軍在靈州（今寧夏靈武西南）城內，豐安軍在今寧夏靈武西南，定遠軍在今寧夏靈武東北。⓰三受降城　指西、中、東三受降城。景龍二年（西元七〇八年）張仁愿築以防禦突厥。西受降城在今內蒙古杭錦後旗烏加河北岸狼山口南，中受降城在今內蒙古包頭西南黃河北岸，東受降城在今內蒙古托克托南，黃河北大黑河東岸。⓱安北單于二都護府　屬唐六大都護府。安北都護府，始名燕然都護府，貞觀二十一年（西元六四七年）置，治所在今內蒙古包頭西南黃河北岸。單于都護府，永徽元年（西元六五〇年）置，治所在今內蒙古和林格爾西北土城子。⓲豐　即豐州，州名，治所在今內蒙古臨河區東。⓳掎角　分兵牽制或夾擊敵人。⓴天兵大同橫野岢嵐四軍　軍鎮名，天兵軍在今山西太原西南晉源鎮內，大同軍在今山西代縣北，橫野軍在今山西靈丘東北，岢嵐軍在嵐州（今山西嵐縣北）北。㉑雲中守捉　在今內蒙古和林格爾西北土城子西北。㉒太原府　府名，開元十一年（西元七二三年）升并州置府。治所在今山西太原西南晉源鎮。㉓忻　忻州，州名，治所在今山西忻州。㉔代　代州，州名，治所在今山西代縣。㉕范陽節度　即范陽節度使，又稱幽州節度使。㉖臨制　管理；轄治。㉗經略威武清夷句　軍鎮名，經略軍在幽州（今北京市城西南）城內，威武軍在檀州（今北京市密雲）城內，清夷軍在媯州（今河北懷來東南）城內，靜塞軍在薊州（今北京市城西南）城內，恆陽軍在恆州（今河北正定）城東，北平軍在定州（今河北定州）城西，高陽軍在易州（今河北易縣）城內，唐興軍在莫州（今河北任丘北故莫州城內）城內，橫海軍在滄州（今河北滄縣東南）城內。㉘室韋靺鞨　唐東北地區的兩個少數民族。室韋分布在嫩江流域和黑龍江南北兩岸。唐代有二十多部，曾附屬於突厥，貞觀後朝貢不絕。靺鞨分布在松花江、牡丹江流域和黑龍江中下游。㉙盧龍　軍鎮名，盧龍軍在平州（今河北盧龍）城內。㉚榆關守捉　在今河北秦皇島市東山海關。㉛臨洮河源句　皆軍鎮名，臨洮軍在鄯州（今青海樂都）城內，河源軍在今青海西寧東南，振威軍在鄯州西，威戎軍在鄯州西北，漠門軍在洮州（今甘肅臨潭）城內，寧塞軍在廓州（今青海化隆西黃河北岸）城內，積石軍在今青海貴德西，鎮西軍在河州（今甘肅臨夏東北）城內。㉜綏和合川平夷三守捉　綏和守捉在今青海西寧西南，合川守捉在今青海樂都南，平夷守捉在河州西南。㉝蠻獠　蠻，古代對南方少數民族的泛稱。獠（僚），魏晉以後對分布在川、黔、滇、桂等省區部分少數民族的泛稱。㉞天寶平戎昆明句　軍鎮名，天寶軍在恭州（今廣西古化南）東南，平戎軍在恭州南，昆明軍在巂州（今四川西昌）南，寧遠軍在巂州西。澄川，據《通典·州郡》、《舊唐書·地理志》為守捉，在姚州（今雲南姚安北）東。南江軍不詳所在。㉟益翼茂當巂句　皆州名，益州治所在今四川成都，翼州治所在今四川松潘疊溪營西，茂州治所在今四川阿壩藏族羌族自治州，當州治所在今四川黑水縣，柘州治所在今四川平武西，松州治所在今四川松潘，維州治所在今四川理縣東北，雅州治所在今四川雅安，黎州治所在今四川漢源北，悉州治所在今四川松潘疊溪營西。㊱嶺南五府經略　即嶺南五府經略使，使職名，治所在今廣東廣州。五府指廣州、桂州、容州、邕州、交州五都督府。五府都由廣州都督府統攝。其後名稱屢有變更，或改桂、容、邕為三管經略，交州為安南都護，但仍統於廣州都督府，由廣州刺史兼五府經略使。至德（西元七五六—七五八年）時始置嶺南節度使。㊲夷獠　此用作對南方少數民族的泛稱。㊳經略清海二軍　軍鎮名，經略軍在今廣東廣州城內，清海軍在今廣東恩平東北。㊴桂容邕交四管　管，本管；管內。桂管，桂州管內經略使的略稱，治所在今廣西桂林。容管經略使，治所在今廣西普寧。邕管經略使，治所在今廣西南寧。交州，武德五年（西元六二二年）為交州總管府，七年改總管為都督，調露元年（西元六七九年）改置南安都護府，刺史充都護，治所在今越南河內東。㊵長樂經略　即長樂經略使，治所在今福建長樂。㊶福州　州名，治所在今福建福州。㊷東萊守捉　在今山東掖縣。㊸萊州　州名，治所在今山東掖縣。㊹東牟守捉　在今山東蓬萊。㊺登州　州名，治所在今山東蓬萊。㊻開元　唐玄宗年號（西元七一三—

七四一年）。開元之前，《通典》卷一百四十八〈兵典〉作「開元初」。㊼天寶　唐玄宗年號（西元七四二—七五六年）。㊽益兵浸多　增加的兵員逐漸加多。㊾千二十萬匹　《通典》卷一百四十八〈兵典〉作「開元末已至一千萬貫，天寶末更加四五百萬矣」。故「匹」應是「貫」字之誤。參考岑仲勉《通鑑隋唐紀比事質疑》。

【語　譯】玄宗至道大聖大明孝皇帝中之下

天寶元年（壬午　西元七四二年）

春，正月初一日丁未，玄宗駕臨勤政樓接受朝拜慶賀，大赦天下，改換年號。○初六日壬子，分平盧另置節度，任命安祿山為節度使。

此時，朝廷的聲威和教化所施及的州有三百三十一個，在邊遠少數民族地區所設的州有八百個，設置十個節度、經略使來防禦邊境。安西節度鎮撫西域，統管龜茲、焉耆、于闐、疏勒四鎮，治所在龜茲城，有士卒兩萬四千人。北庭節度防制突騎施、堅昆，統管瀚海、天山、伊吾三軍，屯駐在伊州、西州境內，治所在北庭都護府，有士卒兩萬人。河西節度阻隔吐蕃、突厥，統管赤水、大斗、建康、寧寇、玉門、墨離、豆盧、新泉八軍以及張掖、交城、白亭三守捉，屯駐在涼州、肅州、瓜州、沙州、會州五州境內，治所在涼州，有士卒七萬三千人。朔方節度抵禦突厥，統管經略、豐安、定遠三軍和三受降城以及安北、單于兩個都護府，屯駐在靈州、夏州、豐州三州境內，治所在靈州，有士卒六萬四千七百人。河東節度與朔方節度互為犄角以抵禦突厥，統管天兵、大同、橫野、岢嵐四軍和雲中守捉，屯駐在太原府忻州、代州、嵐州三州境內，治所在太原府，有士卒五萬五千人。范陽節度監臨控制奚、契丹，統管經略、威武、清夷、靜塞、恆陽、北平、高陽、唐興、橫海九軍，屯駐在幽州、薊州、媯州、檀州、易州、恆州、定州、漠州、滄州九州境內，治所在幽州，有士卒九萬一千四百人。平盧節度鎮撫室韋、靺鞨，統管平盧、盧龍二軍和榆關守捉、安東都護府，屯駐在營州、平州兩州境內，治所在營州，有士卒三萬七千五百人。隴右節度防備吐蕃，統管臨洮、河源、白水、安人、振威、威戎、漠門、寧塞、積石、鎮西十軍和綏和、合川、平夷三守捉，屯駐在鄯州、廓州、洮州、河州境內，治所在鄯州，有士卒七萬五千人。劍南節度西抗吐蕃，南撫蠻獠，統管天寶、平戎、昆明、寧遠、澄川、南江六軍，屯駐在益州、翼州、茂州、當州、嶲州、柘州、松州、維州、恭州、雅州、黎州、姚州、悉州十三州境內，治所在益州，有士卒三萬零九百人。嶺南五府經略綏靖夷人和獠人，統管經略、清海二軍和桂府、容府、邕府、交府四管，治所在廣州，有士卒一萬五千四百人。此外又有長樂經略，福州統領，有士卒一千五百人。東萊守捉，萊州統領，東牟守捉，登州統領，各有士卒一千人。總計各鎮兵力共有四十九萬人，馬八萬餘匹。開元以前，每年供給邊境士卒衣服糧食，軍費開支不超過兩百萬。天寶以後，邊將奏請增加的士兵逐漸增多，每年用布料一千零二十萬匹，糧食一百九十萬斛，政府和百姓都煩擾耗費，百姓開始困苦了。

甲寅❶，陳王❷府參軍❸田同秀上言：「見玄元皇帝於丹鳳門之空中，告以『我藏靈符，在尹喜❹故宅。』」上遣使於故函谷關❺尹喜臺❻旁求得之。◯陝州❼刺史李齊物❽穿三門運渠❾，辛未❿，渠成。齊物，神通⓫之曾孫也。◯壬辰⓬，羣臣上表，以函谷靈符潛應年號⓭，先天不違⓮，請於尊號⓯加「天寶」字。從之。

二月辛卯⓰，上享⓱玄元皇帝於新廟⓲。甲午⓳，享太廟。丙申⓴，合祀天地於南郊㉑，赦天下。改侍中為左相，中書令為右相，尚書左、右丞相復為僕射㉒；東都、北都㉓皆為京，州為郡，刺史為太守。改桃林縣曰靈寶㉔。田同秀除朝散大夫㉕。

時人皆疑寶符同秀所為。間一歲，清河㉖人崔以清復言：「見玄元皇帝於天津橋北，云藏符在武城㉗紫微山。」敕使往求，亦得之。東都留守㉘王倕㉙知其詐，按問㉚，果首服㉛，奏之。上亦不深罪，流之而已。

三月，以長安令韋堅㉜為陝郡㉝太守，領江、淮租庸轉運使㉞。初，宇文融㉟既敗，言利者稍息。及楊慎矜㊱得幸，於是韋堅、王鉷㊲之徒競以利進，百司有利權者，稍稍㊳別置使以領之，舊官充位而已。堅，太子之妃兄也，為吏以幹敏㊴稱。上使之督江、淮租運，歲增巨萬。上以為能，故擢㊵任之。王鉷，方翼㊶之曾孫也，亦以善治租賦為戶部員外郎㊷兼侍御史。

【章旨】以上為第二段，寫唐玄宗因人造符瑞而改元「天寶」，啟用善治財賦的官吏以足國用。

【注釋】❶甲寅　正月初八日。❷陳王　玄宗第二十五子李珪。傳見《舊唐書》卷一百七、《新唐書》卷八十二。❸參軍　官名，親王府官名參軍的有諮議參軍、記室參軍事、錄事參軍事、功倉戶兵騎法士七曹參軍事，不知此是何種參軍。❹尹喜　春秋時函谷關令。相傳老子西遊至函谷關，喜迎住其宅，老子授《道德經》五千言而去。喜自著書名《關尹子》。❺函谷關　關名，故址在今河南靈寶東北。❻尹喜臺　即樓觀山的樓觀臺。原為尹喜住宅，故又名尹喜臺。❼陝州　州名，治所在今河南陝縣。❽李齊物　（?—西元七六一年）字道用，淮安王李神通曾孫，官至刑部尚書、太常卿。傳見《舊唐書》卷一百十二、《新唐書》卷七十八。❾三門運渠　李齊物鑿三門山以通漕，開其山巓為挽路。❿辛未　正月二十五日。⓫神通　唐高祖堂弟李神通（?—西元六三〇年），官至左武衛大將軍，封鄭國公、永康王、淮安王。傳見《舊唐書》卷六十、《新唐書》卷七十八。⓬壬辰　二月十六日。《舊唐書・玄宗紀下》作丁亥，二月十一日。⓭潛應年號　指與年號暗合。潛，暗地；暗自。⓮先天不違　改年號在先而不違天意。⓯尊號　臣下所上尊崇帝、后的稱號。玄宗的尊號有：先天二年（西元七一三年）所上的開元神武皇帝，開元二十七年（西元七三九年）加為開元聖文神武皇帝，至是又加為開元天寶聖文神武皇帝。以後還加尊號三次。⑯辛卯　二月十五日。⑰享　祭禮。⑱新廟　玄宗在尹喜臺得靈符後，便在長安大寧坊西南角建玄元皇帝廟，雕刻大白石的玄元皇帝像，並雕刻自己和李林甫、陳希烈的白石像侍立左右。新廟即指此廟。⑲甲午　二月十八日。⑳丙申　二月二十日。㉑合祀天地於南郊　古禮，祭天於圜丘，在國都的南方；祭地於澤中的方丘，在國都的北方，各有不同。武則天有合祭天地於南郊之舉，但未成定制。玄宗制定《開元禮》，於此年合祭天地於南郊，以後遂成故事，終唐之世未改。㉒復為僕射　開元初，改左、右僕射為尚書，左、右丞相至是復為僕射。㉓北都　開元十一年（西元七二三年）升并州為太原府，建北都。故址在今山西太原西南。㉔改桃林縣曰靈寶　桃林縣，縣名，縣治在今河南三門峽市西宏衣洞（水）入黃河處。靈寶，以得玄元靈寶而改名。㉕朝散大夫　官名，散官第十三階，從五品下。㉖清河　郡名，天寶元年（西元七四二年）改貝州為清河郡，治所在今河北清河縣。㉗武城　縣名，縣治在今山東武城。㉘留守　古代皇帝巡幸、出征時，以親王或重臣鎮守京師，得便宜行事，稱京城留守。其他行都、陪都亦有常設或間設的留守，多以地方長官兼任。㉙王倕　曾任新豐尉、東都留守、河南節度使。其事散見《舊唐書》卷九十二、一百四，《新唐書》卷一百三十五、一百六十等篇。㉚按問　審問。㉛首服　自首服罪。㉜韋堅　（？—西元七四六年）字子全，京兆萬年（今陝西西安東）人，以轉運租庸而受重用，官至御史中丞、刑部尚書，封韋城男。傳見《舊唐書》卷一百五、《新唐書》卷一百三十四。㉝陝郡　郡名，天寶元年（西元七四二年）陝州改名，治所在今河南陝縣。㉞領江淮租庸轉運使　自先天二年（西元七一三年）李傑以陝州刺史充陝州陸運使以後，陝州刺史都循例帶使，故韋堅應是以陝州水運使銜而領江、淮租庸的轉運使。㉟宇文融　（？—西元七二九年）京兆萬年人，開元九年（西元七二一年）欽准清理逃亡戶口，置勸農判官十人，分赴各地，查出客戶八十餘萬和大量籍外土地。官至黃門侍郎、同中書門下平章事，後被流放而死。傳見《舊唐書》卷一百五、《新唐書》卷一百三十四。㊱楊慎矜　（？—西元七四七年）隋煬帝玄孫，官至御史中丞、諸道鑄錢使、太府出納使，為官勤謹清白，兄弟三人皆為李林甫、王鉷陷害而死。傳見《舊唐書》卷一百五、《新唐書》卷一百三十四。㊲王鉷　（？—西元七五二年）太原祁（今山西祁縣）人，做戶口色役使，恣行剝削百姓，歲進錢寶百億萬，貯於內庫，供玄宗作後宮賞賜費用。深受玄宗重用，身兼二十餘使。傳見《舊唐書》卷一百五、《新唐書》卷一百三十四。㊳稍稍　逐漸。㊴幹敏　幹練、敏捷。㊵擢　提拔。㊶方翼　王方翼（西元六二二—六八四年），并州祁（今山西祁縣）人，高宗至武后朝，著功於西域。傳見《舊唐書》卷一百八十五上、《新唐書》卷一百十一。㊷戶部員外郎　官名，戶部司副官，掌戶口、土田、賦役等事。

【語　譯】正月初八日甲寅，陳王府參軍田同秀上奏說：「在丹鳳門的上空看見了玄元皇帝老子，他告訴我『我藏的靈符，在尹喜的舊宅中。』」玄宗派遣使者在原函谷關尹喜臺旁邊搜尋找到了靈符。○陝州刺史李齊物開鑿三門運渠，二十五日辛未，河渠完成。李齊物，是淮安王李神通的曾孫。○二月十六日壬辰，群臣上表，認為函谷關發現的靈符暗合年號，改年號在先而不違天意，請在尊號前加上「天寶」二字。玄宗答應了。

二月十五日辛卯，玄宗在新廟祭祀玄元皇帝老子。十八日甲午，祭祀太廟。二十日丙申，在南郊合祭天地，大赦天下。改侍中為左相，中書令為右相，尚書左、右丞相恢復為僕射，東都、北都都稱京，州稱郡，刺史稱太守。改桃林縣為靈寶縣。田同秀被任命為朝散大夫。

當時人都懷疑寶符是田同秀偽造的。隔了一年，清河人崔以清又上言說：「在天津橋北見到了玄元皇帝老子，他說把寶符藏在武城紫微山。」玄宗命令使者前去尋找，也找到了。東都留守王倕知道其中有詐，加以審訊，崔以清果然服罪，王倕奏報了這件事。玄宗也沒有深究崔以清的罪過，只是把他流放罷了。

三月，任命長安縣令韋堅為陝郡太守，兼領江、淮租庸轉運使。起初，宇文融失敗後，官吏進言財利的人漸漸止息。等到楊慎矜得幸於玄宗，於是韋堅、王鉷之流追逐利用進言財利來晉升官位，政府中掌有財權的部門，逐漸另設官員來主管財務，原有官員備位而已。韋堅，是太子妃子的哥哥，為官辦事以幹練機敏著稱。玄宗委派他督察江、淮的租運，每年增收以億萬。玄宗認為他有能力，所以就提拔任用他。王鉷，是王方翼的曾孫，也因擅長管理賦稅，任官戶部員外郎兼侍御史。

李林甫為相，凡才望功業出己右❶，及為上所厚、勢位將逼己者，必百計去之。尤忌❷文學之士❸，或陽與之善，啗❹以甘言❺，而陰陷之。世謂李林甫口有蜜，腹有劍。

上嘗陳樂於勤政樓下[1]，垂簾觀之。兵部侍郎❻盧絢謂上已起，垂鞭按轡❼，橫過樓下。絢風標❽清粹❾，上目送之，深歎其蘊藉❿。林甫常厚以金帛賂上左右，上舉動必知之，乃召絢子弟⓫謂曰：「尊君⓬素望清崇，今交、廣⓭藉才⓮，聖上⓯欲以尊君為之，可乎？若憚⓰遠行，則當左遷⓱。不然，則以賓、詹分務東洛⓲，亦優賢之命也，何如？」絢懼，以賓、詹為請。林甫恐乖⓳眾望，乃除華州⓴刺史。到官未幾，誣其有疾，州事不理，除詹事、員外同正㉑。

上又嘗問林甫以「嚴挺之今安在？是人亦可用。」挺之時為絳州㉒刺史。林甫退，召挺之弟損之，諭㉓以「上待尊兄意甚厚，盍㉔為見上之策，奏稱風疾㉕，求還京師就醫。」挺之從之。林甫以其奏白上云：「挺之衰老得風疾，宜且授以散秩㉖，使便醫藥。」上歎吒㉗久之。夏，四月壬寅㉘，以為詹事，又以汴州㉙刺史、河南采訪使㉚齊澣為少詹事㉛，皆員外同正，於東京養疾。澣亦朝廷宿望㉜，故并忌之。

上發兵納十姓可汗阿史那昕於突騎施，至俱蘭城，為莫賀達干所殺。突騎施大纛官㉝都摩度來降，六月乙未㉞，冊都摩度為三姓葉護㉟。

秋，七月癸卯㊱朔，日有食之。

【章　旨】以上為第三段，寫奸相李林甫「口蜜腹劍」，排擠才望功業高於自己的有識之士以專斷朝政。

【注　釋】❶右　古以右為尊為上，故稱勝於己者為右。❷忌　忌刻；忌妒刻薄。❸文學之士　文辭博學的士人。❹啗　給別人吃，此指奉承、恭維。❺甘言　甜蜜的語言。❻兵部侍郎　官名，尚書省兵部副長官，佐長官兵部尚書掌管武官選授和地圖、甲仗等政令。❼垂鞭按轡　放下鞭子，扣緊馬韁，使馬慢步前行。❽風標　風度、儀態。❾清粹　清麗純正。❿蘊藉　含蓄寬容。⓫子弟　據《新唐書・奸臣傳》，「弟」字衍。⓬尊君　對別人父親的敬稱。⓭交廣　皆州名，交州治所在今越南河內東天德江北岸，廣州治所番禺在今廣州。⓮藉才　借重有才能之人。藉，同「借」。⓯聖上　頌稱當今皇帝之詞。⓰憚　畏懼。⓱左遷　降職。古以右為尊，左為卑，故以降職為左遷。⓲以賓詹分務東洛　即以太子賓客、詹事分司東都。太子賓客，官名，東宮之官，掌侍從規諫，贊相禮儀。太子詹事，官名，東宮屬官，統管東宮三寺十率府之政令。分務東洛，東洛即東都洛陽，唐東都有分司之官，為優待賢士的職任。⓳乖　違悖。⓴華州　州名，治所在今陝西華縣。㉑員外同正　唐制，官有定員。凡正員以外的官員稱為員外官。員外官有員外與員外同正之別，前者俸祿減正員官之半，後者只是不給職田，俸祿同正員官。㉒絳州　州名，治所在今山西新絳。㉓諭　曉諭。㉔盍　何不。㉕風疾　病名，按中醫理論，風病有風熱、風寒、風溼、風癱等症。不詳嚴挺之屬何種風疾。㉖散秩　即散官，閒散而無職守。㉗歎吒　歎息。㉘壬寅　四月二十八日。㉙汴州　州名，治所在今河南開封。㉚河南采訪使　使職名，對河南道地方官吏行使監察職權的差遣官。㉛少詹事　官名，太子詹事的副職，佐掌東宮三寺十率府之政令。㉜宿望　老成望重，即有威望的老前輩。㉝大纛官　掌握大纛的軍官。大纛，大將用來指揮全軍的旗幟，又稱牙旗。㉞乙未　六月二十二日。㉟三姓葉護　管轄三個部落的突厥葉護大臣。㊱癸卯　七月初一日。

【校　記】①下　原無此字。據章鈺校，十二行本、乙十一行本、孔天胤本皆有此字，今據補。

【語　譯】李林甫擔任宰相，凡是才能聲望功業超過自己的，以及被玄宗所器重、權勢職位將對自己構成威脅的，必定千方百計地除掉他。尤其嫉恨文學之士，有時表面上與你友善，送給你甜言蜜語，而暗中陷害你。世人稱李林甫口有蜜，腹有劍。

玄宗曾在勤政樓下布置樂隊，垂簾觀賞。兵部侍郎盧絢以為玄宗已經起身離開，便垂下鞭子扣緊馬韁，從樓下橫穿而過。盧絢的風度儀態清麗純正，玄宗目送他遠去，深深地讚歎他含蓄寬容。李林甫常常以豐厚的金銀布帛賄賂玄宗的左右，玄宗的一舉一動他必定能獲悉，於是召見盧絢的子弟對他們說：「尊君向來聲望清高，現在交州、廣州需要人才，聖上想要委派尊君前去，可以嗎？如果擔心到遠方去，就會降職。不然，就用太子賓客、詹事分司東都洛陽，這也是優待賢才的任命，你們覺得怎麼樣？」盧絢很恐懼，請求擔任太子賓客、詹事。李林甫擔心違背眾人的意願，就任命他為華州刺史。到任不久，又誣稱他有病，不能處理州中事務，改任詹事、員外同正。

玄宗又曾詢問李林甫：「嚴挺之如今在哪裡？這個人也可任用。」嚴挺之當時擔任絳州刺史。李林甫退朝後，召見嚴挺之的弟弟嚴損之，告訴他說「皇上對待尊兄情意很深厚，為何不寫一封覲見皇上的表章，奏明自己得了風疾，請求返回京城治病就醫。」嚴挺之聽從了。李林甫就把他的奏章稟告玄宗說：「嚴挺之衰老得了風疾，應當授予他一個閒散的官職，便於他就醫吃藥。」玄宗聽後歎息了很久。夏，四月二十八日壬寅，任命嚴挺之為詹事，又任命汴州刺史、河南采訪使齊澣為少詹事，都是員外同正，在東京養病。齊澣也是朝廷素負重望的老臣，所以李林甫也一併嫉恨他。

玄宗發兵護送十姓可汗阿史那昕去突騎施，抵達俱蘭城，被莫賀達干殺害。突騎施的大纛官都摩度前來歸降，六月二十二日乙未，玄宗冊封他為三姓葉護。

秋，七月初一日癸卯，發生日蝕。

辛未❶，左相牛仙客薨。八月丁丑❷，以刑部尚書❸李適之❹為左相。

突厥拔悉密、回紇、葛邏祿三部共攻骨咄葉護❺，殺之，推拔悉密酋長為頡跌伊施可汗，回紇、葛邏祿自為左、右葉護。突厥餘眾共立判闕特勒之子為烏蘇米施可汗，以其子葛臘哆為西殺❻。

上遣使諭烏蘇令內附，烏蘇不從。朔方節度使王忠嗣盛兵磧口以威之，烏蘇懼，請降，而遷延❼不至。忠嗣知其詐，乃遣使說拔悉密、回紇、葛邏祿使攻之，烏蘇遁去。忠嗣因出兵擊之，取其右廂❽以歸。

丁亥❾，突厥西葉護阿布思❿及西殺葛臘哆、默啜⓫之孫勃德支⓬、伊然小妻、毗伽、登利之女⓭帥部眾千餘帳相次來降，突厥遂微。九月辛亥⓮，上御花萼樓⓯宴突厥降者，賞賜甚厚。◯護密先附吐蕃，戊午⓰，其王頡吉里匐遣使請降。

冬，十月丁酉⓱，上幸驪山溫泉。己巳⓲[1]，還宮。

十二月，隴右節度使皇甫惟明⓳奏破吐蕃大嶺⓴等軍。戊戌㉑，又奏破青海道㉒莽布支營三萬餘眾，斬獲五千餘級。庚子㉓，河西節度使王倕奏破吐蕃漁海及遊弈等軍。

是歲，天下縣一千五百二十八，鄉一萬六千八百二十九，戶八百五十二萬五千七百六十三，口四千八百九十萬九千八百。

回紇葉護㉔骨力裴羅㉕遣使入貢，賜爵奉義王。

【章　旨】以上為第四段，寫突厥歸服，唐大破吐蕃。是年戶口普查，繼續增長。

【注　釋】❶辛未　七月二十九日。❷丁丑　八月初五日。❸刑部尚書　官名，尚書省刑部長官，主管刑法頒布和諸獄按覆等司法行政事務。❹李適之　一名昌，唐宗室，官至左相。傳見《舊唐書》卷九十九、《新唐書》卷一百三十一。❺葉護　突厥最高職官名，有左右。次為特勤，再次為葉利發等共二十八級。❻西殺　即右殺。殺，突厥掌兵的將領，有東、西兩人，東殺即左殺，西殺即右殺。❼遷延　拖延。❽右廂　指右殺統率的兵馬。突厥左、右殺所統率的兵馬，稱為左、右廂。❾丁亥　八月十五日。❿阿布思　（?—西元七五四年）突厥九姓首領。開元三年（西元七一五年）和天寶元年（西元七四二年）兩次降唐，玄宗賜名李獻忠，任朔方節度副使。天寶十二載叛歸磧北，數為邊患，次年被唐俘斬。⓫默啜　（?—西元七一六年）突厥可汗。事見《舊唐書》卷一百九十四上、《新唐書》卷二百十五上。⓬勃德支　默啜可汗之孫，為突厥特勤。⓭伊然小妻毗伽登利之女　伊然，突厥伊然可汗，毗伽可汗之子，其小妻名余塞匐。突厥毗伽可汗，名默矩，骨咄祿之子，其女為大洛公主；登利可汗之女為余燭公主。事見《舊唐書》卷一百九十四上、《新唐書》卷二百十五下。⓮辛亥　九月初九日。⓯花蕚樓　即花蕚相輝樓，在興慶宮西南隅。唐玄宗常與諸王宴飲、戲謔於此，因取棠棣之花意而題名為花蕚相輝樓。⓰戊午　九月十六日。⓱丁酉　十月二十六日。⓲己巳　十一月二十八日。⓳皇甫惟明　（?—西元七四六年）曾任忠王友（王府官），開元十七年（西元七二九年）為通和使者出使吐蕃，官至隴右、河西節度使、鴻臚卿。天寶五載（西元七四六年）李林甫進讒言，稱惟明與韋堅謀立太子，被貶殺。其事散見《舊唐書》卷一九六、《新唐書》卷二百十六上等篇。⓴大嶺　疑即大非嶺，在青海湖之南。㉑戊戌　十二月二十七日。㉒青海道　《新唐書・吐蕃傳》云「戰青海，破莽布支」。故青海道疑指青海湖以南地區，或為吐蕃之青海道。㉓庚子　十二月二十九日。㉔回紇葉護　回紇官制同突厥，故葉護為回紇大臣。㉕骨力裴羅　（?—西元七五九年）回紇可汗。初與葛邏祿自稱左右葉護，後自稱骨咄祿毗伽闕可汗，唐詔拜為懷仁可汗，賜爵奉義王。事見《舊唐書》卷一百九十五、《新唐書》卷二百十七上。

【校　記】①己巳　張敦仁《通鑑刊本識誤》認為上脫「十一月」三字，當是。

【語　譯】七月二十九日辛未，左丞相牛仙客去世。八月初五日丁丑，任命刑部尚書李適之為左丞相。

突厥拔悉密、回紇、葛邏祿三部一起進攻骨咄葉護，殺死了他，推舉拔悉密酋長為頡跌伊施可汗，回紇、葛邏祿各自擔任左、右葉護。突厥餘眾共同推立判闕特勒的兒子為烏蘇米施可汗，任命他的兒子葛臘哆為西殺。

玄宗派使者告諭烏蘇讓他歸附朝廷，烏蘇不聽從。朔方節度使王忠嗣重兵屯集磧口來威攝他們，烏蘇恐懼，請求投降，然而拖延不來。王忠嗣察曉他們的欺詐，就派使者勸說拔悉密、回紇、葛邏祿讓他們去攻打烏蘇，烏蘇逃走。王忠嗣趁機出兵進擊，俘虜了他的西殺部眾返回。

八月十五日丁亥，突厥西葉護阿布思及西殺葛臘哆、默啜的孫子勃德支、伊然的小妻、毗伽、登利的女兒等率領部眾一千餘帳相繼前來歸降，突厥便衰落了。九月初九日辛亥，玄宗駕臨花萼樓宴請突厥歸降的人，賞賜很豐厚。〇護密起初歸附吐蕃，十六日戊午，他的國王頡吉里匐派使者來請求歸降。

冬，十月二十六日丁酉，玄宗駕臨驪山溫泉。十一月二十八日己巳，回宮。

十二月，隴右節度使皇甫惟明上奏打敗吐蕃大嶺等軍。二十七日戊戌，又上奏打敗青海道莽布支營三萬餘人，斬首和俘虜五千餘人。二十九日庚子，河西節度使王倕上奏打敗吐蕃漁海及巡邏隊等軍。

這一年，全國共有一千五百二十八個縣，一萬六千八百二十九個鄉，八百五十二萬五千七百六十三戶，四千八百九十萬九千八百人。

回紇葉護骨力裴羅派使者朝貢，賜爵奉義王。

二年（癸未　西元七四三年）

春，正月，安祿山入朝，上寵待甚厚，謁見無時。祿山奏言：「去年營州蟲食苗，臣焚香祝天❶云：『臣若操心不正，事君不忠，願使蟲食臣心。若不負神祇，願使蟲散。』即有羣鳥從北來，食蟲立盡。請宣付❷史官。」從之。

李林甫領吏部尚書，日在政府❸，選事悉委侍郎宋遙❹、苗晉卿❺。御史中丞張倚❻新得幸於上，遙、晉卿欲附之。時選人集者以萬計，入等❼者六十四人，倚子奭❽為之首，羣議沸騰。前薊❾令蘇孝韞以告安祿山，祿山入言於上，上悉召入等人面試之。奭手持試紙，終日不成一字，時人謂之「曳白❿」。癸亥⓫，遙貶武當⓬太守，晉卿貶安康⓭太守，倚貶淮陽⓮太守，同考判官禮部郎中⓯裴朏等皆貶嶺南官。晉卿，壺關人也。

三月壬子⓰，追尊玄元皇帝父周上御大夫為先天太皇，又尊皋繇⓱為德明皇帝，涼武昭王⓲為興聖皇帝。

江、淮南租庸等使韋堅引滻水抵苑東望春樓⓳下為潭，以聚江、淮運船，役夫匠通漕渠⓴，發人丘壟㉑，自江、淮至京城，民間蕭然愁怨㉒。二年而成。丙寅㉓，上幸望春樓觀新潭。堅以新船數百艘，扁榜㉔郡名，各陳郡中珍貨於船背。陝尉㉕崔成甫著錦半臂㉖，缺胯綠衫㉗以裼㉘之，紅袹首㉙，居前船唱得寶歌㉚，使美婦百人盛飾而和之，連檣㉛數里。堅跪進諸郡輕貨㉜，仍上百牙盤㉝食。上置宴，竟日㉞而罷，觀者山積㉟。夏，四月，加堅左散騎常侍㊱，其僚屬吏卒褒賞有差。名其潭曰廣運。時京兆尹㊲韓朝宗㊳亦引渭水置潭於西街，以貯材木。

丁亥㊴，皇甫惟明引軍出西平㊵，擊吐蕃，行千餘里，攻洪濟城㊶，破之。

上以右贊善大夫㊷楊慎矜知御史中丞事。時李林甫專權，公卿之進，有不出其門者，必以罪去之。慎矜由是固辭，不敢受。五月辛丑㊸，以慎矜為諫議大夫㊹。

冬，十月戊寅㊺，上幸驪山溫泉。乙卯㊻，還宮。

【章旨】以上為第五段，寫官場腐敗，選舉凌遲，有交白卷的魁首。唐玄宗歌舞昇平。

【注釋】❶祝天　向天祈禱。❷宣付　皇帝的命令交外廷官署辦理。❸政府　指政事堂，宰相議政治事的地方。❹宋遙　初為密縣尉，官至吏部侍郎，因選才不實而貶為武當太守。其事散見《舊唐書》卷一百十三、《新唐書》卷一百四十等篇。❺苗晉卿　（西元六八五—七六五年）潞州壺關（今山西壺關縣）人，官至侍中。傳見《舊唐書》卷一百十三、《新唐書》卷一百四十。❻張倚　天寶初為御史中丞，二年（西元七四三年）因子奭考選交白卷，倚以不能訓子而貶淮陽太守，後起為吏部侍郎。天寶末，唐玄宗奔蜀，倚以失恩不赴難。其事散見《舊唐書》卷一百十三、《新唐書》卷一百四十等篇。❼入等　唐代考取官吏，凡試判登科，即所作判詞文理優長被錄取者，稱為入等。❽奭　張倚之子張奭。❾薊　縣名，縣治在今北京市城西南。❿曳白　卷紙空白；考試交白卷。⓫癸亥　正月二十三日。⓬武當　郡名，天寶元年（西元七四二年）均州改名，治所在今湖北十堰市。⓭安康　郡名，天寶元年金州改名，治所在今陝西安康。⓮淮陽　郡名，天寶元年陳州改名，治所在今河南淮陽。⓯禮部郎中　官名。禮部下設禮部、祠部、膳部、主客四司，禮部郎中從五品上，為禮部司長官，主管禮儀。⓰壬子　三月十二日。⓱皋繇　即皋陶，一作咎繇。傳說為東夷族首領，舜之管刑法臣，後被禹選為繼承人，因早死而未繼位。⓲涼武昭王　即李暠（西元三五一—四一七年），十六國時期西涼的建立者，李淵的七世祖。世為隴右大姓。西元四〇〇年，暠在敦煌自稱冠軍大將軍、沙州刺史、涼公，史稱西涼。病死後謚為武昭王。傳見《晉書》卷八十七。⓳望春樓　西京禁苑二十四宮亭之一，有南、北望春亭，又名望春宮。望春樓當指望春宮亭之樓。⓴漕渠　長安至黃河的人工運渠。西漢元光六年（西元前一二九年）鑿，傍南山（秦嶺），長三百餘里，有漕運和灌溉之利。北魏後堙塞。隋復浚。唐朝時通時塞，天寶時韋堅、太和（西元八二七—八三五年）時韓遼兩度修復。㉑丘壟　墳墓。㉒蕭然愁怨　騷動不安、愁慮怨恨。㉓丙寅　三月二十六日。㉔扁榜　扁，扁額，題字的長方形牌子，掛在門上或牆上。榜，榜示；公開的告示。㉕陝尉　陝縣縣尉。陝縣，縣治在今河南陝縣。尉，縣尉，官名，縣令的佐官，掌判功、倉、戶、兵、法、士等曹及催徵課稅，追捕盜賊。㉖錦半臂　錦緞短袖上衣。㉗鈌胯綠衫　《舊唐書・韋堅傳》作「缺胯綠衫」，即短褲綠衣。㉘裼　袒衣。袒開或脫去外衣，露出內衣或身體。㉙紅袹首　即紅巾纏頭。袹，頭巾。㉚得寶歌　崔成甫改民歌〈紇體歌〉而成，歌詞曰：「得寶弘農野，弘農得寶邪？潭裡舟船鬧，揚州銅器多。三郎當殿坐，聽唱〈得寶歌〉。」㉛檣　船桅杆。㉜輕貨　指金銀、絲綢等質輕易帶的珍貴物品。㉝牙盤　皇帝進膳所用食器。㉞竟日　一整天。㉟山積　人山人海。㊱左散騎常侍　官名，門下省屬官，掌侍奉規諷，備皇帝顧問應對。㊲京兆尹　官名，京兆府長官，總掌本府行政大權。㊳韓朝宗　京兆長安（今陝西西安西）人，官至京兆尹。傳見《舊唐書》卷一百一、《新唐書》卷一百十八。㊴丁亥　四月十八日。㊵西平　郡名，天寶元年（西元七四二年）鄯州改名，治所在今青海樂都。為隴右道節度使治所。㊶洪濟城　城名，在今青海貴德西。㊷右贊善大夫　官名，東宮之官，掌太子的諷諭規勸。㊸辛丑　五月初三日。㊹諫議大夫　官名，諫官，掌侍從贊相，規諫諷諭。㊺戊寅　十月十三日。㊻乙卯　十一月二十日。

【語譯】二年（癸未　西元七四三年）

春，正月，安祿山入朝，玄宗寵待他十分優厚，隨時可以進見。安祿山上奏說：「去年營州害蟲吃禾苗，臣燒香向上天禱告說：『臣假如心術不正，侍奉皇帝不忠，情願讓害蟲吃掉臣的心。假如沒有辜負天地神靈，希望使害蟲散去。』當即有一群鳥從北邊飛來，很快將蟲吃光了。請宣詔交付史官記載。」玄宗聽從了。

李林甫領吏部尚書，每天在政事堂，銓選方面的事務都交付給侍郎宋遙、苗晉卿。御史中丞張倚最近得到玄宗的寵幸，宋遙、苗晉卿想依附他。當時候選的官員總計上萬人，以文理優長被錄取的有六十四人，張倚的兒子張奭名列榜首，大家議論紛紛。先前的薊縣縣令蘇孝韞把這事告訴了安祿山，安祿山進宮奏報於玄宗，玄宗召集全部被錄取的人進行面試。張奭手拿試卷紙，一整天寫不出一個字，當時的人稱之為「曳白」。

正月二十三日癸亥，宋遙降職為武當太守，苗晉卿降職為安康太守，張倚降職為淮陽太守，同考判官禮部郎中裴胐等人都貶降為嶺南官。苗晉卿，是壺關人。

三月十二日壬子，追尊玄元皇帝老子的父親周朝的上御大夫為先天太皇，又尊奉皋繇為德明皇帝，涼武昭王為興聖皇帝。

江、淮以南租庸等使韋堅疏導滻水到禁苑東邊望春樓下匯積成潭，用來集中停泊江、淮的漕運船隻，役使民夫工匠開通漕運河道，刨挖百姓的墳墓，從江、淮到京城，民間騷動愁怨。兩年工程才完成。三月二十六日丙寅，玄宗駕臨望春樓觀賞新潭。韋堅利用幾百艘新船，都懸掛書寫有各郡名稱的匾額，在船上分別陳列各郡出產的奇珍異貨。陝縣縣尉崔成甫身穿錦製短袖上衣，短褲綠衫，袒胸露臂，紅巾裹頭，站在前面的船上高唱〈得寶歌〉，讓一百名美女裝扮華麗隨聲唱和，桅杆相連，綿延數里。韋堅跪著進獻各郡的絲綢絹帛，同時進呈一百個盛有美食的牙盤。玄宗設宴，吃了一整天才結束，觀看的人聚集如山。夏，四月，提拔韋堅為左散騎常侍，他的屬官吏卒各有不同的獎賞。把那個潭命名為廣運。當時京兆尹韓朝宗也疏導渭水在西街匯置一個潭，用來貯存木材。

四月十八日丁亥，皇甫惟明率軍出西平郡，攻打吐蕃，行進一千餘里，攻打洪濟城，攻破了它。

玄宗任命右贊善大夫楊慎矜主掌御史中丞事務。當時李林甫專權，公卿被晉升的，如果有不是出自他門下的人，一定羅織罪名而罷黜他。楊慎矜因此堅決推辭，不敢接受任命。五月初三日辛丑，任命楊慎矜為諫議大夫。

冬，十月十三日戊寅，玄宗駕臨驪山溫泉。十一月二十日乙卯，回宮。

三載（甲申　西元七四四年）

春，正月丙申❶朔，改年曰載。○辛丑❷，上幸驪山溫泉。二月庚午❸，還宮。

○辛卯❹，太子更名亨。

海賊吳令光等抄掠❺台、明❻，命河南尹❼裴敦復❽將兵討之。

三月己巳❾，以平盧節度使安祿山兼范陽節度使，以范陽節度使裴寬❿為戶部尚書。禮部尚書席建侯⓫為河北黜陟使⓬，稱祿山公直，李林甫、裴寬皆順旨稱其美。三人皆上所信任，由是祿山之寵益固不搖矣。

夏，四月，裴敦復破吳令光，擒之。

五月，河西節度使⓭夫蒙靈詧討突騎施莫賀達干，斬之，更請立黑姓伊里底蜜施骨咄祿毗伽。六月甲辰⓮，冊拜骨咄祿毗伽為十姓可汗。

秋，八月，拔悉蜜⓯攻斬突厥烏蘇可汗⓰，傳首京師。國人立其弟鶻隴匐白眉特勒，是為白眉可汗。於是突厥大亂，敕朔方節度使王忠嗣出兵乘之⓱。至薩河內山，破其左廂阿波達干等十一部，右廂未下。會回紇、葛邏祿共攻拔悉蜜頡跌伊施可汗，殺之。回紇骨力裴羅自立為骨咄祿毗伽闕可汗，遣使言狀，上冊拜裴羅為懷仁可汗。於是懷仁南據突厥故地，立牙帳於烏德犍山⓲，舊統藥邏葛等九姓⓳，其後又并拔悉蜜、葛邏祿，凡十一部，各置都督，每戰則以二客部⓴為先。

李林甫以楊慎矜屈附[21]於己，九月甲戌[22]，復以慎矜為御史中丞，充諸道鑄錢使[23]。

冬，十月癸巳[24]，上幸驪山溫泉。十一月丁卯[25]，還宮。

術士[26]蘇嘉慶上言：「遁甲術[27]有九宮貴神[28]，典司水旱，請立壇於東郊，祀以四孟月[29]。」從之。禮在昊天上帝[30]下，太清宮[31]、太廟上，所用牲玉[32]皆侔[33]天地。

十二月癸巳[34]，置會昌縣[35]於溫泉宮[36]下。

戶部尚書裴寬素為上所重，李林甫恐其入相，忌之。刑部尚書裴敦復擊海賊還，受請託，廣序[37]軍功，寬微奏其事[38]。林甫以告敦復，敦復言寬亦嘗以親故屬[39]敦復。林甫曰：「君速奏之，勿後於人。」敦復乃以五百金賂女官[40]楊太真[41]之姊，使言於上。甲午[42]，寬坐貶睢陽[43]太守。

初，武惠妃薨[44]，上悼念不已，後宮數千，無當意者。或言壽王妃楊氏[45]之美，絕世無雙。上見而悅之，乃令妃自以其意乞為女官，號太真，更為壽王娶左衛郎將[46]韋昭訓女，潛內[47]太真宮中。太真肌態豐豔，曉音律，性警穎[48]，善承迎上意，不期歲，寵遇如惠妃，宮中號曰「娘子」，凡儀體[49]皆如皇后。

癸卯[50]，以宗女為和義公主，嫁寧遠奉化王阿悉爛達干[51]。○癸丑[52]，上祀九宮貴神，赦天下。○初令百姓十八為中，二十三成丁[53]。

初，上自東都還，李林甫知上厭巡幸[54]，乃與牛仙客謀增近道粟賦及和糴以實關中[55]，數年，蓄積稍豐。上從容謂高力士曰：「朕不出長安近十年[56]，天下無事，朕欲高居無為，悉以政事委林甫，何如？」對曰：「天子巡狩[57]，古之制也。且天下大柄[58]，不可假人。彼威勢既成，誰敢復議之者！」上不悅。力士頓首[59]自陳：「臣狂疾，發妄言，罪當死。」上乃為力士置酒，左右皆呼萬歲。力士自是不敢深言天下事矣。

【章　旨】以上為第六段，寫李林甫奸詐無比，深得唐玄宗寵幸，玄宗欲無為交權力於奸相。玄宗以公公霸佔兒媳的方式，使楊貴妃登場。

【注　釋】❶丙申　正月初一日。❷辛丑　正月初六日。❸庚午　二月初六日。❹辛卯　二月二十七日。❺抄掠　搶劫財物。❻台明　州名，台州治所在今浙江臨海，明州治所在今浙江寧波南。❼河南尹　官名，河南府長官，主掌府政。治所在今河南洛陽。❽裴敦復　（?—西元七四六年）曾任河南府尹、刑部尚書。後被李林甫讒構致死。❾己巳　三月初五日。❿裴寬　（西元六八〇—七五五年）絳州聞喜（今山西聞喜東北）人，官至戶部尚書，終禮部尚書。傳見《舊唐書》卷一百、《新唐書》卷一百三十。⓫席建侯　即席豫（西元六七九—七四八年），襄陽（今湖北襄樊）人，官至尚書左丞，封襄陽縣子。傳見《舊唐書》卷一百九十中、《新唐書》卷一百二十八。⓬黜陟使　使職名，天子向地方派出的監察官，負責考察州縣官吏政績，以決定官吏的升（陟）降（黜）。因此，常稱這種差遣到地方的監察使臣為黜陟使。後也曾以黜陟名使。⓭河西節度使　為「安西節度使」之誤。見岑仲勉《通鑑隋唐紀比事質疑》。⑭甲辰　六月十二日。⑮拔悉蜜　突厥之一部，其酋長在攻殺骨咄葉護後被推為頡跌伊施可汗。⑯烏蘇可汗　即烏蘇米施可汗，突厥左殺判闕特勤之子。⑰乘之　指乘其亂而取之。⑱烏德犍山　今蒙古人民共和國西部杭愛山。⑲藥邏葛等九姓　據《舊唐書‧回紇傳》，回紇九姓部落是藥邏葛、胡咄葛、咄羅勿、貊歌息訖、阿勿嘀、葛薩、斛嗢素、藥勿葛、奚耶勿。⑳二客部　指拔悉蜜、葛邏祿二部。㉑屈附　屈身順從。㉒甲戌　九月十四日。㉓鑄錢使　使職名，專掌錢幣鑄造的差遣官。㉔癸巳　十月初四日。㉕丁卯　十一月初八日。㉖術士　以巫祝、占卜、星相等方術為業的人。㉗遁甲術　古代術數之一。其法以天干的乙丙丁為三奇，以戊己庚辛壬癸為六儀。三奇、六儀，分置九宮，而以甲統之。視甲加臨三奇、六儀而推算吉凶，以為趨利避害，故稱遁甲。㉘九宮貴神　陰陽家崇奉的所謂管理人世間水旱的神。㉙四孟月　一年四季，每季第一月為孟月，故正月、四月、七月、十月為四孟月。㉚昊天上帝　天神；天帝。㉛太清宮　天寶元年（西元七四二年）在長安西南大寧坊建玄元皇帝廟，二年改名太清宮。㉜牲玉　犧牲玉帛。即祭祀用的牛羊豕和瑞玉、縑帛。㉝侔　等同；相等。㉞癸巳　十二月初四日。㉟會昌縣　縣名，縣治在今陝西臨潼。㊱溫泉宮　在今陝西臨潼驪山北麓。唐太宗於此建湯泉宮，唐高宗改名溫泉宮。㊲序　同「敘」。敘錄；記載。㊳微奏其事　悄悄奏報此事。㊴屬　同「囑」。囑託。㊵女官　即宮官，後宮之官。㊶楊太真　即楊貴妃（西元七一九—七五六年），小字玉環，蜀州司戶楊玄琰女，初為玄宗子壽王妃，後為女道士，號太真。得玄宗寵愛，封為貴妃。天寶十五載（西元七五六年）在馬嵬驛被賜死。傳見《舊唐書》卷五十一、《新唐書》卷七十六。㊷甲午　十二月初五日。㊸睢陽　郡名，天寶元年（西元七四二年）宋州改名，治所在今河南商丘南。㊹武惠妃薨　武惠妃死於開元二十五年（西元七三七年）。㊺楊氏　即前述之楊貴妃。㊻左衛郎將　武官名，左衛所隸屬的親勳翊五中郎將的副職，掌領宿衛和儀仗。㊼內　同「納」。接納；迎納。㊽警穎　機警穎悟；機敏過人。㊾儀體　儀，禮儀。體，體法；規格。㊿癸卯　十二月十四日。51寧遠奉化王阿悉爛達干　阿悉爛達干，拔汗那王。玄宗以拔汗那助平吐火仙，冊其王為奉化王，改其國名寧遠。52癸丑　十二月二十四日。53初令百姓十八為中二句　唐武德六年（西元六二三年）規定十六歲為中丁，二十一歲成丁。神龍元年（西元七〇五年）韋后奏定二十二歲成丁，至景雲元年（西元七〇七年）停。至此又作新規定。因所定成丁年齡最大，於民有利，故《通鑑》書「初令」，以示褒筆。54巡幸　帝王到京城以外地方巡視。這裡實指去東都乞食。55增近道粟賦及和糴以實關中　指開元二十五年（西元七三七年）開始命令關內諸州的租、庸、調、資課折變粟米送京，以及在關中推行和糴法。56不出長安近十年　玄宗於開元二十四年（西元七三六年）自東都還長安，至今已九年未去洛陽。57巡狩　帝王離開國都巡行境內。58大柄　國家軍政大權。柄，權柄。59頓

首　頭叩地而拜。

【語　譯】三載（甲申　西元七四四年）

春，正月初一日丙申，改年為載。○初六日辛丑，玄宗到達驪山溫泉。二月初六日庚午，回宮。○二十七日辛卯，太子改名為亨。

海盜吳令光等人劫掠台州、明州，命令河南尹裴敦復率軍討伐他們。

三月初五日己巳，任命平盧節度使安祿山兼任范陽節度使，任命范陽節度使裴寬為戶部尚書。禮部尚書席建侯為河北黜陟使，稱讚安祿山公平正直，李林甫、裴寬都順從玄宗的心意讚揚安祿山的美德。這三個人都是玄宗所信任的人，因此玄宗對安祿山的寵幸更加穩固而不可動搖。

夏，四月，裴敦復打敗吳令光，抓獲了他。

五月，河西節度使夫蒙靈詧討伐突騎施莫賀達干，殺死了他，請求改立黑姓伊里底蜜施骨咄祿毗伽。六月十二日甲辰，冊封骨咄祿毗伽為十姓可汗。

秋，八月，拔悉蜜擊殺突厥烏蘇可汗，把他的首級傳送到京師。突厥人擁立他的弟弟鶻隴匐白眉特勒，這就是白眉可汗。當時突厥大亂，玄宗敕命朔方節度使王忠嗣出兵乘機進攻突厥。抵達薩河內山，打敗突厥左廂阿波達干等十一部，右廂沒有攻克。會合回紇、葛邏祿一起進攻拔悉蜜頡跌伊施可汗，殺死了他。回紇骨力裴羅自立為骨咄祿毗伽闕可汗，派遣使者到朝廷說明情況，玄宗冊封裴羅為懷仁可汗。於是懷仁南面據有突厥的舊地，在烏德犍山建立牙帳，原來統轄藥邏葛等九姓，後來又兼併拔悉蜜、葛邏祿，總共十一部，每部分別設置都督，每次作戰就讓兩客部充當先鋒。

李林甫因楊慎矜屈意依附於自己，九月十四日甲戌，又任命楊慎矜為御史中丞，充任諸道鑄錢使。

冬，十月初四日癸巳，玄宗到達驪山溫泉。十一月初八日丁卯，回宮。

術士蘇嘉慶向玄宗進言：「遯甲術中有九宮貴神，主管水災和旱災，請在東郊設立神壇，在每年的孟春、孟夏、孟秋、孟冬等四個孟月進行祭祀。」玄宗答應了。禮儀規格在昊天上帝之下，太清宮、太廟之上，所使用的犧牲玉帛都等同於祭祀天地的規格。

十二月初四日癸巳，在溫泉宮旁設置會昌縣。

戶部尚書裴寬平素被玄宗所器重，李林甫擔心他入朝為相，嫉恨他。刑部尚書裴敦復攻打海盜回來，接受請託，多記軍功，裴寬悄悄奏報此事。李林甫把這件事告訴了裴敦復，裴敦復說裴寬也曾把他的親戚故舊囑託給自己。李林甫說：「您趕快奏報此事，不要落在別人後面。」裴敦復就用五百金賄賂女官楊太真的姐姐，讓她告訴玄宗。十二月初五日甲午，裴寬坐罪被貶為睢陽太守。

當初，武惠妃去世，玄宗悼念不已，後宮數千人，沒有一個中意的。有人說壽王的妃子楊氏的美麗，舉世無雙。玄宗見了很喜歡她，就讓王妃說是自己的意願請求做女官，號太真，另外為壽王娶左衛郎將韋昭訓的女兒，暗中把太真接入宮中。太真肌膚豐滿儀態豔麗，通曉音律，稟性機警而穎悟，善於迎合玄宗的心意，不到一年，所受到的寵幸恩遇就像武惠妃一樣，宮中稱她為「娘子」，所有的禮儀體制都和皇后相同。

十二月十四日癸卯，以宗室女為和義公主，嫁給寧遠奉化王阿悉爛達干。〇二十四日癸丑，玄宗祭祀九宮貴神，大赦天下。〇初次下詔規定百姓十八歲為中丁，二十三歲成丁。

起初，玄宗從東都返回，李林甫知道玄宗厭煩巡幸，就與牛仙客謀劃增加鄰近京城各道的粟米賦稅以及購買民間糧食用以充實關中，幾年後，儲積漸漸豐足。玄宗悠閒自得地對高力士說：「朕不出長安快十年了，天下平安無事，我想高居君位無為而治，把政事都託付給林甫，怎麼樣？」高力士回答說：「天子巡視天下，這是古代的制度。而且國家大權，不可交給別人。別人的威勢形成後，誰敢再議論他的是非呢！」玄宗很不高興。高力士磕頭自我表白說：「臣狂妄有病，說出胡言亂語，罪該死。」玄宗於是為高力士擺設酒席，左右的人都高呼萬歲。高力士從此不敢深談天下大事了。

四載（乙酉　西元七四五年）

春，正月庚午❶，上謂宰相曰：「朕比❷以甲子日❸於宮中為壇，為百姓祈福，朕自草黃素❹置案上，俄❺飛升天，聞空中語云：『聖壽延長。』又朕於嵩山❻鍊藥成，亦置壇上，及夜，左右欲收之，又聞空中語云：『藥未須收，此自守護。』達曙❼乃收之。」太子、諸王、宰相皆上表賀。

回紇懷仁可汗擊突厥白眉可汗❽，殺之，傳首京師。突厥毗伽可敦❾帥❿眾來降。於是北邊晏然⓫，烽燧⓬無警矣。

回紇斥地⓭愈廣，東際室韋，西抵金山⓮，南跨大漠，盡有突厥故地。懷仁卒，子磨延啜⓯立，號葛勒可汗。

二月己酉⓰，以朔方節度使王忠嗣兼河東節度使。忠嗣少以勇敢自負，及鎮方面⓱，專以持重安邊為務，常曰：「太平之將，但當撫循⓲訓練士卒而已，不可疲中國之力以邀⓳功名。」有漆弓百五十斤，常貯之櫜⓴中，以示不用。軍中日夜思戰，忠嗣多遣諜人㉑伺其間隙㉒，見可勝，然後興師，故出必有功。既兼兩道節制㉓，自朔方㉔至雲中㉕，邊陲㉖數千里，要害之地，悉列置城堡，斥地各數百里。邊人以為自張仁亶㉗之後，將帥皆不及。

三月壬申㉘，上以外孫獨孤氏為靜樂公主，嫁契丹王李懷節㉙，甥楊氏為宜芳公主，嫁奚王李延寵㉚。

乙巳㉛，以刑部尚書裴敦復充嶺南五府經略等使。五月壬申㉜，敦復坐逗留不之官，貶淄川㉝太守，以光祿少卿㉞彭杲㉟[1]代之。上嘉敦復平海賊之功，故李林甫陷之。

李適之與李林甫爭權有隙㊱。適之領兵部尚書，駙馬㊲張垍㊳為侍郎，林甫亦惡㊴之，使人發兵部銓曹姦利事，收吏六十餘人付京兆與御史對鞫㊵之，數日，竟不得其情。京兆尹蕭炅使法曹㊶吉溫㊷鞫之。溫入院，置兵部吏於外，先於後廳取二重囚㊸訊之，或杖或壓，號呼之聲，所不忍聞。皆曰：「苟存餘生，乞紙盡答。」兵部吏素聞溫之慘酷，引入，皆自誣服㊹，無敢違溫意者。頃刻而獄成，驗囚，無榜掠㊺之迹。六月辛亥㊻，敕誚責㊼前後知銓侍郎㊽及判南曹郎官㊾而宥㊿之。垍，均之兄(51)；溫，頊(52)之弟子也。

溫始為新豐(53)丞(54)，太子文學(55)薛嶷薦溫才。上召見，顧嶷曰：「是一不良人，朕不用也。」

蕭炅為河南尹，嘗坐事，西臺(56)遣溫往按(57)之，溫治炅甚急。及溫為萬年丞，未幾，炅為京兆尹。溫素與高力士相結，力士自禁中歸，溫度(58)炅必往謝官(59)，乃先詣(60)力士，與之談謔(61)，握手甚歡。炅後至，溫陽(62)為驚避。力士呼曰：「吉七不須避。」謂炅曰：「此亦吾故人(63)也。」召還，與炅坐。炅接之甚恭，不敢以前事為怨。它日，溫謁炅曰：「曩者(64)溫不敢隳(65)國家法，自今請洗心(66)事公。」炅遂與盡歡，引為法曹。

及林甫欲除不附己者，求治獄吏(67)，炅薦溫於林甫。林甫得之，大喜。溫常曰：「若遇知己，南山白額虎(68)不足縛(69)也。」時又有杭州(70)人羅希奭(71)，為吏深刻(72)，林甫引之，自御史臺主簿(73)再遷(74)殿中侍御史。二人皆隨林甫所欲深淺，鍛鍊(75)成獄，無能自脫者，時人謂之「羅鉗(76)吉網」。

秋，七月壬午(77)，冊韋昭訓女為壽王妃。

【章旨】以上為第七段，寫唐玄宗煉丹求長生，李林甫用酷吏為爪牙。君王怠政於上，奸臣為惡於下，國事日非。

【注釋】(1)庚午　正月十二日。(2)比　近來；最近。(3)甲子日　正月初六日。(4)黃素　寫黃色字於白色絹綢上。(5)俄　俄而；俄頃。形容時間短暫。(6)嵩山　古稱中嶽。在今河南登封北。(7)曙　天剛亮。(8)白眉可汗　突厥烏蘇米施可汗之弟，烏蘇被拔悉蜜頡跌伊施可汗殺死後，其弟立為白眉可汗，統突厥餘部。(9)毗伽可敦　突厥毗伽可汗之妻。(10)帥　同「率」。率領。(11)晏然　平靜；安定。(12)烽燧　古代邊防報警的兩種信號。夜晚舉烽，白天燃燧。(13)斥地　開拓疆土。(14)金山　即阿爾泰山。

「阿爾泰」蒙語為「金子」之意。位於新疆北部和蒙古人民共和國西部，西北延伸至前蘇聯境內。⑮磨延啜（？—西元七五八年）懷仁可汗之子。繼位稱葛勒可汗，肅宗冊封為英武威遠毗伽可汗。事見《舊唐書》卷一百九十五、《新唐書》卷二百十七上。⑯己酉　二月二十一日。⑰鎮方面　主持一方的軍政。此指兼朔方、河東二節度使。⑱撫循　同「拊循」。安撫。⑲邀　求。⑳櫜　收藏衣甲或弓矢的器具。㉑諜人　間諜。㉒間隙　空隙，指可乘之機。㉓節制　指節度使。㉔朔方　郡名，天寶元年（西元七四二年）靈州改名，治所在今寧夏靈武西南。㉕雲中　郡名，天寶元年雲州改名，治所在今山西大同。㉖邊陲　邊境。㉗張仁亶（？—西元七一四年）因名與睿宗李旦音相似，故改名仁愿。華州下邽（今陝西渭南市東北）人，官至左衛大將軍、同中書門下三品，封韓國公。景龍二年（西元七〇八年，兩《唐書》本傳作三年，今依《舊唐書・中宗紀》為二年三月）築三受降城於黃河之北，三城相距三百多里，又於牛頭朝那山置烽候一千八百所，稱守備之最。傳見《舊唐書》卷九十三、《新唐書》卷一百十一。㉘壬申　三月十四日。㉙契丹王李懷節　《新唐書》卷二百十九〈北狄・契丹傳〉云：「天寶四載，契丹大酋李懷秀降，拜松漠都督，封崇順王，以宗室出女獨孤為靜樂公主妻之。是歲，殺公主叛去，范陽節度使安祿山討破之。」懷節作懷秀，不知誰是。㉚李延寵　奚王李詩瑣高之子，繼立為王，拜饒樂都督、懷信王，後叛。㉛乙巳　四月十八日。㉜壬申　五月十五日。㉝淄川　郡名，天寶元年（西元七四二年）淄州改名，治所在今山東淄川區。㉞光祿少卿　官名，光祿寺副長官，佐光祿卿掌國家祭祀和宴享的酒膳之事。㉟彭杲（？—西元七四七年）曾任光祿少卿、南海太守、嶺南五府經略使。因在郡貪贓，天寶六載（西元七四七年）流溱溪郡（今重慶市綦江縣南），死於路。其事散見《舊唐書》卷九十八、《新唐書》卷一百二十六等篇。㊱有隙　有怨恨、紛爭。㊲駙馬　駙馬都尉的簡稱。㊳張垍　宰相張說之子，尚寧親公主，官至太常卿。後受任安祿山宰相。傳見《舊唐書》卷九十七、《新唐書》卷一百二十五。㊴惡　厭恨。㊵鞫　審訊；審問。㊶法曹　即法曹司法參軍事。官名，府州僚佐，掌刑法。㊷吉溫（？—西元七五五年）又稱吉七郎，唐玄宗時酷吏，官至御史中丞。傳見《舊唐書》卷一百八十六下、《新唐書》卷二百九。㊸重囚　重罪囚犯。㊹誣服　無辜認罪；自誣服罪。㊺榜掠　鞭笞。㊻辛亥　六月二十五日。㊼誚責　責備；譴責。㊽知銓侍郎　領銓選事的吏兵部侍郎。唐代吏兵部銓選，尚書、侍郎分三銓領其事。尚書主持六、七品選，稱尚書銓，二侍郎分二組主持八、九品選，分別稱為中銓和東銓。㊾南曹郎官　南曹又稱選院。南曹郎官，指掌選院的員外郎。唐吏兵部員外郎，有專人掌選院，負責審核選人的解狀、簿書、資歷、考課。核實，然後上送三銓。㊿宥　寬免；赦罪。(51)垍二句　據《舊唐書・張說傳》、《曲江集・張說墓誌》，均為長，垍為次，垍非均之兄。《通鑑》誤。見岑仲勉《通鑑隋唐紀比事質疑》。(52)瑱　即吉瑱，武則天時酷吏。官至天官侍郎、同鳳閣鸞臺平章事。傳見《舊唐書》卷一百八十六上、《新唐書》卷一百十七。53 新豐　縣名，縣治在今陝西臨潼新豐鎮。54 丞　官名，縣令的副職，佐縣令掌勸課農桑，徵督賦稅，編造戶籍，聽鞫獄訟等政事。55 太子文學　官名，東宮司經局屬官，職責是為太子草擬文章。56 西臺　指西京御史臺。《舊唐書・吉溫傳》作「京臺」。57 按　審問。58 度　估計。59 謝官　向替自己謀到官職的人表示感謝。60 詣　去；到。61 談謔　談笑。62 陽　通「佯」。假裝。「陽」釋為外表、表面，亦通。63 故人　舊時好友。64 曩者　從前；過去。65 隳　毀壞。66 洗心　革心；洗去邪惡之心。67 治獄吏　推鞫獄訟的官吏。68 南山白額虎　指兇猛的老虎。69 縛　捆綁。70 杭州　州名，治所在今浙江杭州。71 羅希奭　天寶時酷吏，官至刑部郎中。傳見《舊唐書》卷一百八十六下、《新唐書》卷二百九。72 深刻　嚴峻刻薄。73 御史臺主簿　官名，御史臺佐吏，主掌臺印及臺內日常受發勾檢諸事。74 遷　升遷。75 鍛鍊　羅織罪名。76 鉗　金屬夾具。又為古代一種刑法之名，以鐵束頸稱為鉗。77 壬午　七月二十六日。

【校　記】1 彭杲　原作「彭果」。據章鈺校，十二行本、乙十一行本、孔天胤本皆作「彭杲」，今從改。按，《舊唐書》卷九十八、《新唐書》卷一百二十六〈盧懷慎傳〉皆作「彭杲」，《舊唐書》卷九〈玄宗紀下〉作「彭果」，疑「果」乃「杲」之誤。

【語　譯】四載（乙酉　西元七四五年）

春，正月十二日庚午，玄宗對宰相說：「我最近在初六日甲子在宮中設置祭壇，為百姓祈求福祉。我親自用黃筆在白絹上書寫祝辭放在案上，它頃刻飛上天空，聽到空中有聲音說：『聖壽延長。』另外我在嵩山煉成了丹藥，也擺放在祭壇上，等到夜晚，身邊人想把它收起來，又聽到空中有聲音說：『丹藥不必收起，這裡自有守護。』到了天亮才收起來。」太子、諸王和宰相都上表慶賀。

回紇懷仁可汗攻打突厥白眉可汗，殺死了他，把他的首級傳送到京師。突厥毗伽可敦率領部眾前來歸降。於是北方邊境平安無事，沒有烽火報警了。

回紇開拓的領土越來越廣，東面界至室韋，西達金山，南跨大漠，全部包有突厥故地。懷仁死後，兒子磨延啜即位，號稱葛勒可汗。

二月二十一日己酉，任命朔方節度使王忠嗣兼任河東節度使。王忠嗣年輕時勇敢自負，等到他鎮守西北邊塞，一心一意把保持穩重、安定邊塞作為首要任務。他常說：「太平時期的將領，只須安撫訓練士卒而已，不能消耗中原的力量以求取功名。」他有一張漆弓，拉力一百五十斤，經常放在弓袋裡，用以表示不使用。軍中將士日夜都想打仗，王忠嗣派遣很多間諜去偵察敵人的可乘之機，發現可以取勝，然後就發兵，所以每次出兵必能成功。兼任兩道節度使後，從朔方到雲中，邊疆幾千里，戰略要地，都設置城堡，開拓的疆土分別有數百里。邊塞上的人認為自從張仁亶之後，所有的將帥都趕不上他。

三月十四日壬申，玄宗以外孫女獨孤氏為靜樂公主，嫁給契丹王李懷節，以外甥女楊氏為宜芳公主，嫁給奚王李延寵。

四月十八日乙巳，任命刑部尚書裴敦復擔任嶺南五府經略等使。五月十五日壬申，裴敦復犯了逗留不即時赴任之罪，貶為淄川太守，讓光祿少卿彭杲替代他。玄宗嘉獎裴敦復平定海盜有功，所以李林甫就陷害他。

李適之與李林甫爭權，有了嫌隙。李適之任兵部尚書，駙馬都尉張垍為侍郎，李林甫也厭恨他，讓人告發兵部銓選官員違法牟利的事情，逮捕官吏六十餘人交付京兆尹與御史一起審訊，審了數日，竟然得不到實情。京兆尹蕭炅派法曹吉溫去審訊。吉溫進入院中，把兵部的官吏留在外面，先在後廳提取兩名重犯審訊他們，時而杖擊，時而狠壓，號叫之聲，慘不忍聞。都說：「只要能保全餘生，請拿紙來全部招認。」兵部的官吏向來聽說吉溫的殘酷，被帶入後，全部自誣服罪，沒有人敢違背吉溫的想法。頃刻之間，獄訟結案，檢驗囚犯，沒有被拷打的痕跡。六月二十五日辛亥，下詔譴責兵部前後掌管銓選事務的侍郎以及吏部掌判選院事務的郎官，並且原諒了他們的過失。張垍，是張均的哥哥；吉溫，是吉頊弟弟的兒子。

吉溫起初任新豐縣丞，太子文學薛嶷舉薦吉溫有才能。玄宗召見，回頭對薛嶷說：「這是一個不好的人，我不用他。」

蕭炅擔任河南尹，曾因事獲罪，西京御史臺委派吉溫前去審訊。吉溫審訊蕭炅甚為急切。等到吉溫做了萬年縣丞，不久，蕭炅做了京兆尹。吉溫平素和高力士相交結，高力士從宮中回來，吉溫猜想蕭炅一定為新任的官位前去感謝高力士，於是就先到了高力士那裡，同他談笑戲謔，握著手非常高興。蕭炅後到，吉溫假裝吃驚迴避。高力士喊道：「吉七不必迴避。」對蕭炅說：「他也是我的舊時好友。」高力士把吉溫叫回來，和蕭炅坐在一起。蕭炅對待吉溫十分恭敬，不敢因為以前的事情怨恨他。一天，吉溫去拜見蕭炅說：「以前吉溫不敢毀損國家法律，從今以後願意革心改過來侍奉您。」於是蕭炅和吉溫非常高興，引薦他做了法曹。

等到李林甫想要鏟除不依附自己的人，尋求審理獄訟的官吏，蕭炅把吉溫推薦給李林甫。李林甫得到吉溫，非常高興。吉溫常說：「如果遇到知己，就是南山白額虎也輕易捆綁起來。」當時還有一位杭州人羅希奭，為官嚴厲刻薄，李林甫引薦他，從御史臺主簿超升為殿中侍御史。二人都依據李林甫想要的處罰輕重，羅織成刑獄案件，沒有人能夠自己逃脫的，當時的人稱他們為「羅鉗吉網」。

秋，七月二十六日壬午，冊封韋昭訓的女兒為壽王妃。

八月壬寅❶，冊楊太真為貴妃。贈其父玄琰兵部尚書，以其叔父玄珪為光祿卿，從兄❷銛為殿中少監❸，錡為駙馬都尉。癸卯❹，冊武惠妃女為太華公主，命錡尚之。及貴妃三姊❺，皆賜第京師，寵貴赫然❻。

楊釗❼，貴妃之從祖兄❽也，不學無行，為宗黨❾所鄙。從軍於蜀，得新都❿尉，考滿，家貧不能自歸⓫，新政⓬富民鮮于仲通⓭常資給之。楊玄琰卒於蜀，釗往來其家，遂與其中女⓮通⓯。

鮮于仲通名向，以字行，頗讀書，有材智⓰，劍南節度使章仇兼瓊引為采訪支使⓱，委以心腹。嘗從容謂仲通曰：「今吾獨為上所厚，苟無內援，必為李林甫所危。聞楊妃新得幸[18]，人未敢附[19]之。子能為我至長安與其家相結，吾無患矣。」仲通曰：「仲通蜀人，未嘗遊上國[20]，恐敗公事，今為公更求得一人。」因言釗本末[21]。兼瓊引見釗，儀觀豐偉[22]，言辭敏給[23]。兼瓊大喜，即辟為推官[24]，往來浸親密。乃使之獻春絺[25]於京師，將別，謂曰：「有少物在郫[26]，以具一日之糧，子過，可取之。」釗至郫，兼瓊使親信大齎[27]蜀貨精美者遺[28]之，可直[29]萬緡。釗大喜過望，晝夜兼行，至長安，歷抵諸妹，以蜀貨遺之，曰：「此章仇公所贈也。」時中女新寡，釗遂館於其室，中分蜀貨以與之。於是諸楊日夜譽兼瓊，且言釗善樗蒲[30]，引之見上，得隨供奉官[31]出入禁中，改金吾兵曹參軍[32]。

九月癸未[33]，以陝郡太守、江淮租庸轉運使韋堅為刑部尚書，罷其諸使，以御史中丞楊慎矜代之[34]。堅妻姜氏，皎[35]之女，林甫之舅子也，故林甫昵之。及堅以通漕有寵於上，遂有入相之志，又與李適之善。林甫由是惡之，故遷以美官，實奪之權也。

安祿山欲以邊功市寵[36]，數侵掠[37]奚、契丹。奚、契丹各殺公主[38]以叛，祿山討破之。○隴右節度使皇甫惟明與吐蕃戰于石堡城，為虜所敗，副將褚詡[39]戰死。

冬，十月甲午[40]，安祿山奏：「臣討契丹至北平郡[41]，夢先朝名將李靖[42]、李勣(43)從臣求食。」遂命立廟。又奏薦奠(44)之日，廟梁產芝。

丁酉(45)，上幸驪山溫泉。

上以戶部郎中(46)王鉷為戶口色役使(47)，敕賜百姓復除(48)。鉷奏徵其輦(49)運之費，廣張(50)錢數；又使市本郡輕貨，百姓所輸乃甚於不復除。舊制，戍邊者免其租庸，六歲而更(51)。時邊將恥敗，士卒死者皆不申牒(52)，貫籍(53)不除。王鉷志在聚斂，以有籍無人者皆為避課(54)，按籍戍邊六歲之外，悉徵其租庸，有併徵三十年者，民無所訴。上在位久，用度日侈，後宮賞賜無節，不欲數於左、右藏(55)取之。鉷探知上指(56)，歲貢額外錢帛[1]百億萬，貯於內庫(57)，以供宮中宴賜，曰：「此皆不出於租庸調，無預經費。」上以鉷為能富國，益厚遇之。鉷務為割剝以求媚，中外嗟怨。丙子(58)，以鉷為御史中丞、京畿采訪使。

楊釗侍宴禁中，專掌樗蒲文簿(59)，鉤校(60)精密。上賞其彊明，曰：「好度支郎(61)。」諸楊數徵(62)此言於上，又以屬(63)王鉷，鉷因奏充判官(64)。

十二月戊戌(65)，上還宮。

【章旨】以上為第八段，寫楊氏外戚因貴妃受寵而染指政壇。唐玄宗聚斂財貨。

【注釋】❶壬寅　八月十七日。❷從兄　堂兄。❸殿中少監　官名，殿中省副長官，佐殿中監掌管天子的乘輿服御，侍奉天子的衣食住行。❹癸卯　八月十八日。❺貴妃三姊　大姐韓國夫人，三姐虢國夫人，八姐秦國夫人。❻赫然　顯赫盛大。❼楊釗　（？—西元七五六年）楊貴妃堂兄，玄宗賜名國忠，因裙帶關係與為人便佞而官至右相、兼吏部尚書，領四十餘使。傳見《舊唐書》卷一百六、《新唐書》卷二百六。❽從祖兄　同曾祖而不同祖父的兄弟。❾宗黨　族人、鄉鄰。❿新都　縣名，縣治在今四川新都。⓫考滿二句　唐制，職事官任期四年，或因一年一考課而稱四考。開元以前，考滿便可以參加銓選而任新官，以後因選人越來越多，於是規定：凡官罷或任期滿後，必須等若干選（年）後才能參加銓選，少者等待一年，多者十二年。故考滿要歸家待選。考滿，指任期已滿。考，考課，官吏政績的考核。⓬新政　縣名，縣治在今四川南部縣東南。⓭鮮于仲通　名向，新政人，輕財好施，後任劍南節度使、京兆尹等官。其事散見《舊唐書》卷一百十七〈崔寧傳〉、《新唐書》卷二百六〈楊國忠傳〉等。⓮中女　即仲女，第二女。⓯通　通姦。⓰材智　材，同「才」。才能；才幹。智，知識；謀略。⓱采訪支使　唐采訪、節度等使幕僚有判官、有支使、有掌書記、推官、巡官、衙推等。一說即掌書記，有出身的為書記，無出身的為支使。⓲幸　受皇帝寵愛。⓳附　附款，指通情歸附。⓴上國　指京師、首都。㉑本末　來龍去脈。㉒儀觀豐偉　容貌壯美，儀表堂堂。㉓言辭敏給　談吐敏捷。㉔推官　官名，節度使、觀察使、團練使、防禦使僚屬中都有推官。掌審訊，推鞫獄訟。㉕綈　一種粗厚光滑的絲織品。㉖郫　縣名，縣治在今四川郫縣。㉗齎　攜帶。㉘遺　給予；贈送。㉙直　同「值」。價值。㉚樗蒲　古代的一種賭博。㉛供奉官　唐代侍中、中書令、左右散騎常侍、門下中書侍郎、諫議大夫、給事中、中書舍人、起居郎、起居舍人、通事舍人、左右補闕拾遺、御史大夫、御史中丞、侍御史等供職在皇帝左右的官員為供奉官。㉜金吾兵曹參軍　武官僚佐名，金吾衛有倉、兵、騎、胄四曹，各置參軍事為之長，兵曹參軍事掌武官宿衛番第之事。㉝癸未　九月二十九日。㉞楊慎矜代之　《舊唐書·食貨志》誤作「三載，以楊釗為水陸運使」。《通鑑》係據《玄宗實錄》（已佚）。見《通鑑考異》。㉟晈　姜晈（西元六七三—七二二年），秦州上邽（今甘肅天水市西南）人，官至太常卿，封楚國公。傳見《舊唐書》卷五十九、《新唐書》卷九十一。㊱市寵　討好皇帝，取得皇帝寵愛。㊲侵掠　侵犯掠奪。㊳奚契丹各殺公主　契丹王李懷節殺靜樂公主、奚王李延寵殺宜芳公主。事見《新唐書》卷五〈玄宗紀〉。㊴褚詡　隴右節度副使。㊵甲午　十月初十日。㊶北平郡　郡名，天寶元年（西元七四二年）平州改名，治所在今河北盧龍。㊷李靖　（西元五七一—六四九年）名藥師，雍州三原（今陝西富平西）人，隋名將韓擒虎甥，精熟兵法。唐初，從李世民征王世充，隨李孝恭平肖銑，貞觀時平定突厥、吐谷渾，皆有功。官至尚書右僕射，封衛國公。傳見《舊唐書》卷六十七、《新唐書》卷九十三。㊸李勣

（西元五九四—六六九年）本姓徐，名世勣，曹州離狐（今山東東明東北）人，曾參加瓦崗寨義軍。後降唐，賜姓李，因避太宗李世民諱，單名勣。官至太子詹事兼左衛率、同中書門下三品。以軍功封英國公。傳見《舊唐書》卷六十七、《新唐書》卷九十三。㊹薦奠　以食物祭祀。㊺丁酉　十月十三日。㊻戶部郎中　官名。戶部尚書下轄四司：戶部、度支、金部、倉部。戶部郎中係戶部司長官，主管戶口、土田、賦役等事。㊼戶口色役使　即戶口使、色役使。使職名，戶口使是唐代在逃戶日益嚴重、戶籍管理制度弛壞過程中，為清查隱匿逃亡戶口而設置的差遣官。不常設。見於記載的有開元九年（西元七二一年）宇文融為諸色安輯戶口使，天寶四載（西元七四五年）王鉷為戶口使。色役使，是經管徵調工匠、門夫、白直、執衣、防閤、庶僕、手力、隨身、士力等諸色徭役的差遣官。㊽復除　免除賦稅徭役。㊾輦　人力車。㊿廣張　無限擴張，猶言虛張。(51)更調換；輪換。(52)中牒　指向上報告。牒，文書。(53)貫籍　本貫戶籍。(54)避課　逃避賦稅。(55)左右藏　國庫。唐太府寺管左右藏，各設令丞掌之，左藏納賦調的錢帛絹布，右藏納四方貢獻的金玉、珠貝及玩好之物。(56)指　同「旨」。旨意。(57)內庫　皇宮的府庫，指大盈庫。(58)丙子　十一月二十三日。(59)樗蒲文簿　唐玄宗與宮妃搏戲，楊釗為之記錄搏戲輸贏帳簿，稱樗蒲文簿。樗蒲，又作摴蒲、樗蒱，古代搏戲。(60)鉤校　查對；核校。(61)度支郎　即度支郎中、員外郎。官名，戶部度支司官，主掌國家租賦的徵斂、轉運、送納，根據每年的收入而支付軍國費用。(62)徵　同「證」。證明；求實。(63)屬　同「囑」。囑咐。(64)判官　唐諸使職都設有判官為僚屬，以佐理使務。判官有時泛指所有幕職，專稱判官多是掌判使府某方面事務的僚屬。(65)戊戌　十二月十五日。

【校　記】①帛　原無此字。據章鈺校，十二行本、乙十一行本皆有此字，張敦仁《通鑑刊本識誤》同，今據補。

【語　譯】八月十七日壬寅，冊封楊太真為貴妃。追贈貴妃的父親楊玄琰為兵部尚書，任命她的叔父楊玄珪為光祿卿，堂兄楊銛為殿中少監，楊錡為駙馬都尉。十八日癸卯，冊封武惠妃的女兒為太華公主，命令楊錡娶她為妻。以及貴妃的三個姐姐，都賜給京師的宅第，寵幸尊貴，顯赫無比。

楊釗是楊貴妃同曾祖父的哥哥，沒有學問，品行不好，被鄉里族人所鄙視。在四川從軍，做了新都縣尉，任期屆滿，家裡貧窮自己不能回到故鄉，新政縣的富人鮮于仲通經常資助他。楊玄琰死在四川，楊釗來往他的家中，便和他的第二個女兒私通。

鮮于仲通名向，以字行，讀了很多書，有才智，劍南節度使章仇兼瓊引薦為采訪支使，委以心腹之任。章仇兼瓊曾在閒談中對鮮于仲通說：「現在只有我一人被皇上所厚待，如果沒有宮內的援助，必定被李林甫所危害。聽說楊貴妃新近得到皇帝的寵幸，人們還不敢依附她。您能替我到長安與她家聯繫上，我就沒有後患了。」仲通說：「我是蜀地人，未曾遊歷京城，擔心壞了您的大事，現在替您另外找到一個人。」於是介紹了楊釗的來龍去脈。兼瓊接見楊釗，楊釗容貌壯美，言談敏捷。兼瓊非常高興，立刻徵召為推官，往來漸漸親密。於是派遣他到京師去進獻春綈，臨別時，對他說：「我有少許東西在郫縣，以備你一天的口糧，你經過郫縣時，可以拿走它。」楊釗到達郫縣，兼瓊讓親信帶大量精美的蜀中貨物贈送給他，價值一萬緡。楊釗喜出望外，日夜兼程趕路，到達長安，依次到楊家姐妹那裡，把蜀地物產送給她們，說：「這是章仇公所贈送的。」當時楊家二女兒剛死了丈夫，楊釗就住在她家裡，把一半蜀地物產分給她。於是楊家人日夜說揚章仇兼瓊的好話，並且說楊釗善於樗蒲，引薦他進見玄宗，得以跟隨供奉官出入宮中，改任他為金吾兵曹參軍。

九月二十九日癸未，任命陝郡太守、江淮租庸轉運使韋堅為刑部尚書，罷免他的諸使職位，讓御史中丞楊慎矜替代他。韋堅的妻子姜氏，是姜皎的女兒，李林甫舅舅的女兒，所以李林甫對他很親近。等到韋堅因開通漕運有寵於玄宗，便有了入朝做宰相的想法，而且又和李適之相友好。李林甫因此討厭他，所以改任他一個美官，實際上奪了他的權。

安祿山想用守邊的功勞換得玄宗的恩寵，多次侵掠奚、契丹。奚、契丹各自殺掉唐朝的公主而叛變，安祿山討伐打敗他們。○隴右節度使皇甫惟明與吐蕃在石堡城交戰，被敵人打敗，副將褚詡戰死。

冬，十月初十日甲午，安祿山上奏：「臣討伐契丹到達北平郡，夢見先朝名將李靖、李勣向臣索要食物吃。」玄宗便命令為李靖、李勣建廟。安祿山又上奏說，進獻祭品祭奠的那天，廟中樑上長出靈芝。

十月十三日丁酉，玄宗親臨驪山溫泉。

玄宗任命戶部郎中王鉷為戶口色役使，敕命賞賜百姓免除賦稅徭役。王鉷上奏向百姓徵收運輸的費用，廣收錢幣；又使百姓購買本郡的輕貨，老百姓所輸納的錢財比不免除賦稅徭役還多。過去的制度規定，戍守邊疆的人免交他的租庸賦稅，六年一輪替。當時的邊將以失敗為恥辱，士卒戰死了的都不申報名單，原籍戶籍上也不除名。王鉷的想法在於聚斂錢財，把有戶籍而人不在的都作為逃避賦稅，根據戶籍戍守邊疆六年以後，都要徵收他們的租庸賦稅，有的人連徵三十年，百姓無處申訴。玄宗在位時間長了，用費日漸奢侈，後宮的賞賜沒有節制，又不想頻繁從左藏、右藏中支取財物。王鉷察知了玄宗的想法，每年額外貢獻錢帛百億萬，貯藏在內庫，以供玄宗在宮中宴樂和賞賜，說：「這些錢都不出自租庸調，與國家的經費沒有關係。」玄宗認為王鉷能使國家富足，對待他更加優厚。王鉷專務剝削百姓，討好玄宗，朝廷內外歎息怨恨。十一月二十三日丙子，任命王鉷為御史中丞、京畿采訪使。

楊釗在宮中侍奉玄宗宴飲，專管樗蒲的記錄簿，核校精密。玄宗賞識他的強幹精明，說：「是個很好的度支郎。」楊家人多次在玄宗那裡求實這句話，又囑咐王鉷，王鉷便上奏讓楊釗任判官。

十二月十五日戊戌，玄宗回宮。

五載（丙戌　西元七四六年）

春，正月乙丑❶，以隴右節度使皇甫惟明兼河西節度使。

李適之性疏率❷，李林甫嘗謂適之曰：「華山有金礦，采之可以富國，主上未之知也。」它日，適之因奏事言之。上以問林甫，對曰：「臣久知之，但華山陛下本命，王氣所在，鑿之非宜，故不敢言。」上以林甫為愛己，薄適之慮事不熟，謂曰：「自今奏事，宜先與林甫議之，無得輕脫❸。」適之由是束手❹矣。適之既失恩，韋堅失權，益相親密，林甫愈惡之。

初，太子之立，非林甫意❺。林甫恐異日為己禍，常有動搖東宮❻之志；而堅，又太子之妃兄也。皇甫惟明嘗為忠王❼友❽，時破吐蕃，入獻捷，見林甫專權，意頗不平。時因見上，乘間微勸❾上去林甫。林甫知之，使楊慎矜密伺其所為。會正月望夜❿，太子出遊，與堅相見，堅又與惟明會於景龍觀⓫道士之室。慎矜發其事，以為堅戚里⓬，不應與邊將狎暱⓭。林甫因譖[1]堅與惟明結謀，欲共立太子。堅、惟明下獄，林甫使慎矜與御史中丞王鉷、京兆府法曹吉溫共鞫之。上亦疑堅與惟明有謀而不顯其罪，癸酉⓮，下制，責堅以干進⓯不已，貶縉雲⓰太守，惟明以離間君臣，貶播川⓱太守，仍別下制戒⓲百官。

以王忠嗣為河西、隴右節度使，兼知朔方、河東節度事。忠嗣始在朔方、河東，每互市，高估⓳馬價。諸胡聞之，爭賣馬於唐，忠嗣皆買之。由是胡馬少，唐兵益壯。及徙隴右、河西，復請分朔方、河東馬九千匹以實之，其軍亦壯。忠嗣杖四節⓴，控制萬里，天下勁兵重鎮，皆在掌握，與吐蕃戰於青海、積石，皆大捷。又討吐谷渾於墨離軍，虜其全部而歸。

夏，四月癸未㉑，立奚酋娑固㉒為昭信王，契丹酋楷洛㉓為恭仁王。○己亥㉔，制：「自今四孟月，皆擇吉日祀天地、九宮㉕。」

韋堅等既貶，左相李適之懼，自求散地㉖。庚寅㉗，以適之為太子少保㉘，罷政事。其子衛尉少卿㉙霅㉚嘗盛饌㉛召客，客畏李林甫，竟日無一人敢往者。

以門下侍郎㉜、崇玄館大學士㉝陳希烈㉞同平章事。希烈，宋州㉟人，以講老、莊得進，專用神仙符瑞取媚於上。李林甫以希烈為上所愛，且柔佞易制，故引以為相，凡政事一決於林甫，希烈但給唯諾。故事㊱，宰相午㊲後六刻乃出。林甫奏，今太平無事，巳㊳時即還第，軍國機務皆決於私家，主書㊴抱成案㊵詣希烈書名而已。

五月壬子㊶朔，日有食之。

乙亥㊷，以劍南節度使章仇兼瓊為戶部尚書，諸楊引之也。

秋，七月丙辰㊸，敕：「流貶人多在道逗留，自今左降㊹官日馳十驛㊺以上。」是後流貶者多不全㊻矣。

【章旨】以上為第九段，寫李林甫加害太子，排斥太子妃外戚韋氏子弟與李適之，鞏固專擅之權。

【注釋】❶乙丑　正月十三日。❷疏率　疏略；粗疏。❸輕脫　輕佻；不穩重。❹束手　捆縛雙手，言無從工作。❺太子之立二句　太子瑛死，李林甫勸玄宗立壽王瑁。終未遂林甫之意而立忠王璵為太子。見本書上卷開元二十六年。❻東宮　太子所居之宮，借指太子。❼忠王　李璵，開元十五年（西元七二七年）封忠王。即後來即位的唐肅宗。❽友　官名，為王府之職，從五品下，掌侍遊處，規諷道義。❾微勸　悄悄勸告。❿望夜　農曆每月十五日之夜。⓫景龍觀　道觀名，在長安城中崇仁坊，原為長寧公主宅，韋后被誅，遂立為觀，以中宗年號為名。⓬戚里　外戚。⓭狎暱　親密。⓮癸酉　正月二十一日。⓯干進　謀求進身為官。⓰縉雲　郡名，天寶元年（西元七四二年）括州改名，治所在今浙江麗水市西。⓱播川　郡名，天寶元年播州改名，治所在今貴州遵義。⓲戒　同「誡」。告誡。⓳估　估量物價。⓴杖四節　指充任河西、隴右、朔方、河東四道節度使。杖節，古代大臣出使或大將出師，皇帝授予符節，作為憑證及權力的象徵。㉑癸未　四月初一日。㉒娑固　奚族它部首領，奚王延寵叛後，唐立娑固為王以安定奚部。㉓楷洛　契丹它部首領，開元初，為左羽林將軍、朔方節度副使，封薊國公，以驍勇果敢聞名。李懷秀叛後，唐立為王。㉔己亥　四月十七日。㉕九宮　玄宗天寶三載，置太一、天一、招搖、軒轅、咸池、青龍、太陰、天符、攝提九宮神壇，四時祭祀。㉖散地　閒散之地。此借指閒散的官職。㉗庚寅　四月初八日。㉘太子少保　官名，東宮之官，掌教諭太子。㉙衛尉少卿　官名，衛尉寺副長官，主掌國家的兵器和祭祀、朝會用的儀器。㉚霅　李霅，李適之的兒子，任衛尉少卿。㉛盛饌　豐盛的美食。饌，食物；美食。㉜門下侍郎　官名，門下省副長官，其長官侍中治宰相事，則門下侍郎總理省內封駁諸事，並侍從祭祀朝會大典。㉝崇玄館大學士　官名，玄宗設講習道教的崇玄學，置博士，教生員。後改崇玄學為崇玄館，博士改稱學士，並置大學士一人，領兩京玄元宮及道院，以宰相兼任。㉞陳希烈　官至宰相，封許國公。楊國忠執政後罷相，後投安祿山任偽相。傳見《舊唐書》卷九十七、《新唐書》卷二百二十三上。㉟宋州　州名，治所在今河南商丘南。㊱故事　先例。指舊時的典章、制度、成例。㊲午　十二時辰之一。中午十一時至一時。㊳巳　十二時辰之一。上午九時至十一時。㊴主書　官名，中書省屬官，主管文書。㊵成案　已辦好的公文案卷。㊶壬子　五月初一日。㊷乙亥　五月二十四日。㊸丙辰　七月初六日。㊹左降　古以右為尊，左為卑。左降是指降職貶官。㊺驛傳驛，官置交通設施。唐代傳驛歸兵部駕部司管轄，凡三十里一驛，置驛長，陸驛的馬和水驛的船均依該驛閒要而定數量。乘驛者必須持門下省或諸州發給的證券。㊻不全　性命不全，指被折磨死去。

【校　記】[1]譖　原作「奏」。據章鈺校，十二行本、乙十一行本皆作「譖」，今從改。

【語　譯】五載（丙戌　西元七四六年）

春，正月十三日乙丑，任命隴右節度使皇甫惟明兼任河西節度使。

李適之性格粗疏率直，李林甫曾對李適之說：「華山有金礦，開採它可以使國家富足，皇上還不知道這個情況。」一天，李適之藉上奏言事談及此事。玄宗詢問李林甫，李林甫回答說：「我早就知道了，但是華山是陛下的命根，王氣所在，開鑿它很不適宜，所以不敢向陛下談及。」玄宗認為李林甫是愛護自己，批評李適之考慮事情不成熟，對他說：「從今以後上奏言事，應該先同林甫商量，不要輕佻不穩。」從此李適之對政事束手不問。李適之已失去恩寵，韋堅也喪失權力，彼此更加親密，李林甫也愈加憎惡他們。

當初，冊封太子，不符合李林甫的心意。李林甫擔心他日成為自己的禍患，時常有改立太子的想法。而韋堅又是太子妃子的哥哥。皇甫惟明曾擔任忠王友，當時打敗吐蕃，入朝獻捷，看到李林甫專權，心中很是憤憤不平。當時藉進見玄宗，乘機悄悄勸說玄宗罷黜李林甫。李林甫知道了，派楊慎矜祕密監視他的行動。適逢正月十五日的夜晚，太子出宮遊賞，與韋堅相見，韋堅又與皇甫惟明在景龍觀道士的房裡相會。楊慎矜揭發了這件事，認為韋堅是外戚，不應該和邊將親密。李林甫藉機譖毀韋堅與皇甫惟明結謀，想要一起擁立太子。韋堅、皇甫惟明入獄，李林甫派楊慎矜和御史中丞王鉷、京兆府法曹吉溫一起審問他們。玄宗也懷疑韋堅和皇甫惟明有謀劃，而罪過卻沒有暴露出來，二十一日癸酉，下制書批評韋堅謀求加官晉爵沒有止境，降為縉雲太守，皇甫惟明離間君臣，降為播川太守，還另外下制書告誡百官。

任命王忠嗣為河西、隴右節度使，兼任朔方、河東節度使事。忠嗣起初在朔方、河東，每次交易，高抬馬價。各部胡人聽到後，爭著把馬賣給唐朝，王忠嗣便把馬都買下。從此胡人的馬少了，唐軍越來越壯大。等到調任隴右、河西節度使，又請求劃分朔方、河東的九千匹馬來充實隴右、河西，隴右、河西的兵力也很強大。王忠嗣手握四個符節，控制疆域萬里，天下勁兵重鎮，都掌握在手，和吐蕃在青海、積石交戰，都取得重大勝利。又在墨離軍討伐吐谷渾，俘虜他的全部人馬後回軍。

夏，四月初一日癸未，封奚部酋長娑固為昭信王，契丹酋長楷洛為恭仁王。○十七日己亥，下制書：「自現在起四個孟月，全都選擇吉日祭祀天地、九宮。」

韋堅等人被貶官後，左丞相李適之很恐懼，自求散職。四月初八日庚寅，任命李適之為太子少保，罷免理政職權。他的兒子衛尉少卿李霅曾設盛宴請客，客人們畏懼李林甫，整天沒有一個人敢前往赴宴的。

任命門下侍郎、崇玄館大學士陳希烈為同平章事。陳希烈，是宋州人，因講授《老子》、《莊子》得以進升，專門用神仙符瑞學說取媚於玄宗。李林甫認為陳希烈被玄宗所喜愛，而且奸巧逢迎，易於制服，所以推薦他做宰相，所有政事全部由李林甫決斷，陳希烈只是應聲附和。根據先例，宰相午後六刻才退朝。李林甫奏言，當今太平無事，巳時就可以回家，軍中和國家的機要大事都在李林甫私宅決定，主管文書的官員抱著已經辦好的文件案卷到陳希烈那裡簽名而已。

五月初一日壬子，發生日蝕。

五月二十四日乙亥，任命劍南節度使章仇兼瓊為戶部尚書，這是楊家人推薦他的。

秋，七月初六日丙辰，下敕書：「流放貶官的人大多在路上逗留，從今以後，被貶逐的官員每天要行進十個驛站以上。」此後流放貶官的人大多性命難保。

楊貴妃方有寵，每乘馬則高力士執轡授鞭，織繡之工專供貴妃院者七百人，中外爭獻器服珍玩。嶺南經略使張九章❶、廣陵❷長史王翼❸以所獻精美，九章加三品，翼入為戶部侍郎，天下從風而靡❹。民間歌之曰：「生男勿喜女勿悲，君今看女作門楣❺。」妃欲得生荔支❻，歲命嶺南馳驛致之❼，比至長安，色味不變。至是，妃以妒悍❽不遜❾，上怒，命送歸兄銛之第。是日，上不懌❿，比日中，猶未食，左右動不稱旨，橫被棰撻⓫。高力士欲嘗⓬上意，請悉載院中儲偫⓭送貴妃，凡百餘車，上自分御膳以賜之。及夜，力士伏奏請迎貴妃歸院，遂開禁門⓮而入。自是恩遇⓯愈隆，後宮莫得進矣。

將作少匠⑯韋蘭、兵部員外郎韋芝為其兄堅訟冤，且引太子為言，上益怒。太子懼，表請與妃離昏，乞不以親廢法。丙子⑰，再貶堅江夏⑱別駕，蘭、芝皆貶嶺南。然上素知太子孝謹，故譴怒⑲不及。李林甫因言堅與李適之等為朋黨⑳，後數日，堅長流臨封㉑，適之貶宜春㉒太守，太常少卿㉓韋斌㉔貶巴陵㉕太守，嗣薛王瑒㉖貶夷陵㉗別駕，睢陽太守裴寬貶安陸㉘別駕，河南尹李齊物貶竟陵㉙太守，凡堅連[1]親黨坐流貶者數十人。斌，安石㉚之子。瑒，業之子，堅之甥也，瑒母亦令隨瑒之官。

冬，十月戊戌㉛，上幸驪山溫泉。十一月乙巳㉜，還宮。

贊善大夫㉝杜有鄰女為太子良娣㉞，良娣之姊為左驍衛兵曹㉟柳勣妻。勣性狂疏㊱，好功名，喜交結豪俊。淄川太守裴敦復薦於北海㊲太守李邕㊳，邕與之定交㊴。勣至京師，與著作郎㊵王曾等為友，皆當時名士也。

勣與妻族不協，欲陷之，為飛語㊶，告有鄰妄稱圖讖㊷，交構東宮㊸，指斥乘輿㊹。林甫令京兆士曹㊺吉溫與御史鞫之，乃勣首謀也。溫令勣連引曾等入臺。十二月甲戌㊻，有鄰、勣及曾等皆杖死㊼，積尸大理㊽，妻子流遠方，中外震慄㊾。嗣虢王巨㊿貶義陽(51)司馬(52)。巨，邕之子也。別遣監察御史羅希奭往按李邕，太子亦出良娣為庶人。乙亥㊾，鄴郡㊿太守王琚(55)坐贓貶江華(56)司馬。琚性豪侈，與李邕皆自謂耆舊(57)，久在外，意怏怏(58)。李林甫惡其負材使氣(59)，故因事除之。

【章旨】以上為第十段，寫楊貴妃專寵，李林甫專權，繼續加害於太子之黨及韋氏外戚。

【注釋】❶張九章 宰相張九齡之弟，官至鴻臚卿。傳見《舊唐書》卷九十九。❷廣陵 郡名，天寶元年（西元七四二年）揚州改名，治所在今江蘇揚州。❸王翼 曾任盩厔令、廣陵長史、戶部侍郎，餘不詳。事略見《新唐書》卷七十六〈楊貴妃傳〉。❹從風而靡 指由此而廣泛流行，成為社會風氣。靡，傾倒。❺門楣 門上橫樑，為門外易見之物，可由此而顯示內室的堂皇。比喻楊家生女而宗門崇顯。❻生荔支 新鮮荔枝。支，同「枝」。❼嶺南馳驛致之 由嶺南通過最快的驛傳送至長安。宋代蘇軾等人認為，貴妃所食荔枝是今四川涪陵地區送至長安，並非來自嶺南。可備一說。❽妬悍 嫉妒、兇狠。❾遜 恭順。❿懌 喜悅。⓫棰撻 棰，杖擊。撻，鞭打。⓬嘗 試探。⓭儲偫 存備。指儲存的寶貨。⓮禁門 宮門。⓯恩遇 恩幸寵遇。⓰將作少匠 官名，將作監副長官，掌土木工程建築。⓱丙子 七月二十六日。⓲江夏 郡名，天寶元年（西元七四二年）鄂州改名，治所在今湖北武漢武昌。⓳譴怒 責備憤怒。⓴朋黨 結黨營私、排斥異己的宗派集團。㉑臨封 郡名，天寶元年（西元七四二年）封州改名，治所在今廣西梧州。㉒宜春 郡名，天寶元年袁州改名，治所在今江西宜春。㉓太常少卿 官名，太常寺副長官，佐太常卿掌管禮樂、郊廟、社稷等禮儀。㉔韋斌 （？—西元七五五年）京兆萬年（今陝西西安東）人，官至太常少卿。傳見《舊唐書》卷九十二、《新唐書》卷一百二十二。㉕巴陵 郡名，天寶元年岳州改名，治所在今湖南岳陽。㉖嗣薛王琄 李琄，玄宗弟薛王李業之子，官至鴻臚卿。傳見《舊唐書》卷九十五、《新唐書》卷八十一。㉗夷陵 郡名，天寶元年峽州改名，治所在今湖北宜昌西北。㉘安陸 郡名，天寶元年安州改名，治所在今湖北安陸。㉙竟陵 郡名，天寶元年復州改名，治所在今湖北仙桃西南沔城。㉚安石 韋安石（西元六五一—七一四年），京兆萬年（今陝西西安東）人，為政清嚴，武則天、中宗、睿宗三朝著名宰相。傳見《舊唐書》卷九十二、《新唐書》卷一百二十二。㉛戊戌 十月二十日。㉜乙巳 十一月二十八日。㉝贊善大夫 官名，太子左右春坊有左右贊善大夫，掌對太子的諷誦規諫。㉞良娣 太子內官名，太子內官良娣二人與良媛六人、承徽十人、昭訓十六人、奉儀二十四人，皆太子之妾。㉟左驍衛兵曹　即左驍衛兵曹參軍，武官名，左驍衛的屬官，掌武官宿衛番第。㊱狂疏　狂放粗疏。㊲北海　郡名，天寶元年青州改名，治所在今山東青州。㊳李邕　（西元六七七—七四六年）文學家，字泰和，揚州江都（今江蘇揚州）人，父李善以注《文選》聞名於世。邕少以詞高行直知名，官至御史中丞。然屢遭貶逐，終為李林甫陷死。其文名於天下，以碑頌見長，時稱李北海。傳見《舊唐書》卷一百九十中、《新唐書》卷二百二。㊴定交　約定交誼。㊵著作郎　官名，祕書省著作局長官，掌修撰碑誌、祝文、祭文，與著作佐郎分治局事。㊶飛語　無根據之說或惡意的誹謗。㊷圖讖　宣揚符命占驗的書。此指以圖讖為據而發狂妄之言。㊸交構東宮　與東宮之人（指杜良娣）交相結合。交構，交合；結合。㊹指斥乘輿　意即指責皇上。乘輿，皇帝、諸王乘的車。此指皇帝。㊺京兆士曹　即京兆府士曹參軍事，為京兆府屬吏，掌津梁、舟車、舍宅等百工眾藝之事。諸州亦設此官職，稱司士參軍。㊻甲戌　十二月二十七日。㊼杖死　杖刑而死，即以棍棒打死。㊽大理　即大理寺，官署名，九寺之一，掌刑獄。㊾震慄　震恐顫抖。㊿嗣虢王巨　嗣虢王李邕（高祖第十四子虢王鳳之嫡孫）之子。開元中為嗣虢王，涉獵書史，好寫作，官至御史大夫，兼統嶺南、黔中、南陽三節度使。傳見《舊唐書》卷一百十二、《新唐書》卷七十九。(51)義陽　郡名，天寶元年申州改名，治所在今河南信陽。(52)司馬　官名，郡守的上佐（高級僚屬），佐刺史、太守掌治府州眾事，通判列曹。刺史、太守或闕時，可代主州郡政務。但因品高俸厚職閒，常安排貶退大臣、武官擔任。(53)乙亥　十二月二十八日。(54)鄴郡　郡名，天寶元年相州改名，治所在今河南安陽。(55)王琚　（西元六五七—七四六年）懷州河內（今河南沁陽）人，官至紫微侍郎。傳見《舊唐書》卷一百六、《新唐書》卷一百二十一。(56)江華　郡名，天寶元年道州改名，治所在今湖南道縣。(57)耆舊　年高而久負聲望的人。(58)怏怏　不服氣；不樂意。(59)使氣　意氣用事。

【校　記】①連　原無此字。據章鈺校，十二行本、乙十一行本皆有此字，今據補。

【語　譯】楊貴妃正得寵幸，每次騎馬高力士就給她牽馬轡拿馬鞭，專供貴妃院織繡的工人有七百人，朝廷內外爭相進獻器具服飾珍寶玩物。嶺南經略使張九章、廣陵長史王翼因所進獻的物品精美，張九章官階加至三品，王翼入朝為戶部侍郎，天下風從。民間歌謠唱道：「生了男孩莫歡喜，生了女孩莫悲傷，請你今日看看，女孩讓你宗門顯揚。」貴妃想要得到新鮮的荔枝，每年命令嶺南驛馬馳送，等到了長安，荔枝的顏色和味道都沒有改變。

就在這時，貴妃因嫉妒兇悍不恭遜，玄宗很生氣，下令把她送回她哥哥楊銛的家中。這一天，玄宗不高興，快到中午，還沒有吃飯，身邊的人幹什麼都不合玄宗的心意，無緣無故地遭受鞭棍。高力士想試探玄宗的心意，請求把貴妃院中儲備的器物全部裝載送給貴妃，共有一百多車，玄宗親自把自己的飯食分賜給她。到了夜晚，高力士跪伏奏請玄宗迎接貴妃回院，於是打開宮門，貴妃回到院內。從此玄宗對貴妃的恩寵禮遇更加隆重，後宮沒有人得以進幸了。

將作少匠韋蘭、兵部員外郎韋芝替他們的哥哥韋堅申訴冤枉，而且利用太子作為藉口，玄宗更加生氣。太子恐懼，上表請求與妃子韋氏離婚，乞求不要因為親屬的關係而破壞法律。七月二十六日丙子，再貶韋堅為江夏別駕，韋蘭、韋芝都貶往嶺南。然而玄宗素來知道太子孝順謹慎，所以不責怒於他。李林甫藉機說韋堅與李適之等人結黨營私，過後幾天，韋堅被永遠流放在臨封，李適之貶為宜春太守，太常少卿韋斌貶為巴陵太守，嗣薛王李琄貶為夷陵別駕，睢陽太守裴寬貶為安陸別駕，河南尹李齊物貶為竟陵太守，韋堅的親戚朋友被牽連獲罪流放貶官的共有幾十人。韋斌，是韋安石的兒子。李琄，是李業的兒子，韋堅的外甥，李琄的母親也被命令隨從李琄去往任所。

冬，十月二十日戊戌，玄宗親臨驪山溫泉。十一月二十八日乙巳，回宮。

贊善大夫杜有鄰女兒為太子良娣，良娣的姐姐是左驍衛兵曹柳勣的妻子。柳勣的性格狂放粗疏，愛好功名，喜歡結交豪俠俊傑。淄川太守裴敦復把他引薦給北海太守李邕，李邕就和柳勣結交為友。柳勣到達京師，和著作郎王曾等人交友，他們全是當時的名士。

柳勣與妻子娘家人不和，想要陷害他們，造作流言飛語，告發杜有鄰妄言圖讖，與東宮交結，指責玄宗。李林甫命令京兆士曹吉溫和御史審理，原來柳勣是首謀。吉溫讓柳勣牽連王曾等人下御史臺獄。十二月二十七日甲戌，杜有鄰、柳勣以及王曾等人都被棍棒打死，屍體堆放在大理寺，妻兒流放遠地，朝廷內外震顫。嗣虢王李巨貶為義陽司馬。李巨，是李邕的兒子。另派監察御史羅希奭去審理李邕，太子把良娣逐出為庶人。

十二月二十八日乙亥，鄴郡太守王琚因犯貪贓罪被貶為江華司馬。王琚性情豪放，與李邕都自稱是耆舊老臣，長期為外官，心裡怏然不平。李林甫厭惡他恃才使氣，所以藉故除掉他。

六載（丁亥　西元七四七年）

春，正月辛巳❶。李邕、裴敦復皆杖死。邕才藝出眾，盧藏用❷常語之曰：「君如干將、莫邪❸，難與爭鋒，然終虞❹缺折耳。」邕不能用。

林甫又奏分遣御史即貶所賜皇甫惟明、韋堅兄弟等死。羅希奭自青州❺如❻嶺南，所過殺遷謫❼者，郡縣惶駭❽。排馬牒❾至宜春，李適之憂懼，仰藥❿自殺。至江華，王琚仰藥不死，聞希奭已至，即自縊⓫。希奭又迂路過安陸，欲怖殺⓬裴寬，寬向希奭叩頭祈生，希奭不宿而過，乃得免。李適之子霅迎父喪至東京，李林甫令人誣告霅，杖死於河南府。給事中⓭房琯⓮坐與適之善，貶宜春太守。琯，融⓯之子也。

林甫恨韋堅不已，遣使於循⓰河及江、淮州縣求⓱堅罪，所在[1]收繫⓲綱典⓳船夫，溢於牢獄，徵剝逋負⓴，延及鄰伍㉑，皆裸露死於公府㉒，至林甫薨乃止。

丁亥㉓，上享太廟。戊子㉔，合祭天地於南郊㉕，赦天下。制免百姓今載田租，又今除[2]削絞、斬條。上慕好生之名，故令應絞、斬者皆重杖流嶺南，其實有司㉖

率㉗杖殺之。又令天下為嫁母服三載。

上欲廣求天下之士，命通一藝㉘以上皆詣京師。李林甫恐草野之士㉙對策㉚斥言其姦惡，建言：「舉人㉛多卑賤愚聵㉜，恐有俚言㉝污濁聖聽㉞。」乃令郡縣長官精加試練，灼然超絕㉟者，具名送省㊱，委尚書覆㊲試，御史中丞監之，取名實相副㊳者聞奏。既而㊴至者皆試以詩、賦、論，遂無一人及第㊵者。林甫乃上表賀野無遺賢。

【章旨】以上為第十一段，寫李林甫一手遮天，用酷法對待政敵，用巧佞阻擋後進，唐玄宗全被蒙在鼓裡。

【注釋】❶辛巳 正月初五日。❷盧藏用 （約西元六六四—七一三年）文學家，字子潛，人稱隨駕隱士，幽州范陽（今北京市）人，武則天時官至左拾遺，中宗時官至工部侍郎、尚書右丞。傳見《舊唐書》卷九十四、《新唐書》卷一百二十三。❸干將莫邪 古劍名，據《吳越春秋》卷四載：春秋時吳人干將與妻莫邪善鑄劍，鑄有二把鋒利無比的寶劍，便命名為干將、莫邪，獻給吳王闔閭。❹虞 憂慮；擔心。❺青州 州名，治所在今山東青州。❻如 介詞。往；到。❼遷謫 貶逐；徙官降職。❽惶駭 惶恐害怕。❾排馬牒 驛站乘馬的證明文件。御史所過，沿路郡縣供給驛馬，所以御史還未到某地，先送達排馬牒。❿仰藥 服藥。⓫縊 勒頸氣絕而死。⓬怖殺 駭死。⓭給事中 官名，門下省要員，掌奏抄駁正，制敕宣行，三司決獄，遣使發驛及審校六品以下官的授職。⓮房琯 （西元六九七—七六三年）字次律，河南縣（今河南洛陽南）人，官至文（吏）部尚書、同中書門下平章事，封清河郡公。傳見《舊唐書》卷一百十一、《新唐書》卷一百三十九。⓯融 房融，武則天朝官至正諫大夫、同平章事。傳見《新唐書》卷一百三十九。⓰循 沿；順著。⓱求 尋找。⓲收繫 拘囚。⓳綱典 古代五十船為一綱，以吏為綱典，掌管運事。⓴徵剝逋負 徵收拖欠稅賦。逋負，拖欠稅賦。㉑延及鄰伍 指牽連到鄰居。古代五家為鄰，或五家為伍，唐以四家為鄰。㉒公府　官府。㉓丁亥　正月十一日。㉔戊子　正月十二日。㉕合祭天地於南郊　古人在國都南郊祭天於圓丘，在國都北郊祭地於澤中之方丘，以順陰陽。唐朝初建，因襲舊典，武德初年定令，每年祭天於圓丘，其壇設在京城明德門外道東二里。夏至祭地於方丘，其壇在宮城之北十四里。到了武則天天冊萬歲元年（西元六九五年），親享南郊，始合祭天地。玄宗開元間撰定《開元禮》，據所定祀典，天寶元年（西元七四二年），合祭天地於南郊，此後形成有唐一代定制。㉖有司　官吏。古代設官分職，事各有專司，故稱有司。㉗率　大都；往往。㉘一藝　本指《六經》之一經。此泛言一種才藝、技能。㉙草野之士　民間有才識之人。㉚對策　漢代以來，皇帝選拔人才所舉行考試的一種內容。把所提問題寫在竹簡上叫策，應考人按問題回答，稱對策。㉛舉人　地方薦舉之人。㉜愚聵　愚昧糊塗。㉝俚言　方言俗語。㉞聖聽　聖上視聽。臣下稱頌皇帝明察的套語。㉟灼然超絕　明顯地超出尋常，世上少有。㊱具名送省　開列姓名送尚書省。㊲覆同「複」。㊳副　符合。㊴既而　不久。一事過去未久，又有一事發生時用之。㊵及第　科舉應試中選。

【校　記】①所在　原無此二字。據章鈺校，十二行本、乙十一行本皆有此二字，今據補。②除　原無此字。據章鈺校，十二行本、乙十一行本皆有此字，今據補。

【語　譯】六載（丁亥　西元七四七年）

春，正月初五日辛巳，李邕、裴敦復全被杖打致死。李邕才華出眾，盧藏用常對他說：「您就如同寶劍干將、莫邪，難與爭鋒，但終究擔心有所折損。」李邕沒有採納他的意見。

李林甫又奏請分別派遣御史到貶官處所向皇甫惟明、韋堅兄弟等人賜死。羅希奭從青州前往嶺南，所過之處，殺死被貶逐的人，郡縣惶恐。排馬牒到了宜春，李適之憂傷恐懼，飲藥自殺。到了江華，王琚服藥未死，聽說羅希奭已經到了，立刻自縊而死。羅希奭又繞道經過安陸，想嚇殺裴寬，裴寬向羅希奭磕頭乞求活命，羅希奭沒有宿留就走了，裴寬才得以免死。李適之的兒子李霅把父親的靈柩迎至東京，李林甫派人誣告李霅，用棍棒把他打死在河南府。給事中房琯因與李適之相善而入罪，貶為宜春太守。房琯，是房融的兒子。

李林甫憎恨韋堅不已，派使者沿著黃河和長江、淮河兩岸的州縣裡搜集韋堅的罪狀，所到之處拘捕綱典和船夫，牢房人滿為患，榨取百姓拖欠的租稅，禍及鄰里，人們赤身裸體地死在公府，直到李林甫去世才停止。

正月十一日丁亥，玄宗祭祀太廟。十二日戊子，在南郊合祭天地之神，大赦天下。下令免除百姓今年的田租，又下令廢除絞刑、斬刑的法條。玄宗仰慕好生之名，所以下令應當處以絞刑、斬刑的犯人，都用棍棒重打後流放嶺南，其實主管官員大都杖殺了他們。又下令天下為改嫁的母親服喪三年。

玄宗想廣泛地尋求天下的才士，命令通曉一種學藝以上的人都到京師來。李林甫害怕民間文士在對策時指責他的奸惡，向玄宗建議說：「地方舉薦的人大多卑賤愚昧，恐怕有粗言俗語汙濁了聖上的視聽。」於是命令郡縣長官精心加以考試訓練，明顯超出常人的，開列姓名送到尚書省，委託尚書複試，御史中丞監考，選取名實相符的人奏報玄宗。不久，到來的人都用詩、賦、論進行考試，就沒有一個人及格中選。李林甫便上表祝賀民間沒有遺漏的賢人。

戊寅❶，以范陽、平盧節度使安祿山兼御史大夫。

祿山體充肥❷，腹垂過膝，嘗自稱腹重[1]三百斤。外若癡直❸，內實狡黠❹。常令其將劉駱谷留京師詗❺朝廷指趣❻動靜皆報之，或應有牋❼表者，駱谷即為代作通之。歲獻俘虜、雜畜、奇禽、異獸、珍玩之物，不絕於路，郡縣疲於遞運❽。

祿山在上前應對敏給❾，雜以詼諧。上嘗戲指其腹曰：「此胡腹中何所有？其大乃爾！」對曰：「更無餘物，正有赤心耳！」上悅。又嘗命見太子，祿山不拜。左右趣❿之拜，祿山拱立⓫曰：「臣胡人，不習朝儀，不知太子者何官？」

上曰：「此儲君⑫也。朕千秋萬歲後，代朕君汝者也。」祿山曰：「臣愚，曏者⑬惟知有陛下一人，不知乃更有儲君。」不得已，然後拜。上以為信然，益愛之。上嘗宴勤政樓，百官列坐樓下，獨為祿山於御座東間設金鷄障⑭，置榻使坐其前，仍命卷簾以示榮寵。命楊銛、楊錡、貴妃三姊皆與祿山敘兄弟。祿山得出入禁中，因請為貴妃兒。上與貴妃共坐，祿山先拜貴妃。上問何故，對曰：「胡人先母而後父。」上悅。

李林甫以王忠嗣功名日盛，恐其入相，忌之。安祿山潛蓄異志，託以禦寇，築雄武城⑮，大貯兵器，請忠嗣助役，因欲留其兵。忠嗣先期而往，不見祿山而還。數上言祿山必反，林甫益惡之。夏，四月，忠嗣固辭兼河東、朔方節度，許之。

【章旨】以上為第十二段，寫安祿山巧佞，河西隴右節度使王忠嗣多次上奏安祿山必反，唐玄宗竟渾然不悟。

【注釋】❶戊寅　三月初二日。❷充肥　肥胖。❸癡直　愚傻樸直。❹狡黠　詭詐。❺詗　偵探；刺探。❻指趣　同「旨趣」。宗旨；意向。❼牋　給上司或尊長的文件。❽遞運　傳遞運輸。❾敏給　敏捷。❿趣　通「促」。催促。⓫拱立　抱手而立。⓬儲君　被確定為君位的繼承者，即君主之儲。指太子。⓭曏者　從前；往昔。⓮金鷄障　畫有金雞圖飾的屏風。⓯雄武城　城名，故址在今天津市薊縣東北。

【校記】①腹重　據章鈺校，十二行本、乙十一行本皆無「腹」字。

【語譯】三月初二日戊寅，任命范陽、平盧節度使安祿山兼任御史大夫。

安祿山身體肥胖，肚子下垂超過膝部，曾自己說他的肚子重三百斤。外表好像呆傻樸直，其實內心非常詭詐。曾讓他的部將劉駱谷留在京師窺探朝廷的意向和動靜，都向他報告，有時應該上奏表章，劉駱谷就替他寫好送進朝中。每年進獻的俘虜、牲畜、奇禽、異獸及珍寶玩物，不絕於路，郡縣疲於傳運。

安祿山在玄宗面前應對敏捷，間雜詼諧。玄宗曾經開玩笑，指著他的肚子說：「這個胡人的肚子裡有什麼東西？它怎麼大成這個樣子！」安祿山回答說：「沒有別的東西，只有一顆赤心！」玄宗聽了很高興。玄宗又曾叫他見太子，安祿山對太子不行拜禮。左右的人催促他行拜禮，安祿山拱手站著說：「臣是胡人，不熟悉朝廷中的禮儀，不知道太子是什麼官？」玄宗說：「這是儲君。我死後，代替我做你君主的人。」安祿山說：「臣愚昧，過去只知道有陛下一個人，不知道另外還有儲君。」不得已，然後才行拜禮。玄宗都當以為真，更加喜歡他。玄宗曾在勤政樓設宴，群臣百官依次坐在樓下，單獨在玄宗座位的東間替安祿山設置了金雞屏風，又放置坐榻讓他坐在玄宗的前面，還命令他捲起簾子以表示榮耀和尊寵。命令楊銛、楊錡、貴妃三姐妹都和安祿山行兄弟之禮。安祿山能出入宮中，乘機請求做貴妃的兒子。玄宗與貴妃一起坐著，安祿山先拜貴妃。玄宗問他是什麼原因，安祿山回答說：「胡人先拜母親後拜父親。」玄宗很高興。

李林甫因王忠嗣的功名日益隆盛，擔心他入朝為相，對他很嫉恨。安祿山暗懷異心，藉口抵禦敵寇，修建雄武城，大量貯藏兵器，請求王忠嗣幫助築城，打算乘機留下他的士兵。王忠嗣早於約定的日期到達，不和安祿山會面就回去了。王忠嗣多次向玄宗進言說安祿山一定反叛，李林甫就更加厭惡王忠嗣。夏，四月，王忠嗣堅決辭去兼任河東、朔方節度使，朝廷答應了。

冬，十月己酉❶，上幸驪山溫泉，改溫泉宮曰華清宮。

河西、隴右節度使王忠嗣以部將哥舒翰❷為大斗軍副使，李光弼❸為河西兵馬使❹、充赤水軍使。翰父祖本突騎施別部酋長，光弼，契丹王楷洛之子也❺，皆以勇略❻為忠嗣所重。忠嗣使翰擊吐蕃，有同列為之副，倨慢❼不為用，翰檛殺❽之，軍中股慄❾。累功至隴右節度副使。每歲積石軍麥熟，吐蕃輒來穫之，無能禦者，邊人謂之「吐蕃麥莊」。翰先伏兵於其側，虜至，斷其後，夾擊之，無一人得返者，自是不敢復來。

上欲使王忠嗣攻吐蕃石堡城❿，忠嗣上言：「石堡險固，吐蕃舉國守之。今頓兵其下，非殺數萬人不能克。臣恐所得不如所亡，不如且厲兵秣馬，俟其有釁⓫，然後取之。」上意不快。將軍董延光自請將兵取石堡城，上命忠嗣分兵助之。忠嗣不得已奉詔，而不盡副延光所欲，延光怨之。

李光弼言於忠嗣曰：「大夫⓬以愛士卒之故，不欲成延光之功，雖迫於制書，實奪其謀也。何以知之？今以數萬眾授之而不立重賞，士卒安肯為之盡力乎！然此天子意也。彼無功，必歸罪於大夫。大夫軍府充牣⓭，何愛數萬段帛不以杜其讒口⓮乎！」忠嗣曰：「今以數萬之眾爭一城，得之未足以制敵，不得亦無害於國，故忠嗣不欲為之。忠嗣今受責天子，不過以金吾、羽林一將軍歸宿衛，其次不過黔中上佐⑮，忠嗣豈以數萬人之命易一官乎！李將軍，子誠愛我矣，然吾志決矣，子勿復言。」光弼曰：「曏者恐為大夫之累，故不敢不言。今大夫能行古人之事，非光弼所及也。」遂趨出⑯。

延光過期不克，言忠嗣沮撓軍計⑰，上怒。李林甫因使濟陽⑱別駕魏林告忠嗣嘗自言「我幼養宮中，與忠王相愛狎⑲」，欲擁兵以尊奉太子。敕徵忠嗣入朝，委三司鞫之。

【章旨】以上為第十三段，寫李林甫加害功臣王忠嗣。王忠嗣破壞董延光的軍事計畫，致使唐軍無功，亦是罪有應得。

【注釋】❶己酉　十月初七日。❷哥舒翰　（？—西元七五六年）突厥族哥舒部人，世居安西。曾任隴右節度副大使，兼河西節度使，封西平郡王。安祿山反，起用為皇太子先鋒兵馬元帥，守潼關，兵敗投降，被安祿山殺害。傳見《舊唐書》卷一百四、《新唐書》卷一百三十五。❸李光弼　（西元七〇八—八六四年）營州柳城（今遼寧朝陽）人，契丹酋長李楷洛之子。幼善騎射，曾為河西、朔方將。安史兵起，朝廷依重其軍以禦敵，任天下兵馬副元帥，知節度行營事。御軍嚴整，屢建戰功，亂平，以功封臨淮郡王。傳見《舊唐書》卷一百十、《新唐書》卷一百三十六。❹河西兵馬使　使職名，河西節度使幕府掌知兵馬、領兵作戰的武職差遣官。❺光弼二句　光弼父楷洛天寶二年（西元七四三年）前已卒，不是五載所封之契丹王楷洛。據岑仲勉《通鑑隋唐紀比事質疑》。《通鑑》誤。❻勇略　勇敢有謀略。❼倨慢　傲慢。倨與慢同義。❽檛殺　用棍棒打死。檛，粗者曰檛，細者曰杖。❾股慄　大腿發抖，形容十分恐懼。❿石堡城　邊塞哨卡城，為唐與吐蕃邊境必爭的要塞城堡，三面懸崖，只一路可通，易守難攻。在今青海湟中西。⓫有釁　指有可乘之機。釁，間隙；破綻。⓬大夫　唐中葉以前，多呼將帥為大夫。⓭充牣　充滿。⓮杜其讒口　防止他說壞話。杜，杜絕；防止。讒，說別人壞話。⓯黔中上佐　黔中，指黔中道，玄宗開元二十一年（西元七三三年）分江南道西部置，治所黔州，在今重慶市彭水縣。上佐，指長史、別駕、司馬之類的高級僚佐。⑯趨出　快步走出。⑰沮撓軍計　指破壞軍事計畫。沮，破壞。撓，擾亂。⑱濟陽　郡名，天寶元年（西元七四二年）濟州改名，治所在今山東茌平西南。⑲愛狎　友愛親昵。

【語　譯】冬，十月初七日己酉，玄宗親臨驪山溫泉，把溫泉宮改名為華清宮。

河西、隴右節度使王忠嗣任用部將哥舒翰為大斗軍副使，李光弼為河西兵馬使、充任赤水軍使。哥舒翰的父親、祖父本是突騎施的別部酋長，李光弼是契丹王李楷洛的兒子，都因為勇武善謀被王忠嗣所倚重。王忠嗣派哥舒翰攻打吐蕃，有一個同等級別的人做他的副佐，傲慢不聽指揮，哥舒翰用棍棒打死了他，軍中顫慄。積累功勞官至隴右節度副使。每年積石軍的麥子熟了，吐蕃就來收割，沒有人能夠防禦，邊塞上的人稱之為「吐蕃麥莊」。哥舒翰先把軍隊埋伏在兩側。敵人到了，截斷他們的後路，兩面夾擊，吐蕃沒有一個人能夠逃回，從此不敢再來。

玄宗想讓王忠嗣攻打吐蕃石堡城，王忠嗣向玄宗進言說：「石堡城險要堅固，吐蕃利用全國的力量來守衛它。如今屯兵城下，不殺死幾萬人不能攻克。臣擔心得不償失，不如暫且厲兵秣馬，等到有機可乘，然後奪取它。」玄宗心裡不高興。將軍董延光自動請求率軍攻取石堡城，玄宗命令王忠嗣分出一部分部隊幫助他。王忠嗣迫不得已接受詔書，但沒有盡量滿足董延光的要求，董延光對他很怨恨。

李光弼對王忠嗣說：「您因為愛護士卒的緣故，不想成就董延光的功勞，雖然是迫於皇上的命令，其實是毀掉了他的計畫。我為什麼知道這一點呢？如今您把幾萬部眾給他，但又不設立重賞，士兵怎麼肯替他盡力呢！然而這是天子的主意。他沒有功勞，必然歸罪於您。您軍中府庫充盈，何必愛惜幾萬匹緞帛，而不用來防止他說您的壞話呢！」王忠嗣說：「現在利用數萬之眾爭奪一座城，得到它不足以制服敵人，得不到它對國家也沒有什麼損害，所以我王忠嗣不想這樣做。我王忠嗣今天受到天子的責備，不過是做一個金吾或羽林將軍回京宿衛，再次一等，也不過做個黔中上等佐吏，我王忠嗣怎麼能用幾萬人的生命換取一個官職呢！李將軍，您確實是愛護我啊，然而我的主意已經決定了，您不必再說了。」李光弼說：「以前害怕此事成為您的負擔，所以不敢不說。如今您做事能踐行古人風範，不是我李光弼所能企及的。」於是快步走出。

董延光超過期限沒有攻克，說是王忠嗣阻撓了軍事計畫，玄宗非常生氣。李林甫乘機讓濟陽別駕魏林上告王忠嗣曾自己說「我小時候撫養宮中，與忠王相親暱」，想要擁兵以尊奉太子。玄宗下敕書徵召王忠嗣回朝，交給三司來審問他。

上聞哥舒翰名，召見華清宮，與語，悅之。十一月辛卯❶，以翰判❷西平❸太守，充隴右節度使；以朔方節度使安思順❹判武威❺郡事，充河西節度使。

戶部侍郎兼御史中丞楊慎矜為上所厚，李林甫浸忌之。慎矜與王鉷父晉，中表❻兄弟也，少與鉷狎❼，鉷之入臺❽，頗因慎矜推引。及鉷遷中丞，慎矜與語，猶名之❾。鉷自恃與林甫善，意稍不平。慎矜奪鉷職田❿，鉷母本賤⓫，慎矜嘗以語人，鉷深銜⓬之。慎矜猶以故意⓭待之，嘗與之私語讖書。

慎矜與術士史敬忠⓮善，敬忠言天下將亂，勸慎矜於臨汝⓯山中買莊為避亂之所。會慎矜父墓田⓰中草木皆流血，慎矜惡之，以問敬忠。敬忠請禳⓱之，設道場⓲於後園，慎矜退朝輒裸貫桎梏⓳坐其中。旬日血止，慎矜德之。慎矜有侍婢明珠，色美，敬忠屢目之。慎矜即以遺敬忠，車載過貴妃姊柳氏樓下。姊邀敬忠上樓，求車中美人，敬忠不敢拒。明日，姊入宮，以明珠自隨。上見而異之，問所從來，明珠具以實對。上以慎矜與術士為妖法，惡之，含怒未發。

楊釗以告鉷，鉷心喜，因侮慢慎矜，慎矜怒。林甫知鉷與慎矜有隙，密誘使圖⑳之。鉷乃遣人以飛語告慎矜隋煬帝孫，與凶人㉑往來，家有讖書，謀復祖業。上大怒，收慎矜繫獄，命刑部、大理與侍御史楊釗、殿中侍御史盧鉉㉒同鞫之。太府少卿張瑄㉓，慎矜所薦也，盧鉉誣瑄嘗與慎矜論讖，拷掠㉔百端，瑄不肯答辯㉕。乃以木綴㉖其足，使人引其枷柄，向前挽之，身加長數尺，腰細欲絕，眼鼻出血，瑄竟不答。

又使吉溫捕史敬忠於汝州㉗。敬忠與溫父素善，溫之幼也，敬忠常抱撫之。及捕獲，溫不與交言，鎖其頸，以布蒙首，驅之馬前。至戲水㉘，溫使吏誘之曰：「楊慎矜已款服㉙，惟須子一辯。若解人意則生，不然必死。前至溫湯㉚，則求首不獲矣。」敬忠顧謂溫曰：「七郎，求一紙。」溫陽㉛不應。去溫湯十餘里，敬忠祈[1]請哀切，乃於桑下令答三紙，辯皆如溫意。溫徐謂曰：「丈人㉜且勿怪。」因起拜之。

至會昌，始鞫慎矜，以敬忠為證。慎矜皆引服㉝，惟搜讖書不獲。林甫危之，使盧鉉入長安搜慎矜家，鉉袖讖書入閤中㉞，詬㉟而出曰：「逆賊深藏祕記。」

至會昌，以示慎矜。慎矜歎曰：「吾不蓄讖書，此何從在吾家哉！吾應死而已。」丁酉[36]，賜慎矜及兄少府少監慎餘[37]、洛陽令慎名[38]自盡，敬忠杖百，妻子皆流嶺南，瑄杖六十，流臨封，死於會昌。嗣虢王巨雖不預謀，坐與敬忠相識，解官，南賓[39]安置，自餘連坐者數十人。慎名聞敕，神色不變，為書別姊，慎餘合掌指天而縊。

三司按王忠嗣，上曰：「吾兒居深宮，安得與外人通謀，此必妄也。但劾忠嗣沮撓軍功[40]。」哥舒翰之入朝也，或勸多齎金帛以救忠嗣。翰曰：「若直道[41]尚存，王公必不冤死。如其將喪，多賂何為！」遂單囊而行。三司奏忠嗣罪當死。翰始遇知於上，力陳忠嗣之冤，且請以己官爵贖忠嗣罪。上起，入禁中，翰叩頭隨之，言與淚俱[42]。上感寤[43]，己亥[44]，貶忠嗣漢陽[45]太守。

李林甫屢起大獄，別置推事院[46]於長安。以楊釗有掖庭之親[47]，出入禁闥[48]，所言多聽，乃引以為援，擢為御史。事有微涉東宮者，皆指擿[49]使之奏劾，付羅希奭、吉溫鞫之。釗因得逞其私志，所擠陷[50]誅夷者數百家，皆釗發之。幸太子仁孝謹靜，張垍、高力士常保護於上前，故林甫終不能間也。

十二月壬戌[51]，發馮翊[52]、華陰[53]民夫築會昌城，置百司。王公各置第舍，土敢直[54]千金。○癸亥[55]，上還宮。○丙寅[56]，命百官閱[57]天下歲貢物於尚書省，既而悉以車載賜李林甫家。上或時不視朝，百司悉集林甫第門，臺省[58]為空。陳希烈雖坐府[59]，無一人入謁[60]者。

林甫子岫為將作監[61]，頗以滿盈[62]為懼。嘗從林甫遊後園，指役夫言於林甫曰：「大人久處鈞軸[63]，怨仇滿天下，一朝禍至，欲為此得乎！」林甫不樂曰：「勢已如此，將若之何！」

先是，宰相皆以德度自處[64]，不事威勢，騶從[65]不過數人，士民或不之避。林甫自以多結怨，常虞[66]刺客，出則步騎百餘人為左右翼，金吾靜街[67]，前驅[68]在數百步外，公卿走避；居則重關複壁[69]，以石甃地[70]，牆中置板，如防大敵，一夕屢徙牀，雖家人莫知其處。宰相騶從之盛，自林甫始。

【章旨】以上為第十四段，寫李林甫謀害御史中丞楊慎矜。

【注釋】❶辛卯 十一月十九日。❷判 唐代官銜加「判」，表示判處某官事，非實授其官。❸西平 郡名，天寶元年（西元七四二年）鄯州改名，治所在今青海樂都。❹朔方節度使安思順 岑仲勉疑是朔方節度副使，見《通鑑隋唐紀比事質疑》。❺武威 郡名，天寶元年涼州改名，治所在今甘肅武威。❻中表 父親姐妹（姑母）的兒女叫外表，母親的兄弟（舅父）姐妹（姨母）的兒女叫內表，互稱中表。❼狎 愛狎。❽入臺 入御史臺，指開元年間王鉷任監察御史，時楊慎矜任侍御史。❾名之 直呼其名。❿慎矜奪鉷職田 職田，唐代職事官按官品等級所得的土地，亦稱職分田。京官一品十二頃，二品十頃，下至九品二頃。外官州府官略高於此，鎮戍官略低於此。取百里內土地給之。職田一般按畝六升的租率出租，離任後需將田轉給下任。楊慎矜先為御史中丞，王鉷後遷御史中丞時，慎矜奪佔鉷應得職田。⑪鉷母本賤　王鉷是王瑨（開元中為中書舍人）出身低微的妾所生子（孽子），故云母賤。⑫銜　懷恨在心。⑬故意　舊友的情意。⑭史敬忠　據《通鑑考異》所引《唐曆》，史敬忠本為胡人，出家還俗，涉獵過書傳、陰陽、玄象。⑮臨汝　郡名，天寶元年（西元七四二年）汝州改名，治所梁縣，在今河南汝州。⑯墓田　墳墓範圍內的土地。《明皇實錄》作「慎矜父墓封域之內」。⑰禳　古代以祭禱消除災禍的一種迷信活動。⑱道場　佛教誦經禮拜儀式。⑲貫桎梏　戴上腳鐐手銬。⑳圖　謀害。㉑凶人　險惡之人。㉒盧鉉　酷吏。傳見《舊唐書》卷一百八十六上、《新唐書》卷一百三十四。㉓張瑄　（？—西元七四七年）兩《唐書》無傳，僅知曾任殿中侍御史、太府出納使，楊慎矜薦為太府少卿。㉔拷掠　鞭打。泛指刑訊。㉕答辯　按照訊問作證詞。答，對話。辯，證詞。㉖綴縫合；連結。㉗汝州　天寶元年改名臨汝，乾元初年復名汝州，治所梁縣。㉘戲水　河名，在今陝西臨潼東。㉙款服　服罪。㉚溫湯　指驪山溫泉宮，當時玄宗住於此。㉛陽　表面上；假裝。㉜丈人　對老人的通稱。㉝引服　認罪；服罪。㉞闇中暗室之中。㉟詬　罵。㊱丁酉　十一月二十五日。㊲慎餘　楊慎矜之兄楊慎餘（？—西元七四七年），歷官司農丞、太子舍人、少府少臨。㊳慎名　楊慎矜之兄楊慎名（？—西元七四七年），歷官大理評事，攝監察御史，充東都含嘉倉出納使、洛陽令。楊慎餘、楊慎名二人事跡散見《舊唐書》卷一百五、《新唐書》卷一百三十四〈楊慎矜傳〉等。㊴南賓　郡名，天寶元年忠州改名，治所在今重慶市忠縣。㊵軍功　軍事行動的功效。功，成效。㊶直道　正直、公理。㊷言與淚俱　聲淚俱下。㊸寤同「悟」。醒悟。㊹己亥　十一月二十七日。㊺漢陽　郡名，天寶元年沔州改名，治所在今湖北武漢漢陽。㊻推事院　審問罪犯之所。㊼掖庭之親　言與妃嬪有親戚關係。掖庭，宮中旁舍，妃嬪居住的地方。㊽禁闥　宮禁之門。闥，門。㊾指擿挑出缺點錯誤。指，指出；擿，揭發。㊿擠陷　排斥、陷害。(51)壬戌　十二月二十一日。(52)馮翊　郡名，天寶元年同州改名，治所在今陝西大荔。(53)華陰　郡名，天寶元年華州改名，治所在今陝西華縣。(54)直　同「值」。(55)癸亥　十二月二十二日。(56)丙寅　十二月二十五日。(57)閱　察看。(58)臺省　唐曾以尚書省為中臺，門下省為東臺，中書省為西臺。故統稱三省為臺省。(59)坐府　在官府中辦事。(60)謁　拜見。(61)將作監　官署名，將作監長官，唐初為大匠、少匠，天寶中改大匠為大監，少匠為少監。(62)滿盈　極充盈。此指李林甫所得權力已達到無以復加的境地。(63)鈞軸　喻執掌國政，指宰相之職。鈞，製陶的轉輪。軸，車軸，車以軸而轉動。(64)以德度自處　謂以道德氣度約束自己。德度，道德氣度。自處，自居；自持。(65)騶從　顯貴出行，車前車後的侍從。(66)虞　擔心。(67)金吾靜街　金吾巡徼，禁止他人上街。(68)前驅　前導。(69)重關複壁　重重門戶，層層圍牆。

(70) 以石甃地　用堅石鋪砌房屋的地面，防備仇敵由地下而入。甃，鋪砌。

【校記】①祈　據章鈺校，十二行本、乙十一行本皆作「懇」。

【語譯】玄宗聽說了哥舒翰的名聲，在華清宮召見他，跟他談話，很喜歡他。十一月十九日辛卯，任命哥舒翰判西平太守，充任隴右節度使；任命朔方節度使安思順判武威郡事，充任河西節度使。

戶部侍郎兼御史中丞楊慎矜被玄宗所厚待，李林甫漸漸嫉恨他。楊慎矜和王鉷的父親王晉是中表兄弟，小時候與王鉷親昵，王鉷進入御史臺供職，很大程度上借助楊慎矜的引薦。等到王鉷遷升為御史中丞，楊慎矜和他說話，仍然直呼其名。王鉷自恃和李林甫的關係好，心中多少有些不平。楊慎矜奪取了王鉷的職田，王鉷的母親本來出身低賤，楊慎矜曾把此事告訴別人，王鉷懷恨在心。楊慎矜還是以舊友的情意對待他，曾和他私下談論讖書。

楊慎矜和術士史敬忠相友善，史敬忠說天下即將動亂，勸楊慎矜在臨汝山中購置莊園作為避亂的地方。恰巧楊慎矜父親墳地上草木都流血，楊慎矜很厭惡，拿此事詢問史敬忠。史敬忠請求祭禱消災，就在後園設置道場，楊慎矜退朝後就赤身裸體戴著腳鐐手銬坐在當中。十天後就不流血了，楊慎矜很感激史敬忠。楊慎矜有一個叫明珠的侍婢，容貌美麗，史敬忠一再看著她。楊慎矜就把明珠送給史敬忠，車拉著她經過貴妃的姐姐柳氏的樓下。柳氏邀請史敬忠上樓，索求車中的美人，史敬忠不敢拒絕。次日，柳氏入宮，讓明珠跟隨自己。玄宗看見後感到很驚異，問她是從哪裡來的，明珠便把自己的情況全部如實相告。玄宗因為楊慎矜和術士興作妖術，很厭惡他，強忍怒氣，沒有發洩。

楊釗把此事告訴了王鉷，王鉷心裡很高興，藉機侮辱怠慢楊慎矜，楊慎矜很生氣。李林甫知道王鉷和楊慎矜有了隔閡，暗中誘使王鉷謀害楊慎矜。王鉷便派人散布流言控告楊慎矜是隋煬帝的孫子，與惡人來往，家裡有讖書，圖謀恢復祖業。玄宗大怒，逮捕楊慎矜，囚禁獄中，命令刑部、大理寺和侍御史楊釗、殿中侍御史盧鉉一起審問楊慎矜。太府少卿張瑄，是楊慎矜所推薦的，盧鉉誣蔑張瑄曾與楊慎矜談論讖書，百般拷打，張瑄就是不肯承認。於是就用木頭綁在他的腳上，讓人牽引他的枷鎖，向前拉，身體被拉長了好幾尺，腰細得快要斷了，眼鼻流血，張瑄竟然不回答。

又派吉溫在汝州逮捕史敬忠。史敬忠與吉溫的父親一向關係很好，吉溫小的時候，史敬忠經常抱著撫愛他。等到捕獲後，吉溫不跟他交談，鎖住他的脖子，用布蒙起腦袋，在馬前趕著走。到了戲水，吉溫派官吏誘騙他說：「楊慎矜已經認罪，只需你的一個證詞。如果善解人意就可以活命，不然必死無疑。到了前面溫泉宮，就是想要自首也辦不到了。」史敬忠回頭對吉溫說：「七郎，我要一張紙。」吉溫假裝不理他。離溫泉宮還有十幾里時，史敬忠乞求悲切，才在桑樹下叫他答辯三張紙，證詞全都符合吉溫的意思。吉溫慢慢地對他說：「老伯暫且不要責怪。」於是站起身來拜謝。

到了會昌，開始審問楊慎矜，以史敬忠的答詞為證據。楊慎矜全都認罪，只是沒有搜查到讖書。李林甫感到有些危險，就派盧鉉去長安搜查楊慎矜的家，盧鉉把讖書藏在袖子裡，走到黑暗的地方，罵著走出來說：「逆賊把祕籍深藏了起來。」到了會昌，拿給楊慎矜看。楊慎矜哀歎說：「我不收藏讖書，這書怎麼會在我家啊！我該死罷了。」十一月二十五日丁酉，玄宗賜楊慎矜和他的哥哥少府少監楊慎餘、洛陽令楊慎名自殺，史敬忠打一百杖，妻子兒女都被流放到嶺南，張瑄打六十杖，流放臨封，死在會昌。嗣虢王李巨雖然沒有參與謀劃，坐罪與史敬忠相識，解除官職，安置在南賓，其餘連坐的有幾十個人。楊慎名聽到玄宗敕令，神色不變，寫信告別姐姐，楊慎餘合掌指天自縊。

三司審問王忠嗣，玄宗說：「我的兒子深居宮中，怎麼能與外人勾通合謀，這一定是虛假的。只審問王忠嗣破壞軍隊建功的罪過。」哥舒翰入朝時，有人勸他多攜帶金銀布帛來援救王忠嗣。哥舒翰說：「如果正道還在，王公一定不會冤死。如果正道將要喪失，賄賂再多又有什麼用！」於是只帶了一件行李包裹就起程了。三司上奏王忠嗣罪該處死。哥舒翰剛得到玄宗的賞識，極力申訴王忠嗣的冤枉，而且請求用自己的官職爵位來給王忠嗣贖罪。玄宗起身，走入宮中，哥舒翰磕頭跟隨玄宗，聲淚俱下。玄宗感悟，十一月二十七日己亥，把王忠嗣貶為漢陽太守。

李林甫一再製造重大刑獄，在長安另設推事院。因楊釗與後宮有親戚關係，可出入宮禁，所言玄宗大多聽從，於是就拉攏他作為幫手，提升為御史。事情只要稍有涉及太子，都找碴揭發，讓楊釗奏請彈劾，交給羅希奭、吉溫審問。楊釗因此得以滿足他的私欲，所排擠陷害誅殺滅族的有好幾百家，都是楊釗告發的。幸虧太子仁愛孝順，謹慎沉靜，張垍、高力士又常常在玄宗面前加以保護，所以李林甫始終不能離間。

十二月二十一日壬戌，徵調馮翊郡、華陰郡的民工修建會昌城，設置百官，王公各自修建宅第，土地一畝價值千金。○二十二日癸亥，玄宗回宮。○二十五日丙寅，命令百官在尚書省察看今年全國貢獻的物品，不久全部用車子裝載，賞賜給李林甫家。玄宗有時不上朝理事，百官全都聚集李林甫家中，各臺省空無一人。陳希烈雖然坐在府裡辦公，但沒有一個進去拜見的。

李林甫的兒子李岫做將作監，因為家中權勢太盛深為恐懼。他曾跟隨李林甫遊賞後花園，指著服役的民工對李林甫說：「大人您久處樞機，冤家仇人滿天下，一旦來了禍患，想要做一個服役民工辦得到嗎！」李林甫不高興地說：「大勢已經如此，又該怎麼辦呢！」

此前，宰相都以道德氣度自居，不利用權勢，車馬前後的侍從不過幾個人，士人百姓有時也不迴避。李林甫自以為結怨太多，經常擔心有刺客，出外時就有步兵騎兵一百多人分為左右兩翼，金吾巡徼，肅清街上行人，前導衛隊走在幾百步以外，公卿都快步迴避。居家時則門戶重重，牆壁層層，以石鋪地，牆中夾置木板，如防大敵，一晚上要幾次轉移床鋪，即使是家裡人也不知道他的住處。宰相出行侍從眾多，是從李林甫開始的。

初，將軍高仙芝❶，本高麗人，從軍安西。仙芝驍勇❷，善騎射，節度使夫蒙靈詧屢薦至安西副都護、都知兵馬使，充四鎮節度副使。

吐蕃以女妻小勃律王❸，及其旁二十餘國，皆附吐蕃，貢獻不入。前後節度使討之，皆不能克。制以仙芝為行營節度使❹，將萬騎討之。自安西行百餘日，乃至特勒滿川，分軍為三道❺，期以七月十三日會吐蕃連雲堡❻下。有兵近萬人，不意唐兵猝至❼，大驚，依山拒戰，礮櫑❽如雨。仙芝以郎將高陵李嗣業❾為陌刀將❿，令之曰：「不及日中，決須破虜。」嗣業執一旗，引陌刀緣險先登力戰，自辰⓫至巳⓬，大破之，斬首五千級，捕虜千餘人，餘皆逃潰。

中使⓭邊令誠⓮以入虜境已深，懼不敢進。仙芝乃使令誠以羸弱⓯三千守其城，復進。三日，至坦駒嶺⓰，下峻阪⓱四十餘里，前有阿弩越城。仙芝恐士卒憚險不肯下，先令人胡服詐為阿弩越城守者迎降，云：「阿弩越赤心歸唐，娑夷水⓲藤橋已斫斷⓳矣。」娑夷水，即弱水⓴也，其水不能勝草芥。藤橋者，通吐蕃之路也。仙芝陽喜，士卒乃下。又三日，阿弩越城迎者果至。

明日，仙芝入阿弩越城，遣將軍席元慶將千騎前行，謂曰：「小勃律聞大軍至，其君臣百姓必走山谷，第㉑呼出，取繒帛㉒稱敕賜之。大臣至，盡縛之以待我。」元慶如其言，悉縛諸大臣。王及吐蕃公主逃入石窟，取不可得。仙芝至，斬其附吐蕃者大臣數人。○藤橋去城猶六十里，仙芝急遣元慶往斫之。甫畢㉓，吐蕃兵大至，已無及矣。藤橋闊盡一矢，力修之，期年㉔乃成。八月，仙芝虜小勃律王及吐蕃公主而還。九月，至連雲堡，與邊令誠俱。月末，至播密川，遣使奏狀㉕。○至河西㉖，夫蒙靈詧怒仙芝不先言己而遽㉗發奏，一不迎勞，罵仙芝曰：「噉狗糞高麗奴㉘！汝官皆因誰得，而不待我處分㉙，擅奏捷書！高麗奴，汝罪當斬，但以汝新有功不忍耳。」仙芝但謝罪。邊令誠奏仙芝深入萬里，立奇功，今日夕憂死。

【章旨】以上為第十五段，寫高仙芝大破吐蕃。

【注釋】❶高仙芝 （？—西元七五五年）高麗族人，開元末任安西副都護、都知兵馬使。天寶六載（西元七四七年）遠征小勃律，使拂林、大食等西域諸國震懾。天寶十載於怛邏斯城敗於大食。官至右羽林大將軍，封密雲郡公。傳見《舊唐書》卷一百四、《新唐書》卷一百二十五。❷驍勇 矯健勇猛。❸小勃律王 指小勃律國王蘇失利之。❹行營節度使 使職名，統帥出征軍的差遣長官。❺分軍為三道 據《舊唐書．高仙芝傳》，三道為：疏勒守捉使趙崇玭統三千騎兵，自北谷入；撥換守捉使賈崇瓘自赤佛堂路入；高仙芝與監軍邊令誠自護密國入。❻連雲堡 古城堡名，故址在今甘肅涇川縣西。❼猝至 突然到來。❽礮櫑 指炮石、櫑木。礮，古代以機發石的戰具。櫑，櫑木，長五尺、徑一尺，小至六七寸。❾李嗣業 （？—西元七五九年）京兆高陵（今陝西高陵）人，曾任右威衛將軍、左金吾大將軍、衛尉卿，封虢國公。後戰死於相州。傳見《舊唐書》卷一百九、《新唐書》卷一百三十八。❿陌刀將 統率陌刀隊的將領。陌刀，長刀，步兵所用武器。⓫辰 十二時辰之一。相當於上午七時至九時。⓬巳 十二時辰之一。相當於上午九時至十一時。⓭中使 帝王宮中派出的使者，多由宦官充任。⓮邊令誠 玄宗信任的宦官，曾任監軍、監門將軍等職，奏斬名將高仙芝、封常清。後因投降安祿山，為肅宗所殺。⓯羸弱 瘦弱。⓰坦駒嶺 在今克什米爾北端。⓱峻阪 陡坡。⓲娑夷水 據中華地圖學出版社《中國歷史地圖集》第五冊，娑夷水即今印度河的上源。⑲斫斷 砍斷。⑳弱水 言其水弱，不勝草芥。凡是由於水淺不通舟楫，或只用皮筏交通的，古人往往認為水弱，因稱弱水。輾轉傳聞，便有力不勝草芥之說。㉑第 但；只管。㉒繒帛 絲織品的總稱。㉓甫畢 剛剛完成。㉔期年 一年。㉕奏狀 奏捷狀於京師。㉖河西 為「安西」之訛。據岑仲勉《通鑑隋唐紀比事質疑》。㉗遽 急忙；急速。㉘噉狗糞高麗奴 罵高仙芝是吃狗糞的高麗奴才。噉，吃。㉙處分 指揮；處置。

【語譯】當初，將軍高仙芝，本是高麗人，從軍到安西。高仙芝矯健勇猛，善於騎馬射箭，節度使夫蒙靈詧一再推薦，官至安西副都護、都知兵馬使，充任四鎮節度副使。

吐蕃把女兒嫁給小勃律王，小勃律和它旁邊的二十幾個小國，都歸附吐蕃，不向唐朝貢納。前後節度使討伐他們，都不能取勝。玄宗命令高仙芝為行營節度使，統率一萬騎兵去討伐。從安西行軍一百多天，才到達特勒滿川，把部隊分為三路，約定七月十三日在吐蕃連雲堡下會合。連雲堡有士兵近萬人，沒有料到唐軍突然到達，大為驚慌，依傍山險來抵抗作戰，炮石檑木如雨。高仙芝用郎將高陵人李嗣業為陌刀將，命令他說：「不到中午，必須打敗敵人。」李嗣業手拿一面旗幟，率領陌刀兵從險要的地方先爬上去，奮力作戰，從辰時到巳時，大敗敵人，斬首五千級，俘虜敵軍一千多人，其餘的都潰逃了。

宮中派來的監軍使者邊令誠認為已經深入敵境，心裡懼怕，不敢前進。高仙芝就讓邊令誠帶領瘦弱士兵三千人守衛連雲堡，他又繼續進軍。三天後，到達坦駒嶺，下行陡峭山路四十多里，前面有阿弩越城。高仙芝擔心士卒懼怕危險不肯下山，就先派人穿著胡服假裝成阿弩越城的守軍來迎降，說：「阿弩越忠心歸順唐朝，娑夷水上的藤橋已經砍斷了。」娑夷水，就是弱水，它的水連草芥都不能浮起來。藤橋，是通往吐蕃的道路。高仙芝假裝很高興，士兵們才下了山。又過了三天，阿弩越城迎接的人果然到了。

第二天，高仙芝進入阿弩越城，派遣將軍席元慶率領一千名騎兵在前面行進，對他說：「小勃律聽說大軍到了，它的君臣百姓必然跑往山谷，只管把他們喊出來，拿出繒帛說是皇上賞賜他們的。等那些大臣到了，把他們全部捆綁起來等候我。」席元慶照他的吩咐做了，把各位大臣全都捆綁起來。國王和吐蕃公主逃進石洞，抓不到他們。高仙芝到達後，殺了幾個歸附吐蕃的大臣。○藤橋離城還有六十里，高仙芝急忙派席元慶前去砍斷它。剛砍斷，大量的吐蕃士兵就到了，但是已經來不及了。藤橋有一箭寬，竭力修建，滿一年才能完成。

八月，高仙芝俘虜小勃律王和吐蕃公主後返回。九月，到達連雲堡，與邊令誠會合。月底，到達播密川，派遣使者向朝廷上奏捷報。〇到達河西，夫蒙靈詧對高仙芝不先向他說，就急忙奏報很生氣，沒有任何迎接和慰勞，他罵高仙芝說：「你這個吃狗糞的高麗奴才！你的官職都是靠誰得到的，你不等我來處理，就擅自上奏捷書！高麗奴才，你罪當斬首，只是因為你剛剛有功勞，不忍心殺你罷了。」高仙芝只好謝罪。邊令誠上奏說高仙芝深入敵境萬里，建立奇功，現在早晚為死罪擔憂。

【研 析】開元時期，唐玄宗納諫用賢，日與士君子交接，勵精圖治，創造了開元盛世，史稱明皇，是可以上比唐太宗的一位明主。天寶時期，唐玄宗煉丹求長生，醉心於祥瑞，因人造寶符而改元「天寶」，拒諫用佞，日與奸邪小人交接而耳聾目矇，成為一個昏主。本卷集中研析，進入天寶，開元盛世是怎樣由盛轉衰，朝政腐敗，國事日非的。

君明臣賢是清平盛世的政治基礎，反之君暗臣奸則政治昏暗。本卷所載，唐玄宗器重的大臣，李林甫險詐，楊慎矜斂財，安祿山驕狂，楊國忠無行，還有一個多才善奉承的楊貴妃，他們全都在天寶初登上政治舞臺，唐玄宗在這一群人的包圍下陶醉其間。這時政治，君王怠政於上，奸臣為惡於下，於是開元的盛世風采日益衰微。不過整體社會仍是一片太平景象，人口繼續增長，政治腐敗集中在上層，突出的表現是朝政腐敗，用四個字概括，就是「君暗臣奸」。

君王昏暗是朝政腐敗的第一主因。由開元步入天寶，唐玄宗的驕侈心膨脹，怠於政事而成昏主。當時唐朝強大，四境平靜，而唐玄宗沒有鞏固張說裁減邊兵的成果，反而擴充武備，欲用強力以威四夷，沿邊置十節度使，國家常備邊兵五十萬，不僅加重了人民的負擔，而且輕啟邊釁，發動與吐蕃的戰爭，唐軍先勝後敗，有損國威。安祿山濫殺奚人、契丹人，製造邊釁自重其身，不斷邀功請賞，欺矇唐玄宗暗中圖謀不軌，唐玄宗不察、不覺、不信，養虎為患。其昏者一。唐玄宗煉丹求長生，迷信神仙，歌舞昇平，人造符瑞，改元「天寶」，沉醉不醒。其昏者二。唐玄宗遠賢人，親小人。任用楊慎矜斂財，韋堅課稅，民怨沸騰。李林甫領吏部選舉凌遲，有交白卷的魁首。如此奸相，唐玄宗一度要交權李林甫，差點重演燕王噲讓位子之的鬧劇。其昏者三。唐玄宗亂倫霸佔兒媳，專寵楊貴妃，從此君王不早朝。楊貴妃堂兄楊國忠，無行無德，為鄉里所不齒，因貴妃專寵而騰達，唐玄宗委以國政，大唐政權落入無賴之手，潛伏的禍亂不可避免。其昏者四。唐玄宗的這些昏聵之舉，以寵愛楊貴妃，縱欲怠政是最大的昏亂行為。為禍唐室，葬送開元盛世最大的兩個奸人，則是楊國忠與安祿山，均與楊貴妃直接關聯。楊國忠，貴妃之兄。安祿山，貴妃義子。如果說唐高宗奪父之妾帶來武則天登臺，唐祚一度中斷；那麼唐玄宗霸佔兒媳而有安史之亂，生民遭塗炭。春秋時楚平王搶奪兒媳招來鞭屍三百的報復，楚國差點滅亡。女寵亂政，這是舊史家的觀點，把禍國殃民的罪責推給女人，顛倒了主次，當然不對，但不能全盤否定。君王昏聵，不愛江山愛美人，對歷史負責的首要人物是昏君，所以本卷研析，天寶朝政腐敗，第一個應被譴責的人就是唐玄宗李隆基。

天寶前期朝政腐敗的第二個主因是奸相李林甫執政。李林甫「口蜜腹劍」，他敢在唐玄宗身邊安插耳目，瞭解皇上的一舉一動。兵部侍郎盧絢儀態端莊，動靜有節，一派大臣風度，唐玄宗有好感。絳州刺史嚴挺之有好名聲，傳到了唐玄宗的耳裡。李林甫打探到了這些消息，害怕唐玄宗重用兩人，於是用甜言蜜語拉攏盧絢和嚴挺之，替兩人的前途策劃，結果是兩人鑽入了他的圈套被唐玄宗棄置。凡有才望能力高於自己的人，李林甫就巧設陷阱，把他們擠出權力核心。為了更有效地掌控朝政，李林甫又引用酷吏為爪牙。武則天時酷吏吉頊的姪兒吉溫，還有一個杭州人羅希奭，兩人生性嚴厲刻薄，見風轉舵，有奶便是娘。李林甫引薦為殿中侍御史，兩個感戴李林甫的提拔，賣身投靠為爪牙。吉溫經常說：「如果遇到知己，就是南山白額虎也要抓起來。」凡是李林甫所要加罪的人，兩人羅織罪狀，嚴刑逼供，沒有人能夠逃脫。當時的人稱這兩人為「羅鉗吉網」。李林甫的狡詐與狠毒，兩手抓，兩手硬，震懾朝野，一手遮天，竟然得以善終，未被中途罷相，在有唐一代，也是罕見的。李林甫的得志，反襯唐玄宗的昏聵。一個唐玄宗，開元時為明皇，天寶時為昏主，判若兩人。

天寶初，社會承平，仍是一番太平景象。人口增殖，生產發展。政治腐敗集中在上層。唐玄宗原本是紈袴子弟，英年有為靠的是政變奪權，他不知稼穡之艱難，不懂創業之困苦，經歷不能與唐太宗相比。長期執政，驕矜自滿，一旦意沮，一頭栽倒石榴裙下，遂至國事不可為。

卷第二百十六

唐紀三十二

起彊圉大淵獻（丁亥　西元七四七年）十二月，盡昭陽大荒落（癸巳　西元七五三年），凡六年有奇。

【題　解】本卷記事起西元七四七年十二月，迄西元七五三年，凡六年又一個月。當唐玄宗天寶六載十二月，到天寶十二載。天寶後期，唐朝社會承繼盛世慣性，仍呈現昇平發展的表象，而上層政治在急速惡化。唐玄宗整日沉湎在深宮逸樂，更加迷信神仙求長生，只聽奉承話，不聽逆耳之言，對國家大事毫不知情。安祿山黠猾奉迎，完全蒙蔽了唐玄宗的視聽。楊慎矜聚斂，府庫充盈，唐玄宗盡情揮霍，不知民眾艱難。府兵制敗壞，募兵制也積弊叢生，勁兵置於沿邊，中原空虛，武備廢弛，中央與地方，尾大不掉，國家已處於動亂邊緣，而唐玄宗渾然不覺，還在做虛幻的強國之夢，喜聽沿邊勝利消息。邊將用詐術濫殺周邊民族百姓冒功，四周緊張。唐軍征南詔、討西域、襲契丹，全線敗沒。李林甫未去，又來了一個楊國忠爭權傾軋，政治一團混亂。李林甫死後，楊國忠主政，身兼四十餘職，貪賄瀆職，甚於李林甫。楊國忠濫授職官，收買人心，吏治大壞。楊國忠交惡安祿山，唯恐祿山不反，加速了動亂的來臨。

玄宗至道大聖大明孝皇帝下之上

天寶六載（丁亥　西元七四七年）

十二月己巳❶，上以仙芝為安西四鎮節度使，徵靈詧入朝，靈詧大懼。仙芝見靈詧，趨走❷如故，靈詧益懼。副都護❸京兆程千里❹、押牙❺畢思琛及行官❻王滔等，皆平日構❼仙芝於靈詧者也。仙芝面責千里、思琛曰：「公面如男子，心如婦人❽，何也？」又捽❾滔等，欲笞之，既而皆釋之，謂曰：「吾素所恨於汝者，欲不言，恐汝懷憂❿，今既言之，則無事矣。」軍中乃安。

初，仙芝為都知兵馬使⓫，猗氏人封常清⓬少孤貧，細瘦纇目⓭，一足偏短，求為仙芝傔⓮，不納。常清日候仙芝出入，不離其門，凡數十日，仙芝不得已留之。會達奚部叛走[1]，夫蒙靈詧使仙芝追之，斬獲略盡。常清私作捷書⓯以示仙芝，皆仙芝心所欲言者，由是一府奇之。仙芝為節度使，即署常清判官⓰，仙芝出征，常為留後⓱。仙芝乳母子鄭德詮為郎將⓲，仙芝遇之如兄弟，使典家事⓳，威行軍中。常清嘗出，德詮自後走馬[2]突之而過⓴。常清至使院㉑，使召德詮，每過一門，輒闔㉒之。既至，常清離席謂曰：「常清本出寒微，郎將所知。今日中丞㉓命為留後，郎將何得於眾中相陵突㉔！」因叱之曰：「郎將須蹔㉕死以肅軍政。」遂杖之六十，面仆地，曳出。仙芝妻及乳母於門外號哭救之，不及，因以狀㉖白仙芝。仙芝覽之，驚曰：「已死邪？」及見常清，遂不復言，常清亦不之謝，軍中畏之惕息㉗。

【章旨】以上為第一段，寫封常清敢於懲治節度使的傲慢家奴，膽識不凡。

【注釋】❶己巳　十二月二十八日。❷趨走　疾走；小步快走。表示恭敬。❸副都護　官名，都護府的副長官，佐都護管理府內軍政事務。❹程千里　（？—西元七五七年）武將，官至禮部尚書。傳見《舊唐書》卷一百八十七下、《新唐書》卷一百九十三。❺押牙　節度使的武職幕僚，其主官為都押牙，掌衙內警衛。❻行官　節度使的幕僚，職責是受命往來京師和鄰道及巡行管內郡縣。❼構　構陷。把某些事情牽合在一起作為罪狀陷害別人。❽心如婦人　內心像個婦人。指高仙芝不深究報復程千里等人，欲大事化小，故意調侃說心如女人，愛播弄是非。❾捽　揪住。❿懷憂　心懷憂慮；提心吊膽。⓫都知兵馬使　節度使府或兵馬元帥府的幕職有前、中、後軍兵馬使，都知兵馬使則總掌諸兵馬使。⓬封常清　（？—西元七五五年）蒲州猗氏（今山西臨猗）人，傔從出身，官至安西四鎮節度使、權知北庭都護。後與安史亂軍交戰，兵敗，被宦官邊令誠進讒言賜死。傳見《舊唐書》卷一百四、《新唐書》卷一百三十五。⓭細瘦纇目　身材瘦小，眼睛有毛病。纇，缺點。⓮傔　即傔人、傔從，低級侍從。⓯捷書　軍事捷報。⓰判官　官名，節度使屬官，位次節度副使，總管府事。⓱留後　官名。節度使出征、入朝，或死後未有代者，皆有知留後事，其後遂以節度留後為稱。⓲郎將　武散官名，唐武散官有懷化郎將和歸德郎將，不詳鄭德詮是何郎將。⓳典家事　典，主掌。家事，指節度使家庭事務。⓴突之而過　指鄭德詮自後衝開封常清的侍從隊伍疾馳向前。突，急速向前。㉑使院　節度使使府庭院，為治事之處。㉒闔　關閉。封常清在節度使府辦公大廳宣召鄭德詮，廳連節度使府宅院，鄭德詮到前廳，關閉宅院之門，隔斷高仙芝妻及鄭德詮之母呼救鄭德詮，以便懲處。㉓中丞　即御史中丞，為高仙芝任安西四鎮節度使時所帶朝官職。唐外官帶職，有憲銜，有檢校。以帶職稱呼，有尊崇之意。㉔陵突　以衝撞表示陵侮。陵，侵侮。㉕蹔　同「暫」。暫且；暫時。㉖狀　文體的一種，向上級陳述事實的文書。此為訴狀。㉗惕息　指戒懼不敢喘息，形容恐懼之極。惕，戒懼。息，喘息。

【校記】①走　原無此字。據章鈺校，十二行本、乙十一行本皆有此字，今據補。②自後走馬　據章鈺校，此四字十二行本、乙十一行本皆作「走馬自後」。

【語　譯】玄宗至道大聖大明孝皇帝下之上

天寶六載（丁亥　西元七四七年）

十二月二十八日己巳，玄宗任命高仙芝為安西四鎮節度使，徵召夫蒙靈詧入朝，靈詧非常害怕。高仙芝見到夫蒙靈詧，像以前一樣快步行走，靈詧更加害怕了。副都護京兆人程千里、押牙畢思琛和行官王滔等人，都是平日在夫蒙靈詧面前陷害高仙芝的人。高仙芝當面斥責程千里、畢思琛說：「你們的面貌像個男子漢，內心卻像個婦人，這是什麼原因？」又揪住王滔等人，想要鞭打他們，隨後又放了他們，對他們說：「我平素痛恨你們的原因，想不說，怕你們心懷憂懼，今天既然說出來了，就沒有事了。」軍中的情緒便安定了。

當初，高仙芝做都知兵馬使，猗氏人封常清小時候孤苦貧窮，身材瘦小，眼睛有毛病，一隻腳偏短，要求做高仙芝的侍從，高仙芝不收他。封常清每天等候高仙芝進進出出，不離開他家門口，一共有幾十天，高仙芝不得已收留了他。正遇上達奚部叛逃，夫蒙靈詧派高仙芝追擊他們，幾乎把他們都斬殺或俘虜了。封常清私自寫了報捷的文書拿給高仙芝看，都是高仙芝心裡想要說的話，因此全府中的人對封常清很驚奇。高仙芝做了節度使，立即讓封常清代理判官；高仙芝外出征戰，封常清經常做留後。高仙芝奶媽的兒子鄭德詮任郎將，高仙芝待他如同兄弟，讓他主管家中事務，在軍中很有威望。封常清曾經外出，鄭德詮騎馬從他身後急速跑過。封常清到節度使辦公大院，派人叫來鄭德詮，每經過一道門，就把門關上。已經到達後，封常清離開座席，對他說：「我封常清本來出身寒微，這是郎將所知道的，今天中丞命令我做留後，郎將怎麼能在大眾面前欺陵冒犯我！」就大聲責罵他說：「必須暫且處死你來嚴肅軍紀。」於是打他六十大棍，面部朝地，拉了出去。高仙芝的妻子和奶媽在門外號啕大哭要救他，已經來不及，就把情況寫成狀子告訴高仙芝。高仙芝看了，大驚道：「已經死了嗎？」等見到封常清，又不再提起此事，封常清也不對這件事表示謝罪，軍中對封常清怕得不敢出氣。

自唐興以來，邊帥皆用忠厚名臣，不久任，不遙領❶，不兼統，功名著者往往入為宰相。其四夷之將，雖才略如阿史那社爾❷、契苾何力❸，猶不專大將之任，皆以大臣為使以制之❹。及開元中，天子有吞四夷之志，為邊將者十餘年不易❺，始久任矣；皇子則慶、忠諸王，宰相則蕭嵩、牛仙客，始遙領矣❻；蓋嘉運、王忠嗣專制數道，始兼統矣❼。李林甫欲杜邊帥入相之路，以胡人不知書，乃奏言：「文臣為將，怯當矢石❽，不若用寒畯❾胡人。胡人則勇決習戰，寒族❿則孤立無黨⓫，陛下誠以恩洽⓬其心，彼必能為朝廷盡死⓭。」上悅其言，始用安祿山。至是，諸道節度使[1]盡用胡人⓮，精兵咸戍北邊⓯，天下之勢偏重，卒使祿山傾覆⓰天下，皆出於林甫專寵固位⓱之謀也。

【章旨】以上為第二段，寫李林甫迎合唐玄宗驕侈心，多引胡人為邊將，固位誤國。

【注釋】❶遙領　擔任職官而不親自赴任。❷阿史那社爾　（？—西元六五五年）突厥處羅可汗之子，以智勇著名。武德九年（西元六二六年）率眾內附，官至右衛大將軍，封畢國公。傳見《舊唐書》卷一百九、《新唐書》卷一百十。❸契苾何力　（？—西元六七七年）鐵勒人，其先為鐵勒一部落酋長。貞觀六年（西元六三二年）率眾內附，官至左衛大將軍，封涼國公。傳見《舊唐書》卷一百九、《新唐書》卷一百十。❹皆以大臣為使以制之　阿史那社爾討高麗，以侯君集為元帥；契苾何力討高麗，以李勣為元帥。❺為邊將者十餘年不易　開元時邊將久任情況，如王晙，開元三年（西元七一五年）至二十年間在朔方任節度使等職。❻皇子則慶忠諸王三句　慶王琮（玄宗長子）開元四年遙領安西大都護，安撫河東、關內、隴右諸蕃落大使；開元十五年遙領涼州都督，兼河西諸軍節度大使。忠王亨（即肅宗）五歲拜安西大都護、河西四鎮諸蕃落大使；開元十五年遙領朔方大使、單于大都護；開元十八年，奚、契丹入侵，以忠王為河北道元帥，遙領八總管兵以討之。蕭嵩以兵部尚書、同中書門下平章事遙領河西節度使。牛仙客開元二十四年拜工部尚書、同中書門下三品，遙領朔方節度使。❼蓋嘉運王忠嗣專制數道二句　蓋嘉運以破突厥有功，開元二十八年兼領河西、隴右二節度使，經略吐蕃；王忠嗣以數有邊功，天寶五載（西元七四六年）任河西、隴右節度使，兼知朔方、河東節度事，「杖四節，控制萬里，天下勁兵重鎮，皆在掌握」。參見本書卷二百十五玄宗天寶五載。❽怯當矢石　害怕去抵擋箭矢、炮石。指不敢親臨戰場作戰。❾寒畯　同「寒俊」。出身寒微而才能傑出之人。❿寒族　門第寒微的家族。⓫黨　朋黨。⓬洽　和諧；融洽。⓭盡死　盡忠效死。⓮諸道節度使盡用胡人　邊鎮用胡人，至天寶六載，有安祿山（營州雜胡）為平盧、范陽二道節度使；安思順（營州胡人）為朔方節度副使；哥舒翰（突厥人）為隴右節度使；高仙芝（高麗人）為安西四鎮節度使。但云「盡用胡人」，似有誇張。⓯精兵咸戍北邊　據本書卷二百十五天寶元年，時天下鎮兵四十九萬人，戍北邊（安西、北庭、河西、朔方、河東、范陽、平盧、隴右八鎮）兵員佔四十四萬餘人。⓰傾覆　顛覆。⓱專寵固位　獨佔皇帝恩寵，穩固自己的地位。

【校　記】[1]節度使　原無「使」字。據章鈺校，十二行本、乙十一行本皆有「使」字，張敦仁《通鑑刊本識誤》同，今據補。

【語　譯】自從唐朝建國以來，邊塞的將帥都任用忠厚名臣，不長期任職，不任職而不赴任，不兼統他鎮，功名顯著的往往入朝做宰相。那些四周夷人將領，即使才幹謀略像阿史那社爾、契苾何力，也不能獨任大將的職務，都用大臣為元帥來制約他們。等到開元年間，天子有吞併四周夷人的想法，擔任邊將的人十幾年不調換，才開始長期任職。皇子則有慶王、忠王諸王，宰相則有蕭嵩、牛仙客，才開始身為將帥而不赴任；蓋嘉運、王忠嗣專權統轄數道，才開始兼統他鎮。李林甫想杜絕邊帥入朝為相的途徑，認為胡人不知道讀書學習，就上奏說：「文臣做將軍，害怕抵擋敵人的弓箭炮石，不如任用貧寒有才的胡人。胡人則勇敢果決善於作戰，出身寒族則孤立沒有朋黨，陛下真誠地用恩德去融合他們的心靈，他們就一定會替朝廷盡忠獻身。」玄宗很喜歡這番話，開始任用安祿山。到這個時候，各道的節度使全部任用胡人，精兵全部戍守北方邊境，天下大勢，偏重北方，終於使安祿山顛覆天下，這都是源自李林甫想獨享恩寵穩固相位的陰謀。

七載（戊子　西元七四八年）

夏，四月辛丑❶，左監門大將軍❷、知內侍省❸事高力士加驃騎大將軍❹。力士承恩❺歲久，中外畏之，太子亦呼之為兄，諸王公呼之為翁❻，駙馬輩直❼謂之爺❽，自李林甫、安祿山輩皆因之以取將相，其家富厚不貲❾。於西京作寶壽寺❿，寺鐘成，力士作齋⓫以慶之，舉朝畢集。擊鐘一杵⓬，施錢百緡，有求媚者至二十杵，少者不減十杵。然性和謹⓭少過，善觀時俯仰⓮，不敢驕橫，故天子終親任之，士大夫亦不疾惡也。

五月壬午⓯，羣臣上尊號曰開元天寶聖文神武應道皇帝⓰，赦天下，免百姓來載租庸，擇後魏子孫一人為三恪⓱。

六月庚子⓲，賜安祿山鐵券⓳。

度支郎中兼侍御史楊釗善窺上意所愛惡而迎之，以聚斂⓴驟㉑遷，歲中領十五餘使㉒。甲辰㉓，遷給事中，兼御史中丞，專判度支事㉔，恩幸㉕日隆。

蘇冕論曰㉖：「設官分職，各有司存㉗。政有恆而易守㉘，事歸本而難失㉙。經遠之理，捨此奚據㉚！洎姦臣廣言利以邀恩，多立使以示寵㉛，刻下民以厚斂，張虛數以獻狀㉜，上心蕩而益奢，人望怨而成禍㉝，使天子有司守其位而無其事，受厚祿而虛其用㉞。宇文融首唱其端㉟，楊慎矜、王鉷繼遵其軌㊱，楊國忠終成其亂。仲尼㊲云：『寧有盜臣而無聚斂之臣㊳。』誠哉是言！前車既覆，後轍未改㊴，求達化本㊵，不亦難乎！」

冬，十月庚戌㊶，上幸華清宮。

十一月癸未㊷，以貴妃姊適崔氏者為韓國夫人㊸，適裴氏者為虢國夫人，適柳氏者為秦國夫人。三人皆有才色，上呼之為姨㊹，出入宮掖㊺，並承恩澤，勢傾天下。每命婦㊻入見，玉真公主㊼等皆讓不敢就位。三姊與銛、錡㊽五家，凡有請託㊾，府縣承迎㊿，峻(51)於制敕。四方賂遺(52)，輻湊其門(53)，惟恐居後，朝夕如市。十宅(54)諸王及百孫院(55)昏嫁，皆先[1]以錢千緡賂韓、虢使請，無不如志。上所賜與及四方獻遺(56)，五家如一。競開第舍，極其壯麗，一堂之費，動踰千萬。既成，見它人有勝己者，輒毀而改為。虢國尤為豪蕩(57)，一旦，帥工徒突入韋嗣立(58)宅，即撤去舊屋，自為新第，但授韋氏以隙地(59)十畝而已。中堂既成，召工圬墁(60)，約錢二百萬。復求賞技，虢國以絳羅(61)五百段賞之。嗤(62)而不顧，曰：「請取螻蟻(63)、蜥蜴(64)，記其數置堂中，苟失一物，不敢受直。」

十二月戊戌(65)，或言玄元皇帝降於朝元閣(66)。制改會昌縣曰昭應，廢新豐入昭應。辛酉(67)，上還宮。

哥舒翰築神威軍(68)於青海上，吐蕃至，翰擊破之。又築城於青海中龍駒島(69)，謂之應龍城，吐蕃屏跡(70)不敢近青海。

是歲，雲南王歸義卒，子閤羅鳳(71)嗣，以其子鳳迦異(72)為陽瓜州(73)刺史。

【章旨】以上為第三段，寫宦官高力士專寵，楊國忠滿門貴盛，炙手可熱。

【注釋】❶辛丑　四月初二日。❷左監門大將軍　武官名，左監衛長官，掌宮門禁衛，查核進入宮門人員名帖、物件。❸知內侍省　唐代官銜前有「知」、「判知」或「知……事」，表示執掌此官職事而非正命。內侍省，宦官官署名，設內侍（四人）、內常侍（六人）轄五局官屬，執掌侍奉皇帝，出入宮掖，宣傳詔令。知內侍省事始於此。❹驃騎大將軍　武散官名，為武散官二十九階之首，從一品。❺承恩　蒙受皇帝恩澤。❻翁　對年長者的尊敬稱呼。❼直　副詞。逕直；直接。❽爺　俗呼父為爺。❾富厚不貲　意為財富多得不可計算。貲，計算；估量。❿寶壽寺　高力士在長安來庭坊（在朱雀門街東第三街翊善坊與永興坊之間）所造的佛寺。⓫齋　古人祭祀前沐浴更衣、不飲酒、不吃葷，以表示誠敬，叫齋戒。後道教有所謂齋醮，為一種供齋祭神的宗教儀式。佛教儀式中不見有齋或醮之稱，而受戒乃是接受戒條的儀式，與高力士建寺「作齋以慶」不合。故此所謂齋，似借用道教「齋醮」的用語。⓬杵　棒槌。⓭和謹　和順而謹慎。⓮覩時俯仰　見機行事，順風使舵。⓯壬午　五月十三日。⓰開元天寶聖文神武應道皇帝　玄宗的尊號。此前玄宗尊號是「開元天寶聖文神武皇帝」，天寶元年（西元七四二年）所上，今加「應道」二字。⓱三恪　古代新建的王朝為籠絡人心，鞏固統治，封前代三個王朝的子孫，給以公侯爵號，稱三恪。唐武德元年（西元六一八年）已封北周、隋二王，玄宗再封後魏子孫，是為三恪。⓲庚子　六月初一日。⓳鐵券　帝王頒賜功臣，授以世代享受免死特權的鐵契。分左右二者，左頒功臣，右藏內府。如功臣或其後代犯罪，則取券合之，推念其功，予以赦減。⓴聚斂　搜刮財貨。(21)驟　快速。(22)歲中領十五餘使　一年內兼領十五個以上的使職。洪邁《容齋隨筆》云：楊國忠為度支郎，領十五餘使，至宰相，凡領四十餘使，新舊《唐書》皆不詳載其職。按，其拜相制前銜云：御史大夫，判度支，權知太府卿事，兼蜀郡長史，劍南節度、支度、營田等副大使，本道兼山南西道采訪處置使；兩京太府，出納，監倉，祀祭，木炭，宮市，長春、九成宮等使，關內道及京畿采訪處置使；拜右相，兼吏部尚書，集賢殿、崇玄館學士，修國史，太清、紫微宮使；自餘所領，又有管當租庸、鑄錢等使。清朝乾隆時和珅也身兼數十個職務，兩人頗相類似。㉓甲辰六月初五日。㉔專判度支事　判，裁決；處理。度支，度支司，為戶部四司之一，主掌支度國用，即根據財政收入而開支國家費用。唐中宗以後，凡官銜中帶「判」或「專判」某官事，就是根據詔命掌握某官司的裁決、處理權而不是正式任命其官。這種「判知之官」往往成為使職產生的過渡。楊釗專判度支事，就是他以本官給事中、御史中丞而專掌度支司的裁決處理權。㉕恩幸　指皇帝的寵愛。幸，寵愛。㉖蘇冕論曰　指蘇冕在《唐會要》中所發議論。本段文字綜錄自《唐會要》卷七十八〈諸使雜錄上〉。蘇冕（？—西元八〇五年），京兆武功（今陝西武功西北）人，撰有《唐會要》四十卷，記載唐高祖至德宗九朝制度增損沿革。傳見《舊唐書》卷一百八十九下、《新唐書》卷一百三。㉗設官分職二句　設置官吏分掌職責，各有其管理的權限和範圍。司，管理。存，存在；所在。此二句係綜合蘇冕下述一段文字：「九寺三監，東宮三寺，十二衛及京兆、河南府，是王者之有司，各勤所守，以奉職事。尚書准舊章，立程度以頒之；御史臺按格令，采奸濫以繩之；中書門下立百司之體要，察群吏之能否。善績著而必進，敗德聞而且貶。」㉘政有恆而易守　國家政治制度穩定不變，就容易遵守。政，指政治制度。恆，不變。㉙事歸本而難失　事物找到根本所在，就難有過失。本，根本。㉚經遠之理二句　管理國家長治久安的道理，除此之外還會有什麼別的依據呢。經遠，長治久安。奚，疑問代詞。什麼；哪裡。據，根據；依據。㉛洎姦臣廣言利以邀恩二句　本句意為及至奸臣以大談增加財賦來獲取皇帝的恩寵，皇帝則以多設立使職來表示其寵愛。洎，到。廣，大肆。利，指財貨賦稅。邀恩，求恩；獲得恩寵。立使，設立使職。示寵，顯示寵愛。㉜刻下民以厚斂二句　本句意為刻剝平民百姓，大量搜刮財富；誇大不真實的數目，呈獻功狀，撈取好處。刻，刻剝。下民，平民百姓。厚斂，重斂；大量搜刮。張，誇張。虛數，不真實的數目。獻狀，呈獻功狀。㉝上心蕩而益奢二句　皇上心搖意動更加奢侈，人心怨恨而釀成大禍。蕩，搖動。奢，奢侈。望怨，怨恨。㉞守其位而無其事二句　守著職位而無事可幹，接受厚俸而沒有作用。㉟宇文融首唱其端　指開元九年（西元七二一年）宇文融奏請搜刮天下逃戶及隱匿不報的田產。事見本書卷二百十二、《舊唐書》卷一百五、《新唐書》卷一百三十四。㊱楊慎矜王鉷繼遵其軌　指開元二十一年，楊慎矜知太府出納，諸州所納輸物稍有次劣者，皆令徵折估錢，並用以購買金銀綢帛等輕貨，使得州縣徵調，不絕於歲月。事見本書卷二百十三、《舊唐書》卷一百五、《新唐書》卷一百三十四。王鉷任戶口色役使，恣行割剝百姓，歲進錢寶百億萬，貯於內庫。事見本書卷二百十五、《舊唐書》卷一百五、

《新唐書》卷一百三十四。㊲仲尼　孔子字。㊳寧有盜臣而無聚斂之臣　語出《禮記・大學》：「百乘之家，不畜聚斂之臣；與其有聚斂之臣，寧有盜臣。」本句意即寧願要有偷竊行為的臣子，也不願有專事搜刮百姓的臣子。寧，寧可；寧願。盜臣，盜竊之臣。聚斂之臣，搜刮積聚之臣。㊴前車既覆二句　語出《韓詩外傳》五：「前車覆而後車不誡，是以後車覆也。」前面的車已翻倒，後面的車還沒有改變方向。既，已經。覆，翻倒；傾倒。轍，車輪壓出的痕跡。㊵求達化本　要求達到教化的根本，指國家的長治久安。㊶庚戌　十月十三日。㊷癸未　十一月十七日。㊸國夫人　唐命婦之制，凡文武官一品和爵為國公者，其母、妻為國夫人。㊹姨　妻子的姐妹。㊺宮掖　宮，皇帝、皇后的住所。掖，掖庭，宮內的旁舍，妃嬪的住所。皇宮和掖庭統稱為宮掖。㊻命婦　受封邑號的婦女。唐有內外命婦之別。內命婦指皇帝的妃、嬪，太子的良娣、女御等。外命婦：⑴指與皇帝有親屬關係的受封邑婦女，如大長公主（皇姑）、長公主（皇姐妹）、公主（皇女）、郡主（太子女）、縣主（諸王女）；⑵高爵高品官受封邑母、妻，如親王郡王母、妻為妃，一品官及國公母、妻為國夫人，二、三品官母、妻為郡夫人，四品官母、妻為郡君，五品官母、妻為縣君。散官並同職事官。勳官二品有封者同四品職事官，三品有封者同五品職事官，四品有封者母、妻為鄉君。母邑號皆加「太」字。㊼玉真公主　睿宗之女。傳見《新唐書》卷八十三。㊽銛錡　即楊貴妃堂兄楊銛、楊錡。㊾請託　請求、託付。指私相囑託。㊿承迎　承辦迎奉。(51)峻　嚴厲；嚴峻。(52)賂遺　賄賂、贈送。(53)輻湊其門　此指各種人紛紛去巴結楊氏。輻湊，也作輻輳，車輻集中於軸心，比喻人或物聚集一處。(54)十宅　即十王宅。玄宗即位後，在西京安國寺東附苑城為大宅以處諸王，稱十王宅。(55)百孫院　十王宅外，安置皇孫的宅院。(56)獻遺　奉獻、贈送。(57)豪蕩　強橫、放縱。(58)韋嗣立　（？—西元七一九年）鄭州陽武（今河南原陽）人，官至兵部尚書、同中書門下三品，封逍遙公。傳見《舊唐書》卷八十八、《新唐書》卷一百十六。(59)隙地　閒地；空地。(60)圬墁　亦作圬鏝，塗牆壁的工具，又指泥瓦工人塗飾牆壁。(61)絳羅　深紅色的稀疏輕軟絲織品。(62)嗤　譏笑；嘲笑。(63)螻蟻　螻蛄、螞蟻，小昆蟲名。(64)蜥蜴　爬行動物。種類很多，一般指壁虎、草蜥一類動物。(65)戊戌　十二月初二日。(66)朝元閣　玄宗在驪山華清宮建老君殿，祭奉道教始祖太上老君，殿北有朝元閣。後傳言太上老君降臨此閣，便改名降聖閣。(67)辛酉　十二月二十五日。(68)神威軍　軍鎮名，在今青海海晏西。(69)龍駒島　島名，在青海湖中，即魁孫拖羅海山。(70)屏跡　收斂行跡。(71)閤羅鳳　雲南王皮邏閣（即蒙歸義）之子。因受唐劍南節度使鮮于仲通進攻，天寶十一載（西元七五二年）叛唐而臣服吐蕃，吐蕃授其號曰東帝。事見《舊唐書》卷一百九十七、《新唐書》卷二百二十二上。(72)鳳迦異　（？—西元七七九年）皮邏閣之孫，閤羅鳳之子。天寶四載唐授官鴻臚卿。(73)陽瓜州　州名，治所在今雲南巍山彝族回族自治縣。

【校記】①先 原無此字。據章鈺校，十二行本、乙十一行本皆有此字，今據補。

【語譯】七載（戊子 西元七四八年）

夏，四月初二日辛丑，左監門大將軍、知內侍省事高力士加官驃騎大將軍。高力士受到玄宗恩寵時間很長，朝廷內外都畏懼他，太子也稱他為兄，諸王公稱他為翁，駙馬輩直接稱他為爺，從李林甫、安祿山這幫人開始，都藉著他來得到大將和宰相的職位，家中富有豐厚得無法統計。在西京修建寶壽寺，寺內大鐘鑄成時，高力士齋戒慶賀，滿朝官員全都聚集在一起。用杵敲一下鐘，布施一百緡錢，有求媚討好的人甚至用杵敲鐘二十下，敲得少的也不少於十下。然而高力士的性格謙和謹慎很少有過錯，善於觀察時勢俯仰行事，不敢驕傲蠻橫，所以天子始終親近信任他，士大夫們也不痛恨討厭他。

五月十三日壬午，群臣給玄宗上尊號稱開元天寶聖文神武應道皇帝，大赦天下，免除老百姓來年的租庸，選擇後魏的子孫一人為三恪。

六月初一日庚子，賞賜安祿山鐵券。

度支郎中兼侍御史楊釗善於窺視玄宗好惡而迎合玄宗。因聚斂錢財而迅速升遷，一年內兼領十五個以上的使職。六月初五日甲辰，升任給事中，兼御史中丞，專判度支事，恩寵越來越隆盛。

蘇冕評論說：「朝廷設立官位分掌職事，各有自己的管理範圍。政治制度穩定不變就容易遵守，事物找到根本所在就難有失誤。管理國家長治久安的道理，除此之外還有什麼依據！等到奸臣們大談財利以求得恩幸，朝廷多設使職以示榮寵，刻削老百姓，厚斂錢財，誇大虛假的數字，呈獻功狀，皇上心搖意動，更加奢侈，百姓怨恨而釀成禍難，使得天子和群臣居其位而無所事事，享受厚祿而沒有實際作用。宇文融首開其端，楊慎矜、王鉷仿效其後，楊國忠最終釀成大亂。孔子說：『國家寧願有盜竊的臣子也不要有聚斂的臣子。』這話說得太對了！前面的車子已經翻了，後面的車轍沒有改變，要求達到教化的根本，不也太困難了嗎！」

冬，十月十三日庚戌，玄宗駕臨華清宮。

十一月十七日癸未，封楊貴妃嫁給崔氏的姐姐為韓國夫人，嫁給裴氏的姐姐為虢國夫人，嫁給柳氏的姐姐為秦國夫人。三個人都有才藝和美色，玄宗稱呼她們為「姨」，出入宮廷，都受到皇帝的恩澤，勢傾天下。每當命婦入宮拜見玄宗，玉真公主等人都謙讓不敢就座。貴妃的三個姐姐與楊銛、楊錡五家，凡是請託之事，府、縣承辦逢迎，比玄宗的制敕還要看重。四面八方的賄賂，聚集其門，惟恐落於人後，從早到晚門庭若市。十宅各王以及百孫院的婚姻嫁娶，都先用一千緡錢賄賂韓國夫人、虢國夫人，讓她們向玄宗請託，沒有不如願以償的。玄宗所賞賜的以及四方貢獻的物品，五家都一樣。五家競相修建宅第，極其壯觀華麗，一個廳堂的費用，動輒超過千萬錢。已經建好了宅第，看見別人有超過自己的，就毀掉重建。虢國夫人尤其強橫放縱，有一天，帶領工人衝進韋嗣立的家中，立刻拆掉舊屋，自建新宅，僅僅給韋氏十畝閒地而已。中堂建成後，叫工人來塗飾牆壁，大約二百萬的費用。工人又要求獎賞技藝，虢國夫人拿深紅色的羅緞五百段賞給他們。工人不屑一顧地譏笑說：「請您取來螻蟻、蜥蜴，記下牠們的數目，放在堂中，如果丟失一個，就不敢接受工錢。」

十二月初二日戊戌，有人說玄元皇帝降臨在朝元閣。玄宗下制書改會昌縣為昭應縣，撤除新豐縣，併入昭應縣。二十五日辛酉，玄宗回宮。

哥舒翰在青海旁建神威軍，吐蕃來了，哥舒翰打敗了他們。又在青海中的龍駒島上築城，稱之為應龍城，吐蕃斂跡不敢靠近青海。

這一年，雲南王歸義去世，兒子閤羅鳳繼位，任命他的兒子鳳迦異為陽瓜州刺史。

八載（己丑　西元七四九年）

春，二月戊申❶，引百官觀左藏❷，賜帛有差❸。是時州縣殷富，倉庫積粟帛，動以萬計。楊釗奏請所在糶變為輕貨，及徵丁租地稅❹皆變布帛輸京師。屢奏帑藏❺充牣，古今罕儔❻，故上帥羣臣觀之，賜釗紫衣金魚❼以賞之。上以國用豐衍，故視金帛如糞壤，賞賜貴寵之家，無有限極❽。

三月，朔方節度等使張齊丘❾於中受降城西北五百餘里木剌山築橫塞軍❿，以振遠軍⓫使鄭人郭子儀⓬為橫塞軍使。

夏，四月，咸寧⓭太守趙奉璋告李林甫罪二十餘條。狀未達，林甫知之，諷御史逮捕，以為妖言，杖殺之。

先是，折衝府⓮皆有木契⓯、銅魚⓰，朝廷徵發，下敕書、契、魚，都督、郡府參驗⓱皆合，然後遣之。自募置彍騎，府兵日益墮壞，死及逃亡者，有司不復點補⓲，其六馱馬牛、器械、糗糧⓳，耗散略盡。府兵入宿衛⓴者，謂之侍官，言其為天子侍衛也。其後本衛多以假人㉑，役使如奴隸，長安人羞之，至以相詬病㉒。其戍邊者，又多為邊將苦使，利其死而沒其財。由是應為府兵者皆逃匿，至是無兵可交。五月癸酉㉓，李林甫奏停折衝府上下魚書㉔，是後府兵徒有官吏而已。其折衝、果毅，又歷年不遷，士大夫亦恥為之。其彍騎之法，天寶以後，稍亦變廢㉕，應募者皆市井負販㉖、無賴子弟㉗，未嘗習兵。時承平日久，議者多謂中國㉘

兵可銷㉙，於是民間挾㉚兵器者有禁，子弟為武官，父兄擯不齒㉛。猛將精兵，皆聚於西北[1]，中國無武備矣。

太白山㉜人李渾等上言見神人，言金星洞有玉板石記聖主㉝福壽之符，命御史中丞王鉷入仙遊谷求而獲之。上以符瑞相繼，皆祖宗休烈㉞，六月戊申㉟，上聖祖號曰大道玄元皇帝，上高祖謚曰神堯大聖皇帝，太宗謚曰文武大聖皇帝，高宗謚曰天皇大聖皇帝，中宗謚曰孝和大聖皇帝，睿宗謚曰玄真大聖皇帝，竇太后㊱以下，皆加謚曰順聖皇后。

辛亥㊲，刑部尚書、京兆尹蕭炅坐贓左遷汝陰㊳太守。

上命隴右節度使哥舒翰帥隴右、河西及突厥阿布思兵，益以朔方、河東兵，凡六萬三千，攻吐蕃石堡城。其城三面險絕，惟一徑可上，吐蕃但以數百人守之，多貯糧食，積檑木及石。唐兵前後屢攻之，不能克。翰進攻數日不拔，召裨將㊴高秀巖、張守瑜，欲斬之。二人請三日期可克，如期拔之，獲吐蕃鐵刃悉諾羅等四百人，唐士卒死者數萬，果如王忠嗣之言㊵。頃之，翰又遣兵於赤嶺西開屯田㊶，以謫卒㊷二千戍龍駒島。冬冰合，吐蕃大集，戍者盡沒。

閏月乙丑㊸，以石堡城為神武軍，又於劍南西山索磨川置保寧都護府。

丙寅㊹，上謁㊺太清宮㊻。丁卯，羣臣上尊號曰開元天地大寶聖文神武應道皇帝，赦天下，禘、祫自今於太清宮聖祖前設位序正㊼。

秋，七月，冊突騎施移撥為十姓可汗。

八月乙亥㊽，護密㊾王羅真檀入朝，請留宿衛，許之，拜左武衛將軍㊿。

冬，十月乙丑(51)，上幸華清宮。

十一月乙未(52)，吐火羅(53)葉護失里怛伽羅遣使表稱：「朅師(54)王親附吐蕃，困苦小勃律鎮軍，阻其糧道。臣思破凶徒，望發安西兵，以來歲正月至小勃律，六月至大勃律。」上許之。

【章旨】以上為第四段，寫唐承平日久，府兵制壞廢，募兵制敷衍，武備鬆弛，勁兵備邊，國內空虛。

【注釋】❶戊申　二月十三日。❷左藏　太府寺有左藏署，為管理國庫的機構，置令丞，掌國家賦調之物，轄有東庫（又稱東左藏庫，在長樂門內）、西庫（又稱西左藏庫，在廣運門內）、朝堂庫（在大明宮），還有東都庫。❸賜帛有差　唐代天子賜物，凡稱「賜帛有差」或「賜束帛有差」，都是賜絹，五品以上五匹，六品以下三匹，命婦以其夫、子品秩而定。❹丁租地稅　丁租，即租庸調的租，每丁年輸穀二石。地稅，以建立義倉的名義，畝徵二升的土地稅。❺帑藏　國庫。帑，財帛。❻儔　同類；類似。❼紫衣金魚　紫衣，紫色官服。金魚，刻成魚狀的金符，以袋盛之。唐制，三品以上官著紫衣，佩金魚袋。楊國忠此時為御史中丞，官秩正四品下，尚無穿紫袍佩金袋的資格，玄宗特賜紫衣金魚以示恩寵。❽限極　限，限制。極，盡頭；極點。❾張齊丘　張後胤之孫，歷官監察御史、朔方節度使，終於東都留守。傳附《新唐書》卷一百九十八〈張後胤傳〉。❿橫塞軍　軍鎮名，在今內蒙古烏拉特中後聯合旗西陰山北麓。⓫振遠軍　軍鎮名，在關內道。⓬郭子儀　（西元六九七—

七八一年）中唐名將，華州鄭縣（今陝西華縣）人，以平安史之亂而聲名大振，官至副元帥、中書令，封汾陽郡王，德宗尊為「尚父」。傳見《舊唐書》卷一百二十、《新唐書》卷一百三十七。⑬咸寧　郡名，天寶元年（西元七四二年）丹州改名，治所在今陝西宜川縣。⑭折衝府　府兵制軍府的統稱。⑮木契　木刻信契。太子監國或庶官鎮守時，供調遣軍隊使用。⑯銅魚　即銅魚符，銅鑄魚形信符，調遣軍隊和更易守長時使用。⑰參驗　參考驗證。⑱點補　檢點、補充。⑲六馱馬牛器械糗糧　指府兵隊、火和個人的攜帶物。糗，乾糧。唐府兵制規定，每十人為火，火有長，火備六匹馱馬及火具、烏布、幕鐵、馬盂、布槽、鍤、钁、鑿、碓、筐、斧、鉗、鋸、甲床、鐮等物；每五十人為隊，隊備火鑽、胸馬繩、首羈、足絆等物。每個衛士自備弓、矢、胡祿（箭囊）、橫刀、礪石（用以磨刀取火）、大觿（解繩結用的錐子）、氈帽、氈裝、行縢（今稱為綁腿）及麥飯九斗，米二斗。⑳宿衛　在京城值宿，擔任警衛。㉑本衛多以假人　各衛把衛士借與別人役使。假，借。㉒詬病　恥辱；侮辱。㉓癸酉　五月初十日。㉔奏停折衝府上下魚書　奏請停發折衝府銅魚符、敕書。這是府兵制廢除的標誌。《通典》卷二十九〈職官十一〉云「天寶八年五月停折衝府」，即是指此。㉕變廢　變化和破壞。㉖市井負販　市井，進行買賣的地方。負販，擔貨叫賣的小商販。㉗無賴子弟　無德無才無所倚仗的遊手好閒分子。㉘中國　中原之地。㉙兵可銷　兵器可以銷毀。㉚挾　藏著。㉛擯不齒　擯，嫌棄。不齒，不與同列，表示極端鄙視。㉜太白山　山名，在今陝西眉縣南。㉝聖主　指太上老君。㉞休烈　盛美的事業。㉟戊申　六月十五日。㊱竇太后　竇毅女，唐高祖李淵的皇后，太宗生母，初諡曰穆，後改諡太穆順聖皇后。傳見《舊唐書》卷五十一、《新唐書》卷七十六。㊲辛亥　六月十八日。㊳汝陰　郡名，天寶元年汝州改名，治所在今河南汝州。㊴裨將　副將。㊵果如王忠嗣之言　天寶六載，玄宗欲使王忠嗣攻石堡城。忠嗣上奏，以為此城險固，若要奪取，定有數萬人的死亡，而所得不如所亡。事見本書卷二百十五天寶六載。㊶屯田　利用軍隊及其所在空閒地種植糧食作物，以收穫物助軍餉。屯田有軍屯、民屯之別，此為軍屯。㊷謫卒　因罪遣送邊地的士卒。謫，被罰流放或貶職。㊸乙丑　閏六月初三日。㊹丙寅　閏六月初四日。㊺謁　晉見。㊻太清宮　天寶元年在西京大寧坊修建玄元皇帝廟，東京置於東宮積善坊臨淄舊邸。次年，西京玄元宮改稱太清宮，東京改稱太極宮。㊼設位序正　正式按祖宗順序擺設座位。㊽乙亥　八月十四日。㊾護密　古國名，在今帕米爾烏滸河上游地區。㊿左武衛將軍　武官名，左武衛副長官，佐左武衛大將軍掌宮掖禁衛，以及率衛士在大朝會時著白鎧甲為儀仗。(51)乙丑　十月初四日。(52)乙未　十一月初五日。(53)吐火羅　古西域國名，即漢代的大夏，《大唐西域記》作「覩貨邏」，在今阿姆河上游一帶。(54)朅師　古西域國名，與吐火羅相鄰。

【校　記】①西北　據章鈺校，此下十二行本、乙十一行本皆有「邊」字。

【語　譯】八載（己丑　西元七四九年）

春，二月十三日戊申，玄宗帶領百官視察左藏庫，各按等級差別賞賜絹帛。這時各州、縣殷實富足，倉庫裡積藏的糧米布帛，動輒數以萬計。楊釗奏請玄宗，命令各州縣就地把糧食賣出變換為輕貨，以及徵收的丁租地稅都換成布帛運送京城。多次上奏說國庫充盈，古今少有同類情況，所以玄宗帶領群臣察看左藏庫，把紫衣金魚賞賜給楊釗。玄宗因為國用豐富，所以把金銀絹帛視如糞土，賞賜富貴寵幸之家，沒有限度。

三月，朔方節度等使張齊丘在中受降城西北五百餘里的木剌山修築橫塞軍，任用振遠軍使鄭人郭子儀為橫塞軍使。

夏，四月，咸寧郡太守趙奉璋控告李林甫罪過二十餘條。狀子沒有送到，李林甫就知道了，暗示御史逮捕趙奉璋，說他造作妖言，用棍棒打死了他。

此前，折衝府都有木契、銅魚，朝廷要徵調軍隊，就下敕書、木契、銅魚，都督、郡府會同檢驗，木契、銅魚都符合了，然後派遣軍隊。自從招募設置彍騎，府兵就日益墮毀，有死亡和逃跑的，主管官員也不再檢點補充，那些府兵的六馱馬牛、器械、乾糧，都快消耗散失完了。府兵進京宿衛的，稱之為侍官，是說他成為天子的侍衛。後來各衛大多把衛士借給他人，像奴隸一樣役使他們，長安人對他們感到很羞恥，以致加以侮辱。那些戍守邊疆的人，又多被守邊的將領當苦役差使，希望整死他們而沒收他們的錢財。因此應該當府兵的人都逃跑躲藏起來，到這時已無兵可以送交。五月初十日癸酉，李林甫奏請停發折衝府的上下銅魚和敕書，此後府兵僅有官吏而已。那些折衝、果毅等軍官，又多年不能升遷，士大夫也恥於擔任這些官職。所謂彍騎之法，天寶以後，也逐漸變化廢棄，應募參軍的都是街市擔貨叫賣的小販和無賴子弟，未曾習武。當時天下長期太平，議論的人大多說中原的兵器可以銷毀，於是就禁止民間私藏兵器，家中子弟做了武官，父兄輩就排斥看不起。猛將精兵，都聚集在西北，中原沒有武備了。

太白山人李渾等人上書說看見了神人，說在金星洞有玉板石，記載著聖主福壽的符命，玄宗命令御史中丞王鉷進入仙遊谷尋求，得到了符命。玄宗認為符命瑞兆相繼出現，都是祖宗盛美的功業所致。六月十五日戊申，尊聖祖老子稱號為大道玄元皇帝，尊高祖諡號為神堯大聖皇帝，太宗諡號為文武大聖皇帝，高宗諡號為天皇大聖皇帝，中宗諡號為孝和大聖皇帝，睿宗諡號為玄真大聖皇帝，竇太后以下，都加諡號為順聖皇后。

六月十八日辛亥，刑部尚書、京兆尹蕭炅犯貪贓罪降職為汝陰郡太守。

玄宗命令隴右節度使哥舒翰帶領隴右、河西及突厥阿布思的部隊，加上朔方、河東的部隊，共六萬三千人，攻打吐蕃石堡城。這座城三面險峻，只有一條小路可以上去，吐蕃僅用幾百人把守，貯存很多糧食，堆積檑木和石頭。唐朝軍隊前後多次攻打它，都沒有攻克。哥舒翰攻打了好多天，不能奪取，叫來裨將高秀巖、張守瑜，想要殺掉他們。兩人請求三天為期，可以攻克，結果如期攻了下來，俘虜吐蕃鐵刃悉諾羅等四百人，唐朝士兵死亡好幾萬人，果然如同王忠嗣所說的那樣。不久，哥舒翰又派兵在赤嶺西部開墾屯田，用貶謫的士兵二千人戍守龍駒島。冬天湖水冰封，吐蕃大量士兵會合，戍守的唐兵全部陣亡。

閏六月初三日乙丑，以石堡城為神武軍，又在劍南西山索磨川設立保寧都護府。

閏六月初四日丙寅，玄宗拜謁太清宮。初五日丁卯，大臣們給玄宗加尊號為開元天地大寶聖文神武應道皇帝，赦免天下，禘祭、祫祭祖宗從今以後在太清宮聖祖前依昭穆次序設置神位。

秋，七月，冊封突騎施移撥為十姓可汗。

八月十四日乙亥，護密王羅真檀來朝，請求留京宿衛，玄宗允許了，任命他為左武衛將軍。

冬，十月初四日乙丑，玄宗親臨華清宮。

十一月初五日乙未，吐火羅葉護失里怛伽羅派遣使者上表聲說：「朅師王親近歸附吐蕃，使鎮守小勃律的軍隊境地困苦，切斷他們運糧的道路。臣下想要打敗這些兇惡之徒，希望安西發兵，來年正月到達小勃律，六月到達大勃律。」玄宗准許了。

九載（庚寅　西元七五〇年）

春，正月己亥❶，上還宮。○羣臣屢表請封西嶽❷，許之。

二月，楊貴妃復忤旨❸，送歸私第。戶部郎中吉溫因宦官言於上曰：「婦人識慮❹不遠，違忤聖心。陛下何愛宮中一席之地，不使之就死❺，豈忍辱之於外舍邪？」上亦悔之，遣中使賜以御膳❻。妃對使者涕泣❼曰：「妾罪當死，陛下幸不殺而歸之。今當永離掖庭，金玉珍玩，皆陛下所賜，不足為獻，惟髮者父母所與，敢以薦誠❽。」乃翦❾髮一繚❿而獻之。上遽使高力士召還，寵待益深。

時諸貴戚競以進食相尚⓫，上命宦官姚思藝為檢校進食使⓬，水陸珍羞⓭數千盤，一盤費中人⓮十家之產。中書舍人竇華⓯嘗退朝⓰，值公主進食，列於中衢⓱，傳呼⓲按轡出其間。宮苑小兒⓳數百奮梃於前，華僅以身免。

安西節度使高仙芝破朅師，虜其王勃特沒。三月庚子⓴，立勃特沒之兄素迦為朅師王。

上命御史大夫王鉷鑿華山路，設壇場於其上。是春，關中旱，辛亥㉑，嶽祠㉒災，制罷封西嶽。

夏，四月己巳㉓，御史大夫宋渾㉔坐贓巨萬，流潮陽㉕。初，吉溫因李林甫得進，及兵部侍郎兼御史中丞楊釗恩遇浸深，遂去林甫而附之，為釗畫代林甫執政之策。蕭炅及渾，皆林甫所厚也，求得其罪，使釗奏而逐之，以翦其心腹，林甫不能救也。

五月乙卯㉖，賜安祿山爵東平郡王，唐將帥封王自此始。

秋，七月乙亥㉗，置廣文館㉘於國子監㉙，以教諸生習進士㉚者。

八月丁巳㉛，以安祿山兼河北道采訪處置使。

朔方節度使張齊丘給糧失宜，軍士怒，毆其判官㉜，兵馬使㉝郭子儀以身捍齊丘，乃得免。癸亥㉞，齊丘左遷濟陰㉟太守，以河西節度使安思順權知㊱朔方節度事。

辛卯㊲，處士㊳崔昌㊴上言：「國家宜承周、漢，以土代火㊵。周、隋皆閏位㊶，不當以其子孫為二王後。」事下公卿集議㊷。集賢殿學士㊸衛包上言：「集議之夜，四星聚於尾㊹，天意昭然㊺。」上乃命求殷、周、漢後為三恪㊻，廢韓、介、酅公㊼。以昌為左贊善大夫㊽，包為虞部員外郎㊾。

冬，十月庚申㊿，上幸華清宮。

太白山人王玄翼上言見玄元皇帝，言寶仙洞有妙寶真符(51)。命刑部尚書張均(52)

等往求，得之。時上尊道教53，慕長生，故所在爭言符瑞54，羣臣表賀無虛月。李林甫等皆請捨宅為觀，以祝聖壽，上悅。

【章旨】以上為第五段，寫唐玄宗信奉神仙道教，醉心於符兆，與楊貴妃日處深宮逸樂，而國事日非。

【注釋】❶己亥 正月初十日。❷封西嶽 西嶽，即華山。玄宗曾於先天二年（西元七一三年）封華山神為金天王。❸忤旨 違反皇帝旨意。忤，違反；抵觸。❹識慮 見識、考慮。❺就死 去死；死。吉溫所言「就死」云云，全是正話反說，欲以結好楊貴妃。❻御膳 皇帝的飲食。❼涕泣 哭泣。❽薦誠 進獻誠意。薦，進；獻。❾翦 同「剪」。❿繚 一束。⓫相尚 互相攀比。⓬進食使 使職名，掌進食事宜的臨時所命差遣官。⓭水陸珍羞 即山珍海味。羞，食物。⓮中人 中等人戶；中產之家。⓯竇華 楊國忠親信，官至中書舍人。及國忠敗，被誅。其事散見《舊唐書》卷一百六、《新唐書》卷二百六〈楊國忠傳〉等篇。⓰退朝 朝，朝參。據《唐會要》卷二十五引〈儀制令〉，凡京司文武職事九品以上官，每月朔望朝參。五品以上及供奉官、員外郎、監察御史、太常博士，每日朝參。朝參完畢，即退朝。⓱中衢 大道之中。衢，四通八達的道路。⓲傳呼 傳喚身邊人。⓳宮苑小兒 幼小宦官，由宮苑使統領。⓴庚子 三月十二日。㉑辛亥 三月二十三日。㉒嶽祠 供奉山嶽神的祠廟。㉓己巳 四月十一日。㉔宋渾 宰相宋璟之子。官至御史大夫。傳見《舊唐書》卷九十六、《新唐書》卷一百三十四。㉕潮陽 郡名，天寶元年（西元七四二年）潮州改名，治所在今廣東潮安。㉖乙卯 五月二十八日。㉗乙亥 七月丁巳朔無「乙亥」，當為「己亥」之誤。己亥，七月十三日。㉘廣文館 玄宗新設學校，置博士、助教，專門教授準備參加進士考試的生徒。至德後廢。㉙國子監 管理學校的最高機關。置祭酒一人、司業二人，掌其訓導之政令。國子監下轄國子學、太學、四門學、律學、書學、算學等學。㉚習進士 習讀進士考試的學科。㉛丁巳 八月初一。㉜判官 節度使屬官，有兩人，一掌後勤，一掌書記。發放軍糧為後勤判官。㉝兵馬使 為都知兵馬使的省稱，是節度使屬官掌兵馬的武官。㉞癸亥 八月初七。㉟濟陰 郡名，天寶元年曹州改名，治所在今山東曹縣西北。㊱權知 有暫代之意。銜帶「權知」的官，亦屬詔除而非正命。㊲辛卯 九月初六日。㊳處士 未做官的士人。㊴崔昌 （？—西元七六一年）官至試都水使者。嗣薛王李珍陰謀不軌，昌以同黨被斬。其事散見《舊唐書》卷九十五〈惠文太子範傳〉、《新唐書》卷二百一〈王勃傳〉等篇。㊵國

家宜承周漢二句　據陰陽家土、木、金、火、水五行相生相剋的五德終始理論，火剋金，水剋火，土剋水，周朝為火德，漢朝為水德，故崔昌認為唐承周、漢正統，應為土德。㊶閏位　古人稱非正統的王朝或帝位為閏位。㊷公卿集議　朝廷百官共議。唐朝凡軍國大政，或大臣提出的重要建議，多要交付公卿集議，然後由皇帝決策。㊸集賢殿學士　集賢殿書院，開元十三年（西元七二五年）置，以五品以上官為學士，六品以下為直學士。宰相為學士，則任知院事；另設副知院事。主掌校刊撰集古今經籍圖書。㊹四星聚於尾　《新唐書・天文志二》云：「天寶九載八月，五星聚於尾、箕。」尾、箕，星名，中國古天文學所稱二十八宿中，屬東方七宿。五星聚於尾、箕，是說有五星聚合於尾、箕宿舍。這種所謂星聚現象，按《史記・天官書》所說：「五星皆從而聚於一舍，其下國可以禮致天下。」《正義》云：「五星者合，是謂易行。有德者受慶，掩有四方；無德者受殃，乃以死亡也。」這是占星術家的謊言。但古人卻信以為真。故衛包以星聚論證應該求殷、周、漢後為三恪，以示「有德」，因此可以「受慶」，會有喜慶之事到來。㊺昭然　明顯；顯然。㊻恪　敬。敬其先人而封其後，與諸侯無異，是一種特別的封爵。周武王封虞、夏、殷之後為三恪，此效周封殷、周、漢之後為三恪。㊼韓介酅公　韓公，為北魏皇室後裔。介公，北周皇室之後。酅公，隋代皇室之後。公，為封爵之稱。周封五等爵為公侯伯子男。唐代的公，為低於王爵的封號。㊽左贊善大夫　官名，太子東宮有左、右贊善大夫，相當於天子的左右諫議大夫，掌諷諭規諫。㊾虞部員外郎　官名，尚書省工部所屬虞部司副長官，佐掌京城街巷的種植、山澤苑囿的採捕漁獵及草木薪炭的供應。㊿庚申　十月初五日。(51)符符籙。指用朱筆或墨筆在紙上畫成的似字非字的圖形。施術者誑言，符可驅使鬼神，醫治疾病，用來實現人的願望。(52)張均玄宗命往寶仙洞求妙寶真符者尚有王鉷、王倕、王濟、王翼、王嶽靈等，可見玄宗篤信道教之深。(53)上尊道教　唐玄宗是唐朝最崇奉道教的皇帝，自稱日夜齋心禮謁老子近三十年。尊玄元皇帝為「大聖祖」，改其廟為太清宮。規定朝廷祭祀，先朝太清宮。令人畫老子像頒於天下。王公以下皆習《老子》。在京師設置專門講習道教的崇玄學，實行道舉，每年貢舉加試《老子》。唐玄宗還親自注疏《老子》，頒布全國令士庶均家藏一本。派遣求道使，搜求道經，纂成三千多卷的《三洞瓊綱》，並繕寫傳布。在他帶動下，尊禮道教在全國達到狂熱的程度。(54)符瑞　符籙顯示的祥瑞。

【語　譯】九載（庚寅　西元七五〇年）

春，正月初十日己亥，玄宗回宮。〇群臣多次上表請求封西嶽，玄宗准許了。

二月，楊貴妃又一次違背玄宗的旨意，被送回楊家私宅。戶部郎中吉溫通過宦官對玄宗說：「婦道人家考慮不深遠，違背了聖上的心意。陛下何必愛惜宮中的一席之地，不讓她去死，怎麼忍心讓她在外面住處蒙受屈辱呢？」玄宗也後悔了，派宮中使者賞賜御膳。貴妃面對使者哭泣著說：「妾罪當死，陛下哀憐不殺送回娘家。現在應當永遠離開宮掖，金玉珍寶玩物，都是陛下所賜，不足以獻給陛下。只有頭髮是父母所給，才敢送上，進獻我的誠意。」於是剪下一綹頭髮獻給玄宗，玄宗趕快派高力士把貴妃召回宮，對她的寵愛更加深厚了。

當時貴戚們以競相向宮中進獻食品為時尚，玄宗任命宦官姚思藝為檢校進食使，水陸珍饈幾千盤，一盤的費用就相當十戶中等人家的家產。中書舍人竇華曾經退朝回家，碰上公主進獻食品，排列在大道當中，竇華傳呼左右控制馬的韁繩從獻食行列中間通過。好幾百個宮苑小兒在竇華前面高舉棍棒，竇華僅僅隻身逃脫。

安西節度使高仙芝打敗朅師，俘虜朅師王勃特沒。三月十二日庚子，立勃特沒的哥哥素迦為朅師王。

玄宗命令御史大夫王鉷開鑿華山的道路，在山上設立祭祀的壇場。這年春季，關中乾旱，三月二十三日辛亥，西嶽祠廟發生火災，玄宗下制書停止封祭西嶽。

夏，四月十一日己巳，御史大夫宋渾犯了貪贓巨萬罪，流放到潮陽。當初，吉溫依靠李林甫得到進用，等到兵部侍郎兼御史中丞楊釗受玄宗恩寵禮遇日漸深厚，吉溫便離開李林甫而依附楊釗，替楊釗謀劃替代李林甫執政的策略。蕭炅和宋渾都被李林甫所厚待，吉溫找到了他們的罪過，讓楊釗上奏放逐他們，藉以剪除李林甫的心腹，李林甫不能援救。

五月二十八日乙卯，賜予安祿山東平郡王爵位，唐朝將帥封王從這時開始。

秋，七月乙亥日，在國子監設立廣文館，用來教育準備考進士科目的學生。

八月初一日丁巳，任命安祿山兼河北道采訪處置使。

朔方節度使張齊丘供應糧食不公平，軍士們很生氣，毆打他的判官，兵馬使郭子儀用身體保護張齊丘，他才免遭挨打。八月初七日癸亥，張齊丘降職為濟陰郡太守，讓河西節度使安思順暫時代理朔方節度使。

九月初六日辛卯，處士崔昌向玄宗進言說：「國家應當直接繼承周朝、漢朝，以土德代替火德。北周、隋朝都不是正統王朝，不應該讓兩朝的子孫成為二王的後人。」玄宗就把此事下交公卿集會商議。集賢殿學士衛包進言說：「集會商議的那天夜裡，有四顆星聚集在尾宿，天意很明顯。」玄宗於是下令尋找殷朝、周朝、漢朝王族後裔為三恪，廢棄韓公、介公、酅公。任命崔昌為左贊善大夫，衛包為虞部員外郎。

冬，十月初五日庚申，玄宗親臨華清宮。

太白山人王玄翼上書說看到了玄元皇帝老子，說寶仙洞有妙寶真符。玄宗命令刑部尚書張均等人前往尋找，找到了它。當時玄宗尊崇道教，希望長生，所以到處都爭相上言符籙祥瑞，群臣沒有一個月不上表祝賀的。李林甫等人都請求捐獻私宅作為道觀，來向玄宗祝壽，玄宗很高興。

安祿山屢誘奚、契丹，為設會，飲以莨菪酒❶，醉而阬之，動數千人，函其酋長之首以獻，前後數四。至是請入朝，上命有司先為起第於昭應❷。祿山至戲水，楊釗兄弟姊妹皆往迎之，冠蓋❸蔽野，上自幸望春宮以待之。辛未❹，祿山獻奚俘八千人，上命考課❺之日書上上考❻。前此聽❼祿山於上谷❽鑄錢五爐❾，祿山乃獻錢樣千緡。

楊釗，張易之❿之甥也，奏乞昭雪易之兄弟⓫。庚辰⓬，制引易之兄弟迎中宗於房陵之功⓭，復其官爵，仍賜一子官⓮。○釗以圖讖有「金刀」，請更名，上賜名國忠。

十二月乙亥⓯，上還宮。

關西⑯遊弈使⑰王難得⑱擊吐蕃，克五橋，拔樹敦城⑲。以難得為白水軍使⑳。安西四鎮節度使高仙芝偽與石國㉑約和，引兵襲之，虜其王及部眾以歸，悉殺其老弱。仙芝性貪，掠得瑟瑟㉒十餘斛，黃金五六橐駝㉓，其餘口馬雜貨稱是，皆入其家。

楊國忠德㉔鮮于仲通，薦為劍南節度使。仲通性褊急，失蠻夷㉕心。故事，南詔常與妻子俱謁都督，過雲南㉖，雲南太守張虔陀皆私之，又多所徵求。南詔王閤羅鳳不應，虔陀遣人詈辱㉗之，仍密奏其罪。閤羅鳳忿怨㉘，是歲，發兵反，攻陷雲南，殺虔陀，取夷州三十二。

【章　旨】以上為第六段，寫唐玄宗好大喜功，邊將以詐術殺戮周邊民族百姓以冒功。

【注　釋】❶莨菪酒　莨菪籽所釀之酒，甚毒。莨菪，多年生草本植物，根莖塊狀，灰黑色，葉子互生，長橢圓形，花紫黃色，結蒴果。有毒。種子和根、莖、葉都可供藥用，有鎮痛、安神等作用。❷起第於昭應　當時王公皆在昭應私置第宅，惟獨安祿山之宅係由玄宗命有司所建。❸冠蓋　指官吏的服飾和車乘。冠，禮帽。蓋，車蓋。❹辛未　十月十六日。❺考課　考核官吏政績。唐制，尚書考功司掌內外文武官吏考課。凡應考之官，具錄當年功過行能，本司或本州長官對眾宣讀，議其優劣，定為九等考第。再由敕定的校考官（京官位望高者二人充任）、監考官（給事中、中書舍人各一人充任）、判考官（考功郎中、員外郎充任）進行檢覆。最後一道程序是註定，京官集應考人對讀註定，外官對朝集使註定。考課標準，有四善二十七最。詳《舊唐書》卷四十三。❻上上考　考課九等為上上、上中、上下，中上、中中、中下，下上、下中、下下。上上考為第一等。❼聽　任憑。❽上谷　郡名，天寶元年（西元七四二年）易州改名，治所在今河北易縣。❾鑄錢五壚　治煉鑄錢五爐。開元二十二年（西元七三四年）唐玄宗禁天下私鑄錢。此時特聽祿山鑄錢，以示恩寵。壚，同「爐」。⑩張易之（？—西元七〇五年）武則天的內寵。傳見《舊唐書》卷七十八、《新唐書》卷一百四。⑪乞昭雪易之兄弟　張易之、昌宗兄弟在武則天時以內寵專政。中宗神龍元年（西元七〇五年），宰相崔玄暐、張柬之等趁則天病篤，起兵迎太子（即中宗），誅易之兄弟，梟首於天津橋南。⑫庚辰　十月二十五日。⑬易之兄弟迎中宗於房陵之功　光宅元年（西元六八四年）二月武則天廢中宗為廬陵王，後遷於房陵（房州治所，今湖北房縣）。聖曆元年（西元六九八年），在狄仁傑、王方慶、王及善等勸言下，迎還廬陵王，復立為皇太子。張易之兄弟時任控鶴監供奉，為則天所親信。二張在吉頊慫恿下，為了免於天下切齒之禍，曾向武則天進言立廬陵王。⑭賜一子官　唐代貴族子弟以及五品以上官員的子孫可以門蔭任官，亦稱賜官。張易之官至祕書監（從三品），復官後其子可蔭任從七品下官。⑮乙亥　十二月二十日。⑯關西　古地區名，漢唐時代泛指函谷關或潼關以西的地區。⑰遊弈使　使職名，統率士兵執行遊動警戒任務的差遣軍官。⑱王難得（？—西元七六三年）琅邪臨沂（今山東臨沂北）人，武將。官至衛尉卿，封琅邪郡公。傳見《舊唐書》卷一百八十三、《新唐書》卷一百四十七。⑲樹敦城　城名，在今青海共和南。⑳白水軍使　使職名，統率白水軍戍兵的差遣長官，治所在今青海大通西北，屬隴右節度使。㉑石國　古國名，故地在今中亞烏茲別克斯坦塔什干一帶。㉒瑟瑟　一種碧綠色的珠寶。㉓橐駝　駱駝。㉔德　感激；報恩。㉕蠻夷　古代泛指中原華夏民族以外的少數民族。此指西南少數民族。㉖雲南　郡名，天寶元年姚州改名，治所在今雲南祥雲東南雲南驛。㉗詈辱　責罵、侮辱。㉘忿怨　憤怒、怨恨。

【語　譯】安祿山多次誘騙奚人和契丹人，為他們設宴聚會，給他們喝莨菪酒，喝醉了就把他們活埋掉，動輒坑殺幾千人。把他們酋長的首級裝在盒子裡獻給朝廷，這種情況前後有好多次。到了這時，安祿山請求入朝，玄宗命令有關部門先在昭應替他修建宅第。安祿山到達戲水，楊釗兄弟姐妹都前往迎接他，車馬冠蓋滿山遍野，玄宗也親臨望春宮等待他。十月十六日辛未，安祿山進獻奚人俘虜八千人，玄宗命令在考核官吏功績的時候記為上上考。在此以前朝廷聽任安祿山在上谷鑄錢五壚，於是安祿山向朝廷進獻錢的樣品一千緡。

楊釗，是張易之的外甥，上奏請求為張易之兄弟平反昭雪。十月二十五日庚辰，玄宗下制書援引張易之兄弟在房陵迎接中宗的功勞，恢復他們的官爵，還對他們的一個兒子賜予官職。〇楊釗因圖讖書上有「金刀」文字，請求改名，玄宗賜名國忠。

十二月二十日乙亥，玄宗回宮。

關西遊弈使王難得攻打吐蕃，攻克五橋，奪取樹敦城。任命王難得為白水軍使。

安西四鎮節度使高仙芝偽裝和石國締結和約，率兵偷襲，俘虜了石國的國王和部眾回來，把那些年老和體弱的人都殺了。高仙芝性情貪婪，搶獲十多斛碧珠，五六個駱駝馱的黃金，其他的人口馬匹雜貨，價值與此相等，這些都歸入了他的家中。

楊國忠感恩於鮮于仲通，推薦他做劍南節度使。鮮于仲通性情狹隘急躁，喪失蠻夷之心。舊制，南詔王經常帶著妻子、兒子一起去拜謁都督，路過雲南，雲南太守張虔陀都和南詔王的妻子私通，又多有索取。南詔王閤羅鳳不答應，張虔陀便派人去辱罵他，還祕密奏報他的罪過。閤羅鳳非常憤恨，這一年，起兵反叛，攻陷雲南，殺死張虔陀，奪取了夷地三十二個州。

十載（辛卯　西元七五一年）

春，正月壬辰❶，上朝獻❷太清宮。癸巳❸，朝享太廟。甲子❹，合祭天地於南郊，赦天下，免天下今載地稅。

丁酉❺，命李林甫遙領朔方節度使，以戶部侍郎李暐知留後事。

庚子❻，楊氏五宅❼夜遊，與廣平公主❽從者爭西市門❾，楊氏奴揮鞭及公主衣，公主墜馬，駙馬程昌裔下扶之，亦被數鞭。公主泣訴於上，上為之杖殺楊氏奴。明日，免昌裔官，不聽朝謁。

上命有司為安祿山治第[1]於親仁坊⑩，敕令但窮壯麗，不限財力。既成，具幄帟⑪器皿，充牣其中。有帖白檀牀⑫二，皆長丈，闊六尺，銀平脫⑬屏風⑭，帳一方一丈八尺[2]，於廚廄⑮之物皆飾以金銀，金飯罌⑯二，銀淘盆⑰二，皆受五斗，織銀絲筐⑱及笊籬⑲各一，它物稱是。雖禁中服御之物⑳，殆㉑不及也。上每令中使為祿山護役㉒，築第及造儲偫賜物，常戒之曰：「胡眼大㉓，勿令笑我。」

祿山入新第，置酒，乞降墨敕㉔請宰相至第。是日，上欲於樓下擊毬㉕，遽為罷戲，命宰相赴之。日遣諸楊與之選勝㉖遊宴，侑㉗以梨園㉘教坊㉙樂。上每食一物稍美，或後苑校獵獲鮮禽，輒遣中使走馬賜之，絡繹㉚於路。

甲辰㉛，祿山生日，上及貴妃賜衣服、寶器、酒饌甚厚。後三日，召祿山入禁中，貴妃以錦繡為大襁褓㉜，裹祿山，使宮人以綵輿㉝舁㉞之。上聞後宮歡笑，問其故，左右以貴妃三日洗祿兒㉟對。上自往觀之，喜，賜貴妃洗兒金銀錢，復厚賜祿山，盡歡而罷。自是祿山出入宮掖不禁，或與貴妃對食，或通宵不出，頗有醜聲聞於外，上亦不疑也。

安西節度使高仙芝入朝，獻所擒突騎施可汗、吐蕃酋長、石國王、朅師王，加仙芝開府儀同三司。尋以仙芝為河西節度使，代安思順。思順諷羣胡割耳剺面㊱

請留己，制復留思順於河西。

安祿山求兼河東節度。二月丙辰㊲，以河東節度使韓休珉為左羽林將軍㊳，以祿山代之。

戶部郎中吉溫見祿山有寵，又附之，約為兄弟，說祿山曰：「李右丞相㊴雖以時事親三兄㊵，不必[3]肯以兄為相。溫雖蒙驅使，終不得超擢。兄若薦溫於上，溫即奏兄堪㊶大任㊷，共排林甫出之，為相必矣。」祿山悅其言，數稱溫才於上，上亦忘曩日之言㊸。會祿山領河東，因奏溫為節度副使、知留後，以大理司直㊹張通儒㊺為留後判官，河東事悉以委之。

是時，楊國忠為御史中丞，方承恩用事。祿山登降殿階，國忠常扶掖㊻之。祿山與王鉷俱為大夫，鉷權任亞於李林甫。祿山見林甫，禮貌頗倨。林甫陽以它事召王大夫，鉷至，趨拜甚謹。祿山不覺自失，容貌益恭。林甫與祿山語，每揣知㊼其情，先言之，祿山驚服。祿山於公卿皆慢侮㊽之，獨憚㊾林甫，每見，雖盛冬，常汗沾㊿衣。林甫乃引與坐於中書廳(51)，撫以溫言(52)，自解披袍以覆之。祿山忻荷(53)，言無不盡，謂林甫為十郎(54)。既歸范陽，劉駱谷(55)每自長安來，必問：「十郎何言？」得美言則喜。或但云：「語安大夫，須好檢校(56)！」輒(57)反手據(58)牀曰：

「噫嘻[59]，我死矣！」

祿山既兼領三鎮[60]，賞刑己出，日益驕恣。自以曩時不拜太子，見上春秋高，頗內懼。又見武備墮弛[61]，有輕中國之心。孔目官[62]嚴莊[63]、掌書記[64]高尚[65]因為之解圖讖，勸之作亂。

祿山養同羅[66]、奚、契丹降者八千餘人，謂之「曳落河[67]」。曳落河者，胡言壯士也。及家僮百餘人，皆驍勇善戰，一可當百。又畜戰馬數萬匹，多聚兵仗，分遣商胡詣諸道販鬻[68]，歲輸珍貨數百萬。私作緋紫袍、魚袋[69]，以百萬計。以高尚、嚴莊、張通儒及將軍孫孝哲[70]為腹心，史思明、安守忠、李歸仁、蔡希德、牛廷玠、向潤容、李庭望、崔乾祐、尹子奇、何千年、武令珣、能元皓、田承嗣[71]、田乾真、阿史那承慶為爪牙[72]。尚，雍奴[73]人，本名不危，頗有辭學，薄遊[74]河朔[75]，貧困不得志，常歎曰：「高不危當舉大事而死，豈能齧[76]草根求活邪！」祿山引置幕府，出入臥內。尚典牋奏，莊治[77]簿書[78]。通儒，萬歲[79]之子。孝哲，契丹也。承嗣世為盧龍[80]小校，祿山以為前鋒兵馬使。治軍嚴整[4]，嘗大雪，祿山按行[81]諸營，至承嗣營，寂若無人，入閱士卒，無一人不在者，祿山以是重之。

【章 旨】以上為第七段，寫安祿山狡黠，深得唐玄宗、楊貴妃寵信，被任命為平盧、范陽、河東三鎮節度使而輕視唐室，遂有叛逆之心。

【注 釋】❶壬辰 正月初八日。❷朝獻 古祭祀名，其儀式是尸（活人裝扮的受祭者）入祭室，享食祭品，然後主祭人酌酒敬尸。❸癸巳 正月初九日。❹甲子 正月乙酉朔，無「甲子」，壬辰以來連日祭祀，故「甲子」當為「甲午」之誤。甲午，正月初十日。❺丁酉 正月十三日。❻庚子 據《舊唐書·后妃傳上》記載，楊家五宅夜遊是「十載正月望夜」，庚子當是正月十五日夜。❼楊氏五宅 指楊貴妃宗兄楊銛、楊錡及韓國夫人、秦國夫人、虢國夫人五家貴戚。❽廣平公主 「平」字據《唐大詔令集》卷四十一封制應改為「寧」。廣寧公主，玄宗第二十六女，始封順成公主，天寶八載（西元七四九年）改封廣寧公主，九載四月二十六日出降程昌胤（裔）。傳見《新唐書》卷八十三。❾西市門 西市，在唐長安外郭城內朱雀門大街西第四街，懷遠坊之北、醴泉坊之南。佔二坊之地，為長安縣所屬商業貿易市場。西市四面各二門，所云「西市門」當指此。❿親仁坊 唐長安城坊之一，在朱雀門大街東第三街，宣陽坊南、永寧坊北。⓫幄帟 帳幕。⓬帖白檀牀 雕花貼金的白檀木床。帖，貼金。白檀，檀香木中最好的一種，色白而香。⓭銀平脫 把鏤成花紋圖案的金、銀薄葉，用膠漆貼在所製器物表面，重行上漆，加工細磨，使花紋脫露，這種工藝稱平脫。純用銀葉製成的為銀平脫。平脫，古代漆器工藝名。⓮屏風 室內陳設的作為擋風或遮蔽的用具。⓯廚廄 廚房、馬圈。⓰飯罌 罌形盛飯器。罌，腹大口小的盛酒器。⓱淘盆 淘米的盆子。⓲織銀絲筐 以銀絲織成的濾米筐。⓳笊籬 本用竹篾編成的杓形濾器。此為銀絲織成。⓴禁中服御之物 皇帝宮中使用物。㉑殆 大概；恐怕。㉒護役 監護工役。㉓眼大 貪多。㉔墨敕 由皇帝親自書寫的，不經過中書出旨、門下審覆、尚書省頒行而直接下達的敕令。㉕毬 同「球」。古代習武用具。用皮做成，以毛充實其中，足踏或杖擊為戲。㉖選勝 選擇名勝之地。㉗侑 侑歡，猶言助興。㉘梨園 玄宗曾選樂工三百人，宮女數百人，於禁苑的梨園教練歌舞，親自糾正聲音差誤，號「皇帝弟子」，又稱「梨園弟子」。後世因稱戲班為梨園，戲曲演員為梨園子弟。㉙教坊 掌管女樂的官署。本來，高祖已於禁中置內教坊，教習樂舞，隸屬太常；玄宗開元二年（西元七一四年），置內教坊於蓬萊宮側（徐松《唐兩京城坊考》認為此即梨園弟子），京都置左右教坊，以教俗樂，以中官為教坊使。後凡祭祀朝會，則用太常雅樂，歲時宴享，則用教坊諸部樂。㉚絡繹 往來不絕。㉛甲辰 正月二十日。㉜襁褓 嬰兒的被子。㉝綵輿 彩車。㉞舁 抬。㉟三日洗祿兒 新生兒三天後沐浴。安祿山認貴妃為母，貴妃便以祿山生日後第三天浴以為戲。㊱割耳剺面 我國古代匈奴、回紇等民族的風俗，凡遇大憂大喪，就用刀劃臉或割去耳朵，表示悲愁。剺，劃。(37)丙辰　二月初二日。(38)左羽林將軍　武官名，唐有左右羽林軍，各設大將軍一人、將軍二人，統領所屬北衙禁兵，宿衛宮城。(39)李右丞相　即李林甫。天寶元年（西元七四二年），改侍中為左相，中書令為右相。李林甫官中書令，故稱右相。據胡三省注，「丞」為衍字。(40)三兄　安祿山排行第三。(41)堪　能夠；可以。(42)大任　重任，指宰相。(43)曩日之言　曩，過去；以往。吉溫做新豐縣丞時，太子文學薛嶷曾把他推薦給玄宗，玄宗召見吉溫後說：「是一不良人，朕不用也。」事見上卷天寶四載。(44)大理司直　官名，大理寺屬員，掌出使推鞫查核，參議疑獄。(45)張通儒　安祿山心腹謀士，曾任為西京留守。安慶緒時為中書令。其事散見《舊唐書》卷二百上、《新唐書》卷二百二十五上〈安祿山傳〉等篇。(46)扶掖　攙扶。(47)揣知　試探；猜測。(48)慢侮　輕慢；不禮貌。(49)憚　畏懼；害怕。(50)沾　浸潤。(51)中書廳　指中書省的辦公廳堂。(52)撫以溫言　用溫和言語進行安慰。(53)忻荷　忻，同「欣」。心中高興。荷，感荷；感謝。(54)十郎　李林甫排行第十。(55)劉駱谷　安祿山幕僚，常替祿山入朝奏事，充當耳目。其事散見《舊唐書》卷二百上、《新唐書》卷二百二十五上〈安祿山傳〉等篇。(56)檢校　檢點。(57)輒　就；則。(58)據　靠著；按著。(59)噫嘻　感歎詞。(60)三鎮　平盧、范陽、河東。此時安祿山兼三鎮節度使。(61)武備墮弛　軍備鬆弛、毀壞。武備，軍備。墮，通「隳」。毀壞。弛，鬆弛。(62)孔目官　地方軍府衙前吏職名，掌管文書檔案。事無大小，都經其手，一孔一目，無不綜理，故名。(63)嚴莊　安祿山幕僚，為其謀主。後謀殺祿山，立其子安慶緒為主。至德二載（西元七五七年）降唐。其事散見《舊唐書》卷二百上、《新唐書》卷二百二十五上〈安祿山傳〉等篇。(64)掌書記　節度使的幕職，掌表奏書檄的起草。(65)高尚　安祿山心腹。傳見《舊唐書》卷二百上、《新唐書》卷二百二十五上〈安祿山傳〉等篇。(66)同羅　古部族名，早為鐵勒的別部。後為回紇外九姓部落之一，活動在今蒙古人民共和國境內圖拉河北。貞觀時內屬，二十一年（西元六四七年）唐於其地置龜林都督府。(67)曳落河　又作曳敕、拽剌，契丹語，意為壯士、健兒。(68)販鬻　販賣。(69)緋紫袍魚袋　緋，紅色。唐制，文武官員三品以上服紫，金玉帶；四品服深緋，五品服淺緋，並金帶。又，五品以上官員，給隨身魚符，皆盛以袋，謂之魚袋。安祿山私作大量緋袍、紫袍和魚袋，以備起事後封授官爵之用。(70)孫孝哲　安祿山將領，後降唐。傳見《舊唐書》卷二百上、《新唐書》卷二百二十五上〈安祿山傳〉等篇。(71)田承嗣　（西元七〇四－七七八年）平州（今河北盧龍）人，初事安祿山，後降唐，為魏博節度使，割據一方。官至檢校尚書僕射、同中書門下平章事，封雁門郡王。傳見《舊唐書》卷一百四十一、《新唐書》卷二百十。(72)爪牙　得力的助手、親信或黨羽。(73)雍奴　縣名，縣治在今天津市武清東。(74)薄遊　周遊。薄，發語詞。(75)河朔　地區名，泛指黃河以北。(76)齧　咬。(77)治　管理；處理。(78)簿書　官署文書簿籍。(79)萬歲　即張萬歲，初為劉武周的驍將，降唐，貞觀（西元六二七－六四九年）至麟德（西元六六四－六六五年）間，任太僕少卿，領群牧。故胡三省注云：「通儒必非其子，或者其孫也；否則別又有一張萬歲。」其事散見《舊唐書》卷五十五、《新唐書》卷八十六〈劉武周傳〉等篇。⑳盧龍 古塞名，在今河北喜峰口附近。㉁按行 巡行。

【校 記】①治第 據章鈺校，十二行本、乙十一行本皆作「起第」。②一方一丈八尺 原作「方丈六尺」。據章鈺校，十二行本、乙十一行本、孔天胤本皆作「一方一丈八尺」，張瑛《通鑑校勘記》同，今據校改。③不必 據章鈺校，十二行本、乙十一行本二字互乙，張敦仁《通鑑刊本識誤》同。④治軍嚴整 原無此四字。據章鈺校，十二行本、乙十一行本、孔天胤本皆有此四字，張敦仁《通鑑刊本識誤》、張瑛《通鑑校勘記》同，今據補。

【語 譯】十載（辛卯 西元七五一年）

春，正月初八日壬辰，玄宗祭祀太清宮。初九日癸巳，享祭太廟。甲子日，在南郊合祭天地之神，赦免天下，免除全國今年的地稅。

正月十三日丁酉，任命李林甫遙領朔方節度使，任命戶部侍郎李暐知留後事。

正月十六日庚子，楊銛、楊錡和韓國、虢國、秦國三夫人等五家夜晚出遊，與廣平公主的隨從在西市門爭鬥，楊家奴僕揮鞭打到了公主的衣服，公主從馬上掉下來，駙馬程昌裔下馬攙扶她，也被打了好幾鞭子。公主向玄宗哭訴，玄宗為此杖殺了楊家奴僕。次日，罷免程昌裔的官職，不讓他朝拜。

玄宗讓有關部門在親仁坊替安祿山修建宅第，命令只管盡量壯觀華麗，不限制花費多少財力物力。宅第修好後，備齊帳幕器皿，布滿宅第。有貼金白檀床兩張，都是一丈長，六尺寬，用平脫工藝製成銀葉屏風，帳一方一丈八尺，廚房、馬廄中的東西全用金銀裝飾，有金飯罌兩個，銀淘米盆兩個，都可以盛放五斗米，銀絲編織的筐子和笊籬各一個，其他物品和上述物品一樣華貴。即使宮禁中皇帝使用的東西，大概也比不上。玄宗經常命令宮中使者替安祿山監護工役，建築宅第以及製作儲備賞賜物品時，常告誡他們說：「胡人眼大貪多，不要讓他笑話我們小氣。」

安祿山入住新宅，設酒宴，請求玄宗下達墨敕讓宰相到新宅來。這一天，玄宗打算在樓下打毬，為此立刻取消了遊戲，命令宰相赴宴。每天派遣楊氏各家和安祿山選擇名勝之地遊玩宴飲，又用梨園子弟演奏的教坊音樂來助興。玄宗每次吃到一種食物稍有甘美，或者後苑中打獵得到新鮮的禽鳥，就派宮中使者馳馬送去，路上馬匹絡繹不絕。

正月二十日甲辰，是安祿山生日，玄宗和楊貴妃賞賜的衣服、寶器、酒食非常豐厚。後來第三天，叫安祿山進入宮中，楊貴妃用錦繡做了一個嬰兒用的大被子，裹住安祿山，讓宮女用花轎抬著他。玄宗聽到後宮裡歡聲笑語，詢問是什麼緣故，左右的人回答說是貴妃替祿兒洗三日澡。玄宗親自前往觀看，很高興，賞賜貴妃洗兒金銀錢，又厚厚地賞賜安祿山，盡歡散去。從此不禁止安祿山出入宮廷，有時與楊貴妃相對而食，有時整夜不出宮，有不少醜聞傳到外面，玄宗也不起疑心。

安西節度使高仙芝入朝，獻上抓獲的突騎施可汗、吐蕃酋長、石國王、朅師王，玄宗加任高仙芝開府儀同三司。不久又任命高仙芝為河西節度使，替代安思順。安思順示意各部胡人用刀割耳朵劃破臉皮，請求把自己留下來，玄宗下制書又把安思順留在河西。

安祿山請求兼任河東節度使。二月初二日丙辰，任命河東節度使韓休珉為左羽林將軍，讓安祿山替代他做河東節度使。

戶部郎中吉溫看到安祿山有寵於玄宗，又去依附他，結為兄弟，他勸安祿山說：「李右丞相雖然識時務和你親近，但不一定願意讓你做宰相。我吉溫雖然受他使喚，最後也得不到提升。你如果向玄宗推薦我吉溫，我吉溫立刻上奏玄宗，說你能夠擔當大任，我們一起把李林甫排擠出朝廷，你做宰相是必然的了。」安祿山對他的話很有興趣，多次在玄宗面前稱讚吉溫的才幹，玄宗也忘記了自己過去說的話。趕上安祿山領河東節度使，藉機奏請吉溫為節度副使、知留後，讓大理司直張通儒為留後判官，河東道的政務全部委派他們處理。

這時，楊國忠為御史中丞，正受皇恩主理政事。安祿山上下宮殿的臺階，楊國忠常常攙扶他。安祿山與王鉷都為大夫，王鉷的權力職位在李林甫之下。安祿山見到李林甫，態度相當傲慢。李林甫假裝有別的事叫王大夫，王鉷到了，趨步禮拜非常恭謹。安祿山下意識地感到自己失禮，容貌便漸顯恭敬。李林甫和安祿山談話，每每揣到他的想法，事先說出來，安祿山驚奇佩服。安祿山對朝廷公卿都輕慢無禮，惟獨畏懼李林甫，每次相見，即使隆冬嚴寒，也常常汗溼衣服。李林甫就帶著他坐在中書省的辦公廳裡，用溫言溫語安撫他，親自解下自己的披袍披在安祿山身上。安祿山心存感激，言無不盡，稱李林甫為十郎。回到范陽後，劉駱谷每次從長安回來，安祿山一定詢問：「十郎說了什麼？」聽到好話就高興。有時只說：「告訴安大夫，要好自檢點！」安祿山就反手按著床說：「哎呀，我要死了！」

安祿山兼領三鎮節度使後，賞罰出自一己之手，日益驕恣。自認為過去不跪拜太子，看到玄宗現在年事已高，內心非常恐懼。又看到朝廷武備弛毀，便產生了輕視中原的念頭。孔目官嚴莊、掌書記高尚趁機替他講解圖讖，勸他作亂。

安祿山收養了同羅、奚、契丹各部族八千多投降的人，稱他們為「曳落河」。所謂曳落河，胡語是壯士的意思。還有家僮一百多人，都驍勇善戰，以一當百。又蓄養幾萬匹戰馬，大量聚集兵器，分別派遣胡族商人前往各道經商販賣，每年運回好幾百萬珍貴的貨物。私下製作緋紫袍、魚袋，數以百萬計。以高尚、嚴莊、張通儒及將軍孫孝哲為心腹，以史思明、安守忠、李歸仁、蔡希德、牛廷玠、向潤容、李庭望、崔乾祐、尹子奇、何千年、武令珣、能元皓、田承嗣、田乾真、阿史那承慶為爪牙。高尚，是雍奴人，本名叫不危，很有文學修養，周遊河朔，貧窮不得志，經常感歎說：「我高不危應當做大事而死，怎麼能夠靠吃草根求得活命呢！」安祿山把他請來安排在幕府裡，出入寢內。高尚主管箋表奏章，嚴莊管理文書簿籍。張通儒，是張萬歲的兒子。孫孝哲，是契丹人。田承嗣世世代代都是盧龍的小校尉，安祿山任命他為前鋒兵馬使。他治軍嚴整，曾經下大雪，安祿山巡視各軍營，到了田承嗣的軍營，安靜得好像沒有人，進去檢閱士卒，沒有一個人不在軍營，安祿山因此很器重他。

夏，四月壬午❶，劍南節度使鮮于仲通討南詔蠻，大敗於瀘南❷。時仲通將兵八萬，分二道出戎❸、巂州，至曲州❹、靖州❺。南詔王閤羅鳳遣使[1]謝罪，請還所俘掠，城雲南❻而去，且曰：「今吐蕃大兵壓境，若不許我，我將歸命吐蕃，雲南非唐有也。」仲通不許，囚其使。進軍至西洱河❼，與閤羅鳳戰，軍大敗，士卒死者六萬人，仲通僅以身免。楊國忠掩其敗狀，仍敘其戰功。閤羅鳳斂戰尸，築為京觀❽，遂北臣❾於吐蕃。蠻語謂弟為鍾，吐蕃命閤羅鳳為贊普❿鍾，號曰東帝，給以金印。閤羅鳳刻碑於國門，言己不得已而叛唐，且曰：「我世世事唐，受其封爵[2]。後世容復歸唐，當指碑以示唐使者，知吾之叛非本心也。」

制大募兩京及河南、北兵以擊南詔。人聞雲南多瘴癘⓫，未戰，士卒死者什八九，莫肯應募。楊國忠遣御史分道捕人，連枷⓬送詣軍所。舊制，百姓有勳者免征役。時調兵既多，國忠奏先取高勳。於是行者愁怨，父母妻子送之，所在哭聲振野。

高仙芝之虜石國王也，石國王子逃詣諸胡，具告仙芝欺誘貪暴之狀。諸胡皆怒，潛引大食欲共攻四鎮。仙芝聞之，將蕃、漢三萬眾擊大食⓭，深入七百餘里，至恆羅斯城⓮，與大食遇。相持五日，葛羅祿⓯部眾叛，與大食夾攻唐軍。仙芝大敗，士卒死亡略盡，所餘纔數千人。右威衛將軍李嗣業勸仙芝宵遁⓰。道路阻隘，拔汗那部眾在前，人畜塞路。嗣業前驅，奮大梃擊之，人馬俱斃，仙芝乃得過。將士相失，別將⑰汧陽段秀實⑱聞嗣業之聲，詬⑲曰：「避敵先奔，無勇也，全己棄眾，不仁也，幸而得達，獨無愧乎！」嗣業執其手謝⑳之，留拒追兵，收散卒，得俱免。還至安西，言於仙芝，以秀實兼都知兵馬使，為己判官。

八月丙辰㉑，武庫火，燒兵器三十七萬。

安祿山將三道㉒兵六萬以討契丹，以奚騎二千為鄉導㉓，過平盧千餘里，至土護真水㉔。遇雨，祿山引兵晝夜兼行㉕三百餘里，至契丹牙帳，契丹大駭。時久雨，弓弩筋膠皆弛。大將何思德言於祿山曰：「吾兵雖多，遠來疲弊，實不可用，不如按甲息兵以臨之，不過三日，虜必降。」祿山怒，欲斬之。思德請前驅效死。思德貌類祿山，虜爭擊，殺之，以為已得祿山，勇氣增倍。奚復叛，與契丹合，夾擊唐兵，殺傷殆盡。射祿山，中鞍，折冠簪㉖，失履，獨與麾下二十騎走。會夜，追騎解㉗，得入師州㉘。歸罪於左賢王哥解㉙、河東兵馬使魚承仙而斬之。

平盧兵馬使史思明懼，逃入山谷近二旬，收散卒，得七百人。平盧守將史定方將精兵二千救祿山，契丹引去，祿山乃得免。至平盧，麾下皆亡，不知所出。

史思明出見祿山，祿山喜，起，執其手曰：「吾得汝，復何憂！」思明退，謂人曰：「鄉使㉚早出，已與哥解并斬矣！」契丹圍師州，祿山使思明擊卻之。

冬，十月壬子㉛，上幸華清宮。

楊國忠使鮮于仲通表請己遙領劍南。十一月丙午㉜，以國忠領劍南節度使。

【章旨】以上為第八段，寫唐軍征南詔、討西域、襲契丹，全線敗北。

【注釋】❶壬午　四月三十日。❷瀘南　瀘水之南。古瀘水指今雅礱江下游和金沙江會合雅礱以後一段。❸戎　即戎州，州名，治所在今四川宜賓。❹曲州　州名，治所在今雲南昭通。❺靖州　州名，治所今缺，當在今四川宜賓境內。❻城雲南　去年南詔攻陷雲南城，當有毀壞處，所以請修治雲南城以謝罪。❼西洱河　即洱海。在今雲南大理城東。❽京觀　古代戰爭，勝者為了炫耀武功，搜集敵人屍首，封土成高冢，稱為京觀。閣羅鳳所築京觀在今雲南下關。❾北臣　北面稱臣。古代君見臣，南面而坐，故以「北面」指向人稱臣。❿贊普　吐蕃君長稱號，意為雄強的丈夫。⓫瘴癘　山林溼熱地區流行的惡性瘧疾等傳染病。⓬連枷　枷鎖相連。⓭大食　即當時的阿拉伯帝國。⓮恆羅斯城　據《舊唐書・段秀實傳》，「恆」為「怛」之誤。古城名，唐時為西域交通中心之一，故址在前蘇聯哈薩克東南部江布爾城。⓯葛羅祿　西突厥的一支，分布在今新疆準噶爾盆地，唐高宗時，在該地設有都督府。後加入回紇外九姓部落集團。天寶中，徙西突厥故地，建庭於碎葉城。⓰宵遁　乘夜逃走。⓱別將　軍官名，聖曆三年（西元七〇〇年）始置，每折衝府一員，居果毅都尉之下，其職責是隨折衝都尉操練衛士和出發戍衛。若徵調府兵數量較少，則由別將領隊出發。若折衝府缺兵曹、長史，則別將兼判府事。⓲段秀實　（？—西元七八三年）汧陽（今陝西千陽）人，有智謀。朱泚之亂，段秀實欲謀殺朱泚而壯烈犧牲。傳見《舊唐書》卷一百二十八、《新唐書》卷一百五十三。⓳詬　罵。⓴謝　道歉。㉑丙辰　八月初六日。㉒三道　唐代在軍政方面有不同涵義的道。這裡指的是由監察區演變為方鎮的道，即一個節度使管轄的地區稱為道。三道，指幽州、平盧、河東三節度使轄區。㉓鄉導　即「嚮導」。在前帶路者。㉔土護真水　又作吐護真河。即今內蒙古老哈河。㉕兼行　加倍趕路。㉖冠簪　指別住帽子的針簪。

冠，帽子。簪，古代用來綰住頭髮或把帽子別在頭髮上的一種針形首飾。㉗解　懈怠。㉘師州　河北道羈縻州名，僑治良鄉之東閭城。不詳今在何處。㉙左賢王哥解　哥解，突厥降將。左賢王為漢朝時匈奴單于下的最高官職，通常為單于的繼承者擔任。唐代突厥官職中未見此名。此亦當為哥解的官名。㉚曏使　假使；如果。㉛壬子　十月初三日。㉜丙午　十一月二十七日。

【校　記】①遣使　原無此二字。據章鈺校，十二行本、乙十一行本、孔天胤本皆有此二字，張敦仁《通鑑刊本識誤》同，今據補。②封爵　據章鈺校，十二行本、乙十一行本皆作「封賞」。

【語　譯】夏，四月三十日壬午，劍南節度使鮮于仲通討伐南詔蠻，在瀘水南面大敗。當時鮮于仲通率軍八萬，分兩路從戎州、嶲州出發，到達曲州、靖州。南詔王閤羅鳳遣使謝罪，請求歸還俘虜的人員以及掠奪的物品，修復雲南城後離去，並且說：「如今吐蕃大兵壓境，如果不允許我的請求，我即將歸附吐蕃，雲南就不歸唐所有了。」鮮于仲通不同意，囚禁了他的使者。進軍到西洱河，與閤羅鳳交戰，唐軍大敗，士卒死了六萬人，鮮于仲通僅僅一個人逃脫。楊國忠遮掩他戰敗的實況，仍然記錄他的戰功。閤羅鳳收殮戰死的唐兵屍體，修築了一個高大的土堆，於是稱臣吐蕃。蠻語稱弟為鍾，吐蕃任命閤羅鳳為贊普鍾，號稱東帝，給他金印。閤羅鳳在都城的大門前刻了一座石碑，說明自己迫不得已背叛唐朝，並且說：「我世代侍奉唐朝，接受唐朝的封爵。後世還容許我歸附唐朝，應該指著這個碑讓唐朝使者看，知道我之所以背叛並非本意。」

玄宗下制書大量徵募兩京及河南、河北的士兵去攻打南詔。人們聽說雲南多有瘴氣瘟疫，沒有開戰，士卒死去的有十分之八九，沒有人願意應募。楊國忠派御史分別到各地抓人，用枷鎖牽連，送往軍營。過去的制度，老百姓中有功勳的人免除兵役。因為當時調集的士卒已經很多，楊國忠便奏請首先選取功勳高的人服兵役。於是當兵遠行的人愁苦怨恨，父母妻兒為他們送行，到處哭聲震野。

高仙芝俘虜石國王的時候，石國王的兒子逃往各個胡人部落，全部訴說高仙芝欺詐誘騙和貪婪殘暴的情形。各個胡人部落都很生氣，祕密聯絡大食，想要一起攻打四鎮。高仙芝聽說這個消息，率領蕃兵和漢兵三萬多人攻打大食，深入七百多里，抵達恆羅斯城，與大食的軍隊相遇。相互對峙了五天，葛羅祿的部隊叛變，和大食軍隊夾攻唐軍。高仙芝大敗，士卒死亡殆盡，剩下士卒才幾千人，右威衛將軍李嗣業勸高仙芝夜裡逃走。道路狹窄，前面有拔汗那的部隊，人和牲畜堵塞了道路。李嗣業在前面開路，舉著大棍猛打，人馬都被打死，高仙芝才得以通過。將領和士兵互相失去聯繫，別將汧陽人段秀實聽到李嗣業的聲音，大罵道：「躲避敵人率先逃跑，毫無勇氣，保全自己拋棄大家，毫無仁德，僥倖逃脫成功，難道不感到慚愧嗎！」李嗣業握著他的手道歉，留下來抵擋追兵，收拾散兵，全都得以脫身。回到安西，李嗣業把這事告訴了高仙芝，高仙芝任命段秀實兼都知兵馬使，做自己的判官。

八月初六日丙辰，武庫失火，燒毀兵器三十七萬件。

安祿山率領幽州、平盧、河東三道部隊六萬人討伐契丹，讓奚人騎兵二千人做嚮導，過了平盧一千多里，到達土護真水。遇上下雨，安祿山率領部隊晝夜兼行三百多里，抵達契丹統帥的營帳前，契丹大驚。當時長時間下雨，弓弩弦鬆膠弛。大將何思德對安祿山說：「我們的士卒雖然很多，但是從遠方趕來非常疲憊，實際上不能用兵，不如按甲息兵逼近他，過不了三天，敵人一定投降。」安祿山大怒，想要殺死他。何思德請求打前鋒以死相報。何思德的相貌與安祿山相像，敵人爭相進攻，殺死了他，以為已經殺了安祿山，勇氣倍增。奚人又叛變了，與契丹聯合，夾擊唐軍，唐軍幾乎被全部殺傷。敵人箭射安祿山，射中馬鞍，折斷了帽子上的簪子，丟掉了鞋子，僅僅和部下二十個騎兵逃走。趕上夜晚，追趕的騎兵鬆懈了，安祿山等人才得以進入師州。安祿山歸罪於左賢王哥解和河東兵馬使魚承仙，把他們殺了。

平盧兵馬使史思明很恐懼，逃進山谷近二十天，收攏散卒，得到七百人。平盧守將史定方率領精兵兩千人援救安祿山，契丹兵撤走，安祿山才得以脫身。到達平盧，部下都陣亡了，不知如何是好。史思明出來見安祿山，安祿山很高興，起身拉著他的手說：「我得到了你，還有什麼憂慮！」史思明退出後，對人說：「如果我早些出來，已經和哥解一起被處斬了！」契丹包圍師州，安祿山派史思明把他們打退了。

冬，十月初三日壬子，玄宗親臨華清宮。

楊國忠派鮮于仲通上表讓自己遙領劍南節度使。十一月二十七日丙午，任命楊國忠領劍南節度使。

十一載（壬辰　西元七五二年）

春，正月丁亥❶，上還宮。

二月庚午❷，命有司出粟帛及庫錢數十萬緡❸於兩市❹易惡錢。先是，江、淮多惡錢，貴戚大商往往以良錢一易惡錢五，載入長安，市井❺不勝其弊。故李林甫奏請禁之，官為易取，期一月，不輸官者罪之。於是商賈囂然❻，不以為便，眾共遮❼楊國忠馬自言。國忠為之言於上，乃更命非鉛錫所鑄及穿穴者❽，皆聽用之如故。

三月，安祿山發蕃、漢步騎二十萬擊契丹，欲以雪去秋之恥。初，突厥阿布思來降❾，上厚禮之，賜姓名李獻忠，累遷朔方節度副使，賜爵奉信王。獻忠有才略，不為安祿山下，祿山恨之。至是，奏請獻忠帥同羅數萬騎與俱擊契丹。獻忠恐為祿山所害，白留後張暐，請奏留不行，暐不許。獻忠乃帥所部大掠倉庫，叛歸漠北，祿山遂頓兵不進。

乙巳❿，改吏部為文部，兵部為武部，刑部為憲部。

戶部侍郎、御史大夫、京兆尹王鉷權寵日盛，領二十餘使⓫。宅旁為使院，文案盈積，吏求署一字，累日不得前。中使賜賚⓬不絕於門，雖李林甫亦畏避之。

林甫子岫⑬為將作監，鉷子準為衛尉少卿，俱供奉禁中⑭。準陵侮岫，岫常下之。然鉷事林甫謹，林甫雖忌其寵，不忍害也。

準嘗帥其徒過駙馬都尉王繇⑮，繇望塵拜伏，準挾⑯彈⑰命中於繇冠，折其玉簪，以為戲笑。既而繇延準置酒，繇所尚永穆公主，上之愛女也，為準親執刀匕⑱。準去，或謂繇曰：「鼠⑲雖挾其父勢，君乃使公主為之具⑳食，有㉑如上聞，無乃㉒非宜？」繇曰：「上雖怒無害。至於七郎㉓，死生所繫，不敢不爾㉔。」

鉷弟戶部郎中銲凶險不法，召術士任海川問：「我有王者之相否？」海川懼，亡匿。鉷恐事泄，捕得，託以它事杖殺之。王府司馬㉕韋會，定安公主㉖之子，王繇之同產㉗也，話之私庭㉘，鉷又[1]使長安尉賈季鄰收會繫獄，縊殺之，繇不敢言。

銲所善邢縡㉙，與龍武萬騎㉚謀殺龍武將軍，以其兵作亂，殺李林甫、陳希烈、楊國忠。前期㉛二日，有告之者。夏，四月乙酉㉜，上臨朝㉝，以告狀面授鉷，使捕之。鉷意銲在縡所，先使人召之。日晏㉞，乃命賈季鄰等捕縡。縡居金城坊㉟，季鄰等至門，縡帥其黨數十人持弓刀格鬬突出。鉷與楊國忠引兵繼至，縡黨曰：「勿傷大夫人㊱。」國忠之傔密謂國忠曰：「賊有號㊲，不可戰也。」縡鬬且走，至皇城㊳西南隅。會高力士引飛龍禁軍㊴四百至，擊斬縡，捕其黨，皆擒之。國忠以狀白㊵上，曰：「鉷必預謀。」上以鉷任遇深，不應同逆，李林甫亦為之辯解㊶，上乃特命原㊷銲不問。然意欲鉷表請罪之。使國忠諷之，鉷不忍㊸，上怒。會陳希烈極言鉷大逆當誅，戊子㊹，敕希烈與國忠鞫之，仍以國忠兼京兆尹。於是任海川、韋會等事皆發，獄具，鉷賜自盡，銲杖死於朝堂，鉷子準、偁㊺流嶺南，尋殺之。有司籍㊻其第舍，數日不能徧。鉷賓佐莫敢窺其門，獨采訪判官㊼裴冕㊽收其尸葬之。

初，李林甫以陳希烈易制，引為相，政事常隨林甫左右，晚節㊾遂與林甫為敵，林甫懼。會李獻忠叛，林甫乃請解朔方節制，且薦河西節度使安思順自代㊿。庚子(51)，以思順為朔方節度使。

五月戊申(52)，慶王琮薨，贈靖德太子。

【章旨】以上為第九段，寫權臣傾軋，楊國忠逼殺御史大夫王鉷，威震天下，李林甫亦畏避之。

【注釋】❶丁亥　正月初九日。❷庚午　二月二十二日。❸數十萬緡　《舊唐書・食貨志》和《冊府元龜・邦計部・錢幣三》皆作「三數十萬貫」，《新唐書・食貨志四》作「三十萬緡」。❹兩市　指長安的東市和西市。❺市井　此指市井之人，即進行買賣的人們。❻囂然　喧譁；吵鬧。❼遮　攔住。❽非鉛錫所鑄及穿穴者　新舊《唐書・食貨志》和《冊府元龜・邦計部・錢幣三》皆作「非鐵錫、銅沙、穿穴、古文，並許依舊行用」。《通鑑》作「鉛錫」不合原意。❾突厥阿布思來降　天寶元年（西元七四二年），朔方節度使王忠嗣趁突厥內亂出兵，西葉護阿布思率眾降唐。⑩乙巳　三月二十八日。⑪領二十餘使　據《舊唐書・王鉷傳》，此時王鉷所領使職有：和市和糴使、長春宮使、戶口色役使、京畿采訪使、京畿關內道黜陟使、關內采訪使、閑廄使、苑內營田、五坊、宮苑等使、隴右群牧使、支度營田使、都知總監及栽接等使。⑫賜賚　賞賜。⑬岫　人名，李林甫之子。⑭供奉禁中　在禁苑侍奉皇帝。按，將作監和衛尉少卿非供奉官，只有因優寵而特命才能供奉於禁中。⑮王繇　相州安陽（今河南安陽）人，王同皎（神龍時任光祿卿，謀誅武三思被殺）之子。尚唐玄宗長女永穆公主。其事散見《舊唐書》卷一百五〈王鉷傳〉、《新唐書》卷一百九十一〈王同皎傳〉等篇。⑯挾　攜帶。⑰彈　用彈弓發射彈丸。⑱親執刀匕　意即親手拿起刀匙做飯菜。刀匕，刀和匙，借指炊具。⑲鼠　猶言鼠輩，蔑視他人之詞。⑳具　備；置備。㉑有　助詞，無義，常加於他詞之前以成句。㉒無乃　豈不是。表示委婉語氣。㉓七郎　王鉷排行第七。㉔爾　助詞，用於句末，表示語氣。㉕王府司馬　官名，王府屬官，與長史共統府內僚屬，總管王府政務。㉖定安公主　中宗之女，下嫁王同皎，生繇，又嫁韋濯，生會。㉗同產　同母兄弟。㉘私庭　自己家裡。㉙邢縡　人名，亂黨首領。其事散見《舊唐書》卷一百六〈楊國忠傳〉、《新唐書》卷一百三十四〈王鉷傳〉等篇。㉚龍武萬騎　禁軍名，即左右龍武軍所隸左右萬騎營。㉛前期　在約定日期之前。㉜乙酉　四月初九。㉝臨朝　當朝處理國事。㉞日晏　日暮。㉟金城坊　長安城坊之一。在朱雀大街西第四街之北第三坊。㊱勿傷大夫人　言不要傷害王鉷所帶之人。王鉷當時兼御史大夫。㊲號　暗號。㊳皇城　京城之內有皇城，皇城之內有宮城。㊴飛龍禁軍　飛龍，本是武則天萬歲通天元年（西元六九六年）所置仗內閑廄之一。同時又置飛龍使，由宦官擔任，掌管閑廄馬匹，並領有大量養馬、調馬人員，是一種潛在的軍事力量。飛龍禁軍，一種理解是乘飛龍閑廄馬匹的北衙禁軍；另一種理解是把飛龍使掌握的人馬武裝起來充當的禁軍。㊵白　下對上告訴、陳述。㊶辯解　辯護、解釋。㊷原　寬恕；赦免。㊸不忍　不顧上表請罪。㊹戊子　四月十二日。㊺偁　「稱」的本字。㊻籍　沒收入官。㊼采訪判官　王鉷曾兼京畿采訪使，采訪判官為采訪使的幕職，是處理使府實際事務的僚佐。㊽裴冕　（？—西元七六九年）河東冠族。官至中書侍郎、同中書門下平章事，封冀國公。傳見《舊唐書》卷一百十三、《新唐書》卷一百四十。㊾晚節　晚年。㊿自代　代替自己。(51)庚子　四月二十四日。(52)戊申　五月初三日。

【校　記】[1]又　原無此字。據章鈺校，十二行本、乙十一行本皆有此字，今據補。

【語　譯】十一載（壬辰　西元七五二年）

春，正月初九日丁亥，玄宗回宮。

二月二十二日庚午，命令有關部門拿出粟米布帛和國庫幾十萬緡錢在兩市交換惡錢。此前，江、淮一帶有很多惡錢，高官國戚和巨商往往用一個好錢交換五個惡錢，運進長安，市井百姓不勝其害。所以李林甫奏請禁行惡錢，官府出面交換兌取，期限一個月，不把惡錢交給官府的人要治罪。於是商人們大吵大鬧，認為很不方便，大家一起攔住楊國忠的馬親自申訴。楊國忠替他們向玄宗申訴，於是就改變命令，不是用鉛、錫鑄造的以及穿孔的錢，都允許像以前一樣使用。

三月，安祿山調發蕃、漢步兵和騎兵二十萬攻打契丹，想要雪洗去年秋天的恥辱。當初，突厥阿布思前來投降，玄宗對他厚禮相待，賜予姓名李獻忠，多次升遷，官至朔方節度副使，賜爵奉信王。李獻忠具有才幹和謀略，不願處於安祿山之下，安祿山很恨他。到這時，上奏請讓李獻忠率領同羅幾萬騎兵和他一起攻打契丹。李獻忠擔心被安祿山陷害，告訴留後張暐，請求他上奏，留下自己，不與安祿山同行，張暐沒有答應。李獻忠便帶領所統部眾大肆搶掠倉庫，背叛朝廷回到漠北，安祿山也因此按兵不動。

三月二十八日乙巳，把吏部改為文部，兵部改為武部，刑部改為憲部。

戶部侍郎、御史大夫、京兆尹王鉷權勢和恩寵日益隆盛，兼領二十多個使職。宅第旁邊就是使院，文書案卷堆積，官吏為了請他簽一個字，好幾天都不能上前。宮中使者賜送物品不絕於家門，即使是李林甫也畏避他。李林甫的兒子李岫任將作監，王鉷的兒子王準任衛尉少卿，都供職宮中。王準欺陵李岫，李岫常常甘居下風。然而王鉷對待李林甫很恭謹，李林甫雖然嫉恨他受玄宗寵幸，但也不忍心陷害。

王準曾經帶領他的部下去駙馬都尉王繇那裡，王繇望著王準車塵叩拜，王準拿著彈弓射中王繇的帽子，折斷帽子上的玉簪，拿著開玩笑。接著王繇設酒宴款待王準，王繇所娶的永穆公主，是玄宗的愛女，她為王準親執刀匕備饌。王準走後，有人對王繇說：「鼠輩雖然依仗他父親的權勢，你卻讓公主為他準備飯食，如果皇上知道了，豈不是不合適？」王繇說：「皇上雖然生氣，卻沒有什麼妨害。至於王鉷，是我生死所繫，不敢不這樣做啊。」

王鉷的弟弟戶部郎中王銲兇狠險惡，不守法度，把術士任海川叫來問道：「我有王者的相貌嗎？」任海川非常害怕，逃走躲藏起來。王鉷擔心事情洩露，抓到了任海川，假借其他的事由用棍棒打死了他。王府司馬韋會，是安定公主的兒子，是王繇同母異父兄弟，在自己家裡談及此事，王鉷又派長安尉賈季鄰把韋會逮捕下獄，把他吊死了，王繇不敢作聲。

王銲的好友邢縡，與龍武萬騎謀劃殺害龍武將軍，利用他的部隊作亂，殺死李林甫、陳希烈、楊國忠等人。在約定日期前兩天，有人告發了他們。夏，四月初九日乙酉，玄宗親臨朝堂，把上告狀當面交給王鉷，讓他抓捕企圖作亂的人。王鉷猜想王銲在邢縡家中，先派人叫回王銲。傍晚，才命令賈季鄰等人去抓捕邢縡。邢縡住在金城坊，賈季鄰等人到了他家門口，邢縡帶領他的黨徒幾十人手持弓箭刀劍格鬥，衝了出去。王鉷與楊國忠帶兵相繼趕到，邢縡的黨徒說：「不要傷害王大夫的人。」楊國忠的副官暗中對楊國忠說：「賊黨有暗號，不能與他們作戰。」邢縡邊打邊跑，到了皇城西南角。正遇上高力士帶領飛龍禁軍四百人趕到，擊殺了邢縡，逮捕他的黨羽，全部活捉了他們。

楊國忠把情況告訴玄宗，說：「王鉷肯定參與了這個陰謀。」玄宗認為王鉷深受自己的信任和恩遇，不應該一起叛逆，李林甫也替他辯解，玄宗就特地下令寬恕王銲，不加追究。但心裡想讓王鉷上表請求治他的罪。派楊國忠去暗示他，王鉷不願上表請罪，玄宗非常生氣。遇上陳希烈極力稱說王鉷大逆不道應當處死，四月十二日戊子，玄宗下敕書命令陳希烈和楊國忠審理此案，仍然用楊國忠兼任京兆尹。這時任海川、韋會等人的事情都揭發出來，獄訟結案，賜王鉷自殺，把王銲用棍棒打死在朝堂上，王鉷的兒子王準、王偁流放嶺南，不久殺死了他們。有關部門抄沒王鉷的房產，好幾天都不能登記完畢。王鉷的賓客僚屬沒有一個人敢窺探他的門戶，只有采訪判官裴冕收了王鉷的屍體並安葬了他。

當初，李林甫認為陳希烈容易控制，推薦為宰相。陳希烈處理政事經常跟隨李林甫左右，晚年才與李林甫為敵，李林甫害怕了。遇上李獻忠叛變，李林甫就請求免去他的朔方節度使，並且推薦河西節度使安思順代替自己。四月二十四日庚子，任命安思順為朔方節度使。

五月初三日戊申，慶王李琮去世，贈諡靖德太子。

丙辰❶，京兆尹楊國忠加御史大夫、京畿・關內采訪等使，凡王鉷所綰❷使務，悉歸國忠。

初，李林甫以國忠微才❸，且貴妃之族，故善遇之。國忠與王鉷俱為中丞，鉷用❹林甫薦為大夫，故國忠不悅，遂深探邢縡獄，令引❺林甫交私鉷兄弟及阿布思事狀，陳希烈、哥舒翰從而證之。上由是疏林甫。國忠貴震天下，始與林甫為仇敵矣。

六月甲子❻，楊國忠奏吐蕃兵六十萬救南詔，劍南兵擊破之於雲南，克故隰州❼等三城，捕虜❽六千三百。以道遠，簡❾壯者千餘人及酋長降者獻之。

秋，八月己丑❿[1]，上復幸左藏，賜羣臣帛⓫。癸巳⓬，楊國忠奏有鳳皇⓭見左藏庫屋，出納判官⓮魏仲犀⓯言鳳集⓰庫西通訓門⓱。

九月，阿布思入寇，圍永清柵⓲，柵使⓳張元軌拒卻之。

冬，十月戊寅⓴，上幸華清宮。○己亥㉑，改通訓門曰鳳集門。魏仲犀遷殿中侍御史，楊國忠屬吏率以鳳皇優得調㉒。

南詔數寇邊，蜀人請楊國忠赴鎮，左僕射兼右相李林甫奏遣之。國忠將行，泣辭，上言必為林甫所害，貴妃亦為之請。上謂國忠曰：「卿蹔㉓到蜀區處㉔軍事，朕屈指㉕待卿，還當入相。」林甫時已有疾，憂懣㉖不知所為。巫言一見上可小愈，上欲就視之，左右固諫。上乃令林甫出庭中，上登降聖閣㉗遙望，以紅巾招之。林甫不能拜，使人代拜。國忠比㉘至蜀，上遣中使召還。至昭應，謁林甫，拜於牀下。林甫流涕謂曰：「林甫死矣，公必為相，以後事累公！」國忠謝不敢當，汗流[2]覆面。十一月丁卯㉙，林甫薨。

上晚年自恃㉚承平㉛，以為天下無復可憂，遂深居禁中，專以聲色自娛，悉委政事於林甫。林甫媚事左右㉜，迎合上意，以固其寵；杜絕言路㉝，掩蔽聰明㉞，以成其姦；妬賢疾能，排抑勝己，以保其位；屢起大獄，誅逐貴臣，以張其勢。自皇太子以下，畏之側足㉟。凡在相位十九年，養成㊱天下之亂，而上不之寤㊲也。

庚申㊳，以楊國忠為右相㊴，兼文部尚書㊵，其判使㊶並如故。國忠為人彊辯而輕躁，無威儀㊷。既為相，以天下為己任，裁決機務㊸，果敢不疑。居朝廷，攘袂扼腕㊹，公卿以下，頤指氣使，莫不震慴㊺。自侍御史至為相，凡領四十餘使，臺省官㊻有才行時名㊼，不為己用㊽者，皆出之。

或勸陝郡進士張彖謁國忠，曰：「見之，富貴立可圖。」彖曰：「君輩(49)倚(50)楊右相如泰山(51)，吾以為冰山(52)耳。若皎日既出，君輩得無失所恃乎！」遂隱居嵩山(53)。

國忠以司勳員外郎(54)崔圓(55)為劍南留後，徵魏郡太守吉溫為御史中丞，充京畿、關內採訪等使。溫詣范陽辭安祿山，祿山令其子慶緒送至境，為溫控馬(56)出驛數十步。溫至長安，凡朝廷動靜，輒報祿山，信宿(57)而達。

十二月，楊國忠欲收人望(58)，建議：「文部選人，無問賢不肖，選深(59)者留(60)之，依資(61)據闕注官(62)。」滯淹(63)者翕然(64)稱之。國忠凡所施置(65)，皆曲徇(66)時[3]人所欲，故頗得眾譽。

甲申(67)，以平盧兵馬使史思明兼北平太守，充盧龍軍使。○丁亥(68)，上還宮。○丁酉(69)，以安西行軍司馬(70)封常清為安西四鎮節度使。

哥舒翰素與安祿山、安思順不協，上常和解之，使為兄弟。是冬，三人俱入朝，上使高力士宴之於城東。祿山謂翰曰：「我父胡，母突厥，公父突厥，母胡，族類頗同，何得不相親？」翰曰：「古人云，狐向窟嗥，不祥(71)，為其忘本故也。兄苟見親，翰敢不盡心！」祿山以為譏其胡也，大怒，罵翰曰：「突厥敢爾(72)！」

翰欲應之。力士目翰，翰乃止，陽醉[73]而散，自是為怨愈深。

棣王琰[74]有二孺人[75]，爭寵，其一使巫書符置琰履中以求媚。琰與監院宦者[76]有隙，宦者知之，密奏琰祝詛[77]上。上使人掩[78]其履而獲之，大怒。琰頓首謝：「臣實不知有符。」上使鞫之，果孺人所為。上猶疑琰知之，因於鷹狗坊[79]，絕朝請[80]，憂憤而薨。

故事，兵、吏部尚書知政事[81]者，選事悉委侍郎以下，三注三唱[82]，仍過門下省審，自春及夏，其事乃畢。及楊國忠以宰相領文部尚書，欲自示精敏，乃遣令史[83]先於私第密定名闕[84]。

【章旨】以上為第十段，寫楊國忠繼李林甫為相，以濫授官職收買人心。

【注釋】❶丙辰　五月十一日。❷縮　縮攝；專管；控制。❸微才　才能微小。❹用　介詞。因為；由於。❺引　牽引。❻甲子　六月丙子朔，無甲子，當為甲午之誤。甲午，六月十九日。❼隰州　今地不詳。上文云劍南兵擊敗吐蕃兵於雲南（治所在今雲南彌渡），旋即「克故隰州」，隰州當在雲南附近。胡三省注引《唐曆》，云「拔故洪州等三城」。❽捕虜　抓獲的俘虜。❾簡　選擇。❿己丑　八月十五日。⓫賜羣臣帛　即賜帛有差。⓬癸巳　八月十九日。⓭鳳皇　即鳳凰。古代傳說中的鳥王。雄曰鳳，雌曰凰。⓮出納判官　官名，出納使的屬官，佐理使務。⓯魏仲犀　又名魏犀，為楊國忠黨羽，先後任襄陽太守、襄陽節度使等官。其事散見《舊唐書》卷一百十四〈魯炅傳〉、《新唐書》卷二百六〈楊國忠傳〉等篇。⓰集　鳥落木上調集。⓱通訓門　西京宮城內門。在太極宮東面。隋朝曰建春門。⓲永清柵　又名永濟柵。在中受降城西二百里大同川。隋防禦突厥所築，故址在今內蒙古烏拉特前旗北。⓳柵使　守護永清柵的差遣官。⓴戊寅　十月初五日。㉑己亥　十月二十六日。㉒調　遷轉。㉓蹔　同「暫」。㉔區處　安排。㉕屈指　彎曲手指計算時間。㉖憂懣　憂愁、煩悶。㉗降聖閣　即朝元閣。㉘比　及。㉙丁卯　十一月二十四日。㉚恃　仗恃。㉛承平　太平。㉜媚事左右　以諂媚侍奉皇帝左右之人。㉝杜絕言路　阻塞向天子進言的途徑。㉞掩蔽聰明　蒙蔽天子，使其不知道真實情況。掩蔽，遮掩；掩蓋。㉟側足　形容因畏懼而不敢正立。㊱養成　釀成；造成。㊲寤　同「悟」。醒悟。㊳庚申　十一月十七日。㊴右相　即中書令，天寶元年（西元七四二年）更名。㊵文部尚書　即吏部尚書。㊶判使　判職、使職。㊷無威儀　沒有莊嚴的容貌舉止。㊸機務　機要事務，多指軍國大事。㊹攘袂扼腕　挽袖子，捋胳膊，是一種飛揚跋扈的情態。攘，撩起；挽起。袂，袖子。扼腕，用力握住手腕。㊺震慴　震恐畏懼。㊻臺省官　唐時統稱尚書省、門下省、中書省為臺省，故在三省供職的官員即臺省官。㊼有才行時名　有才能、品行，名聞當時。㊽為己用　被自己所用；能聽候自己使用。㊾君輩　你們。君，敬稱。㊿倚　倚仗；倚靠。(51)泰山　山名，在山東泰安，古稱東嶽，為中國五嶽之一。(52)冰山　冰山遇日即消融。比喻其權勢一時顯赫，但不可久長。(53)嵩山　山名，古稱中嶽，為中國五嶽之一。在河南登封北。(54)司勳員外郎　官名，吏部司勳司副長官，佐掌勳官的核定、奏擬。(55)崔圓　（西元七〇四—七六八年）清河東武城（今山東武城西）人，官至中書令，封趙國公。傳見《舊唐書》卷一百八、《新唐書》卷一百四十。(56)控馬　引馬；牽馬。(57)信宿　連宿兩夜；過兩個夜晚。(58)收人望　收買人心。(59)選深　參加銓選時間久，即多次銓選而未注官。(60)留　留下注官。(61)資　資歷。(62)注官　注擬官職，即授官。(63)滯淹　滯留；淹留。指久居於下而不得升進。(64)翕然　一致。(65)施置　施行、設置。(66)曲徇　曲意順從。(67)甲申　十二月十二日。(68)丁亥　十二月十五日。(69)丁酉　十二月二十五日。(70)安西行軍司馬　安西節度使幕職。行軍司馬，掌軍籍、號令、印信等務，是最重要的軍事行政官員。(71)狐向窟嗥二句　狐狸向洞窟嗥叫不是好兆頭。嗥，同「嘷」。野獸咆哮。(72)突厥敢爾　你這突厥人竟敢這樣。(73)陽醉　假裝喝醉。陽，佯。(74)棣王琰　玄宗第四子李琰（？—西元七五二年），初名嗣真，後改名洽，又改名琰，封鄫王、棣王。傳見《舊唐書》卷一百七、《新唐書》卷八十二。(75)孺人　唐代稱王的妾，宋朝以後成為一種封號。(76)監院宦者　玄宗把諸皇子、皇孫安置在「十王宅」和「百孫院」分院居住，以宦官監視。監院宦者指此。(77)祝詛　訴於鬼神，使降禍於憎惡之人。(78)掩　乘其不備而襲取之。(79)鷹狗坊　五坊之屬。唐有飼養供天子狩獵用的鵰、鶻、鷹、鷂、狗五坊，設五坊宮苑使掌之。開元、天寶時閑廄使兼掌五坊宮苑之職。(80)絕朝請　朝請，漢代諸侯朝見皇帝，春朝叫朝，秋朝叫請。後泛指朝見皇帝。絕朝請就是不准朝見皇帝。(81)知政事　任宰相之職。(82)三注三唱　唐制，六品以下官員的選拔，始集試書判，次銓察身言，然後注擬和唱名。被注官若官資不相當，任所不便，聽至三注，即更改兩次。唱名，有未聽清的，可再唱三唱。稱為三注三唱。

❽❸令史　吏員名，內外官司多有設置，專門從事本司的具體事務，無品秩。此指吏部司令史。唐吏部司有令史三十人。❽❹密定名闕　暗地確定姓名和職缺；祕密確定誰補官誰不補官。

【校　記】①己丑　原作「乙丑」。胡三省注云：「蜀本作『己丑』，當從之。」據章鈺校，十二行本、乙十一行本、孔天胤本皆作「己丑」，張敦仁《通鑑刊本識誤》同，今據改。②流　原作「出」。據章鈺校，十二行本、乙十一行本、孔天胤本皆作「流」，張敦仁《通鑑刊本識誤》同，今據改。③時　原無此字。據章鈺校，十二行本、乙十一行本、孔天胤本皆有此字，張敦仁《通鑑刊本識誤》同，今據補。

【語　譯】五月十一日丙辰，京兆尹楊國忠加任御史大夫、京畿・關內采訪等使，凡是王鉷所管轄的使職事務，全歸楊國忠轄理。

當初，李林甫認為楊國忠才能微小，而且是楊貴妃的族親，所以待他很好。楊國忠和王鉷都擔任中丞時，王鉷由於李林甫的推薦做了大夫，所以楊國忠很不高興，便深究邢縡的案子，叫他牽引出來李林甫與王鉷兄弟和阿布思私自勾結的情況，陳希烈、哥舒翰又跟著證實這些罪狀。玄宗因此疏遠李林甫。楊國忠貴震天下，開始和李林甫結仇為敵。

六月甲子日，楊國忠奏報吐蕃派兵六十萬援救南詔，劍南的軍隊在雲南把他們打敗了，攻下以前的隰州等三座城池，俘虜敵軍六千三百人。因為路途遙遠，挑選健壯的一千多人以及投降的酋長進獻給朝廷。

秋，八月十五日己丑，玄宗又親臨國庫左藏，賞賜群臣絹帛。十九日癸巳，楊國忠奏言有鳳凰出現在左藏的庫房上，出納判官魏仲犀說鳳凰落在庫西的通訓門。

九月，阿布思入侵，包圍永清柵，柵使張元軌進行抵抗，把他打退了。

冬，十月初五日戊寅，玄宗親臨華清宮。〇二十六日己亥，改名通訓門為鳳集門。魏仲犀遷升為殿中侍御史，楊國忠的下屬官吏大都因鳳凰飛落優先得到調升。

南詔一再侵犯邊境，蜀地人請求楊國忠前往鎮所，左僕射兼右相李林甫奏請派他前去。楊國忠即將上路，哭著向玄宗辭行，對玄宗說他肯定會被李林甫所陷害，楊貴妃也替他說情。玄宗對楊國忠說：「你暫時到蜀地處理軍務，我屈指計日等著你，你回來後當入朝為相。」李林甫這時已經有病，憂愁煩悶不知所措。巫醫說見玄宗一面可以稍微好些，玄宗想到他家看望他，身邊的人堅持勸阻。玄宗就讓李林甫出來，到庭院中，玄宗登上降聖閣遙望，用紅手巾招呼他。李林甫不能跪拜，派人代行跪拜禮。等楊國忠到了蜀地，玄宗派遣宮中使者叫他回來。到了昭應，拜謁李林甫，在他床前行跪拜禮。李林甫流著眼淚對他說：「我李林甫死了，您必定出任宰相，我的身後事讓您受累啦！」楊國忠辭謝不敢擔當，汗流滿面。十一月二十四日丁卯，李林甫去世。

玄宗晚年自己仗著太平無事，以為天下不再有什麼可憂慮的，便深居宮禁，一心以聲色自娛，把政事全部委託給李林甫。李林甫對玄宗身邊人諂媚奉承，迎合玄宗的想法，以鞏固玄宗對他的恩寵。切斷臣下進言的通道，遮掩玄宗耳目，以實現他的奸惡。嫉賢妒能，排斥壓制比自己強的人，以保全他的職位。一再挑起重大案件，誅殺放逐重臣，來擴張他的勢力。從皇太子以下，都懼怕他，側足而立。他在宰相的位置上一共十九年，釀成天下大亂，而玄宗沒有看清這一點。

十一月十七日庚申，任命楊國忠為右丞相，兼文部尚書，他的判職、使職全都依舊不變。楊國忠為人強勢善辯，而且輕浮急躁，沒有威嚴儀表。做了宰相後，以天下為己任，裁定機要大事，果斷敢為毫不猶豫。身處朝廷，挽起衣袖，握著手腕，對公卿以下的大臣，頤指氣使，沒有人不驚恐畏懼。他從侍御史到做宰相，一共兼任了四十多個使職，臺省官員有才能品行，聞名當時，而不被自己所用的，全都調走。

有人勸告陝郡進士張彖拜謁楊國忠，說：「拜見楊國忠，富貴馬上就可得到。」張彖說：「諸位依靠楊右相猶如泰山，我認為是座冰山罷了。如果光明的太陽升起後，諸位豈不失去了依靠嗎！」於是隱居在嵩山。

楊國忠任用司勳員外郎崔圓為劍南留後，徵召魏郡太守吉溫為御史中丞，兼任京畿、關內采訪等使。吉溫到范陽向安祿山辭行，安祿山派他的兒子安慶緒送到邊境，替吉溫牽著馬走出驛站好幾十步。吉溫到達長安，凡是朝廷所有動靜，立刻報告安祿山，過兩個夜晚消息就到達了。

十二月，楊國忠想收買人心，向玄宗建議：「文部選拔人員，不管是否賢能，參加銓選時間久遠的人留下來任用，根據資歷和空缺授予官職。」長期滯留不得升遷的人都一致稱讚他。楊國忠所有的舉措，都曲從當時人們的欲望，所以深得大家的讚譽。

十二月十二日甲申，用平盧兵馬使史思明兼北平太守，充盧龍軍使。〇十五日丁亥，玄宗回宮。〇二十五日丁酉，任命安西行軍司馬封常清為安西四鎮節度使。

哥舒翰一向和安祿山、安思順不和，玄宗經常調解他們，讓他們結為兄弟。這年冬天，三人一起來朝，玄宗派高力士在城東宴請他們。安祿山對哥舒翰說：「我的父親是胡人，母親是突厥人，你的父親是突厥人，母親是胡人，我們的種族非常相同，怎麼能不相互親近呢？」哥舒翰說：「古人說，狐狸向著洞穴號叫，不是好兆頭，這是因為牠忘本的緣故。兄長如果親近我，哥舒翰豈敢不竭盡心意！」安祿山認為這是譏諷他是胡人，大怒，罵哥舒翰說：「你這突厥人竟敢如此！」哥舒翰想要回應他。高力士向哥舒翰使眼色，哥舒翰才忍住了，假裝醉酒散去，從此兩人結怨更深了。

棣王李琰有兩個妃妾，互相爭寵。其中有一個讓巫師畫符放在李琰的鞋子裡來求得媚愛。李琰與監院宦官有矛盾，宦官知道此事，祕密上奏說李琰詛咒玄宗。玄宗派人突然搜查李琰的鞋子，獲取了畫符，大怒。李琰磕頭謝罪說：「臣確實不知道有畫符。」玄宗派人審訊，果然是妃妾所為。玄宗還是懷疑李琰知道這件事，把他囚禁在鷹狗坊，禁止他朝見，李琰憂憤而死。

根據過去的慣例，兵部和吏部尚書擔任宰相的，銓選事務全都委託給侍郎以下的官員，三注三唱後，還要經過門下省審核，從春天到夏天，這件事情才能結束。等到楊國忠以宰相兼領文部尚書，想顯示自己精明敏捷，就派吏部司令史事先在他私人宅第祕密確定姓名和職缺。

十二載（癸巳　西元七五三年）

春，正月壬戌❶，國忠召左相陳希烈及給事中、諸司長官皆集尚書都堂❷，唱注選人，一日而畢，曰：「今左相、給事中俱在座，已過門下❸矣。」其間資格差繆甚眾，無敢言者。於是門下不復過官❹，侍郎但掌試判而已。侍郎韋見素❺、張倚趨走門庭，與主事❻無異。見素，湊❼之子也。

京兆尹鮮于仲通諷選人請為國忠刻頌❽，立於省門。制仲通撰其辭，上為改定數字，仲通以金填之。

楊國忠使人說安祿山誣李林甫與阿布思謀反，祿山使阿布思部落降者詣闕，誣告林甫與阿布思約為父子。上信之，下吏按問。林甫壻❾諫議大夫楊齊宣懼為所累❿，附國忠意證成之。時林甫尚未葬，二月癸未⓫，制削林甫官爵，子孫有官者除名，流嶺南及黔中，給隨身衣及糧食，自餘貲產並沒官，近親及黨與坐貶者五十餘人。剖林甫棺，抉取含珠⓬，褫金紫⓭，更以小棺如庶人禮葬之。己亥⓮，賜陳希烈爵許國公，楊國忠爵魏國公，賞其成林甫之獄也。

夏，五月己酉⓯，復以魏、周、隋後為三恪⓰，楊國忠欲攻李林甫之短也。衛包以助邪貶夜郎⓱尉，崔昌貶烏雷⓲尉。

阿布思為回紇所破，安祿山誘其部落而降之。由是祿山精兵，天下莫及。

壬辰⓳，以左武衛大將軍何復光將嶺南五府⓴兵擊南詔。

安祿山以李林甫狡猾㉑踰㉒己，故畏服之。及楊國忠為相，祿山視之蔑如㉓也，由是有隙㉔。國忠屢言祿山有反狀，上不聽。

隴右節度使哥舒翰擊吐蕃，拔洪濟㉕、大漠門㉖等城，悉收九曲部落㉗。

初，高麗人王思禮與翰俱為押牙，事王忠嗣。翰為節度使，思禮為兵馬使兼河源軍使。翰擊九曲，思禮後期。翰將斬之，既而復召釋之。思禮徐曰：「斬則遂斬，復召何為！」

楊國忠欲厚結翰，與[1]共排安祿山，奏以翰兼河西節度使。秋，八月戊戌㉘，賜翰爵西平郡王。翰表侍御史裴冕為河西行軍司馬。是時中國盛彊，自安遠門㉙西盡唐境，凡[2]萬二千里，閭閻相望㉚，桑麻翳野㉛，天下稱富庶者無如隴右㉜。翰每遣使入奏，常乘白橐駝，日馳五百里。

九月甲辰㉝，以突騎施黑姓可汗登里伊羅蜜施為突騎施可汗。

北庭都護程千里追阿布思至磧西，以書諭葛邏祿，使相應。阿布思窮迫，歸葛邏祿，葛邏祿葉護執之，并其妻子、麾下數千人送之。甲寅㉞，加葛邏祿葉護頓毗伽開府儀同三司，賜爵金山王。

冬，十月戊寅㉟，上幸華清宮。

楊國忠與虢國夫人居第相鄰(36)，晝夜往來，無復期度。或並轡走馬入朝，不施障幕(37)，道路為之掩目(38)。

三夫人將從車駕幸華清宮，會於國忠第，車馬僕從，充溢數坊，錦繡珠玉，鮮華奪目。國忠謂客曰：「吾本寒家，一旦緣椒房至此(39)，未知稅駕(40)之所。然念(41)終不能致令名(42)，不若且極樂耳。」楊氏五家，隊各為一色衣以相別，五家合隊，粲若雲錦(43)，國忠仍以劍南旌節(44)引於其前。

國忠子暄舉明經(45)，學業荒陋，不及格。禮部侍郎達奚珣(46)畏國忠權勢，遣其子昭應尉撫先白之。撫伺國忠入朝上馬，趨至馬下。國忠意其子必中選，有喜色。撫曰：「大人(47)白相公(48)，郎君所試，不中程式(49)，然亦未敢落(50)也。」國忠怒曰：「我子何患不富貴，乃令鼠輩相賣(51)！」策馬不顧而去。撫惶遽，書白其父曰：「彼恃挾(52)貴勢，令人慘嗟(53)，安可復與論曲直(54)！」遂置暄上第。及暄為戶部侍郎，珣始自禮部遷吏部，暄與所親言，猶歎己之淹回(55)，珣之迅疾。

國忠既居要地，中外餉遺輻湊(56)，積縑(57)至三千萬匹。

上在華清宮，欲夜出遊，龍武大將軍(58)陳玄禮(59)諫曰：「宮外即曠野，安可不備不虞！陛下必欲夜遊，請歸城闕。」上為之引還。

是歲，安西節度使封常清擊大勃律，至菩薩勞城(60)，前鋒屢捷，常清乘勝逐之。斥候府(61)果毅段秀實諫曰：「虜兵羸(62)而屢北(63)，誘我也，請搜左右山林。」常清從之，果獲伏兵，遂大破之，受降而還。

中書舍人宋昱(64)知選事，前進士(65)廣平劉迺(66)以選法未善，上書於昱，以為：「禹、稷、皋陶同居舜朝，猶曰載采有九德(67)，考績以九載(68)。近代主司(69)察言於一幅之判(70)，觀行於一揖(71)之間，何古今遲速不侔(72)之甚哉！借使(73)周公、孔子今處銓廷(74)，考其辭華(75)，則不及徐、庾(76)，觀其利口(77)，則不若[3]嗇夫(78)，何暇論聖賢之事業(79)乎！」

【章　旨】以上為第十一段，寫楊國忠為相，與安祿山交惡。楊氏一門貴寵無比，滿朝文武百官爭相依附，而識者稱之為冰山。

【注　釋】❶壬戌　正月二十日。❷尚書都堂　尚書省都堂，即尚書省總辦公廳堂。❸已過門下　上所云左相、給事中皆為門下省官，故有此言。❹過官　門下省審核吏部、兵部注擬的六品以下官員。❺韋見素　（西元六八六—七六二年）京兆萬年（今陝西西安東）人，官至武部尚書、同中書門下平章事，封邠國公。傳見《舊唐書》卷一百八、《新唐書》卷一百十八。❻主事　吏員名，內外官司多有設置，承擔具體事務，比令史地位高，亦無品秩。吏部司有主事四人。❼湊　韋湊（西元六五七—七二二年），仕睿宗、玄宗朝，數上書論時政得失，多被採納。官至將作大匠，封彭城郡公。傳見《舊唐書》卷一百一、《新唐書》卷一百十八。❽頌　頌碑。❾壻　同「婿」。女婿。❿累　牽連。⓫癸未　二月十一日。⓬抉取含珠　把口中的珠玉挑出來。抉，挑出；挖出。含珠，古代貴族喪禮，人死後，把珠玉放在死者口中叫含珠或含玉。⓭褫金紫　褫，奪去。

金紫，金魚袋及紫服。⓮己亥　二月二十七日。⓯己酉　五月初九日。⓰復以魏周隋後為三恪　天寶九載（西元七五〇年）以殷、周、漢之後為三恪。至是，更以魏、周、隋之後為三恪。⓱夜郎　縣名，縣治在今貴州正安西北。⓲烏雷　縣名，縣治在今廣東欽州東南。⓳壬辰　六月二十三日。⓴嶺南五府　即廣州、桂州、邕州、蒙（容）州、交州五都督府。㉑狡猾　詭詐。㉒踰　越過；超越。㉓蔑如　沒有的樣子。蔑，無；沒有。如，助詞，然。㉔隙　裂痕。㉕洪濟　城名，在青海東境河曲之地。唐初置金天軍於此，後入吐蕃。㉖大漠門　城名，在青海東境河曲之地。吐蕃所築，開元天寶間，數為蕭嵩、哥舒翰等所攻拔。㉗九曲部落　吐蕃部落，在今青海巴燕，即漢代大小榆谷。此地水甘草長，宜畜牧。唐睿宗景雲元年（西元七一〇年），吐蕃賄賂鄯州都督楊矩，請得河西九曲之地為金城公主湯沐邑，置洪濟、大漠門等城守衛。由是吐蕃與唐鄰接，勢力益張，天寶十二載哥舒翰收復。㉘戊戌　八月三十日。㉙安遠門　「安」為「開」之訛，見岑仲勉《通鑑隋唐紀比事質疑》。開遠門，長安城西面自北而南的第一道城門。㉚閭閻相望　指村落比連，里巷門庭相望。閭，鄉里門。閻，里巷門。㉛翳野　滿山遍野。翳，遮蔽。㉜隴右　古地區名，泛指隴山以西地區。古代以西為右，故名。約相當於甘肅六盤山以西，黃河以東一帶。㉝甲辰　九月初六日。㉞甲寅　九月十六日。㉟戊寅　十月十一日。㊱居第相鄰　虢國夫人居宣陽坊，楊國忠宅第在宣陽坊西鄰。㊲障幕　帷幕；帷帳。舊時婦女外出有帷幕遮蔽。㊳掩目　遮掩眼睛，比喻不堪目睹。㊴緣椒房至此　意思是憑藉皇帝貴妃的關係而達到如今的顯赫地位。緣，攀援；憑藉。椒房，漢皇后所居宮殿，以椒和泥塗壁，取溫、香、多子之意，後因以椒房為后妃的代稱。㊵稅駕　解駕停車，意即停息、歸宿。稅，通「脫」。釋放；解脫。㊶念　想到。㊷令名　美好的名聲。㊸粲若雲錦　像雲霞和錦緞一樣鮮豔。粲，鮮明。雲，雲霞。錦，有彩色花紋的絲織品。㊹旌節　旌，旌旗。節，符節。節度使專制軍事，給雙旌雙節。行則建節，府樹六纛。旌以專賞，節以專殺。㊺舉明經　唐科舉制常舉六科（明經、進士、秀才、明法、明字、明算）之一。主要考試儒家經文，先試帖經，然後口試並答策，取粗有文理的為通。明經又分五經、三經、二經、學究一經、三禮、三傳、史科等名目。㊻達奚珣　（？—西元七五七年）又稱達奚大尹。歷禮部侍郎、河南尹等官，安祿山攻入西京，署為丞相。肅宗收復京城，以重杖處死。其事散見《舊唐書》卷二百上〈安祿山傳〉、《新唐書》卷二百六〈楊國忠傳〉等篇。㊼大人　南宋以前專屬子對父的稱呼。見趙翼《陔餘叢考．大人》。㊽相公　古代拜相者必封公，故稱宰相曰相公。見顧炎武《日知錄》卷二十四。㊾程式　規矩、法式。㊿落　黜落；落榜。(51)賣　欺。(52)恃挾　依仗。(53)慘嗟　慘，慘沮，傷心喪氣。嗟，歎詞，表示感歎。(54)論曲直　講是非。(55)淹回　淹滯停留，遷升不快。珣遷吏部，在六部中居頭行；暄遷戶部居中行，地位在珣之後，故有淹回之歎。(56)餉遺輻湊　指饋贈的財物聚集其門。餉遺，饋贈。輻湊，又作輻輳。車輻集中於軸心，比喻人或物聚集一處。57縑　細絹。58龍武大將軍　武官名，北衙禁軍左右龍武軍長官，掌宮城宿衛。59陳玄禮　西元七五六年，馬嵬驛兵變誅殺楊國忠及楊貴妃的禁軍首領。傳見《舊唐書》卷一百六、《新唐書》卷一百二十一。60菩薩勞城　不詳所在。61斥候府　設在前哨從事警戒的軍府。斥候，放哨。62羸　瘦弱。63北　敗北。64宋昱　官至中書舍人。黨附楊國忠，憑勢招來賂遺，車馬盈門，財貨山積。及國忠敗，被誅。其事散見《舊唐書》卷一百六、《新唐書》卷二百六〈楊國忠傳〉等篇。65前進士　唐代進士及第者的稱呼。66劉迺　（西元七二三—七八三年）字永隸，洺州廣平（今河北雞澤東南）人，天寶時進士，官至兵部侍郎。傳見《舊唐書》卷一百五十三、《新唐書》卷一百九十三。67載采有九德　語出《尚書・皋陶謨》：「皋陶曰：『亦行有九德，亦言其人有德，乃言曰載采采。』禹曰：『何？』皋陶曰：『寬而栗，柔而立，願而恭，亂而敬，擾而毅，直而溫，簡而廉，剛而塞，強而義，彰厥有常，吉哉！』」載采，開始做事。九德，即「寬而栗」云云九種品德。意思是：開始做事的人，就應有這九種品德。68考績以九載　語出《尚書・舜典》：「三載考績，三考黜陟幽明。」是說對官吏的考績三年進行一次，要經過三次考績共九年，才能積其不善以至於幽而黜之，積其善以至於明而陟（升）之。69主司　主考官。70察言於一幅之判　考察見解，只憑一紙有限的判辭。察，考察。言，言論；見解。一幅，猶言一紙。判，判辭，指銓選試判的答卷。71一揖　一個拱手禮。72遲速不侔　時間長短不同；快慢不同。此有慎重與草率不同之意。73借使　假使。74銓廷　銓選之廷，指吏部。75辭華　辭藻的華麗。76徐庾　即徐陵、庾信。徐陵（西元五〇七—五八三年），字孝穆，南朝梁、陳時人，仕梁為通直散騎常侍，入陳官至尚書左僕射，當時詔策誥命，多出其手。文章綺豔，與庾信齊名，時稱徐庾體，然所作以奏議為多，文學成就不及庾信。著有《徐孝穆集》，又選輯《玉臺新詠》。傳見《陳書》卷二十六、《南史》卷六十二。庾信（西元五一三—五八一年），字子山，北周人，善宮體詩，文章綺麗，與徐陵齊名。初仕南朝梁，奉使西魏，被留不放還。西魏亡，仕北周，官至驃騎大將軍、開府儀同三司。雖居高位，然懷念南朝，常有鄉土之思，晚年之作遂趨沉鬱，風格與在南朝時迥異，以〈哀江南賦〉最著名。後人輯有《庾開府集》、《庾子山集》。傳見《周書》卷四十一、《北史》卷八十三。77利口　能言善辯。78嗇夫　漢官名，如暴室嗇夫、虎圈嗇夫等主掌織染、虎豹之類具體事務的小官。據《漢書》卷五十〈張釋之傳〉載，漢文帝登虎圈，問上林尉禽獸事十餘問，尉竟不能答，虎圈嗇夫從旁代答，無所不盡。79聖賢之事業　指治理天下的事業。

【校記】 1與　原無此字。據章鈺校，十二行本、乙十一行本皆有此字，張敦仁《通鑑刊本識誤》同，今據補。2凡　原無此字。據章鈺校，十二行本、乙十一行本皆有此字，今據補。③若　原作「及」。據章鈺校，十二行本、乙十一行本、孔天胤本皆作「若」，今從改。

【語譯】十二載（癸巳　西元七五三年）

春，正月二十日壬戌，楊國忠召集左相陳希烈和給事中、各司長官都會集在尚書廳堂，唱名授官銓選人才，一天就結束了，說：「今天左相、給事中都在座，就等於已經通過門下省的審核了。」其中有很多資格上的差錯，沒有敢說話的。於是門下省就不再審核新授的官員了，侍郎僅主持考試書判而已。侍郎韋見素、張倚奔走廳堂，與具體辦事的主事沒有什麼不同。韋見素，是韋湊的兒子。

京兆尹鮮于仲通暗示被選上的人請求替楊國忠刻碑頌功，豎立在中書省的門口。玄宗下制書命令鮮于仲通撰寫碑文，玄宗替他改定了幾個字，這幾個字鮮于仲通用黃金填寫。

楊國忠派人勸說安祿山誣陷李林甫和阿布思謀反，安祿山派阿布思部落投降的人前往宮闕，誣告李林甫和阿布思結為父子。玄宗相信了這件事，交付法官審問。李林甫的女婿諫議大夫楊齊宣害怕被牽連，附合楊國忠的想法作證定案。當時李林甫尚未安葬，二月十一日癸未，玄宗下詔削除李林甫的官爵，把有官職的子孫除名，流放到嶺南和黔中，只給隨身穿戴的衣服和糧食，其餘的財產都沒入官府，近親和黨羽坐罪貶官的有五十多人。剖開李林甫的棺材，挖出口中含珠，取掉身上的金魚袋和紫袍，改用小棺材，按平民的禮制埋葬他。二十七日己亥，玄宗賜予陳希烈許國公的爵位，賜予楊國忠魏國公的爵位，嘉獎他們完成了李林甫案子的審定。

夏，五月初九日己酉，又以北魏、北周、隋朝的後裔為三恪，這是楊國忠想要攻擊李林甫的過錯。衛包因幫助李林甫為惡，貶為夜郎縣尉，崔昌貶為烏雷尉。

阿布思被回紇打敗，安祿山誘降他的部落。從此安祿山的精兵，天下沒有人能比得上。

六月二十三日壬辰，命令左武衛大將軍何復光率領嶺南五府的軍隊攻打南詔。

安祿山因為李林甫狡猾程度超過自己，所以敬畏佩服他。等到楊國忠擔任宰相，安祿山看他如同沒有此人一樣，從此兩人有了裂痕。楊國忠一再說安祿山有反叛的跡象，玄宗不相信。

隴右節度使哥舒翰攻打吐蕃，攻取洪濟、大漠門等城，全部收復九曲部落。

當初，高麗人王思禮與哥舒翰都為押牙，侍奉王忠嗣。哥舒翰擔任節度使時，王思禮擔任兵馬使兼河源軍使。哥舒翰攻打九曲，王思禮錯過了期限。哥舒翰將要殺掉王思禮，隨即又召回釋放了他。王思禮慢條斯理地說：「要殺就殺，又召回來幹什麼！」

楊國忠打算深交哥舒翰，與他一起排擠安祿山，奏請任命哥舒翰兼河西節度使。秋，八月三十日戊戌，玄宗賜予哥舒翰西平郡王的爵位。哥舒翰上表請裴冕為河西行軍司馬。這時中原強盛，從長安安遠門往西直到邊界，唐朝疆土共一萬二千里，村落里巷相望，桑麻遍野，天下要說富庶的地方，沒有比得上隴右的。哥舒翰每次派使者入朝上奏，常常乘坐白駱駝，一天跑五百里。

九月初六日甲辰，任命突騎施黑姓可汗登里伊羅蜜施為突騎施可汗。

北庭都護程千里追趕阿布思，到達磧西，用書信曉諭葛邏祿，讓他相呼應。阿布思很窘迫，歸附葛邏祿，葛邏祿葉護抓住他，連同他的妻子兒女和部下幾千人送交唐朝。九月十六日甲寅，加封葛邏祿葉護頓毗伽開府儀同三司，賜爵金山王。

冬，十月十一日戊寅，玄宗親臨華清宮。

楊國忠和虢國夫人的宅第相鄰，晝夜來往，沒有時間和界限。有時兩人並轡驅馬上朝，不設帷帳，路人都捂住眼睛不看他們。

韓國、虢國、秦國三夫人準備跟隨玄宗到華清宮，在楊國忠家裡集合，他們的車馬僕人隨從，塞滿了好幾個街坊，錦衣繡服珍珠寶玉，鮮豔華麗光彩奪目。楊國忠對門客說：「我本來是貧寒之家，一時間靠貴妃的關係到了今天這個樣子，不知道休止。然而我想終究得不到好名聲，還不如暫且極盡歡樂。」楊氏五家人，每家一隊各用一種顏色的衣服，以便互相區別，五家隊伍會合起來，光輝燦爛，宛如雲霞錦繡，楊國忠仍用劍南節度使的旌旗和符節在前面引導。

楊國忠的兒子楊暄應明經科考試，因學業荒疏淺陋，沒有及格。禮部侍郎達奚珣畏懼楊國忠的權勢，派他的兒子昭應縣尉達奚撫事先告訴楊國忠。達奚撫暗中看見楊國忠入朝上馬，用小步趕忙跑到他的馬前。楊國忠料想他的兒子肯定考上，面帶喜色。達奚撫說：「家父報告相公，令郎考試，不符合錄取標準，然而也不敢讓他落榜。」楊國忠生氣地說：「我的兒子何愁不能富貴，還要讓你們這些鼠輩相欺！」用鞭抽著馬，頭也不回地離開了。達奚撫惶恐不安，寫信告訴他的父親說：「他仗恃位高勢大，令人痛心喪氣，怎麼還能跟他辯論是非！」於是就把楊暄排在上等。等楊暄擔任了戶部侍郎，達奚珣才開始從禮部升到吏部，楊暄同他親近的人說及此事，還感歎自己仕途淹滯，達奚珣遷升太快。

楊國忠位居要職以後，朝廷內外饋贈的禮物聚集其門，積存的縑帛達到三千萬匹。

玄宗在華清宮，想要夜裡出去遊玩，龍武大將軍陳玄禮勸告說：「宮外就是曠野之地，怎麼能不防備意外呢！陛下一定想要夜裡遊玩，請回到長安城裡。」玄宗為此又帶人折回。

這一年，安西節度使封常清攻打大勃律，到達菩薩勞城，前鋒多次獲勝，封常清乘勝追逐敵人。斥候府果毅段秀實勸告說：「敵兵瘦弱，多次戰敗，這是誘騙我們，請搜查左右兩邊的山林。」封常清同意了他的意見，果然抓獲了埋伏的敵兵，於是大敗敵人，接受了他們的投降後回軍。

中書舍人宋昱主管選舉事務，前進士廣平人劉迺認為選舉之法不夠完善，上書宋昱。他認為：「禹、稷、皋陶同在舜的朝廷任職，還要說開始做事的人有九種美德，考察九年的政績。近代的主考官考察言論只根據一紙判辭，觀察行為只根據一次拜手禮，為什麼古今選拔試用官吏的快慢不同有這麼厲害呢！假使周公、孔子今天到吏部參加銓選，考試他們的文辭華麗，還比不上徐陵和庾信，觀察他們的能言善辯的情況，還比不上嗇夫，哪裡有時間討論聖賢的事業呢！」

【研　析】 本卷記載天寶後期史事，大唐已處於動亂的前夜。天寶後期政治是前期政治的繼續，君暗臣奸的格局不但沒有改觀，而且更加渾濁。君仍是原來的君，唐玄宗更加昏聵。臣還是原來的臣，李林甫繼續執政，虎患未除，又添了兩隻惡狼，即安祿山、楊國忠。天寶後期，安、楊兩人勢力膨脹，與李林甫三人勢鈞力敵，權奸窩裡鬥，加速了朝政的腐敗與危機的來臨。表面上，天寶後期還是一片昇平，實際上已是山雨欲來風滿樓，社會大動亂的時機已經成熟，只差一根導火索。具體說，天寶後期已孕育成熟社會動亂的三大因素：一、武備廢弛；二、權奸相繼；三、唐玄宗意志消沉。

武備廢弛。武備是國家政權最重要的支柱。司馬遷說：「非兵不強，非德不昌。」唐玄宗天寶時期，國家不是無兵，而是兵多，沿邊十節度使，常備兵五十萬，是唐朝國力最強盛的時候，龐大的武備是靠開元盛世的國力支撐的。但為什麼又說天寶時期武備廢弛呢？首先，配置失衡，尾大不掉。開元時期，長期承平，四境安寧，張說提出了裁兵。可是唐玄宗好大喜功，一心要擴張國力，在沿邊置十節度使，精兵強將置於邊境，京師及內地空虛，尾大不掉，國家不知不覺處於極度危險的境地。特別是安祿山，身兼平盧、范陽、河東三鎮節度使，掌握國家近半數的武裝，不反何待！其次，掌御失控。唐中興以來，以及開元時期，邊帥皆用忠厚名臣，不久任，不遙領，不兼統，功名著者往往入為宰相。開元名臣張嘉貞、張說、姚崇都出將入相，兵權掌控在朝廷手中。四夷之將，如阿史那社爾、契苾何力，只任爪牙，不專大將之任。自唐玄宗有了吞四夷之心，為邊將者十餘年不易，始久任矣，諸王、宰相遙領邊將，實不知兵，蓋嘉運、王忠嗣專制數道，始兼統矣。李林甫為相，為了個人專斷朝政，說服唐玄宗專用胡人勇將任邊將，因胡人不知書，杜絕他們入朝任相。例如安祿山大字不識半升。胡人帶兵，已與漢文化有距離，他們長期守邊，兵將一體，國家武裝成了驕兵悍將，形成地方割據。安祿山就是在這一背景下被製造出來的。即使忠於朝廷的邊將，也往往不聽指揮。河西隴右兩鎮節度使王忠嗣，不聽朝廷調度攻取吐蕃石堡城。唐玄宗命王忠嗣協助將軍董延光攻取石堡城，王忠嗣消極不配合，以致唐軍無功。第三，承平日久，軍無鬥志。唐軍征南詔、討西域、襲契丹，全線敗退。第四，紀律鬆弛，輕易犯上。朔方節度使張齊丘，發放軍糧有剋扣，兵士譁變，毆打判官，甚至想殺死張齊丘。一落葉而知秋，朔方節度使的士兵犯上，表明軍紀鬆弛，兵士不堪被奴役，兵將積怨，國家武備成了一個火藥桶。朔方節度使的兵變，發出了安史之亂的一個信號，只可惜唐玄宗還在蒙頭睡大覺，安史之亂不可避免地要爆發了。

權奸相繼。一個李林甫，已經把唐朝政治搞得千瘡百孔，好比是一個人身上的大膿瘡，還沒有被割除，又來了一個楊國忠，這個癰疽比李林甫還要潰爛。楊國忠為相，唐王朝不可救藥。第一，楊國忠不學無術，原來就是一個無賴，不僅沒有治世之才，而且沒有大局觀。他與安祿山有隙嫌，屢告安祿山謀反，唐玄宗不聽，他身為國相，沒有採取任何制衡措施，一門心思挑動安祿山謀反，把自己控制更大的權力寄託在安祿山謀反上，簡直是一個狂人。第二，他是國戚，靠楊貴妃的裙帶，深受唐玄宗信任，一身兼了四十多個頭銜。據胡三省考證，重要職務有拜右相、御史大夫、判度支、權知太府卿事，兼蜀郡長史、劍南節度使、支度與營田等副大使，本道並兼山南西道采訪處置使、兩京太府、司農、出納、監倉、祀祭、木炭、宮市、長春、九成宮等使、關內道及京畿采訪處置使，兼吏部尚書、集賢殿、崇玄館學士、修國史、太清、太微宮使、兼掌租庸鹽鐵等使。國家人事、財政、監察、採購、文教等重權，楊國忠集於一身。兼職氾濫，有兩大害處。其一，被兼職的國家機構，一人掌管，形同虛設，沒有行政效率，政事完全敗壞。其二，各種權力集於一身，為所欲為，官場腐敗墮落，迅速惡化，政治越出了軌道，必然大亂。史稱楊國忠濫授官職收買人心，無能之輩得了好處稱頌楊國忠。而御史臺和中書省有才幹聲望的人，楊國忠把他們一個一個趕走。楊國忠還仗著權勢，對百官公卿頤指氣使，甚至在大庭廣眾挽起袖子，指著公卿大臣的鼻子呵斥。如此宰相，只能是擾亂朝綱，焉能治國。勢利小人蟻附楊國忠，有識之士稱楊國忠是一座冰山。意思是說，太陽一出，他就要化掉。

唐玄宗意氣消沉。如果說唐玄宗在天寶初由於驕侈心而由明轉昏，到了天寶後期，唐玄宗連驕侈心也消盡，他對國家失去了自信，意氣消沉，得過且過了。驕侈心是自大，還想有一番作為。意氣消沉，只是沉醉於燈紅酒綠了。唐玄宗英年有為，納諫用賢，勵精圖治，造就了開元盛世。長期承平，他認為天下無可憂慮，自從得了楊貴妃，就藏於深宮，專心於音樂美色來自我娛樂。國家大事一手交給了李林甫，然後是楊國忠。權奸專政，一心自利，只求奉承討好皇上，穩固恩寵，杜絕君臣上下言路暢通，蔽塞皇上耳目，以實現他的奸佞陰謀。久而久之，成為積習。天寶後期，安祿山反形已露，唐玄宗像一切亡國之君一樣，聽不進半句逆耳之言，他只求上蒼保佑得過且過。唐玄宗對安祿山不但不採取節制措施，反而加大他的權勢。由平盧、范陽兩鎮而又兼河東，成為三鎮節度使。安祿山要求掌控牧馬總監，唐玄宗予以依從，安祿山挑選國家戰馬幾千匹擴充個人武裝。安祿山圖謀異志，唐玄宗不是不知，但他已無進取心，想的是息事寧人，用恩寵來感化安祿山。唐玄宗給野心家增大勢權，是意志消沉的集中表現。感化野心家，無異於與虎謀皮。勢利群臣，見風轉舵，紛紛投靠安祿山。例如那個效忠李林甫的吉溫，向安祿山搖尾成了他在朝廷的耳目。宦官出使，也說安祿山的好話。這種局面，完全是唐玄宗一手導演出來的。局面至此，安史之亂只差一根導火索來引爆了。

卷第二百十七

唐紀三十三

起閼逢敦牂（甲午　西元七五四年），盡柔兆涒灘（丙申　西元七五六年）四月，凡二年有奇。

【題　解】本卷記事起西元七五四年，迄西元七五六年四月，凡兩年又四個月。當唐玄宗天寶十三載至十五載四月。天寶十四載十一月初九日甲子，安祿山反叛於范陽。本卷記事寫安祿山反叛前與反叛後初期的政治形勢。天寶十三載，安祿山入朝，求索無厭，求隴右羣牧等使，掌控養馬總監，立即挑選戰馬數千匹別養。又稱所部將士征討有功，大肆索求皇上告身，封賞所部士兵將官二千五百餘人，收買人心。這些舉動，昭示反形已露，唐玄宗加重恩賞以慰安祿山之心，其實是促使其速反，因反常的恩賞激發安祿山的驕侈，又增其猜疑心發展。權臣楊國忠則以交惡安祿山促其速反。這時唐玄宗與楊國忠對安祿山完全相反的態度與不當待遇是雙雙推動安祿山速反。安祿山反叛後，因其長期蓄勢，兵強馬壯，麾師南下，河北、河南郡縣大半喪失。官軍倉促應戰，封常清、高仙芝兵敗東都，固守潼關，正當策略，反被冤殺，唐玄宗自毀長城，增強了賊人氣焰。官軍討賊，民眾響應。河北顏杲卿、顏真卿兄弟，河南張巡起義兵殺賊，鼓舞了官軍士氣，扭轉了官軍望風潰逃的局面，不斷取得戰役勝利。洛陽丟失後，戰局出現相持局面。

玄宗至道大聖大明孝皇帝下之下

十三載（甲午　西元七五四年）

春，正月己亥❶，安祿山入朝❷。是時楊國忠言祿山必反，且曰：「陛下試召之，必不來。」上使召之，祿山聞命即至。庚子❸，見上於華清宮，泣曰：「臣本胡人，陛下寵擢❹至此，為國忠所疾，臣死無日矣！」上憐之，賞賜巨萬。由是益親信祿山，國忠之言不能入矣。太子亦知祿山必反，言於上，上不聽。

甲辰❺，太清宮奏：「學士❻李琪見玄元皇帝乘紫雲，告以國祚延昌❼。」

唐初，詔敕皆中書、門下官有文者為之。乾封❽以後，始召文士❾元萬頃❿、范履冰⓫等草諸文辭，常於北門⓬候進止⓭，時人謂之「北門學士」。中宗之世，上官昭容⓮專其事。上即位，始置翰林院⓯，密邇禁廷，延文章之士⓰，下至僧、道，書、畫、琴、棋、數術之工皆處之，謂之「待詔」。刑部尚書張均及弟太常卿垍皆翰林院供奉。上欲加安祿山同平章事⓱，已令張垍草制，楊國忠諫曰：「祿山雖有軍功，目不知書，豈可為宰相！制書若下，恐四夷輕唐。」上乃止。乙巳⓲，加祿山左僕射⓳，賜一子三品、一子四品官。

丙午⓴，上還宮。

安祿山求兼領閑廄㉑、羣牧㉒。庚申㉓，以祿山為閑廄、隴右羣牧等使㉔。祿山又求兼總監㉕。壬戌㉖，兼知總監事。祿山奏以御史中丞吉溫為武部侍郎㉗，充閑廄副使。楊國忠由是惡溫。祿山密遣親信選健馬堪戰者數千匹，別飼之。

二月壬申㉘，上朝獻太清宮，上聖祖尊號曰大聖祖高上大道金闕玄元大皇太帝。癸酉㉙，享太廟，上高祖謚曰神堯大聖光孝皇帝，太宗謚曰文武大聖大廣孝皇帝，高宗謚曰天皇大聖大弘孝皇帝，中宗謚曰孝和大聖大昭孝皇帝，睿宗謚曰玄真大聖大興孝皇帝，以漢家諸帝皆謚孝㉚故也。甲戌㉛，羣臣上尊號曰開元天地大寶聖文神武證道孝德皇帝。赦天下。

丁丑㉜，楊國忠進位司空㉝。甲申㉞，臨軒冊命㉟。

己丑㊱，安祿山奏：「臣所部將士討奚、契丹、九姓㊲、同羅等，勳效甚多。乞不拘常格，超資㊳加賞，仍好寫㊴告身㊵付臣軍授之。」於是除將軍㊶者五百餘人，中郎將㊷者二千餘人。祿山欲反，故先以此收眾心也。

三月丁酉㊸朔，祿山辭歸范陽，上解御衣以賜之，祿山受之驚喜。恐楊國忠奏留之，疾驅出關㊹。乘船沿河而下，令船夫執繩板㊺立於岸側，十五里一更，晝夜兼行，日數百里，過郡縣不下船。自是有言祿山反者，上皆縛送之[1]。由是人皆知其將反，無敢言者。

祿山之發長安也，上令高力士餞之長樂坡㊻。及還，上問：「祿山慰意㊼乎？」對曰：「觀其意怏怏㊽，必知欲命為相而中止故也。」上以告國忠[2]，曰：「此議他人不知，必張垍兄弟告之也。」上怒，貶張均為建安㊾太守，垍為盧溪㊿司馬，垍弟給事中埱(51)為宜春司馬。

哥舒翰亦為其部將論功，敕以隴右十將(52)、特進(53)、火拔州都督、燕山郡王火拔歸仁(54)為驃騎大將軍，河源軍使王思禮加特進，臨洮(55)太守成如璆(56)、討擊副使(57)范陽魯炅(58)、皋蘭府(59)都督渾惟明並加雲麾將軍(60)，隴右討擊副使郭英乂(61)為左羽林將軍。英乂，知運(62)之子也。翰又奏嚴挺之之子武(63)為節度判官，河東呂諲(64)為支度判官(65)[3]，前封丘(66)尉高適(67)為掌書記，安邑曲環(68)為別將。

程千里執阿布思，獻於闕下(69)，斬之。甲子(70)，以千里為金吾大將軍，以封常清權北庭都護、伊西節度使。

【章旨】以上為第一段，寫安祿山反狀路人皆知，唐玄宗反而厚加恩寵以慰其心，實乃加速其反。

【注釋】❶己亥　正月初三日。❷安祿山入朝　安祿山入朝時間，《舊唐書・安祿山傳》誤載於十二載，《考異》引《肅宗實錄》同。《通鑑》係據《玄宗實錄》、《唐曆》和《安祿山事跡》（唐姚汝能撰）。《玄宗實錄》和《唐曆》已佚。❸庚子　正月初四日。❹寵擢　寵愛而擢升。❺甲辰　正月初八日。❻學士　此指崇玄館學士。崇玄館開元二十九年（西元七四一年）於玄元皇帝廟置，博士一人。天寶二年（西元七四三年）博士改為學士，掌教授生員習《道德經》、《莊子》、《文子》、《列子》。❼國祚延昌　指國家長久興盛。國祚，指國家的命運。祚，同「阼」。帝位。延昌，長久昌盛。❽乾封　唐高宗年號（西元六六六—六六八年）。❾文士　文人，擅長作文章的人。❿元萬頃　（？—西元六八九年）洛陽（今河南洛陽）人，文辭敏捷，官至鳳閣舍人，後為酷吏所陷，流嶺南而死。傳見《舊唐書》卷一百九十中、《新唐書》卷二百一。⓫范履冰　（？—西元六九〇年）懷州河內（今河南沁陽）人，官至春官尚書、同鳳閣鸞臺平章事，後坐嘗舉犯逆者被殺。傳見《舊唐書》卷一百九十中、《新唐書》卷二百一。⓬北門　宮城北門。⓭候進止　指等候皇帝召喚。候，等候。進止，或進或止，聽候皇帝處分。⓮上官昭容　（西元六六四—七一〇年）名婉兒，陝州（今河南陝縣）人，上官儀的孫女，擅長詩詞。儀因反對武則天被殺，婉兒沒入宮掖。十四歲起，為武則天草擬詔令。中宗時封為昭容，掌文學、音樂，常為皇后及公主作詩，受韋后及武三思信任。誅韋后時被殺。有文集二十卷，已佚。傳見《舊唐書》卷五十一、《新唐書》卷七十六。⓯翰林院　唐初置翰林，為內廷供奉，本以文學備顧問，得參謀議，但那時醫、卜、伎術、方士、僧、道，皆得待詔翰林，並非盡為文學之士。玄宗開元初，始置翰林院，以張九齡、張說、陸堅等掌四方表疏批答、應和文章，稱為「翰林供奉」，與集賢院學士分司起草詔書及應承皇帝的各種文翰。開元二十六年改翰林供奉為學士，別置學士院，專掌內制。⓰文章之士　指擅長文章寫作的士人。文章，文辭；文學辭章。⓱同平章事　即同中書、門下平章政事的略稱。高宗以後，成為非中書門下長官擔任宰相職務的專銜。⓲乙巳　正月初九日。⓳左僕射　官名，左右僕射本為尚書省副長官。尚書省長官尚書令，自武德時太宗當此任後，因人臣不敢任而常缺，至龍朔三年（西元六六三年）正式取消。故左右僕射成為尚書省的實際長官，參加政事堂會議，為宰相。中宗以後，左右僕射不加「同中書門下三品」便不再是宰相，只掌本省六部政務。⓴丙午　正月初十日。㉑閑廄　指主管仗內馬（即儀仗用馬）的官署。㉒羣牧　指畜養官馬的羣牧監。㉓庚申　正月二十四日。㉔閑廄隴右羣牧等使　閑廄使，使職名，聖曆三年（西元七〇〇年）置，專管原屬殿中省和太僕寺職內的輿輦牛馬政務。隴右羣牧使，使職名，儀鳳三年（西元六七八年）以隴右羣牧監置使，主管隴右各國家牧場馬牛駝羊的繁殖和放養。㉕總監　官名，京、都諸宮苑總監。京、都諸宮苑設有總監、副監，掌諸宮苑內的宮館、園池、禽魚、果木。胡三省注認為此總監係「群牧總監，唐有四十八監以牧馬」。㉖壬戌　正月二十六日。㉗武部侍郎　官名，即兵部侍郎。㉘壬申　二月初六日。㉙癸酉　二月初七日。㉚漢家諸帝皆謚孝　漢代崇儒，主張以孝、仁治天下，皇帝死後，謚號都帶有孝字。㉛甲戌　二月初八日。㉜丁丑　二月十一日。㉝司空　官名，唐為三公之一，屬加官，不親掌實事。㉞甲申　二月十八日。㉟臨軒冊命　皇帝至殿前當面讀冊授官，是最隆重的一種任命儀式。唐初，拜三師、三公、親王、尚書令、雍州牧、開府儀同三司、驃騎大將軍、左右僕射，才舉行臨軒冊授。其後冊禮時有時廢。開元以來，冊禮久廢，只有天寶末冊楊國忠為司空使用。臨軒，皇帝不坐正殿而至殿階。軒，殿前堂階之間，近簷之處兩邊有欄楯，如車之軒，故也稱為軒。冊命，皇帝封立太子、皇后、諸王或特別寵信的大臣，以冊書發布命令。㊱己丑　二月二十三日。㊲九姓　指回紇九姓部落。回紇有內外九姓的區別。內九姓為：藥羅葛、胡咄葛、咄羅勿、貊歌息紇、阿勿嘀、葛薩、斛嗢素、藥勿葛、奚耶勿。詳《舊唐書》卷一百九十五。外九姓是：回紇、僕固、渾、拔野古、同羅、思結、契苾、拔悉密（阿布思）、葛邏祿（骨崙屋骨恐）。詳《唐會要》卷九十八。外九姓是內九姓的發展。㊳超資　超越常格的資歷。㊴好寫　《安祿山事跡》作「好書寫送」，即選上好書手繕寫呈送。㊵告身　委任官職的文憑。唐中葉以後，官爵冗濫，有空白告身，供隨時填寫人名。㊶將軍　指武散官將軍。唐武散官有懷化、雲麾、歸德、忠武、壯武、宣威、明威、定遠、寧遠、游騎、游擊等將軍。而懷化、歸德只授給少數民族首領。㊷中郎將　指武散官中郎將。唐武散官有懷化中郎將、歸德中郎將，只授給少數民族首領。㊸丁酉　三月初一日。㊹關　此指潼關。㊺縴板　縴夫拉船用具，板長二尺許，斜搭胸前，一端至肩，一端至脅，以繩穿板，再連接船繩，以此拉船行進。㊻長樂坡　即長安城東的滻坡。兩《唐書・張垍傳》均作「滻坡」。㊼慰意　愜意。㊽怏怏　鬱鬱；不滿意。㊾建安　郡名，天寶元年建州改名，治所在今福建建甌。㊿盧溪　郡名，天寶元年辰州改名，治所在今湖南沅陵。(51)埱　張垍之弟。其事略見《舊唐書》卷九十七、《新唐書》卷一百二十五〈張垍傳〉。(52)十將　唐中期以後軍中將領名稱，為元帥、都統、招討使屬官。(53)特進　散官名，為文散官二十九等中的第二等。(54)火拔歸仁　隴右節度使哥舒翰的裨將，後執哥舒翰降安祿山。(55)臨洮　郡名，天寶元年洮州改名，治所在今甘肅臨潭。(56)成如璆　哥舒翰破吐蕃於臨洮西之磨環川，以其地置神策軍，任成如璆為軍使。事略見《新唐書》卷五十〈兵志〉。(57)討擊副使　討擊使的副職。討擊使，使職名，為節度使因征討任務而設的武幕職。討擊副使的任務是協助征討。(58)魯炅　（？—西元七六一年）范陽（今河北涿州）人，安祿山反，其以守衛南陽著名。傳見《舊唐書》卷一百十四、《新唐書》卷一百四十七。(59)皋蘭府　羈縻都督府名，貞觀二十一年（西元六四七年），太宗於鐵勒族渾部故地置，在今蒙古人民共和國境內。(60)雲麾將軍　武散官名，為武散官的第七等。(61)郭英乂　至德二載加隴右節度使，兼御史中丞。兩京收復後，召還，掌禁兵，為羽林軍大將軍。傳見《舊唐書》卷一百十七、《新唐書》卷一百三十三。(62)知運　郭知運（西元六六七—七二一年），瓜州常樂（今甘肅安西）人，壯勇善射，頗有膽略。官至鴻臚卿、御史中丞，封太原郡公。傳見《舊唐書》卷一百三、《新唐書》卷一百三十三。(63)武　嚴武（西元七二六－七六五年），開元時尚書左丞嚴挺之之子。官至御史大夫、劍南節度使，封鄭國公。傳見《舊唐書》卷一百十七、《新唐書》卷一百二十九。(64)呂諲 （西元七一二－七六二年）蒲州河東（今山西永濟）人，官至武部侍郎、同中書門下平章事，封須昌縣伯。傳見《舊唐書》卷一百八十五下、《新唐書》卷一百四十。(65)支度判官 節度使下屬支度使的僚屬，分管軍資糧仗等事務。(66)封丘 縣名，縣治在今河南封丘。(67)高適 （西元七〇七－七六五年）渤海蓨縣（今河北景縣）人，歷官淮南節度使、劍南西川節度使，至散騎常侍。傳見《舊唐書》卷一百十一、《新唐書》卷一百四十三。(68)曲環 （西元七二六－七九九年）陝州安邑（今山西夏縣西南）人。傳見《舊唐書》卷一百二十二、《新唐書》卷一百四十七。(69)闕下 宮闕之下，指帝王所居之處，亦借指朝廷。闕，古代豎立在宮殿、祠廟和陵墓前的建築物，左右各一高臺，上起樓觀，兩臺間空缺，故名闕或雙闕。(70)甲子 三月二十八日。

【校　記】[1]之 原無此字。據章鈺校，十二行本、乙十一行本、孔天胤本皆有此字，今據補。[2]國忠 胡三省注云：「『國忠』之下更有『國忠』二字，文意乃明。」[3]支度判官 據章鈺校，十二行本、乙十一行本皆作「度支判官」。

【語　譯】玄宗至道大聖大明孝皇帝下之下

十三載（甲午　西元七五四年）

春，正月初三日己亥，安祿山入朝。當時楊國忠說安祿山肯定反叛，並且對玄宗說：「陛下試著叫他來，他肯定不會來。」玄宗派人召見安祿山，安祿山聽到命令立刻就來了。初四日庚子，在華清宮晉見玄宗，哭著說：「臣本是胡人，陛下寵愛提拔到現在的職位，被楊國忠所嫉恨，臣沒有幾天就死了！」玄宗很同情他，賞賜巨萬。從此更加親信安祿山，楊國忠的話聽不進去了。太子也知道安祿山必定反叛，告訴玄宗，玄宗不聽。

正月初八日甲辰，太清宮上奏說：「學士李琪見到玄元皇帝老子坐著紫雲，告訴說國運長久昌盛。」

唐初，皇帝的詔令敕書都是由中書省和門下省中有文辭的官員撰寫。乾封以後，開始召命文士元萬頃、范履冰等人草擬各種文辭，時常在北門等候召喚，當時的人稱為「北門學士」。中宗時，上官昭容專門主管此事。玄宗即位，開始設立翰林院，它緊靠宮廷，延請擅長為文的人士，下至精通佛學、道教、書法、繪畫、彈琴、下棋及數術的人都安置在翰林院，稱為「待詔」。刑部尚書張均和他的弟弟太常卿張垍都是翰林院供奉。玄宗打算加任安祿山同平章事，已命令張垍草擬制書，楊國忠勸告說：「安祿山雖然立有軍功，但他不知道讀書，怎麼可以做宰相呢！制書如果頒下，恐怕四周夷人輕視唐朝。」玄宗才作罷。正月初九日乙巳，加任安祿山左僕射，賜予他的一個兒子三品官，一個兒子四品官。

正月初十日丙午，玄宗回宮。

安祿山請求兼領閑廄、羣牧。正月二十四日庚申，任命安祿山為閑廄、隴右羣牧等使。安祿山又請求兼任總監。二十六日壬戌，任命他兼知總監事。安祿山奏請任命御史中丞吉溫為武部侍郎，充閑廄副使。楊國忠因此很厭惡吉溫。安祿山暗中派遣親信選擇健壯能夠作戰的幾千馬匹，另外飼養。

二月初六日壬申，玄宗祭祀太清宮，上聖祖老子尊號為大聖祖高上大道金闕玄元大皇太帝。初七日癸酉，享祭太廟，上高祖諡號為神堯大聖光孝皇帝，太宗諡號為文武大聖大廣孝皇帝，高宗諡號為天皇大聖大弘孝皇帝，中宗諡號為孝和大聖大昭孝皇帝，睿宗諡號為玄真大聖大興孝皇帝，這是因為漢朝各個皇帝都諡有孝字的緣故。初八日甲戌，群臣上玄宗尊號為開元天地大寶聖文神武證道孝德皇帝。大赦天下。

二月十一日丁丑，楊國忠進位為司空。十八日甲申，玄宗在殿前臨軒宣讀冊文加以任命。

二月二十三日己丑，安祿山上奏說：「臣所統領的將士征討奚、契丹、九姓、同羅等，功勞極多。請求不拘泥於常規，打破資格加以賞賜，仍用好的寫手書寫告身交給臣軍授予他們。」於是委任為將軍的五百多人，委任為中郎將的二千多人。安祿山打算反叛，所以先使用這種方法來收買眾心。

三月初一日丁酉，安祿山告別玄宗返回范陽，玄宗脫下衣服賞賜他，安祿山收下衣服又驚又喜。他怕楊國忠奏請玄宗留下他，迅速驅馬出了潼關。他乘船沿河而下，叫船夫站在岸邊拿繩板拉船。十五里輪換一班船夫，日夜兼程，每天行進幾百里，所過郡縣都不下船。從此，有說安祿山造反的，玄宗都把他捆送安祿山。因此人們都知道安祿山行將反叛，但沒有人敢說。

安祿山從長安出發時，玄宗命令高力士在長樂坡餞行。等到高力士回來，玄宗詢問他：「安祿山滿意嗎？」

高力士回答說：「看他心情鬱鬱不樂的樣子，一定是知道了打算任命他為宰相而又中止的緣故。」玄宗把這事告訴了楊國忠，楊國忠說：「這個決議別人不知道，一定是張垍兄弟告訴了他。」玄宗很生氣，貶張均為建安太守，張垍為盧溪司馬，張垍的弟弟給事中張埱為宜春司馬。

哥舒翰也替他部下的將領論功，玄宗下敕書任命隴右十將、特進、火拔州都督、燕山郡王火拔歸仁為驃騎大將軍，河源軍使王思禮加官特進，臨洮太守成如璆、討擊副使范陽人魯炅、皋蘭府都督渾惟明一起加官為雲麾將軍，隴右討擊副使郭英乂為左羽林將軍。郭英乂，是郭知運的兒子。哥舒翰又奏請嚴挺之的兒子嚴武為節度判官，河東人呂諲為支度判官，前封丘縣尉高適為掌書記，安邑人曲環為別將。

程千里抓獲了阿布思，獻給朝廷，朝廷把他殺了。三月二十八日甲子，任命程千里為金吾大將軍，任命封常清為北庭都護、伊西節度使。

夏，四月癸巳❶，安祿山奏擊奚破之，虜其王李日越❷。

六月乙丑❸朔，日有食之，不盡如鉤❹。

侍御史、劍南留後李宓❺將兵七萬❻擊南詔，閤羅鳳誘之深入，至太和城❼[1]，閉壁❽不戰。宓糧盡，士卒罹❾瘴疫❿及飢死什七八，乃引還。蠻追擊之，宓被擒，全軍皆沒。楊國忠隱其敗，更以捷聞，益發中國兵討之，前後死者幾二十萬人，無敢言者。上嘗謂高力士曰：「朕今老矣，朝事付之宰相，邊事付之諸將，夫復何憂！」力士對曰：「臣聞雲南數喪師，又邊將擁兵太盛，陛下將何以制之？臣恐一旦禍發，不可復救，何得謂無憂也！」上曰：「卿勿言，朕徐思之。」

秋，七月癸丑⑪，哥舒翰奏於所開九曲之地置洮陽⑫、澆河⑬二郡及神策軍⑭，以臨洮太守成如璆兼洮陽太守，充神策軍使。

楊國忠忌陳希烈，希烈累表辭位，上欲以武部侍郎吉溫代之。國忠以溫附安祿山，奏言不可。以文部侍郎韋見素和雅易制，薦之。八月丙戌⑮，以希烈為太子太師，罷政事，以見素為武部尚書、同平章事。

自去歲水旱相繼，關中大饑。楊國忠惡京兆尹李峴⑯不附己，以災沴⑰歸咎於峴。九月，貶長沙⑱太守。峴，禕⑲之子也。

上憂雨傷稼，國忠取禾之善者獻之，曰：「雨雖多，不害稼也。」上以為然。扶風⑳太守房琯言所部水災，國忠使御史推之。是歲，天下無敢言災者。高力士侍側，上曰：「淫雨㉑不已，卿可盡言。」對曰：「自陛下以權假㉒宰相，賞罰無章，陰陽失度，臣何敢言！」上默然。

冬，十月乙酉㉓，上幸華清宮。

十一月己未㉔，置內侍監二員，正三品㉕。

河東太守兼本道采訪使韋陟㉖，斌之兄也，文雅有盛名。楊國忠恐其入相，使人告陟贓汚事，下御史按問。陟賂中丞吉溫，使求救於安祿山，復為國忠所發。閏月壬寅㉗，貶陟桂嶺㉘尉，溫澧陽㉙長史。安祿山為溫訟冤，且言國忠讒疾㉚。上兩無所問。

戊午㉛，上還宮。

是歲，戶部奏天下郡三百二十一，縣千五百三十八，鄉萬六千八百二十九，戶九百六萬九千一百五十四，口五千二百八十八萬四百八十八。

【章旨】以上為第二段，寫楊國忠隱瞞敗報，隱瞞災情，權傾人主，唐玄宗無可奈何，姑息度日。

【注釋】❶癸巳　四月二十八日。❷李日越　奚部落首領。據《新唐書》卷二百十九〈奚傳〉，李日越被安祿山所殺。❸乙丑　六月初一日。❹不盡如鉤　指發生日偏蝕時，只剩下一小部分如鉤一般的太陽未被遮住。鉤，兵器名，似劍而曲。❺李宓　人名，官至劍南節度使留後，征南詔敗死。其事散見《舊唐書》卷九〈玄宗紀下〉、《新唐書》卷二百二十二上〈南蠻傳上〉等篇。❻將兵七萬　《舊唐書》卷一百九十七〈南蠻傳〉云「李宓將十餘萬」，《新唐書》卷二百六〈外戚・楊國忠傳〉亦云十餘萬，《新唐書》卷二百二十二上〈南蠻傳上〉云「調天下兵凡十萬」。❼太和城　故址在今雲南大理南太和村。❽閉壁　軍隊緊閉營門不出戰。壁，軍營的圍牆，指軍營。❾罹　遭遇。❿瘴疫　熱帶山林中的熱空氣傳染病。⓫癸丑　七月二十日。⓬洮陽　郡名，天寶十三載（西元七五四年）置，治所在今甘肅臨潭西南。⓭澆河　郡名，天寶十三載置，治所在今青海貴德西南。⓮神策軍　軍隊名，唐玄宗時哥舒翰在臨洮西磨環川設神策軍。後安祿山反，該地淪陷，乃下詔以北衙軍使衛伯玉的部隊改為神策軍，鎮守陝州，以中使魚朝恩監軍，後朝恩引入禁中，以中官竇文場指揮，從此成為皇帝的禁軍之一。⓯丙戌　八月二十三日。⓰李峴　吳王李恪孫，肅、代時兩度任宰相。傳見《新唐書》卷一百三十。⓱災沴　災氣。沴，古代迷信中所說的災氣、惡氣。⓲長沙　郡名，天寶元年（西元七四二年）潭州改名，治所在今湖南長沙。⓳禕　即信安王李禕。⑳扶風　郡名，天寶元年岐州改名，治所在今陝西鳳翔。㉑淫雨　久雨。㉒假　假藉；交付。㉓乙酉　十月二十三日。㉔己未　十一月二十八日。㉕內侍監二員二句　內侍監，內侍省長官，掌宮內供奉。唐初內侍省長官為內侍二人，從四品上。開元中增加二人。至此在內侍之上置內侍監二人，正三品。太宗有詔內侍省不立三品官，自此突破舊制。㉖韋陟　（西元六九六－七六〇年）京兆萬年（今陝西西安東）人，宰相韋安石之子，官至吏部尚書。傳見《舊唐書》卷九十二、《新唐書》卷一百二十二。㉗壬寅　閏十一月壬戌朔，無壬寅，當為壬申之誤。壬申，閏十一月十一日。㉘桂嶺　縣名，縣治在今廣西賀縣東北。㉙澧陽　郡名，天寶元年澧州改名，治所在今湖南澧縣。㉚讒疾　讒言、疾恨。㉛戊午　十二月二十八日。

【校　記】①太和城　原作「大和城」。據章鈺校，十二行本、乙十一行本、孔天胤本皆作「太和城」，今從改。按，《舊唐書》卷一百九十七、《新唐書》卷二百二十二上〈南蠻傳上〉皆作「大和城」。大，讀作「太」。

【語　譯】夏，四月二十八日癸巳，安祿山上奏進攻奚人並打敗了他們，俘虜了奚王李日越。

六月初一日乙丑，發生日蝕，太陽沒有遮住的部分像鉤一樣。

侍御史、劍南留後李宓率領軍隊七萬人攻打南詔，閤羅鳳引誘李宓軍深入，到達太和城，閉營不肯出戰。李宓的糧食沒有了，士卒感染瘴氣瘟疫以及餓死的有十分之七八，於是率軍撤退。蠻軍追擊唐軍，李宓被俘，全軍覆沒。楊國忠隱瞞李宓失敗的情況，另用捷報上達玄宗，增調中原軍隊討伐南詔，前後戰死的將近二十萬人，沒有人敢說明真情。玄宗曾對高力士說：「朕現在老了，朝廷政務交給宰相，邊境上的事務交給諸位將領，還有什麼可憂慮的！」高力士回答說：「臣聽說雲南方面一再損兵折將，還有邊疆將領率軍過多，陛下利用什麼方法來控制他們？臣擔心一旦禍起，就再也不能挽救，怎麼能夠說沒有憂慮了呢！」玄宗說：「你不要說了，朕慢慢地考慮一下這件事。」

秋，七月二十日癸丑，哥舒翰奏請在他所開闢的九曲之地設置洮陽、澆河二郡以及神策軍，任命臨洮太守成如璆兼洮陽太守，充神策軍使。

楊國忠嫉恨陳希烈，陳希烈多次上表辭職，玄宗想讓武部侍郎吉溫代替他。楊國忠認為吉溫依附安祿山，上奏說不行。認為文部侍郎韋見素溫和儒雅，容易控制，就推薦了他。八月二十三日丙戌，任命陳希烈為太子太師，不再主持政務，任命韋見素為武部尚書、同平章事。

自從去年水災旱災相繼發生，關中出現嚴重饑荒。楊國忠憎恨京兆尹李峴不依附自己，把災害歸咎於李峴。九月，把李峴貶為長沙太守。李峴，是李禕的兒子。

玄宗憂慮久雨傷害莊稼，楊國忠就選擇好的禾苗獻給玄宗，說：「雨水雖然多了，但沒有傷害莊稼。」玄宗以為真是這樣。扶風太守房琯說他所管轄的地區發生水災，楊國忠派御史追究他。這一年，天下沒有人敢說災情的。高力士侍立在玄宗的身旁，玄宗說：「久雨不止，你可盡情直言。」高力士回答說：「自從陛下把大權交給宰相，賞罰沒有規矩，陰陽失常，臣怎麼敢說！」玄宗沉默無語。

冬，十月二十三日乙酉，玄宗親臨華清宮。

十一月二十八日己未，設置內侍監二人，正三品。

河東太守兼本道采訪使韋陟，是韋斌的哥哥，溫文儒雅，享有盛名。楊國忠害怕他入朝做宰相，派人舉報韋陟貪汙的事，交付御史調查審問。韋陟賄賂中丞吉溫，讓他向安祿山求救，又被楊國忠所告發。閏十一月壬寅日，貶韋陟為桂嶺縣尉，吉溫為澧陽長史。安祿山替吉溫申冤，並且說楊國忠讒言害人。玄宗兩邊都不過問。

十二月二十八日戊午，玄宗回宮。

這一年，戶部奏報全國有三百二十一個郡，一千五百三十八個縣，一萬六千八百二十九個鄉，九百零六萬九千一百五十四戶，五千二百八十八萬零四百八十八人。

十四載（乙未　西元七五五年）

春，正月，蘇毗❶王子悉諾邏❷去吐蕃來降。

二月辛亥❸，安祿山使副將❹何千年入奏，請以蕃將三十二人代漢將，上命立進畫❺，給告身。韋見素謂楊國忠曰：「祿山久有異志，今又有此請，其反明矣。明日見素當極言❻，上未允，公其繼之。」國忠許諾。壬子❼，國忠、見素入見，上迎謂曰：「卿等有疑祿山之意邪？」見素因極言祿山反已有迹，所請不可許，上不悅。國忠逡巡❽不敢言，上竟從祿山之請。

他日，國忠、見素言於上曰：「臣有策可坐消❾祿山之謀，今若除祿山平章事，召詣闕，以賈循❿為范陽節度使，呂知誨⓫為平盧節度使，楊光翽⓬為河東節度使，則勢自分矣。」上從之。已草制，上留不發，更遣中使輔璆琳以珍果賜祿山，潛察其變。璆琳受祿山厚賂，還，盛言祿山竭忠奉國，無有二心。上謂國忠等曰：「祿山，朕推心待之，必無異志。東北二虜⓭，藉其鎮遏⓮。朕自保之，卿等勿憂也。」事遂寢。循，華原人也，時為節度副使。

隴右、河西節度使哥舒翰入朝，道得風疾，遂留京師，家居不出。

三月辛巳⓯，命給事中裴士淹⓰宣慰⓱河北。

【章　旨】以上為第三段，寫宦官輔璆琳察安祿山反狀，璆琳受賄誤國。

【注　釋】❶蘇毗　吐蕃的一個較強大部落，在今怒江、瀾滄江上游之間地區。❷悉諾邏　吐蕃蘇毗王子，唐封為懷義王，賜名李忠信。其事散見《新唐書》卷二百十五下〈突厥下〉、卷二百二十一下〈西域下〉。❸辛亥　二月二十二日。❹副將　節度使府無副將職名，而都知兵馬使、都押衙、都虞候、都教練使、都指揮使等武幕職都可稱為副將，故副將乃使府武幕職的一般稱呼。❺進畫　進呈中書草擬的命令，由皇帝畫敕頒行。這是唐代詔書形成過程中一道重要程序，各種詔書大體都要經過起草、進畫、門下省頒行的程序。進畫，實際上就是由皇帝認可、批准。❻極言　向皇帝竭力陳說。❼壬子　二月二十三日。❽逡巡　遲疑徘徊，欲行又止。❾消　消除。❿賈循　京兆華原（在今陝西耀縣）人，初深得安祿山信重。安祿山反，循守幽州，謀取安祿山，事敗被殺。傳見《新唐書》卷一百九十二。⓫呂知誨　平盧節度副使，安祿山反，署為使，為其部將所殺。其事散見《舊唐書》卷一百四十五〈劉全諒傳〉、《新唐書》卷二百二十五上〈安祿山傳〉等篇。⓬楊光翽　官至太原尹，為安祿山部將所殺。其事散見《舊唐書》卷一百四十二〈李寶臣傳〉、《新唐書》卷二百二十五上〈安祿山傳〉等篇。⓭東北二虜　指奚、契丹二部族。⓮鎮遏　鎮守遏止。⓯辛巳　三月二十二日。⓰裴士淹　歷官給事中、禮部尚書、禮儀使、虔州刺史。其事散見《舊唐書》卷一百八十四〈賈明觀傳〉、《新唐書》卷二百二十五上〈安祿山傳〉等篇。⓱宣慰　傳宣天子慰問的旨意，即安撫。

【語　譯】十四載（乙未　西元七五五年）

春，正月，蘇毗王子悉諾邏離開吐蕃來投降唐朝。

二月二十二日辛亥，安祿山派副將何千年入朝上奏，請求用蕃將三十二人代替漢人將領，玄宗立刻讓中書省進呈所擬命令，畫敕批准，給予委任狀。韋見素對楊國忠說：「安祿山很久就存有異心，如今又有如此請求，他造反是明擺著的。明天我韋見素要極力進諫，皇上如果不聽從，您再接著進諫。」楊國忠答應了。二十三日壬子，楊國忠、韋見素入朝晉見，玄宗迎著他們說：「你們有懷疑安祿山的想法嗎？」韋見素趁機極力說明安祿山反叛已有形跡，他的請求不能同意，玄宗聽了不高興。楊國忠遲疑不敢說話，玄宗竟然同意了安祿山的請求。

有一天，楊國忠、韋見素對玄宗說：「臣有計策坐著不動就可以打掉安祿山的陰謀，如果現在任命安祿山為平章事，召他到朝廷來，任命賈循為范陽節度使，呂知誨為平盧節度使，楊光翽為河東節度使，那麼他的勢力就自行分散了。」玄宗聽從了這個意見。已經草擬了制書，玄宗留下不肯發出，又派遣宮中使者輔璆琳攜帶珍奇的果品賞賜安祿山，暗中觀察他的變化。輔璆琳接受安祿山很多賄賂，回來後，極力說明安祿山盡忠報國，沒有二心。玄宗對楊國忠等人說：「安祿山，朕推心置腹地對待他，他肯定沒有異心。東、北兩邊的敵人，依靠他來鎮守遏制。朕保證他不反叛，你們不必憂慮了。」事情便擱置下來。賈循是華原人，這時為節度副使。

隴右、河西節度使哥舒翰入朝，在路上得了風寒病，就留在京師，待在家裡不出門。

三月二十二日辛巳，命令給事中裴士淹宣諭安撫河北。

夏，四月，安祿山奏破奚、契丹。

癸巳❶，以蘇毗王子悉諾邏為懷義王，賜姓名李忠信。

安祿山歸至范陽，朝廷每遣使者至，皆稱疾不出迎，盛陳武備，然後見之。裴士淹至范陽，二十餘日乃得見，無復人臣禮。楊國忠日夜求祿山反狀，使京兆尹圍其第，捕祿山客李超等，送御史臺獄❷，潛殺之。祿山子慶宗尚宗女榮義郡主，供奉在京師❸，密報祿山，祿山愈懼。六月，上以其子成昏，手詔❹召[1]祿山觀禮，祿山辭疾不至。秋，七月，祿山表獻馬三千匹，每匹執控夫❺二人，遣蕃將二十二人部送❻。河南尹達奚珣疑有變，奏請諭祿山以進車馬宜俟至冬，官自給夫，無煩本軍。於是上稍寤，始有疑祿山之意。會輔璆琳受賂事亦泄，上託以他事撲殺之。上遣中使馮神威齎手詔諭祿山，如珣策，且曰：「朕新為卿作一湯❼，十月於華清宮待卿。」神威至范陽宣旨❽，祿山踞牀微起❾，亦不拜，曰：「聖人❿安隱⓫。」又曰：「馬不獻亦可，十月灼然⓬詣京師。」即令左右引神威置館舍，不復見。數日遣還，亦無表。神威還，見上，泣曰：「臣幾不得見大家⓭！」

八月辛卯⓮，免今載百姓租庸。

冬，十月庚寅⓯，上幸華清宮。

安祿山專制三道，陰蓄異志，殆將十年，以上待之厚，欲俟上晏駕然後作亂。會楊國忠與祿山不相悅，屢言祿山且反，上不聽，國忠數以事激之，欲其速反以取信於上。祿山由是決意遽反，獨與孔目官・太僕丞嚴莊⓰、掌書記・屯田員外郎⓱高尚、將軍阿史那承慶密謀。自餘將佐皆莫之知，但怪其自八月以來，屢饗⓲士卒，秣馬厲兵而已。會有奏事官自京師還，祿山詐為敕書，悉召諸將，示之曰：「有密旨⓳，令祿山將兵入朝討楊國忠，諸君宜即從軍。」眾愕然相顧⓴，莫敢異言。十一月甲子㉑，祿山發所部兵及同羅、奚、契丹、室韋凡十五萬眾，號二十萬，反於范陽。命范陽節度副使賈循守范陽，平盧節度副使呂知誨守平盧，別將高秀巖守大同㉒，諸將皆引兵夜發。

【章旨】以上為第四段，寫楊國忠激使安祿山速反。

【注釋】❶癸巳　四月初四日。❷御史臺獄　御史臺監獄，監禁留臺審問犯人之用。御史臺本無監獄，貞觀二十二年（西元六四八年）御史大夫李乾祐始置臺獄。開元十四年（西元七二六年）撤。後又於臺內諸院寄禁留臺審問的犯人，實際上恢復了臺獄。❸供奉在京師　安慶宗尚榮義郡主，供職京師為太僕卿，得隨供奉官班見。❹手詔　帝王親自寫的詔書。❺執控夫　馬夫。❻蕃將二十二人部送　安祿山意欲襲擊京師。❼朕新為卿作一湯　湯，溫泉浴池。自天寶六載（西元七四七年）以來，華清宮中大量增修湯池。井池臺觀，環列山谷。至是，又為安祿山置一新湯池。❽宣旨　宣讀皇帝詔令。❾踞牀微起　斜倚著床稍稍坐起身來。踞，倚靠。❿聖人　對皇帝的尊稱。⓫安隱　安穩。隱，通「穩」。唐帖常寫「穩」為「隱」。⓬灼然　唐人習慣語，意為一定。⓭大家　唐代宦官、宮女對皇帝的稱呼。⓮辛卯　八月初四日。⓯庚寅　十月初四日。⓰孔目官太僕丞嚴莊　孔目官為嚴莊的幕職，太僕丞為帶職。外官帶朝官銜，天寶後逐漸增多。太僕丞，官名，太僕寺屬官，掌判寺事。⓱屯田員外郎　官名，尚書省工部屯田司副長官，協助長官屯田郎中掌天下屯田的政令。⓲饗　以酒食款待人。⓳密旨　祕密詔旨。⓴愕然相顧　彼此吃驚地看著。愕然，吃驚。㉑甲子　十一月初九日。㉒大同　即大同軍。

【校記】①召　原無此字。據章鈺校，十二行本、乙十一行本、孔天胤本皆有此字，張瑛《通鑑校勘記》同，今據補。

【語譯】夏，四月，安祿山上奏說打敗奚、契丹。

四月初四日癸巳，封蘇毗王子悉諾邏為懷義王，賜他姓名李忠信。

安祿山回到范陽，朝廷每次派遣使者到來，都藉口有病不出來迎接，大規模地列隊防備，然後再接見使者。裴士淹到達范陽，二十多天才獲得接見，不再有人臣的禮節。楊國忠日夜尋找安祿山造反的罪狀，派京兆尹包圍他的宅第，逮捕了安祿山的門客李超等人，送往御史臺監獄，祕密殺了他們。安祿山的兒子安慶宗娶宗室女榮義郡主，在京師供職，把情況暗中報告安祿山，安祿山更加害怕。六月，玄宗因為兒子成婚，親手寫詔書召安祿山觀看婚禮，安祿山推辭說有病不肯前來。秋，七月，安祿山上表獻馬三千匹，每匹馬配馬夫兩人，派遣蕃將二十二人分部送來。河南尹達奚珣懷疑有變故，奏請玄宗曉諭安祿山進獻車馬應等到冬天，官府自己提供馬夫，不必麻煩他的軍隊。這時玄宗稍稍有所醒悟，開始有懷疑安祿山的想法。恰好輔璆琳接受賄賂的事情也洩露出來，玄宗藉口其他的事情殺死了他。玄宗派宮中使者馮神威攜帶著他的親筆詔書曉諭安祿山，按照達奚珣的計策，並且說：「朕新近為卿做了一個溫泉池，十月在華清宮等待你。」馮神威到范陽宣讀聖旨，安祿山靠在床上，稍微起了一下身，也不跪拜，說：「聖上還好吧。」又說：「馬不進獻也可以，十月一定到京師。」隨即命令身邊的人帶走馮神威安置在驛館裡，不再見他。幾天後遣送回朝，也沒有謝恩的奏表。馮神威回來後，見了玄宗，哭著說：「臣幾乎就見不到皇上了！」

八月初四日辛卯，玄宗免除今年百姓的租、庸賦稅。

冬，十月初四日庚寅，玄宗親臨華清宮。

安祿山一個人控制著范陽、平盧、河東三道，暗藏異心，將近十年。因為玄宗待他優厚，想等玄宗死後再反叛。遇上楊國忠與安祿山關係不好，多次說安祿山將要反叛，玄宗不相信，楊國忠多次用事情刺激安祿山，想讓他盡快反叛以便自己取得玄宗的信任。安祿山因此下決心立即反叛，他單獨和孔目官・太僕丞嚴莊、掌書記・屯田員外郎高尚、將軍阿史那承慶暗中謀劃。其他的將領和佐僚都不知道這件事，只是對自從八月分以來，經常宴饗士兵、秣馬厲兵感到奇怪而已。恰巧有向玄宗奏報事情的官員從京師回來，安祿山就假造玄宗的敕書，召集所有的將領，向他們出示詔書說：「皇上有密旨，命令我安祿山帶領部隊入朝討伐楊國忠，諸位將軍應當馬上從軍出征。」大家驚愕相視，沒有一個人敢說不同的話。十一月初九日甲子，安祿山調動他所統率的部隊以及同羅、奚、契丹、室韋等共十五萬部眾，號稱二十萬，在范陽反叛。他命令范陽節度副使賈循守衛范陽，平盧節度副使呂知誨守衛平盧，別將高秀巖守衛大同，其餘諸將都帶兵連夜出發。

詰朝❶，祿山出薊城❷南，大閱誓眾，以討楊國忠為名，牓❸軍中曰：「有異議扇動軍人者，斬及三族❹！」於是引兵而南。祿山乘鐵轝❺，步騎精銳，煙塵千里，鼓譟❻震地。時海內久承平，百姓累世不識兵革，猝❼聞范陽兵起，遠近震駭。河北皆祿山統內，所過州縣，望風瓦解，守令或開門出迎，或棄城竄匿❽，或為所擒戮，無敢拒之者。祿山先遣將軍何千年、高邈將奚騎二十，聲言獻射生手❾，乘驛詣太原。乙丑❿，北京⓫副留守楊光翽出迎，因劫之以去。太原具言其狀，東受降城亦奏祿山反。上猶以為惡祿山者詐為之，未之信也。

庚午⓬，上聞祿山定反，乃召宰相謀之。楊國忠揚揚⓭有得色[1]，曰：「今反者獨祿山耳，將士皆不欲也。不過旬日，必傳首詣行在⓮。」上以為然，大臣相顧失色。上遣特進畢思琛詣東京，金吾將軍程千里詣河東，各簡募⓯數萬人，隨便團結⓰以拒之。辛未⓱，安西節度使封常清入朝，上問以討賊方略，常清大言曰：「今太平積久，故人望風憚⓲賊。然事有逆順⓳，勢有奇變⓴，臣請走馬詣東京，開府庫，募驍勇，挑馬箠度河㉑，計日取逆胡之首獻闕下！」上悅。壬申㉒，以常清為范陽、平盧節度使。常清即日乘驛詣東京募兵，旬日得六萬人，乃斷河陽橋㉓，為守禦之備。

【章 旨】以上為第五段，寫安祿山反叛，封常清受命東都設防。

【注 釋】❶詰朝 次日早晨。❷薊城 范陽節度使治所，在今北京市大興。❸牓 告示。❹三族 指父族、母族、妻族。此據《集解・秦本紀》引如淳之說。❺鐵轝 鐵車。轝，同「輿」。車。❻鼓譟 擊鼓呼叫。❼猝 突然。❽竄匿 奔逃躲藏。❾射生手 精於騎射的武士。❿乙丑 十一月初十日。⓫北京 今山西太原。高祖起兵太原，故玄宗建為北京。⓬庚午 十一月十五日。⓭揚揚 心情愉快或洋洋得意。⓮行在 天子在京城以外的住所。⓯簡募 選擇招募。⓰隨便團結 指就地組織起團結兵。隨便，隨其所宜。團結，團結兵；地方武裝力量。⓱辛未 十一月十六日。⓲憚 害怕。⓳事有逆順 事情有逆反與順正的區別。指安祿山叛亂是非正義的。⓴勢有奇變 形勢有意想不到的變化。指安祿山很快就會被消滅。㉑挑馬箠度河 指掛著馬鞭渡過黃河。意即從容渡過河去。挑，懸掛。馬箠，馬鞭。度，通「渡」。河，黃河。㉒壬申 十一月十七日。㉓河陽橋 河南府河陽縣（縣治在今河南孟州南）黃河上的浮橋。

【校 記】[1]得色 原作「德色」。胡三省注云：「蜀本作『得色』，當從之。」今據蜀本改。

【語 譯】第二天早晨，安祿山來到薊城南，隆重地閱兵誓師，以征討楊國忠為名，出榜告示軍中說：「有異議煽動軍心的，誅滅三族！」於是率軍南進。安祿山乘坐鐵車，步兵騎兵非常精銳，煙塵千里，鼓聲喧譁聲震天動地。當時天下長期太平，老百姓好幾代人不習武事，突然聽說范陽起兵叛亂，遠近都大為驚恐。河北都是安祿山管轄的地域，所過州、縣，望風瓦解，郡守縣令有的打開城門出來迎接，有的棄城逃匿，有的被活捉處死，沒有敢抵抗的。安祿山先派遣將軍何千年、高邈率領奚族騎兵二十人，聲稱進獻射生手，乘驛車到達太原。十一月初十日乙丑，北京副留守楊光翽出城迎接，乘機把他劫持走了。太原把實情向朝廷報告，東受降城也上奏說安祿山反叛。玄宗還以為是討厭安祿山的人所做的欺詐行為，不相信這事。

十一月十五日庚午，玄宗聽說安祿山確實反叛，才召集宰相商議對策。楊國忠露出得意洋洋的神色，說：「現在造反的只有安祿山一個人罷了，將領和士卒都不想造反。不過十天，一定把安祿山的頭顱傳送到長安。」玄宗信以為真，大臣們面面相覷大驚失色。玄宗派遣特進畢思琛前往東京，金吾將軍程千里前往河東，各自選募幾萬人，隨其所宜，武裝組織地方丁壯來抵抗叛軍。十六日辛未，安西節度使封常清入朝，玄宗向他詢問討賊方略，封常清誇口說：「當今太平時日很久，所以人們望見叛賊的風塵就害怕他們。然而事情有逆順，形勢有意想不到的變化，臣請驅馬前往東京，打開府庫，招募勇猛之士，高懸馬鞭渡過黃河，用不了幾天，取了叛逆胡賊的首級進獻朝廷！」玄宗很高興。十七日壬申，任命封常清為范陽、平盧節度使。封常清當天乘驛馬前往東京招募士兵，十天時間募得六萬人，於是斷絕了河陽橋，為防禦作準備。

甲戌❶，祿山至博陵❷南，何千年等執楊光翽見祿山，責光翽以附楊國忠，斬之以徇❸。祿山使其將安忠志將精兵軍土門❹。忠志，奚人，祿山養為假子。又以張獻誠攝❺博陵太守。獻誠，守珪之子也。

祿山至藁城❻，常山❼太守顏杲卿❽力不能拒，與長史袁履謙往迎之。祿山輒賜杲卿金紫，質❾其子弟，使仍守常山。又使其將李欽湊將兵數千人守井陘口❿，以備西來諸軍。杲卿歸，途中指其衣謂履謙曰：「何為著此？」履謙悟其意，乃陰與杲卿謀起兵討祿山。杲卿，思魯⓫之玄孫也。

丙子⓬，上還宮。斬太僕卿安慶宗，賜榮義郡主自盡。以朔方節度使安思順為戶部尚書，思順弟元貞為太僕卿。以朔方右廂兵馬使⓭、九原⓮太守郭子儀為朔方節度使，右羽林大將軍王承業⓯為太原尹⓰。置河南節度使⓱，領陳留⓲等十三郡，以衛尉卿⓳猗氏張介然⓴為之。以程千里為潞州㉑長史。諸郡當賊衝者，始置防禦使㉒。

丁丑㉓，以榮王琬㉔為元帥㉕，右金吾大將軍高仙芝副之，統諸軍東征。出內府㉖錢帛，於京師募兵十一萬，號曰天武軍，旬日而集，皆市井子弟也。

十二月丙戌㉗，高仙芝將飛騎㉘、彍騎及新募兵、邊兵在京師者合五萬人，發長安，上遣宦者監門將軍㉙邊令誠監其軍㉚，屯於陝。

丁亥㉛，安祿山自靈昌㉜度河，以絙約敗船㉝及草木橫絕河流，一夕，冰合如浮梁，遂陷靈昌郡。祿山步騎散漫㉞，人莫知其數，所過殘滅。張介然至陳留纔數日，祿山至，授兵登城，眾恟懼㉟，不能守。庚寅㊱，太守郭納以城降。祿山入北郭，聞安慶宗死，慟哭曰：「我何罪，而殺我子！」時陳留將士降者夾道近萬人，祿山皆殺之，以快其忿。斬張介然於軍門。以其將李庭望為節度使，守陳留。

【章　旨】以上為第六段，寫安祿山叛軍南下河北，如入無人之境，河北郡縣皆下。高仙芝奉命東征。

【注　釋】❶甲戌　十一月十九日。❷博陵　郡名，天寶元年（西元七四二年）定州改名，治所在今河北高陽西南。❸徇　示眾。❹土門　關名，即井陘關。在今河北井陘東之井陘山上，是經過太行山區進入華北平原的隘口。❺攝　代理。❻藁城　縣名，縣治在今河北藁城。❼常山　郡名，天寶元年恆州改名，治所在今河北正定南。❽顏杲卿　（西元七〇二—七五六年）琅邪臨沂（今山東臨沂）人，官至衛尉卿兼御史大夫。在常山，首舉河北義師反對安祿山，後兵敗被殺。傳見《舊唐書》卷一百八十七下、《新唐書》卷一百九十二。❾質　人質；以……為人質。❿井陘口　即土門。⓫思魯　顏思魯，北齊黃門侍郎顏之推長子，唐祕書監、弘文館學士顏師古之父，以學藝稱於世。武德（西元六一八—六二六年）初為秦王府記室參軍。其事散見《舊唐書》卷六十一〈溫大有傳〉、《新唐書》卷二百一〈袁朗傳〉等篇。⓬丙子　十一月二十一日。⓭朔方右廂兵馬使　使職名，節度使府幕職。節度使所屬兵馬使，常隨兵馬分營而設，有分前中後軍，有分左右廂軍。朔方分左右廂，故有右廂兵馬使。⓮九原　郡名，天寶元年豐州改名，治所在今內蒙古五原南。⓯王承業　歷官右羽林大將軍、太原尹、河東節度使。其事散見《舊唐書》卷一百八十七下〈顏杲卿傳〉、《新唐書》卷二百二十五上〈安祿山傳〉等篇。⓰太原尹　官名，太原府長官，唐以太原為北都，置尹一員，總管府事。⓱置河南節度使　據《舊唐書．玄宗紀》應作「河南節度采訪使」（《新唐書．張介然傳》同）。這裡的「節度」作動詞使用，並非用來名官。授張介然此差遣職是要他守陳留，討擊安祿山叛軍。如按因事名使的慣例，應該是防禦使。《舊唐書．張介然傳》即作「防禦使」。⓲陳留　郡名，天寶元年汴州改名，治所在今河南開封。⓳衛尉卿　官名，衛尉寺長官，執掌國家兵器和儀仗文物。⓴張介然　（？—西元七五五年）本名六朗，蒲州猗氏（今山西臨猗）人，官至衛尉卿。守陳留，城破，為安祿山所殺。傳見《舊唐書》卷一百八十七下、《新唐書》卷一百九十一。㉑潞州　州名，治所在今山西長治。㉒防禦使　使職名，唐初西北邊鎮有置。安史亂起，始於中原軍事要郡設置以抵禦安史叛軍。掌本郡軍事，一般由太守兼任，是州郡長官兼掌軍政的開始。㉓丁丑　十一月二十二日。㉔榮王琬　李琬（？—西元七五五年），玄宗第六子，初名嗣玄，後改名滉，又更名琬。先封甄王，後封榮王。贈靖恭太子。傳見《舊唐書》卷一百七、《新唐書》卷八十二。㉕元帥　全軍主帥。唐曾設天下兵馬元帥、副元帥和行營都元帥等。初以親王充任，大將任副元帥。後來，資望高深的武臣也授元帥之職。㉖內府　天子內庫。㉗丙戌　十二月初一日。㉘飛騎　指皇帝侍衛軍士。貞觀十二年（西元六三八年）太宗置左右屯營於玄武門，號飛騎。此後常稱皇帝隨身衛士為飛騎。㉙監門將軍　武官名，南衙十六衛有左右監門衛，各設大將軍一員、將軍二員，掌諸門禁衛及門籍。㉚監其軍　唐代宦官監軍始於玄宗開元二十年（西元七三二年）。安史之亂以後，諸道方鎮必以宦官為監軍使；若領兵出戰，則有監陣。㉛丁亥　十二月初二日。㉜靈昌　郡名，天寶元年滑州改名，治所在今河南滑縣西南。㉝絙約敗船　用粗大的繩子捆住破船。絙，粗繩。約，捆。敗船，破船。㉞散漫　彌漫四散。㉟恟懼　恐懼。㊱庚寅　十二月初五日。

【語　譯】十一月十九日甲戌，安祿山抵達博陵南面，何千年等人捆綁楊光翽來見安祿山，安祿山指責楊光翽投靠楊國忠，把他斬首示眾。安祿山派他的將領安忠志率領精兵屯駐土門。安忠志，是奚族人，安祿山撫養為義子。又讓張獻誠代理博陵太守。張獻誠，是張守珪的兒子。

安祿山到達藁城，常山太守顏杲卿兵力不能抵抗，和長史袁履謙前往迎接安祿山。安祿山便賞賜顏杲卿金魚袋和紫衣，把他的兒子兄弟作為人質，派他仍舊守護常山。又讓他的部將李欽湊率兵幾千人守衛井陘口，以防備從西邊來的各路軍隊。顏杲卿回來，在路上指著自己的衣物對袁履謙說：「穿戴這種衣物幹什麼？」袁履謙明白他的意思，便暗中和顏杲卿謀劃起兵討伐安祿山。顏杲卿，是顏思魯的玄孫。

十一月二十一日丙子，玄宗回宮。殺了太僕卿安慶宗，賜榮義郡主自殺。任命朔方節度使安思順為戶部尚書，安思順的弟弟安元貞為太僕卿。任命朔方右廂兵馬使、九原太守郭子儀為朔方節度使，右羽林大將軍王承業為太原尹。設置河南節度使，管轄陳留等十三郡，命令衛尉卿猗氏人張介然擔任此職。任命程千里擔任潞州長史。首當賊軍衝擊的各郡，開始設置防禦使。

十一月二十二日丁丑，任命榮王李琬為元帥，右金吾大將軍高仙芝做他的副手，統率各軍東征。拿出內府的錢財布帛，在京師招募士兵十一萬，號稱天武軍，十天就集中起來，全是市井子弟。

十二月初一日丙戌，高仙芝率領飛騎、彍騎以及新募兵、在京師的邊兵，合在一起五萬人，從長安出發，玄宗派遣宦官監門將軍邊令誠監督他的軍隊，屯駐在陝郡。

十二月初二日丁亥，安祿山從靈昌渡過黃河，用粗大的繩子把破船和草木捆住，橫跨河流，一個晚上，冰面封合，如同浮橋，於是攻陷了靈昌郡。安祿山的步兵騎兵散亂，人們不知道他的數量，所過之處，遭到殘殺毀滅。張介然到陳留才幾天，安祿山就到了。他派兵登城，大家十分恐懼，不能據守。初五日庚寅，太守郭納獻城投降。安祿山進入北城，聽說安慶宗死了，痛哭說：「我有什麼罪過，竟殺了我的兒子！」當時投降的陳留將士站在道路兩旁將近一萬人，安祿山把他們都殺了，以發洩他的忿恨。在軍門前把張介然斬首。任命他的部將李庭望為節度使，駐守陳留。

壬辰❶，上下制欲親征，其朔方、河西、隴右兵留守城堡之外，皆赴行營，令節度使自將之，期二十日畢集。

初，平原❷太守顏真卿❸知祿山且反，因霖雨，完城浚壕，料丁壯，實倉廩。祿山以其書生，易之❹。及祿山反，牒❺真卿以平原、博平❻兵七千人防河津。真卿遣平原司兵❼李平間道奏之。上始聞祿山反，河北郡縣皆風靡❽，歎曰：「二十四郡，曾無一人義士❾邪！」及平至，大喜曰：「朕不識顏真卿作何狀，乃能如是！」真卿遣親客密懷購賊牒❿詣諸郡，由是諸郡多應者。真卿，杲卿之從弟⓫也。

安祿山引兵向滎陽⓬，太守崔無詖⓭拒之。士卒乘城⓮者，聞鼓角聲，自墜如雨。癸巳⓯，祿山陷滎陽，殺無詖，以其將武令珣守之。祿山聲勢益張，以其將田承嗣、安忠志、張孝忠為前鋒。封常清所募兵皆白徒⓰，未更⓱訓練，屯武牢⓲以拒賊。賊以鐵騎蹂⓳之，官軍大敗。常清收餘眾，戰於葵園⓴，又敗。戰上東門㉑內，又敗。丁酉㉒，祿山陷東京，賊鼓譟自四門入，縱兵殺掠。常清戰於都亭驛㉓，又敗。退守宣仁門㉔，又敗，乃自苑西壞牆西走。

河南尹達奚珣降於祿山。留守李憕㉕謂御史中丞盧奕㉖曰：「吾曹荷國重任，雖知力不敵，必死之！」奕許諾。憕收殘兵數百，欲戰，皆棄憕潰去。憕獨坐府中。奕先遣妻子懷印間道走長安，朝服坐臺中，左右皆散。祿山屯於閑廄，使人執憕、奕及采訪判官蔣清㉗，皆殺之。奕罵祿山，數其罪，顧賊黨曰：「凡為人當知逆順，我死不失節，夫復何恨！」憕，文水人。奕，懷慎㉘之子。清，欽緒㉙之子也。祿山以其黨張萬頃為河南尹。

封常清帥餘眾至陝，陝郡太守竇廷芝已奔河東，吏民皆散。常清謂高仙芝曰：「常清連日血戰，賊鋒㉚不可當。且潼關㉛無兵，若賊豕突㉜入關，則長安危矣。陝不可守，不如引兵先據潼關以拒之。」仙芝乃帥見㉝兵西趣潼關。賊尋㉞至，官軍狼狽㉟走，無復部伍㊱，士馬相騰踐㊲，死者甚眾。至潼關，修完守備，賊至，不得入而去。祿山使其將崔乾祐屯陝，臨汝㊳、弘農㊴、濟陰、濮陽㊵、雲中郡皆降於祿山。是時，朝廷徵兵諸道，皆未至，關中恟懼。會祿山方謀稱帝，留東京不進，故朝廷得為之備，兵亦稍集。

【章旨】以上為第七段，寫封常清、高仙芝集敗兵守潼關。

【注釋】❶壬辰　十二月初七日。❷平原　郡名，天寶元年（西元七四二年）德州改名，治所在今山東平原縣東南。❸顏真卿　（西元七〇八—七八四年）琅邪臨沂（今山東臨沂）人，開元進士。安祿山反，真卿與堂兄杲卿共起兵抵抗。以直言進諫，累遭讒貶。官至太子少傅，封魯郡公，世稱顏魯公。後被李希烈殺害。真卿善正、草書，筆力沉著雄渾，為世所寶，稱為顏體。傳見《舊唐書》卷一百二十八、《新唐書》卷一百五十三。❹易之　容易對付他，有輕視的意思。❺牒　官文書。❻博平　郡名，天寶元年博州改名，治所在今山東聊城。❼司兵　即司兵參軍事。州郡屬官，掌武官選舉、兵器甲仗及門戶管鑰、烽候傳驛等事。❽風靡　望風披靡。老遠看見對方氣勢很盛就像草木隨風倒伏一樣驚慌潰敗。❾義士　有節操的人。❿購賊牒　懸賞捉拿敵人的文書。購，懸賞；收買。⓫從弟　堂弟。⓬滎陽　郡名，天寶元年鄭州改名，治所在今河南鄭州。⓭崔無詖　（？—西元七五五年）曾官益州司馬，楊國忠引為少府監，守滎陽。傳見《舊唐書》卷一百八十七下、《新唐書》卷一百九十一。⓮乘城　登城守衛。⓯癸巳　十二月初八日。⓰白徒　猶言白丁，指本無軍籍，未受過軍事訓練的壯丁。⓱更經。⓲武牢　即虎牢關。在今河南滎陽西。⓳蹂　踐踏。⓴葵園　在今河南洛陽郊。㉑上東門　洛陽城東有三門，在北者為上東門。㉒丁酉　十二月十二日。㉓都亭驛　洛陽城外驛站。㉔宣仁門　洛陽東城的東門。㉕李憕　（？—西元七五五年）歷官清河、彭城等郡太守，入為京兆尹，改任光祿卿、東京留守。傳見《舊唐書》卷一百八十七下、《新唐書》卷一百九十一。㉖盧奕　（？—西元七五五年）黃門監盧懷慎少子。傳見《舊唐書》卷一百八十七下、《新唐書》卷一百九十一。㉗蔣清　（？—西元七五五年）舉明經中第，為鞏丞，東京留守李憕賢之，表為判官。傳見《舊唐書》卷一百八十七下、《新唐書》卷一百十二。㉘懷慎　盧懷慎（？—西元七一六年），官至黃門侍郎、同中書門下三品，賜爵漁陽伯。傳見《舊唐書》卷九十八、《新唐書》卷一百三十六。㉙欽緒　蔣欽緒，中宗時為太常博士。傳見《新唐書》卷一百十二。㉚鋒　鋒利；銳利。㉛潼關　關名，在今陝西潼關縣境內。㉜豕突　豬驚駭而奔突。比喻軍士橫衝直撞。㉝見　同「現」。㉞尋　隨即；不久。㉟狼狽　比喻處境窘迫。㊱無復部伍　不聽約束，不成隊伍。部伍，部勒行伍。㊲騰踐　奔跳踐踏。㊳臨汝　郡名，天寶元年汝州改名，治所在今河南汝州。㊴弘農　郡名，天寶元年虢州改名，治所在今河南靈寶西南。㊵濮陽　郡名，天寶元年濮州改名，治所在今山東鄄城西北。

【語　譯】十二月初七日壬辰，玄宗下制書想要親自征討安祿山，朔方、河西、隴右士兵除留守城堡的之外，都前往出征的軍營，命令各節度使親自統領，限期二十天全部會集。

當初，平原太守顏真卿知道安祿山將要造反，趁著連綿陰雨，完善城牆，深挖壕溝，統計丁壯，充實糧倉。安祿山認為他是一介書生，很輕視他。等到安祿山反叛，行文顏真卿讓他用平原、博平的士兵七千人防守黃河渡口。顏真卿派遣平原司兵參軍事李平抄小路奏報此事。玄宗開始聽說安祿山反叛，河北各郡縣都望風披靡，感歎說：「二十四個郡，就沒有一個人是義士嗎！」等到李平到來，玄宗非常高興，說：「朕不知道顏真卿長得什麼模樣，竟能如此！」顏真卿派親信門客暗中懷揣懸賞捉拿叛賊的文書前往各郡，因此各郡有很多響應的人。顏真卿，是顏杲卿的堂弟。

安祿山帶兵向滎陽進發，太守崔無詖阻擊他。士兵登城的，聽到戰鼓號角聲，自己掉下去，像下雨一樣。十二月初八日癸巳，安祿山攻陷滎陽，殺了崔無詖，讓他的部將武令珣守衛滎陽。安祿山的聲勢愈益囂張，派他的部將田承嗣、安忠志、張孝忠作為前鋒。封常清所招募的士兵都是平民百姓，沒有經過訓練，駐紮在武牢以抗擊叛賊。叛賊用鐵騎踐踏他們，官軍大敗。封常清聚集殘部，在葵園交戰，又失敗了。在洛陽上東門內交戰，再次失敗。十二日丁酉，安祿山攻陷東京洛陽，賊軍擊鼓喧噪從四方的城門進入，縱兵殺掠。封常清在都亭驛交戰，又一次戰敗。退守宣仁門，還是失敗了，於是從宮苑西邊的壞牆向西逃走。

河南尹達奚珣投降了安祿山。留守李憕對御史中丞盧奕說：「我輩承擔了國家的重任，雖然知道力量不敵叛賊，一定要身死國難！」盧奕答應了。李憕集合幾百殘兵，打算作戰，殘兵都離棄李憕潰逃。李憕獨自一人坐在府中。盧奕先派妻子懷揣官印從小路跑往長安，自己穿著朝服坐在御史臺中，身邊的人都已散去。安祿山駐紮閑廄，派人抓住李憕、盧奕和采訪判官蔣清，把他們都殺了。盧奕大罵安祿山，列舉他的罪狀，環顧賊黨說：「大凡做人應當知道叛逆和正道，我死了沒有失去節操，又有什麼遺憾呢！」李憕，是文水縣人。盧奕，是盧懷慎的兒子。蔣清，是蔣欽緒的兒子。安祿山任命他的黨羽張萬頃擔任河南尹。

封常清帶領殘餘的部眾到達陝郡，陝郡太守竇廷芝已逃往河東，官吏百姓都已散去。封常清對高仙芝說：「我連日浴血奮戰，叛賊鋒芒不能抵擋。而且潼關沒有軍隊，如果叛賊衝入關內，那麼長安就危險了。陝郡不能據守，不如率軍先佔據潼關來抵抗叛賊。」高仙芝便率領現有的部隊西往潼關。叛賊旋即到達，官軍狼狽逃走，隊伍無法部勒，兵馬互相踐踏，死了很多人。到達潼關，完繕守備，叛賊到了，不能入關，便離去了。安祿山派他的部將崔乾祐駐紮陝郡，臨汝、弘農、濟陰、濮陽、雲中郡都投降了安祿山。這時，朝廷向各道徵兵，都還沒有到，關中十分恐懼。碰上安祿山正在謀劃稱帝，停留東京沒有進軍，所以朝廷得便進行準備，部隊也漸漸會集起來。

祿山以張通儒之弟通晤為睢陽太守，與陳留長史楊朝宗將胡騎千餘東略地❶。郡縣官多望風降走，惟東平❷太守嗣吳王祗❸、濟南❹太守李隨❺起兵拒之。祗，褘之弟也。郡縣之不從賊者，皆倚吳王為名。單父❻尉賈賁帥吏民南擊睢陽，斬張通晤。李庭望引兵欲東徇地❼，聞之，不敢進而還。

庚子❽，以永王璘❾為山南節度使，江陵❿長史源洧⓫為之副，潁王璬為劍南節度使，蜀郡長史崔圓為之副⓬，二王皆不出閤⓭。洧，光裕⓮之子也。

上議親征，辛丑⓯，制太子監國⓰，謂宰相曰：「朕在位垂⓱五十載，倦于憂勤⓲。去秋已欲傳位太子，值水旱相仍，不欲以餘災遺子孫，淹留⓳俟稍豐。不意逆胡橫發⓴，朕當親征，且使之監國。事平之日，朕將高枕無為㉑矣。」楊國忠大懼，退謂韓、虢、秦三夫人曰：「太子素惡吾家專橫久矣。若一日得天下，吾與姊妹併命在旦暮㉒矣！」相與聚哭，使三夫人說貴妃銜土請命㉓於上，事遂寢。

顏真卿召募勇士，旬日至萬餘人，諭以舉兵討安祿山，繼以涕泣，士皆感憤。祿山使其黨段子光齎李憕、盧奕、蔣清首徇河北諸郡，至平原。壬寅㉔，真卿執子光，腰斬以徇，取三人首，續以蒲身㉕，棺斂葬之，祭哭受弔。祿山以海運使㉖劉道玄攝景城㉗太守，清池㉘尉賈載、鹽山㉙尉河內穆寧㉚共斬道玄，得其甲仗㉛五十餘船，攜道玄首謁長史李暐，暐收嚴莊宗族，悉誅之。是日，送道玄首至平原。真卿召載、寧及清河尉張澹詣平原計事。饒陽㉜太守盧全誠據城不受代，河間㉝司法㉞李奐殺祿山所署長史王懷忠，李隨遣遊弈將㉟訾嗣賢濟河，殺祿山所署博平太守馬冀，各有眾數千或萬人，共推真卿為盟主，軍事皆稟焉。祿山使張獻誠將上谷㊱、博陵、常山、趙郡㊲、文安㊳五郡團結兵萬人圍饒陽。

【章旨】以上為第八段，寫顏真卿起兵河北抗擊安祿山。

【注釋】❶略地　掠奪、攻取地方。❷東平　郡名，天寶元年（西元七四二年）鄆州改名，治所在今山東東平北。❸嗣吳王祗　太宗第三子吳恪之孫，封嗣吳王。傳見《舊唐書》卷七十六、《新唐書》卷八十。❹濟南　郡名，天寶元年齊州改為臨淄郡，天寶五載改為濟南郡，治所在今山東濟南市。❺李隨　曾仕官太子中允、濟南太守、河南節度使。其事散見《舊唐書》卷一百八十七下〈張巡傳〉、《新唐書》卷二百二十五上〈安祿山傳〉等篇。❻單父　縣名，縣治在今山東單縣。❼徇地　帶兵巡行，佔領地方。❽庚子　十二月十五日。❾永王璘　（？—西元七五五年）玄宗第十六子，後以謀反兵敗被殺。傳見《舊唐書》卷一百七、《新唐書》卷八十二。❿江陵　郡名，天寶元年荊州改名，治所在今湖北荊州江陵城。⓫源洧　開元宰相源乾曜曾孫。傳見《舊唐書》卷九十八、《新唐書》卷一百二十七。⓬潁王璬為劍南節度使二句　潁王璬（西元七一七—七八三年），玄宗第十三子，初名澐，開元十三年封潁王。傳見《舊唐書》卷一百七、《新唐書》卷八十二。《舊唐書·玄宗紀》天寶十四載十二月辛丑條記載與此相同。據《舊唐書·玄宗諸子·潁王璬傳》，安祿山反（天寶十四載），潁王璬除蜀郡大都督、劍南節度大使，楊國忠為之副。玄宗幸蜀，馬嵬驛楊國忠被殺（天寶十五載，即至德元載）後，乃命令璬先赴本郡（蜀郡），以蜀郡長史崔圓為副。《新唐書·十一宗諸子·潁王璬傳》同。《舊唐書·玄宗紀》亦載天寶十五載六月任潁王璬為劍南節度大使，崔圓為副大使。所以，潁王璬天寶十四載十二月，任劍南節度大使時其副使非崔圓，而是楊國忠。崔圓任潁王璬的劍南節度副大使的時間亦非在天寶十四載，而應是至德元載。⑬不出閤　指不出宮門赴任。⑭光裕　源光裕，開元宰相源乾曜從孫。為中書舍人時，刪定《開元新格》，官至尚書左丞。傳見《舊唐書》卷九十八、《新唐書》卷一百二十七。⑮辛丑　十二月十六日。⑯太子監國　古代君王離開國都，留太子處理國政，謂之太子監國。⑰垂　將近。⑱倦于憂勤　對治國的憂慮勞苦感到厭倦。憂勤，憂慮而勞苦。⑲淹留　滯留；停留。⑳橫發　突然發生。㉑高枕無為　高枕安臥，清淨無為。㉒命在旦暮　性命繫在早晚之間，喻危急。㉓銜土請命　《新唐書·楊貴妃傳》作「銜塊請死」。舊俗人死，口中必含物，故請罪之人，口銜土塊，以表示自己有死罪。銜土請命，此即以死請求天子改變傳位的成命。㉔壬寅　十二月十七日。㉕蒲身　用蒲草編織的軀體。㉖海運使　使職名，掌海道運輸。開元二十七年（西元七三九年）幽州節度使加河北海運使，以後皆帶此使。故此海運使當為幽州（范陽）節度使所屬使職或海運判官。㉗景城　郡名，天寶元年滄州改名，治所在今河北滄縣東南。㉘清池　縣名，縣治在今河北滄縣東南。㉙鹽山　縣名，縣治在今河北鹽山縣。㉚穆寧　（西元七一六—七九四年）懷州河內（河南沁陽）人，官至祕書少監。傳見《舊唐書》卷一百五十五、《新唐書》卷一百六十三。㉛甲仗　甲冑兵器。㉜饒陽　郡名，天寶元年深州改名，治所在今河北深州西。㉝河間　郡名，天寶元年瀛州改名，治所在今河北河間。㉞司法　即司法參軍事。㉟遊弈將　專事領兵巡邏的將領。㊱上谷　郡名，天寶元年易州改名，治所在今河北易縣。㊲趙郡　郡名，天寶元年趙州改名，治所在今河北趙縣。㊳文安　郡名，天寶元年莫州改名，治所在今河北任丘北。

【語譯】安祿山讓張通儒的弟弟張通晤擔任睢陽太守，與陳留長史楊朝宗率領胡族騎兵一千多人向東掠取地盤。各郡縣的官吏大多望風投降，或者逃走，只有東平太守嗣吳王李祗、濟南太守李隨起兵抵抗賊軍。李祗，是李禕的弟弟。各郡縣不願意順從賊軍的人，都宣稱依靠吳王。單父縣尉賈賁率領官吏和百姓向南攻打睢陽，殺了張通晤。李庭望想帶兵向東攻佔地盤，聽到這個消息後，不敢前進，退了回去。

十二月十五日庚子，玄宗任命永王李璘為山南節度使，江陵長史源淯作他的副手，潁王李璬為劍南節度使，蜀郡長史崔圓作他的副手，永王和潁王都不離宮就任。源淯，是源光裕的兒子。

玄宗討論親自出征，十二月十六日辛丑，下制書讓太子留守監理國事。玄宗對宰相說：「朕在位將近五十年，對於國事的憂慮勞苦已感到厭倦。去年秋天已想傳位給太子，遇上水災旱災相繼發生，不想讓餘災遺累子孫，滯留於位，想等年成稍加豐足後傳位。沒有料到逆胡突然反叛，朕應當親自出征，將讓太子留守監理國事，亂事平定時，朕將高枕安臥，清淨無為了。」楊國忠非常恐懼，退朝後對韓國、虢國、秦國三位夫人說：「太子向來就討厭我們楊家專橫，時間已經很久了。如果太子一旦得到天下，我與姐妹們都命在旦夕呀！」互相聚在一起痛哭，楊國忠讓三位夫人勸說貴妃口中含土，以死向玄宗請命阻止，事情便擱置下來。

顏真卿召募勇士，十來天就召到一萬多人，向他們宣講起兵討伐安祿山的道理，接著就悲痛地哭泣起來，士兵們都深受感動，群情激憤。安祿山派他的黨羽段子光帶著李憕、盧奕、蔣清的首級到河北各郡巡行示眾，抵達平原。十二月十七日壬寅，顏真卿捉住段子光，腰斬示眾，取回李憕等三人的頭，用蒲草做成身子和頭連起來，用棺材收殮安葬他們，祭奠哭泣，接受人們哀悼。安祿山派海運使劉道玄代理景城太守，清池縣尉賈載、鹽山縣尉河內人穆寧一起殺了劉道玄，得到他的甲冑兵器五十多船，攜帶劉道玄的首級拜謁長史李暐，李暐逮捕嚴莊的宗族，把他們全都殺死。這一天，把劉道玄的頭送到平原。顏真卿召集賈載、穆寧和清河縣尉張澹到平原商議事情。饒陽太守盧全誠佔領郡城不接受安祿山派來取代他的人，河間司法參軍李奐殺了安祿山所任命的長史王懷忠，李隨派遣遊弈將訾嗣賢渡過黃河，殺了安祿山所任命的博平太守馬冀，各有部眾幾千人或一萬人，一起推舉顏真卿為盟主，軍務都向他稟告。安祿山派張獻誠帶領上谷、博陵、常山、趙郡、文安五郡的團結兵一萬人包圍饒陽。

高仙芝之東征也，監軍邊令誠數以事干❶之，仙芝多不從。令誠入奏事，具言仙芝、常清橈敗❷之狀，且云：「常清以賊搖眾，而仙芝棄陝地數百里，又盜減軍士糧賜。」上大怒，癸卯❸，遣令誠齎敕即軍中斬仙芝及常清。初，常清既敗，三遣使奉表陳賊形勢，上皆不之見。常清乃自馳詣闕，至渭南，敕削其官爵，令還仙芝軍，白衣自效❹。常清草遺表曰：「臣死之後，望陛下不輕此賊，無忘臣言。」時朝議皆以為祿山狂悖❺，不日授首，故常清云然❻。令誠至潼關，先引常清，宣敕示之。常清以表附令誠上之。常清既死，陳尸蘧蒢❼。仙芝還，至聽事❽，令誠索陌刀手❾百餘人自隨，乃謂仙芝曰：「大夫亦有恩命。」仙芝遽下，令誠宣敕。仙芝曰：「我遇敵而退，死則宜矣。今上戴天，下履地❿，謂我盜減糧賜則誣也。」時士卒在前，皆大呼稱枉，其聲振地，遂斬之，以將軍李承光攝領其眾。

河西、隴右節度使哥舒翰病廢在家，上藉⓫其威名，且素與祿山不協，召見，拜兵馬副元帥，將兵八萬以討祿山；仍敕天下四面進兵，會攻洛陽。翰以病固辭，上不許。以田良丘為御史中丞，充行軍司馬，起居郎⓬蕭昕⓭為判官，蕃將火拔歸仁等各將部落以從，并仙芝舊卒，號二十萬，軍于潼關。翰病，不能治事，悉以軍政委田良丘。良丘復不敢專決，使王思禮主騎，李承光主步。二人爭長，無所統壹。翰用法嚴而不恤⑭，士卒皆懈弛⑮無鬭志。

安祿山大同軍使高秀巖寇振武軍⑯，朔方節度使郭子儀擊敗之，子儀乘勝拔靜邊軍⑰。大同兵馬使薛忠義寇靜邊軍，子儀使左兵馬使李光弼、右兵馬使高濬、左武鋒使⑱僕固懷恩⑲、右武鋒使渾釋之⑳等逆擊，大破之，坑其騎七千，進圍雲中。使別將公孫瓊巖將二千騎擊馬邑㉑，拔之，開東陘關㉒。甲辰㉓，加子儀御史大夫。懷恩，哥濫拔延㉔之曾孫也，世為金微都督㉕。釋之，渾部㉖酋長，世為皋蘭都督㉗。

【章旨】以上為第九段，寫封常清、高仙芝被冤殺。隴右節度使哥舒翰受命守潼關。

【注釋】❶干　干涉；妨礙。❷橈敗　挫敗。❸癸卯　十二月十八日。❹白衣自效　以白衣（平民）身分效命。白衣，古代未仕者著白衣。白衣猶後世所稱布衣。自效，自己效力。❺狂悖　狂妄悖逆。❻云然　如此說；這樣說。❼蘧篨　用葦或竹編的粗席。❽聽事　即廳事，官員受事聽訟的地方。❾陌刀手　執陌刀的步兵。陌刀，步兵所持長刀。❿上戴天二句　頭上頂著天，腳下踩著地。言有天地為證。⓫藉　憑藉；借助。⓬起居郎　官名，門下省屬官，掌起居注，錄天子之言行法度，以修記事之史。⓭蕭昕　（西元七〇二—七九一年）河南（今河南洛陽）人，官至禮部尚書。傳見《舊唐書》卷一百四十六、《新唐書》卷一百五十九。⓮不恤　不體恤；不憐憫。⓯懈弛　懈怠、鬆弛。⓰振武軍　軍鎮名，在今內蒙古和林格爾。⓱靜邊軍　軍鎮名，在今內蒙古和林格爾東北。⓲武鋒使　使職名，節度使幕府專掌率軍前趨作戰的將領，猶左右先鋒使。⓳僕固懷恩　（？—西元七六五年）回紇九姓部落之一僕固部人。討安史叛軍有功，官至尚書左僕射兼中書令，封豐國公、大寧郡王；後叛唐，引吐蕃入寇，遇疾而死。傳見《舊唐書》卷一百二十一、《新唐書》卷二百二十四上。⓴渾釋之　回紇九姓之一渾部人。累立戰功，官至右武衛大將軍、知朔方節度留後，封寧朔郡王。傳見《新唐書》卷二百十七下。㉑馬邑　郡名，天寶元年（西元七四二年）朔州改名，治所在今山西朔州。㉒東陘關　關名，在今山西代縣南。㉓甲辰　十二月十九日。㉔哥濫拔延　《新唐書》卷二百十七下本傳作「歌濫拔延」。回紇九姓部落之一僕固部首領。貞觀二十年（西元六四六年）內屬，受封右武衛大將軍、金微都督。㉕金微都督　金微都督府長官。金微為唐羈縻府，在今鄂嫩河上游一帶。㉖渾部　回紇九姓部落之一。游牧在今蒙古人民共和國烏蘭巴托以西。㉗皋蘭都督　皋蘭都督府長官。皋蘭為羈縻府，置於渾部居住地。

【語　譯】高仙芝東征時，監軍邊令誠多次以事干預高仙芝，高仙芝大多不採納。邊令誠入朝奏事，詳細敘說高仙芝、封常清挫敗的情形，並且說：「封常清用亂賊來動搖軍心，而高仙芝放棄陝郡疆土幾百里，又盜取削減軍士們的糧食和賞賜。」玄宗大怒，十二月十八日癸卯，派遣邊令誠帶著敕書到軍中處死高仙芝和封常清。當初，封常清戰敗後，三次派使者奉表陳述叛賊形勢，玄宗都不接見。封常清便親自驅馬前往宮城，到達渭南，玄宗下敕書免除他的官職爵位，命令他返回高仙芝的部隊，以平民的身分效力。封常清寫遺表說：「臣死後，希望陛下不要輕視這個叛賊，不要忘記臣說的話。」當時朝廷的議論都認為安祿山狂妄悖逆，沒有幾天就會被斬首，所以封常清才向玄宗這樣說。邊令誠到了潼關，先叫來封常清，向他宣讀玄宗的敕書。封常清把遺表託付邊令誠上呈玄宗。封常清死後，屍體放在粗糙的葦席上。高仙芝回來，到辦公處，邊令誠找來陌刀手一百多人跟隨自己，然後對高仙芝說：「你也有皇上的恩命。」高仙芝馬上跪下，邊令誠宣讀玄宗的敕書。高仙芝說：「我遇上敵人而向後退卻，死了則是應該的。今日頭頂天，腳踏地，說我盜取削減軍士們的糧食和賞賜那是不實的。」當時士兵在面前，都大聲呼喊冤枉，聲震大地，於是把高仙芝殺了，任命將軍李承光代領高仙芝的部眾。

河西、隴右節度使哥舒翰生病賦閒在家，玄宗想借重他的威名，而且他一向與安祿山不和。玄宗召見哥舒翰，授予兵馬副元帥，率領部隊八萬人去討伐安祿山；於是下敕書命令天下四面進兵，合兵進攻洛陽。哥舒翰因為有病堅決辭謝，玄宗不答應。任命田良丘為御史中丞，擔任行軍司馬，起居郎蕭昕為判官，蕃將火拔歸仁等人各自率領本部落相隨，加上高仙芝原有的士卒，號稱二十萬，屯兵潼關。哥舒翰有病，不能治理事務，把軍政事務委託給田良丘。田良丘又不敢獨自決斷，派王思禮主管騎兵，李承光主管步兵。這兩個人爭為長官，部隊無法統一。哥舒翰執法嚴厲而不體恤部下，士卒都懈怠鬆散沒有鬥志。

安祿山的大同軍使高秀巖侵犯振武軍，朔方節度派郭子儀打敗了他，郭子儀乘勝奪取靜邊軍。大同兵馬使薛忠義侵犯靜邊軍，郭子儀派左兵馬使李光弼、右兵馬使高濬、左武鋒使僕固懷恩、右武鋒使渾釋之等迎面反擊，把敵人打得大敗，坑殺了薛忠義騎兵七千人，進兵圍攻雲中。派別將公孫瓊巖率領兩千名騎兵攻打馬邑，奪取了它，打通了東陘關。十二月十九日甲辰，加任郭子儀為御史大夫。僕固懷恩，是哥濫拔延的曾孫，世代為金微都督。渾釋之，是渾部酋長，世代為皐蘭都督。

顏杲卿將起兵，參軍馮虔、前真定❶令賈深、藁城尉崔安石、郡人翟萬德、內丘❷丞張通幽等[1]皆預其謀，又遣人語太原尹王承業，密與相應。會顏真卿自平原遣杲卿甥❸盧逖潛告杲卿，欲連兵斷祿山歸路，以緩其西入之謀。時祿山遣其金吾將軍高邈詣幽州徵兵，未還，杲卿以祿山命召李欽湊，使帥眾詣郡受犒賚❹。丙午❺，薄暮，欽湊至，杲卿使袁履謙、馮虔等攜酒食妓樂❻往勞之，并其黨皆大醉。乃斷欽湊首，收其甲兵，盡縛其黨。明日，斬之，悉散井陘之眾❼。有頃，高邈自幽州還，且至藁城，杲卿使馮虔往擒之。南境又白何千年自東京來，崔安石與翟萬德馳詣醴泉驛❽迎千年，又擒之，同日致於郡下。千年謂杲卿曰：「今太守欲輸力王室，既善其始，當慎其終。此郡應募烏合❾，難以臨敵，宜深溝高壘[10]，勿與爭鋒。俟朔方軍至，併力齊進，傳檄趙、魏[11]，斷燕、薊要膂[12]，彼則成擒矣[2]。今日宜聲[13]云：『李光弼引步騎一萬出井陘。』因使人說張獻誠云：『足下所將多團練之人，無堅甲利兵，難以當山西[14]勁兵。』獻誠必解圍遁去。此亦一奇也。」杲卿悅，用其策，獻誠果遁去，其團練兵皆潰。杲卿乃使人入饒陽城，慰勞將士。命崔安石等徇諸郡云：「大軍已下井陘，朝夕當至，先平河北諸郡。先下者賞，後至者誅！」於是河北諸郡響應，凡十七郡皆歸朝廷，兵合二十餘萬，其附祿山者，唯范陽[15]、盧龍[16]、密雲[17]、漁陽[18]、汲[19]、鄴[20]六郡而已。

杲卿又密使人入范陽招賈循。郟城人馬燧[21]說循曰：「祿山負恩悖逆，雖得洛陽，終歸夷滅。公若誅諸將之不從命者，以范陽歸國，傾其根柢，此不世之功也。」循然之，猶豫不時發。別將牛潤容知之，以告祿山，祿山使其黨韓朝陽召循。朝陽至范陽，引循屏語，使壯士縊殺之，滅其族，以別將牛廷玠知范陽軍事。史思明、李立節將蕃、漢步騎萬人擊博陵、常山。馬燧亡入西山[22]，隱者徐遇匿之，得免。

初，祿山欲自將攻潼關，至新安[23]，聞河北有變而還。蔡希德將兵萬人自河內㉔北擊常山。

戊申㉕，榮王琬薨，贈諡靖恭太子。

是歲，吐蕃贊普乞梨蘇籠獵贊㉖卒，子娑悉籠獵贊立。

【章旨】以上為第十段，寫顏杲卿起兵河北討賊。

【注釋】❶真定　縣名，縣治在今河北正定南。❷內丘　縣名，縣治在今河北內丘。❸甥　外甥；外姪。❹犒賚　犒勞賞賜。❺丙午　十二月二十一日。按《考異》所說，丙午為二十二日。而陳垣《二十史朔閏表》推算為二十一日。此又證陳表誤差一日。❻妓樂　歌伎、樂隊。❼悉散井陘之眾　十一月，安祿山令其將李欽湊守井陘口，今斬李，遣散其團結兵眾。❽醴泉驛　在常山郡南與趙郡接界處。在今河北正定南。❾應募烏合　應募的士卒乃是烏合之眾。烏合，倉卒集合。❿深溝高壘　深挖壕溝，高築壁壘。言加固營壘，不要出戰。⓫傳檄趙魏　把檄文傳到山西、河北、豫北一帶，指把這些地區控制到手。檄，古代寫在木簡上用以徵召、曉諭或聲討的公文。傳檄，傳遞檄文。趙，指戰國時趙國的地方，即今河北南部和山西一帶。魏，指戰國時魏國的地方，今河南北部及山西西南部一帶。⓬斷燕薊要膂　截斷安祿山在冀東、冀北的脊骨。燕，指今河北北部和遼寧南部。薊，古地名，在今北京市東面。要，通「腰」。膂，脊樑骨。⓭聲　放出風聲。⓮山西　常山、饒陽稱代（今山西代縣）、并（今山西太原）二州所在之地為山西。因在太行山之西的緣故。⓯范陽　郡名，天寶元年（西元七四二年）幽州改名，治所在今北京市城西南。⓰盧龍　兩《唐書・地理志》無盧龍郡。盧龍為平州治所，在今河北盧龍。此盧龍郡應是指北平郡。⓱密雲　郡名，天寶元年檀州改名，治所在今北京市密雲。⓲漁陽　郡名，天寶元年薊州改名，治所在今天津市薊縣。⓳汲　郡名，天寶元年衛州改名，治所在今河南衛輝。⓴鄴　郡名，天寶元年相州改名，治所在今河南安陽。㉑馬燧（西元七二六－七九五年）汝州郟城（今河南郟縣）人，沉勇多智略，尤善兵法。歷仕肅、代、德宗三朝，官至尚書右僕射、同中書門下平章事，封豳國公、北平郡王，諡曰莊武。傳見《舊唐書》卷一百三十四、《新唐書》卷一百五十五。㉒西山　在范陽境內，南與上谷、中山諸山相連。㉓新安　縣名，縣治在今河南新安。㉔河內　郡名，天寶元年懷州改名，治所在今河南沁陽。㉕戊申　十二月二十三日。㉖乞梨蘇籠獵贊　據范文瀾《中國通史簡編》第三編第四節所列〈吐蕃贊普世系〉，西元七〇四—七五四年在位的是棄迭祖賀（棄隸縮贊）贊普，乃松贊干布後第四任贊普。繼位者為棄松德贊（乞立贊）贊普，西元七五五—七九一年在位。與本書所載名字不同，恐係譯音的區別。

【校　記】①等　原無此字。據章鈺校，十二行本、乙十一行本皆有此字，今據補。②彼則成擒矣　原無此句。據章鈺校，十二行本、乙十一行本皆有此句，張敦仁《通鑑刊本識誤》、張瑛《通鑑校勘記》同，今據補。

【語　譯】顏杲卿將要起兵，參軍馮虔、前真定縣令賈深、藁城縣尉崔安石、郡人翟萬德、內丘縣丞張通幽等都參與謀劃，又派人告訴太原尹王承業，與他祕密地相互呼應。正趕上顏真卿從平原派顏杲卿的外甥盧逖暗中跑來告訴顏杲卿，打算兩地合兵切斷安祿山的退路，以延緩他西進的計謀。當時安祿山派他的金吾將軍高邈前往幽州徵兵，沒有返回，顏杲卿利用安祿山的命令召來李欽湊，讓他帶領部眾到郡裡接受犒勞賞賜。十二月二十一日丙午，傍晚，李欽湊抵達，顏杲卿派袁履謙、馮虔等人攜帶酒食和歌伎樂隊前往慰勞他，連同他的黨羽全都喝得大醉，於是砍下李欽湊的頭，收繳他的甲冑兵器，把他的黨羽全部捆綁起來。次日，殺了他們，全部遣散了井陘口的士卒。不久，高邈從幽州回來，即將到達藁城，顏杲卿派馮虔前往活捉了他。南部邊境又告知何千年從東京來，崔安石和翟萬德驅馬前往醴泉驛迎接何千年，又活捉了他，當天送到郡城。何千年對顏杲卿說：「如今太守想要盡力於王室，已經開了個好頭，應當謹慎結尾。這個郡裡應募的士卒都是烏合之眾，難以臨陣抗敵，最好深挖溝高築壘，不要與敵人爭鋒。等到朔方部隊到達，合力齊頭並進，傳檄趙、魏，攔腰截斷燕、薊，敵人就會被活捉了。當今應暫時放出風聲說：『李光弼率領步兵騎兵一萬人出了井陘口。』趁機派人勸說張獻誠說：『足下統領的大多是團練民兵，沒有堅固的甲冑銳利的兵器，難以抵擋山西的強大兵力。』張獻誠肯定解除包圍逃走。這也是一個奇計。」顏杲卿很高興，採納了他的計策，張獻誠果然逃跑了，他的團練民兵全部潰散。顏杲卿便派人進入饒陽城，慰勞將士。命令崔安石等人巡視各郡，說：「大軍已經攻下井陘口，早晚之間就要到了，首先平定河北各郡。先歸順的有賞，後到的處死！」於是河北各郡響應，總共十七個郡都歸順了朝廷，士卒加起來有二十多萬人，歸附安祿山的，只有范陽、盧龍、密雲、漁陽、汲、鄴六個郡而已。

顏杲卿又暗地裡派人進入范陽招降賈循。郟城人馬燧勸賈循說：「安祿山忘恩叛逆，雖然得到洛陽，終究是要滅亡的。您如果殺死將領中那些不聽從命令的，拿范陽歸順國家，剷除安祿山的根基，這是世上罕有的功勞。」賈循同意他說的，但猶豫不決沒有及時行動。別將牛潤容知道這件事，把事情告訴了安祿山，安祿山派他的黨羽韓朝陽召見賈循。韓朝陽到了范陽，帶賈循躲開人們去說話，派壯士用繩子勒死了賈循，夷滅他的家族，派別將牛廷玠主管范陽的軍事。史思明、李立節率領蕃族、漢族步兵騎兵一萬人攻打博陵、常山。馬燧逃入西山，隱士徐遇把他藏起來，得以脫身。

當初，安祿山打算親自率軍攻打潼關，到達新安，聽說河北有變故就返回了。蔡希德率兵一萬人從河內北進攻打常山。

十二月二十三日戊申，榮王李琬去世，贈諡號靖恭太子。

這一年，吐蕃贊普乞梨蘇籠獵贊去世，兒子娑悉籠獵贊即位。

肅宗❶文明武德大聖大宣孝皇帝上之上

至德❷元載（丙申　西元七五六年）

春，正月乙卯❸朔，祿山自稱大燕皇帝，改元聖武，以達奚珣為侍中，張通儒為中書令，高尚、嚴莊為中書侍郎。

李隨至睢陽，有眾數萬。丙辰❹，以隨為河南節度使❺，以前高要❻尉許遠為睢陽太守兼防禦使。濮陽客❼尚衡❽起兵討祿山，以郡人王栖曜❾為衙前總管❿，攻拔濟陰，殺祿山將邢超然。

顏杲卿使其子泉明、賈深、翟萬德獻李欽湊首及何千年、高邈于京師。張通幽泣請曰：「通幽兄陷賊，乞與泉明偕行，以救宗族。」杲卿哀而許之。至太原，通幽欲自託[11]於王承業，乃教之留泉明等，更其表，多自為功，毀短杲卿，別遣使獻之。杲卿起兵纔八日，守備未完，史思明、蔡希德引兵皆至城下。杲卿告急於承業，承業既竊其功，利於城陷，遂擁兵不救。杲卿晝夜拒戰，糧盡矢竭，壬戌[12]，城陷。賊縱兵殺萬餘人，執杲卿及袁履謙等送洛陽。王承業使者至京師，玄宗大喜，拜承業羽林大將軍，麾下[13]受官爵者以百數。徵顏杲卿為衛尉卿，朝命未至，常山已陷。

杲卿至洛陽，祿山數之曰：「汝自范陽戶曹，我奏汝為判官，不數年超至太守[14]，何負於汝而反邪？」杲卿瞋目[15]罵曰：「汝本營州牧羊羯奴，天子擢汝為三道節度使，恩幸無比，何負於汝而反？我世為唐臣，祿位皆唐有，雖為汝所奏，豈從汝反邪！我為國討賊，恨不斬汝，何謂反也？臊羯狗[16]，何不速殺我！」祿山大怒，并袁履謙等縛於中橋[17]之柱而冎[18]之。杲卿、履謙比死，罵不虛口，顏氏一門死於刀鋸[19]者三十餘人。

【章 旨】以上為第十一段，寫顏杲卿兵敗，從容就義。

【注 釋】❶肅宗 唐朝第七代皇帝李亨，玄宗第三子，初名嗣昇，後更名浚、璵、紹，天寶三載（西元七四四年）更名亨。西元七五六－七六三年在位。廟號肅宗，謚文明武德大聖大宣孝皇帝。事見《舊唐書》卷十、《新唐書》卷六。❷至德 本年七月肅宗即位於靈武時，始改年號為至德。❸乙卯 正月初一日。❹丙辰 正月初二日。❺河南節度使 使職名，為河南道差遣長官，當時的使命是節制調度河南、淮北十三郡討伐安祿山叛軍。治所在今河南開封。據《新唐書‧方鎮表二》此為河南始置節度使。❻高要 郡名，治所在今廣東高要。❼客 外來的人。❽尚衡 衡起兵討伐安史叛軍，先後任徐、青等州刺史及亳、潁等數州節度使，以功遷至兵部侍郎、御史大夫。其事散見《舊唐書》卷一百五十二〈王栖曜傳〉、《新唐書》卷二百二十五上〈安祿山傳〉等篇。❾王栖曜 （？－西元八〇四年）濮州濮陽（今山東鄄城）人，官至左龍武大將軍。傳見《舊唐書》卷一百五十二、《新唐書》卷一百七十。❿衙前總管 軍衙屬職。總管兵馬征戰事務。⓫自託 把自己託付給別人；自己以別人為靠山。⓬壬戌 正月初八日。⓭麾下 部下。⓮超至太守 安祿山表請顏杲卿為營田判官，後來擢為假常山太守。⓯瞋目 怒目圓睜。瞋，發怒時睜大眼睛。⓰臊羯狗 此為罵人語，即帶著腥臊氣的狗羯人。臊，臊氣；腥臊。⓱中橋 洛陽皇城正南洛水上的橋。本在天津橋的東邊，立德坊西南隅。高宗上元（西元六七四－六七六年）時移於安眾坊左街。橋長三百步，南當長夏門，北通西漕。⓲冎 古代分解肢體的酷刑，又稱凌遲。⓳死於刀鋸 指死於酷刑。刀鋸，古代刑具，刀用於割刑，鋸用於刖刑。

【語 譯】肅宗文明武德大聖大宣孝皇帝上之上

至德元載（丙申 西元七五六年）

春，正月初一日乙卯，安祿山自稱大燕皇帝，改年號為聖武，任命達奚珣為侍中，張通儒為中書令，高尚、嚴莊為中書侍郎。

李隨到了睢陽，有部眾幾萬人。正月初二日丙辰，任命李隨為河南節度使，任命前高要縣尉許遠為睢陽太守兼防禦使。濮陽賓客尚衡起兵討伐安祿山，任用本郡人王栖曜為衙前總管，攻克濟陰，殺死了安祿山的部將邢超然。

顏杲卿派他的兒子顏泉明、賈深、翟萬德把李欽湊的首級以及何千年、高邈進獻京師。張通幽哭著請求說：「我的哥哥陷沒賊黨，請求和顏泉明一起前往，以拯救我的宗族。」顏杲卿可憐他便同意了。到了太原，張通幽打算託身於王承業，就指點王承業留下顏泉明等人，另為表文，很多功勞歸於自己，短毀顏杲卿，另派使者進獻朝廷。顏杲卿起兵才八天，防守設備沒有完善，史思明、蔡希德都帶兵抵達城下。顏杲卿向王承業告急，王承業已經竊取了他的功勞，城池陷落對他有利，於是擁兵不去救援。顏杲卿日夜抵抗作戰，糧盡矢絕，正月初八日壬戌，常山城陷落。叛賊縱兵殺了一萬多人，抓住顏杲卿和袁履謙等人送往洛陽。王承業的使者抵達京師，玄宗十分高興，任命王承業為羽林大將軍，部下接受官爵的數以百計。徵召顏杲卿為衛尉卿，朝廷的命令還沒有到達，常山已經陷落。

顏杲卿到了洛陽，安祿山數落他說：「你身處范陽戶曹，我奏請任命你為判官，沒有幾年超升為太守，有什麼虧待你的而反叛我？」顏杲卿怒目大罵說：「你本是營州放羊的羯族奴隸，天子提拔你為三道的節度使，恩惠寵幸，無與倫比，有什麼虧待你的而自為叛逆？我家世代為唐朝臣子，俸祿和職位都是唐朝給的，雖然是你所奏請，怎麼能跟隨你反叛呢！我替國家討伐叛賊，恨不得殺了你，怎麼能說反叛呢？你這腥臊的羯狗，為什麼不快快殺了我！」安祿山大怒，把顏杲卿和袁履謙等人一起綁在中橋的柱子上凌遲處死。顏杲卿、袁履謙臨死時，罵不絕口，顏氏一家死於刑具的有三十多人。

史思明、李立節、蔡希德既克常山，引兵擊諸郡之不從者，所過殘滅，於是鄴、廣平❶、鉅鹿❷、趙、上谷、博陵、文安、魏❸、信都❹等郡復為賊守。饒陽太守盧全誠獨不從，思明等圍之。河間司法李奐將七千人、景城長史李暐遣其子祀將八千人救之，皆為思明所敗。

上命郭子儀罷圍雲中，還朔方，益發兵進取東京，選良將一人分兵先出井陘，定河北。子儀薦李光弼，癸亥❺，以光弼為河東節度使，分朔方兵萬人與之。

甲子❻，加哥舒翰左僕射、同平章事❼，餘如故。

置南陽節度使❽，以南陽❾太守魯炅為之，將嶺南、黔中、襄陽❿子弟五萬人屯葉⓫北，以備安祿山。炅表薛愿⓬為潁川⓭太守兼防禦使，龐堅⓮為副使。愿，故太子瑛之妃兄。堅，玉⓯之曾孫也。

乙丑⓰，安祿山遣其子慶緒寇潼關，哥舒翰擊卻之。○己巳⓱，加顏真卿戶部侍郎兼本郡防禦使，真卿以李暐為副。

二月丙戌⓲，加李光弼魏郡太守、河北道采訪使。

史思明等圍饒陽二十九日，不下，李光弼將蕃、漢步騎萬餘人、太原弩手三千人出井陘。己亥⓳，至常山。常山團練兵三千人殺胡兵，執安思義出降。光弼謂思義曰：「汝自知當死否？」思義不應。光弼曰：「汝久更陳行⓴，視吾此眾，可敵思明否？今為我計當如何？汝策可取，當不殺汝。」思義曰：「大夫士馬遠來疲弊，猝遇大敵，恐未易當。不如移軍入城，早為備禦㉑，先料勝負，然後出兵。胡騎雖銳，不能持重㉒。苟不獲利，氣沮㉓心離，於時乃可圖矣。思明今在饒陽，去此不二百里。昨暮羽書㉔已去，計其先鋒來晨必至，而大軍繼之，不可不留意也。」光弼悅，釋其縛，即移軍入城。

史思明聞常山不守，立解饒陽之圍。明日未旦，先鋒已至，思明等繼之，合二萬餘騎，直抵城下。光弼遣步卒五千自東門出戰，賊守門不退。光弼命五百弩於城上齊發射之，賊稍卻。乃出弩手千人分為四隊，使其矢發發相繼㉕，賊不能當，斂軍道北。光弼出兵五千為槍城㉖於道南，夾呼沱水㉗而陳。賊數以騎兵搏戰，光弼之兵射之，人馬中矢者太半，乃退，小憩㉘以俟步兵。有村民告賊步兵五千自饒陽來，晝夜行百七十里，至九門㉙南逢壁，度㉚憩息㉛。光弼遣步騎各二千，匿旗鼓，並水㉜潛行。至逢壁，賊方飯，縱兵掩擊，殺之無遺。思明聞之，失勢，退入九門。時常山九縣㉝，七附官軍，惟九門、藁城為賊所據。光弼遣裨將張奉璋以兵五百戍石邑，餘皆三百人戍之。

【章　旨】以上為第十二段，寫河東節度使李光弼光復常山，解饒陽之圍，大敗史思明。

【注　釋】❶廣平　郡名，天寶元年（西元七四二年）以洺州改名，治所在今河北永年東南。❷鉅鹿　郡名，天寶元年邢州改名，治所在今河北邢臺。❸魏　郡名，天寶元年魏州改名，治所在今河北大名東北。❹信都　郡名，天寶元年冀州改名，治所在今河北冀州。❺癸亥　正月初九日。❻甲子　正月初十日。❼加哥舒翰左僕射同平章事　在此前哥舒翰已拜兵馬副元帥將兵討安祿山，此時又加左僕射行宰相之職。❽南陽節度使　使職名，為南陽地區差遣長官，統南陽、汝州、潁州所在諸軍抵禦安史叛軍。❾南陽　郡名，天寶元年鄧州改名，治所在今河南鄧州。❿襄陽　郡名，天寶元年襄州改名，治所在今湖北襄樊。⓫葉　縣名，縣治在今河南葉縣。⓬薛愿　（？—西元七五六年）河東汾陰（今山西萬榮）人。傳見《舊唐書》卷一百八十七下、《新唐書》卷一百九十三。⓭潁川　郡名，天寶元年許州改名，治所在今河南許昌。⓮龐堅　（？—西元七五六年）邠王李守禮婿。傳見《舊唐書》卷一百八十七下、《新唐書》卷一百九十三。⓯玉　龐玉，隋封為韓國公，後降唐，為李世民屬下將軍。其事散見《舊唐書》卷六十二〈李大亮傳〉、《新唐書》卷一百九十三〈龐堅傳〉。⓰乙丑　正月十一日。⓱己巳　正月十五日。⓲丙戌　二月初二日。⓳己亥　二月十五日。⓴久更陳行　久經戰陣。更，經過；經歷。陳，同「陣」。兩軍交戰時隊伍行列。行，行列。㉑早為備禦　早點作好抵禦的準備。備，準備。禦，抵禦。㉒持重　持久穩定不動。㉓沮喪氣；頹喪。㉔羽書　軍事文書，插鳥羽以示緊急。㉕發發相繼　指接連不斷地射箭。發，把箭射出去。㉖槍城　四周用削尖的竹木構築而成的防禦工事。因狀如城牆，故名。㉗呼沱水　河名，即今滹沱水。發源於山西五臺山東北，穿太行山東流入河北，匯入子牙河。㉘小憩　休息片刻。㉙九門　縣名，縣治在今河北藁城西北。㉚度　揣測；估計。㉛憩息　休息。㉜並水　挨著河水。並，通「傍」。㉝常山九縣　指真定（今河北正定）、藁城（今河北藁城）、石邑（今河北石家莊西南）、九門（今河北正定東）、行唐（今河北行唐）、井陘（今河北井陘南）、平山（今河北靈壽西南）、獲鹿（今河北鹿泉）、靈壽（今河北靈壽）等九縣。

【語　譯】史思明、李立節、蔡希德已經攻克常山，率軍攻打各郡中不服從的，所過之處殘殺滅絕，於是鄴、廣平、鉅鹿、趙、上谷、博陵、文安、魏、信都等郡又被叛賊佔據。唯獨饒陽太守盧全誠不服從，史思明等圍攻他。河間司法李奐帶領七千人、景城長史李暐派遣他的兒子李祀帶領八千人援救盧全誠，都被史思明打敗。

玄宗命令郭子儀停止圍攻雲中，返回朔方，調撥更多的兵力進取東京，挑選一個優秀將領分一部分兵先出井陘口，平定河北。郭子儀推薦李光弼，正月初九日癸亥，任命李光弼為河東節度使，從朔方分出士卒一萬人給他。

正月初十日甲子，加任哥舒翰為左僕射、同平章事，其他的官職依舊。

設置南陽節度使，任命南陽太守魯炅擔任此職，率領嶺南、黔中、襄陽等郡的子弟兵馬五萬人屯駐葉縣北面，以防備安祿山。魯炅上表奏請薛愿為潁川太守兼防禦使，龐堅為副使。薛愿，是已故太子李瑛妃子的哥哥。龐堅，是龐玉的曾孫。

正月十一日乙丑，安祿山派遣他的兒子安慶緒進犯潼關，哥舒翰打退了他。〇十五日己巳，加任顏真卿為戶部侍郎兼本郡防禦使，顏真卿以李暐為副使。

二月初二日丙戌，加任李光弼為魏郡太守、河北道采訪使。

史思明等人圍困饒陽二十九天，攻不下來，李光弼率領蕃族、漢族步兵騎兵一萬多人、太原弓弩手三千人出井陘口。二月十五日己亥，到了常山。常山團練兵三千人殺死胡兵，抓獲安思義出來投降。李光弼對安思義說：「你自己知道該死嗎？」安思義不回答。李光弼說：「你久經戰陣，看看我這些部眾，能不能抗衡史思明？如今你替我計劃應當如何行動？你的計策可以採納，將不殺你。」安思義說：「您的兵馬遠道而來，疲憊不堪，突遇大敵，恐怕不容易抵擋。不如移軍入城，早作防備，事先衡量勝負，然後再出兵。胡人的騎兵雖然精銳，但不能持久穩定不動。如果不能獲勝，就會士氣低落，人心渙散，那時就可以攻打他們了。史思明如今在饒陽，離這裡不到兩百里。昨天傍晚徵調軍隊的緊急文書已經送去，估計他的先鋒部隊明天早晨一定到達，而大軍相繼其後，不能不注意。」李光弼很高興，給他鬆綁，立即把軍隊轉移到城裡。

史思明聽說常山失守，立刻解除對饒陽的包圍。次日天還沒有亮，先頭部隊已經到達常山，史思明等人相繼其後，加起來有兩萬多騎兵，直抵城下。李光弼派遣步兵五千人從東門出來迎戰，賊兵守住城門不肯退卻。李光弼命令五百個弓箭手在城上一齊發箭射向敵人，賊兵逐漸後退。又派出弓箭手一千人分為四隊，叫他們連續不斷地射箭，賊兵不能抵擋，收兵路北。李光弼派出士兵五千人在路南修建槍城工事，夾著呼沱水而布陣。賊兵多次用騎兵來搏鬥，李光弼的士卒用箭射他們，人馬中箭的有一大半，於是賊兵撤退，稍作休息以等待步兵。有村民報告賊軍步兵五千人從饒陽趕來，晝夜行走一百七十里，到了九門縣南面的逢壁，估計在休息。李光弼派遣步兵騎兵各兩千人，偃旗息鼓，沿著呼沱水邊悄悄地行進。到達逢壁，賊軍正在吃飯，李光弼縱兵突然攻擊，把賊兵殺得一個不剩。史思明聽到消息，知道大勢已去，便退回九門縣。當時常山郡有九個縣，七個縣歸順政府軍，唯有九門縣、藁城縣被賊軍佔據。李光弼派遣副將張奉璋帶士兵五百人戍守石邑縣，其他各縣都用三百人戍守。

上以吳王祗為靈昌太守、河南都知兵馬使。賈賁前至雍丘❶，有眾二千。先是，譙郡❷太守楊萬石以郡降安祿山，逼真源❸令河東張巡使為長史，西迎賊。巡至真源，帥吏民哭於玄元皇帝廟，起兵討賊，吏民樂從者數千人。巡選精兵千人，西至雍丘，與賈賁合。

初，雍丘令令狐潮以縣降賊，賊以為將，使東擊淮陽救兵于襄邑❹，破之，俘百餘人，拘於雍丘，將殺之。往見李庭望，淮陽兵遂殺守者，潮棄妻子走，故賈賁得以其間入雍丘。庚子❺，潮引賊精兵攻雍丘。賁出戰，敗死。張巡力戰卻賊，因兼領賁眾，自稱吳王先鋒使。

三月乙卯❻，潮復與賊將李懷仙、楊朝宗、謝元同等四萬餘眾奄❼至城下。眾懼，莫有固志❽。巡曰：「賊兵精銳，有輕我心。今出其不意擊之，彼必驚潰。賊勢小折，然後城可守也。」乃使千人乘城❾，自帥千人，分數隊，開門突出。巡身先士卒，直衝賊陳，人馬辟易❿，賊遂退。明日，復進攻城，設百礮環城⓫，樓堞⑫皆盡，巡於城上立木柵以拒之。賊蟻附⑬而登，巡束蒿灌脂，焚而投之，賊不得上。時伺賊隙，出兵擊之，或夜縋⑭斫營⑮，積六十餘日，大小三百餘戰，帶甲而食，裹瘡復戰，賊遂敗走。巡乘勝追之，獲胡兵二千人而還，軍聲大振。

【章旨】以上為第十三段，寫河南真源令張巡敗賊於雍丘。

【注釋】❶雍丘　縣名，縣治在今河南杞縣。❷譙郡　郡名，治所在今安徽亳州。❸真源　縣名。老子生於苦縣，東晉改名谷陽縣，唐乾封時改稱真源縣，其地有供奉老子的玄元皇帝廟。縣治在今河南鹿邑。❹襄邑　縣名，縣治在今河南睢縣。❺庚子　二月十六日。❻乙卯　三月初二日。❼奄　突然。❽固志　堅定的意志。❾乘城　登上城牆。❿辟易　驚退。⓫百礮環城　環繞城池設置百門炮機。礮，古代以機發石的戰具。⓬樓堞　瞭望樓和城上矮牆。樓，古代城牆上和宮殿四角多有樓，用於瞭望。堞，城上如齒狀的矮牆。⓭蟻附　像螞蟻一樣粘附著。⓮縋　用繩子拴著人從高處往下送。⓯斫營　指襲擊敵營。斫，砍；擊。

【語譯】玄宗任命吳王李祇為靈昌太守、河南都知兵馬使。賈賁進到雍丘，有部眾兩千人。此前，譙郡太守楊萬石拿著全郡投降了安祿山，強迫真源縣令河東人張巡為長史，西進迎接賊軍。張巡到達真源，率領官吏和百姓在玄元皇帝廟裡痛哭，起兵討伐叛賊，官吏和百姓樂於跟從的有幾千人。張巡挑選精兵一千人，向西到達雍丘，與賈賁會合。

當初，雍丘縣令令狐潮拿著全縣投降了叛賊，叛賊讓他做了將領，派他東往襄邑攻打淮陽的救兵，打敗了救兵，俘虜了一百多人，拘禁在雍丘，將要殺死他們。他前去拜見李庭望，淮陽的士兵便殺死看守的人，令狐潮丟下妻子兒女逃走了，所以賈賁能夠趁這個機會進入雍丘。二月十六日庚子，令狐潮帶領叛賊精兵攻打雍丘。賈賁出來迎戰，戰敗而死。張巡奮力作戰，打退叛賊，也就兼領了賈賁的部眾，自稱是吳王先鋒使。

三月初二日乙卯，令狐潮又與賊軍將領李懷仙、楊朝宗、謝元同等四萬多人突然來到城下。大家很恐懼，沒有堅守的意志。張巡說：「賊兵精銳，有輕視我軍的心理。如今出其不意地去攻打他們，他們肯定驚慌潰散。賊兵的氣勢稍受挫折，然後城池可以守住。」於是就派一千人登上城牆，自己率領一千人，分成幾隊，打開城門突然出擊。張巡身先士卒，直衝賊陣，賊軍人馬驚退，便向後撤。第二天，又進軍攻城，環城架設了一百座炮，城樓女牆盡毀，張巡在城上樹立木柵欄來抵抗敵人。賊兵像螞蟻一樣貼著城牆向上爬，張巡捆起草把，澆上油脂，燃燒後投向敵人，賊兵無法登城。張巡還不時觀察敵人的間隙，出兵攻打他們。或者夜晚縋下城去砍殺敵營。加起來六十多天裡，大小三百多次戰鬥，將士們穿戴著盔甲吃飯，包紮著傷口再戰，於是賊兵敗退了。張巡乘勝追擊賊兵，抓獲胡兵兩千人回來，軍隊的聲勢大振。

初，戶部尚書安思順知祿山反謀，因入朝奏之。及祿山反，上以思順先奏，不之罪也。哥舒翰素與之有隙，使人詐為祿山遺思順書，於關門擒之以獻，且數思順七罪，請誅之。丙辰❶，思順及弟太僕卿元貞皆坐死，家屬徙嶺外。楊國忠不能救，由是始畏翰。

郭子儀至朔方，益選精兵，戊午❷，進軍于代❸。○戊辰❹，吳王祗擊謝元同，走之，拜陳留太守、河南節度使。○壬午❺，以河東節度使李光弼為范陽長史、河北節度使，加顏真卿河北采訪使。真卿以張澹為支使❻。

先是，清河客李萼❼年二十餘，為郡人乞師於真卿曰：「公首唱大義，河北諸郡恃公以為長城❽。今清河，公之西鄰，國家平日聚江、淮、河南錢帛於彼以贍北軍，謂之天下北庫。今有布三百餘萬匹，帛八十餘萬匹，錢三十餘萬緡，糧三十餘萬斛。昔討默啜，甲兵皆貯清河庫，今有五十餘萬事[9]。戶七萬，口十餘萬。竊計財足以三平原之富，兵足以倍平原之彊。公誠資以士卒，撫而有之，以二郡為腹心，則餘郡如四支[10]，無不隨所使矣。」真卿曰：「平原兵新集，尚未訓練，自保恐不足，何暇[11]及鄰！雖然，借若[12]諾[13]子之請，則將何為乎？」萼曰：「清河遣僕[14]銜命[15]於公者，非力不足而借公之師以嘗寇[16]也，亦欲觀大賢之明義[17]耳。今仰瞻高意，未有決辭定色[18]，僕何敢遽言所為哉！」真卿奇之，欲與之兵。眾以為萼年少輕虜[19][1]，徒分兵力，必無所成，真卿不得已辭之。

萼就館，復為書說真卿，以為：「清河去逆效順，奉粟帛器械以資軍，公乃不納而疑之。僕回轅[20]之後，清河不能孤立，必有所繫託[21]，將為公西面之彊敵，公能無悔乎？」真卿大驚，遽詣其館，以兵六千借之，送至境，執手別。真卿問曰：「兵已行矣，可以言子之所為乎？」萼曰：「聞朝廷遣程千里將精兵十萬出崞口[22]討賊，賊據險拒之，不得前。今當引兵先擊魏郡，執祿山所署太守袁知泰，納舊太守司馬垂，使為西南主人。分兵開崞口，出千里之師，因討汲、鄴以北至于幽陵[23]郡縣之未下者。平原、清河帥諸同盟，合兵十萬，南臨孟津[24]，分兵循[25]

河，據守要害，制其北走之路。計官軍東討者不下二十萬，河南義兵西向者㉖亦不減十萬，公但當表朝廷堅壁勿戰，不過月餘，賊必有內潰相圖㉗之變矣。」真卿曰：「善！」命錄事參軍㉘李擇交及平原令范冬馥將其兵，會清河兵四千及博平兵千人軍於堂邑㉙西南。袁知泰遣其將白嗣恭等將二萬餘人來逆戰，三郡兵力戰盡日，魏兵大敗，斬首萬餘級，捕虜千餘人，得馬千匹，軍資甚眾。知泰奔汲郡，遂克魏郡，軍聲大振。

【章旨】以上為第十四段，寫平原、清河兩郡合兵，大破賊兵。

【注釋】❶丙辰　三月初三日。❷戊午　三月初五日。❸代　州名，治所在今山西代縣。❹戊辰　三月十五日。❺壬午　三月二十九日。❻支使　河北采訪使所屬采訪支使。河北道設采訪使，則所屬州郡的采訪使為支使。❼李蕚　曾向駐平原的河北采訪使顏真卿借兵守清河，又獻計大破安史軍，官至監察御史。其事散見《舊唐書》卷一百二十八〈顏真卿傳〉、卷一百九十六上〈吐蕃傳〉。❽長城　借指重要的依靠。❾事　件；物。胡三省注：「一物可以給一事，因謂之事。」❿支　同「肢」。⓫暇　空閒。⓬借若　假若；假如。⓭諾　應允；應承。⓮僕　對自己的謙稱。⓯銜命　奉命；受命。⓰嘗寇　試探敵人的強弱。⓱觀大賢之明義　察看大賢您的高明義舉。觀，觀看；觀察。大賢，有大德有大才之人。明義，高明義舉。⓲決辭定色　堅決果斷的言辭和堅定不移的表情。⓳輕虜　輕視敵人。⓴回轅　回去。轅，車前駕牲畜的直木，代指車。㉑繫託　依附；依托。㉒崞口　即壺口，是一道險關，在山西黎城東北太行山口。㉓幽陵　即幽州，今北京市。㉔孟津　古黃河津渡名，在今河南孟津東北黃河南岸。㉕循　順著。㉖河南義兵西向者　河南，指黃河以南。西向，向西。向西即達唐京城長安，故西向指心附朝廷。㉗內潰相圖　內部分崩，相互圖謀。㉘錄事參軍　官名，州郡屬官，掌糾舉六曹。㉙堂邑　縣名，縣治在今山東聊城西北。

【校　記】①虜　據章鈺校，十二行本、乙十一行本、孔天胤本皆作「慮」。

【語　譯】當初，戶部尚書安思順知道安祿山反叛的陰謀，因此入朝奏報玄宗。等到安祿山反叛時，玄宗因安思順事先奏聞，便不加罪於他。哥舒翰平時和安思順有隔閡，派人偽造安祿山送給安思順的書信，在潼關的關門口抓獲進獻給朝廷，並且列舉安思順的七條罪狀，請求朝廷殺了他。三月初三日丙辰，安思順和他的弟弟太僕卿安元貞都因罪被殺，家屬流徙五嶺以南。楊國忠不能救助，從此開始懼怕哥舒翰。

郭子儀抵達朔方，增選精兵，三月初五日戊午，進軍到代州。〇十五日戊辰，吳王李祗攻打謝元同，打跑了他，吳王李祗被任為陳留太守、河南節度使。〇二十九日壬午，任命河東節度使李光弼為范陽長史、河北節度使，加任顏真卿為河北采訪使。顏真卿以張澹為支使。

此前，清河賓客李萼年齡二十多歲，替郡中民眾向顏真卿借兵，說：「公率先倡導大義，河北各郡都把您當做長城一樣來依靠。現在的清河，是您的西鄰，國家平時聚集江、淮、河南的錢財布帛於此地以供給北方的軍隊，稱作天下北庫。現在還有布三百多萬匹，帛八十多萬匹，錢三十多萬緡，糧食三十多萬斛。過去征討默啜，甲冑兵器都貯存在清河倉庫，現今還有五十多萬件。清河郡有七萬戶，人口十多萬。我私下計算財帛足有平原郡的三倍之富，兵力之強足有平原郡的一倍。您誠意用士卒來幫助，安撫民眾，擁有清河，拿平原、清河兩郡作腹心，其餘的各郡如同四肢，沒有什麼不能隨意指揮了。」顏真卿說：「平原郡的士兵剛剛集合起來，還沒有訓練，自保恐怕都不夠，哪有空閒顧及鄰郡！雖然如此，假使答應你的請求，那麼你將怎麼行動呢？」李萼說：「清河郡的民眾派我受命於您，不是力量不足，借您的軍隊去試探敵寇，不過是想觀察大賢您的高義罷了。今天我仰望您崇高的心意，沒有果斷的言辭和堅定的表情，我怎麼敢貿然說明如何行動呢！」顏真卿很賞識他，想借給他士卒。大家認為李萼年少輕敵，白白地分散兵力，肯定一事無成，顏真卿不得已而辭謝了他。

李萼住進客館，又寫書信勸說顏真卿，認為：「清河郡脫離逆賊效命朝廷，奉獻米糧布帛兵器來資助軍用，您卻不接受而懷疑我。我車馬回去以後，清河不能孤立，必然有所依托，清河即將成為您西面的強敵，您能不後悔嗎？」顏真卿大為驚恐，立即前往他住的客館，拿六千名士兵借給他，把他送到邊境，握手告別。顏真卿問道：「借給你的士兵已經出發了，可以談談你如何行動嗎？」李萼說：「聽說朝廷派遣程千里率領精兵十萬人出崞口討伐叛賊，叛賊佔據險要抵抗他，他不能前進。如今應該率軍首先攻打魏郡，抓住安祿山委任的太守袁知泰，接回原來的太守司馬垂，讓他主管西南。分兵打通崞口，使程千里的部隊能夠出來，趁機討伐汲郡、鄴郡以北直到幽州尚未降服的郡縣。平原郡、清河郡率領各同盟軍，會合士卒十萬，南抵孟津，沿著黃河分兵據守要害，控制敵軍北去的道路。估計政府軍東進討伐的不下二十萬人，河南義兵西進討伐的也不少於十萬人，您只應上表朝廷，堅守營壘，不與敵軍交戰，過不了一個多月，賊軍一定有內部潰散互相謀害的變化。」顏真卿說：「好！」命令錄事參軍李擇交以及平原縣令范冬馥率領他們的部隊，會同清河郡的士卒四千人以及博平郡的士卒一千人駐紮在堂邑縣西南。袁知泰派遣他的將領白嗣恭等人率領二萬多人來迎戰，三郡的士兵拼死戰鬥了一整天，魏郡部隊大敗。斬首一萬多，俘虜一千多人，得到戰馬一千匹，以及很多的軍事物品。袁知泰逃往汲郡，於是攻下了魏郡，政府軍的聲威大震。

時北海太守賀蘭進明❶亦起兵，真卿以書召之并力。進明將步騎五千度河，真卿陳兵逆❷之，相揖❸，哭於馬上，哀動行伍❹。進明屯平原城南，休養士馬，真卿每事咨之。由是軍權稍移於進明矣，真卿不以為嫌❺。真卿以堂邑之功讓進明，進明奏其狀，取捨任意。敕加進明河北招討使❻，擇交、冬馥微進資級，清河、博平有功者皆不錄。進明攻信都郡，久之，不克。錄事參軍長安第五琦❼勸進明厚以金帛募勇士，遂克之。

李光弼與史思明相守四十餘日，思明絕常山糧道。城中乏草，馬食薦藉❽。光弼以車五百乘之石邑取草，將車者皆衣甲，弩手千人衛之，為方陳而行，賊不能奪。蔡希德引兵攻石邑，張奉璋拒卻之。光弼遣使告急於郭子儀，子儀引兵自井陘出，夏，四月壬辰❾，至常山，與光弼合，蕃、漢步騎共十餘萬。甲午❿，子儀、光弼與史思明等戰於九門城南，思明大敗。中郎將渾瑊⓫射李立節，殺之。瑊，釋之之子也。思明收餘眾奔趙郡，蔡希德奔鉅鹿。思明自趙郡如博陵。時博陵已降官軍，思明盡殺郡官。河朔之民苦賊殘暴，所至[1]屯結⓬，多至二萬人，少者萬人，各為營以拒賊。及郭、李軍至，爭出自效。庚子⓭，攻趙郡，一日城降。士卒多虜掠，光弼坐城門，收所獲，悉歸之，民大悅。子儀生擒四千人，皆捨之，斬祿山太守郭獻璆。光弼進圍博陵，十日不拔，引兵還恆陽就食⓮。

楊國忠問士之可為將者於左拾遺博平張鎬⓯及蕭昕，鎬、昕薦左贊善大夫永壽來瑱⓰。丙午⓱，以瑱為潁川太守。賊屢攻之，瑱前後破賊甚眾，加本郡防禦使，人謂之「來嚼鐵⓲」。

安祿山使平盧節度使呂知誨誘安東副大都護馬靈詧⓳，殺之。平盧遊弈使武陟劉客奴⑳、先鋒使董秦㉑及安東將王玄志㉒同謀討誅知誨，遣使踰海與顏真卿相聞，請取范陽以自效。真卿遣判官賈載齎糧㉓及戰士衣助之。真卿時惟一子頗，纔十餘歲，使詣客奴為質。朝廷聞之，以客奴為平盧節度使，賜名正臣，玄志為安東副大都護，董秦為平盧兵馬使。

南陽節度使魯炅立柵於滍水㉔之南，安祿山將武令珣、畢思琛攻之。

【章旨】以上為第十五段，寫河北討賊諸路官軍不能齊心協力，戰局形成拉鋸。

【注釋】❶賀蘭進明　安史叛亂時任彭城太守、河南節度使兼御史大夫，以重兵守臨淮，不救睢陽，坐視其危亡。其事散見《舊唐書》卷一百八十七下、《新唐書》卷一百九十二〈張巡傳〉等篇。❷逆　迎；迎接。與「送」相對。❸相揖　彼此行拱手禮。❹行伍　古代軍隊編制，五人為伍，二十五人為行，故以「行伍」作為軍隊代稱。❺嫌　不高興；不滿意。❻招討使　使職名，武則天長安（西元七〇一—七〇四年）時為平息始安僚族反抗，曾設置招慰討擊使。安祿山叛亂後，河北起兵討叛的郡太守，加軍事差遣職招討使，以表示委任招慰討擊的使命。❼第五琦　（西元七一二—七八二年）字禹珪，京兆長安（今陝西西安西）人，有吏才，官至戶部侍郎、同中書門下平章事，封扶風郡公。傳見《舊唐書》卷一百二十三、《新唐書》卷一百四十九。❽薦藉　草席。❾壬辰　四月初九日。❿甲午　四月十一日。⓫渾瑊　（西元七三七—七九九年）回紇九姓部落之一渾部人，本名進，武將，一生軍功卓著，平安史之亂，征吐蕃，討朱泚，官至左僕射、同中書門下平章事，封咸寧王。傳見《舊唐書》卷一百三十四、《新唐書》卷一百五十五。⓬所至屯結　所到之處都聚集自守。屯結，聚集駐守。⓭庚子　四月十七日。⓮就食　移兵至有糧食處，就地取得給養。⓯張鎬　（？—西元七六四年）博州（今山東聊城）人，官至中書侍郎、同中書門下平章事，封南陽郡公。傳見《舊唐書》卷一百十一、《新唐書》卷一百三十九。⓰來瑱　（？—西元七六三年）邠州永壽（今陝西永壽）人，官至兵部尚書、同中書門下平章事，後受讒害被賜死。傳見《舊唐書》卷一百十四、《新唐書》卷一百四十四。⓱丙午　四月二十三日。⓲嚼鐵　比喻像鐵一樣堅硬難嚼。⓳馬靈詧　即夫蒙靈詧。夫蒙，本西羌姓，或改姓馬。其事散見《舊唐書》卷一百四十五〈劉全諒傳〉、《新唐書》卷一百五十三〈段秀實傳〉等篇。⑳劉客奴（？—西元七五六年）武陟（今河南武陟西南）人，肅宗賜名正臣。傳見《舊唐書》卷一百四十五、《新唐書》卷一百五十一。㉑董秦（西元七一六—七八四年）平盧（今遼寧朝陽）人，年少從軍，才力冠異。初事安祿山，乾元二年（西元七五九年）歸朝廷，肅宗賜姓李氏，名忠臣。數有軍功，官至檢校司空、平章事，封西平郡王。後從朱泚叛亂，被斬。傳見《舊唐書》卷一百四十五、《新唐書》卷二百二十四下。㉒王玄志（？—西元七五八年）天寶末年於安東抵抗安祿山所署官員。天寶十五載（西元七五六年）四月，朝廷授以安東副大都護、攝御史中丞、保定軍及營田使；後又命為營州刺史，充平盧節度使。其事散見《舊唐書》卷一百四十五〈劉全諒傳〉、《新唐書》卷一百四十四〈田神功傳〉等篇。㉓齎糧　送糧。㉔滍水　古水名，即今河南魯山縣、葉縣境內的沙河。

【校記】①至　據章鈺校，十二行本、乙十一行本皆作「在」。

【語譯】當時北海太守賀蘭進明也起兵，顏真卿寫信召他把兵力聯合起來。賀蘭進明率領步兵騎兵五千人渡過黃河，顏真卿列陣迎接他，相互作揖，在馬上痛哭，哀情感動全軍。賀蘭進明屯駐平原城南，休養兵馬，顏真卿常常有事便去向他諮詢。因此軍權逐漸轉移到賀蘭進明手中，顏真卿也不介意。顏真卿把堂邑之戰的功勞讓給賀蘭進明，賀蘭進明向朝廷奏報戰況，任意取捨。玄宗敕命加任賀蘭進明為河北招討使，李擇交、范冬馥稍微提升資格和官階，清河郡、博平郡有功勞的人全沒有敘錄。賀蘭進明攻打信都郡，很長時間，沒有攻克。錄事參軍長安人第五琦勸說賀蘭進明多用金銀財帛招募勇士，於是攻克了信都郡。

李光弼與史思明相持四十多天，史思明阻斷了常山的運糧通道。城中缺少草料，馬都吃草席。李光弼用五百輛車子去石邑取草，拉車的人都穿著鎧甲，弓箭手一千人護衛車輛，排成方陣行進，賊兵不能掠取。蔡希德率軍攻打石邑，張奉璋進行抵抗，打退了蔡希德。李光弼派使者向郭子儀告急，郭子儀帶兵從井陘出發，夏，四月初九日壬辰，到了常山，與李光弼會合，蕃、漢步兵騎兵共有十多萬。十一日甲午，郭子儀、李光弼與史思明等人在九門城南交戰，史思明大敗。中郎將渾瑊箭射李立節，把他殺了。渾瑊，是渾釋之的兒子。史思明收攏殘兵逃往趙郡，蔡希德逃往鉅鹿。史思明從趙郡前往博陵。當時博陵已經投降政府軍，史思明把郡裡的官吏全都殺了。河朔地區的民眾受苦於叛賊的殘暴，在賊兵所到之處，聚集駐守，多的達到兩萬人，少的有一萬人，各自為營，抵抗賊兵。等到郭子儀、李光弼的部隊到來，就爭著出來效力。十七日庚子，攻打趙郡，一天的時間郡城就投降了。士兵大多搶掠財物，李光弼坐在城門上，沒收所搶到的東西，全部歸還民眾，民眾非常高興。郭子儀活捉了四千人，全部釋放，殺了安祿山的太守郭獻璆。李光弼進兵圍攻博陵，十天沒有攻下來，帶兵回到恆陽，就地取食。

楊國忠向左拾遺博平人張鎬和蕭昕詢問朝士中可以為將的人，張鎬、蕭昕推薦左贊善大夫永壽人來瑱。四月二十三日丙午，任命來瑱為潁川太守。賊軍多次攻打來瑱，來瑱前後擊敗很多賊兵，加任他為本郡防禦使，人們稱他為「來嚼鐵」。

安祿山派平盧節度使呂知誨誘騙安東副大都護馬靈詧，殺了他。平盧遊弈使武陟人劉客奴、先鋒使董秦以及安東將王玄志一起策劃討伐誅殺呂知誨，派遣使者過海和顏真卿聯繫，請求拿下范陽來效力。顏真卿派判官賈載送去糧食和戰士的衣服資助他們。顏真卿當時只有一個兒子顏頗，才十多歲，讓他到劉客奴那裡做人質。朝廷聽說後，任命劉客奴為平盧節度使，賜名正臣，王玄志為安東副大都護，董秦為平盧兵馬使。

南陽節度使魯炅在滍水的南岸設立柵欄，安祿山的部將武令珣、畢思琛攻打魯炅。

【研　析】本卷研析安祿山叛亂留給人們的歷史反思。以下三事，尤須記取。

第一，安祿山叛亂的導火索。安祿山專制三鎮，兼任平盧、范陽、河東節度使，手握強兵，蓄謀異志達十年之久，有識之士都看到了安祿山必反。河西節度使王忠嗣首發其奸，唐玄宗聽不進去。由於唐玄宗是開元盛世的明君，在全社會有很高的聲望，安祿山欲反有所畏懼。加之唐玄宗待安祿山有厚恩，安祿山想等到唐玄宗死後才反叛。可是天寶年間政治的急劇惡化，楊國忠入相的挑動，唐玄宗姑息養奸，製造了導火索，於是安祿山在天寶十四載（西元七五五年）十一月初九日甲子反於范陽，禍及唐玄宗當世，這是唐玄宗不想看到的一幕，也是非始料所及的。安祿山坐大，是唐玄宗一手栽培，安祿山反叛的導火索也是唐玄宗姑息養奸親手製作。於是安祿山反叛，在唐玄宗當世爆發不可避免。

天寶十三載正月初三日己亥，唐玄宗徵召安祿山入朝，製造了導火索。邊疆大吏入朝賀新春，原來是正常的事。可是這一次，是楊國忠上奏安祿山必反，徵召入朝，安祿山一定不來。安祿山入朝與不入朝，成了驗證他是否忠誠的一個標誌，也是驗證楊國忠與安祿山兩人誰是忠臣，誰是奸佞的一個標誌。唐玄宗對此，應當有一個判斷，對安祿山反與不反，制定出兩套預案措施。要麼不理睬楊國忠的奏報，不徵召安祿山入朝，徐圖辦法；要麼徵召安祿山入朝，來了絕不應當放回，留在京都任職。唐玄宗沒有作為，把這一次徵召作為考驗，與安祿山打心理戰。安祿山知道楊國忠的險惡用心，他採取了果決的勇敢行動，應徵入朝，與唐玄宗打起了心理戰。安祿山入朝，留京兩月，直到三月初一日丁酉才辭歸范陽。安祿山利用這次入朝進行火力偵察。他向唐玄宗哭訴楊國忠陷害自己，指天發誓表忠心。安祿山留京住在自己的府邸不急於返回，以示忠心。他向唐玄宗求索兼領隴右羣牧總監，又為所部將士討告身。正常情況，這是造反行跡的顯露，而現在是打心理戰，試探唐玄宗的反應。安祿山的逆向思維還真奏效，打亂了唐玄宗的方寸。唐玄宗因自己對安祿山的猜忌感到有愧，認為楊國忠的奏報傷害了安祿山，於是就用厚賞來安撫安祿山，對安祿山的求索一一依從。安祿山得逞，以羣牧總監的職任密遣親信挑選了幾千匹戰馬以充軍資，又討得提拔部屬將軍五百餘人、中郎將二千餘人的告身。安祿山獲得了意外的重賞，看透了唐玄宗只求安定，無所作為的心思。唐玄宗愈是厚賞，愈是煽起安祿山輕視朝廷的野心，加速了安祿山的反叛。

三月一日，安祿山辭行，留下一個兒子安慶宗在朝廷做耳目，並向唐玄宗求尚公主。唐玄宗以宗女榮義郡主下嫁安慶宗，任命安慶宗為太僕卿。安祿山的這一招，既留下在京師的耳目，又麻痹了唐玄宗。此後，凡有人說安祿山反叛者，唐玄宗就把這人抓起來送給安祿山治罪。因此再沒有人向唐玄宗提安祿山反叛的話。

安祿山入朝的這一場心理戰，以安祿山大獲全勝而告終。安祿山也知道自己出的是一個險招，他辭行後連夜倍道兼程而返，從此稱病不朝，對朝廷使者能收買的就收買，不能收買的就慢怠，下定決心謀反。由此可見，天寶十三載正月徵召安祿山入朝，加重了君臣的忌疑，是唐玄宗親手製造的導火索。安祿山敢於應徵入朝，表現了他是一個梟雄，耍弄機權手段，唐玄宗和楊國忠都不是對手。此外，安祿山收買大臣在京師有了耳目，這也是他敢於應徵入朝的條件。御史中丞吉溫，張說之子張均、張垍兄弟供奉翰林，張垍還是唐玄宗的女婿，都被安祿山收買為耳目。還有楊貴妃這條內線，安祿山對唐玄宗的心理瞭如指掌。這次唐玄宗放虎歸山，如同當年楚懷王放張儀歸秦一樣荒唐。

第二，楊國忠點燃了導火索。安祿山驕狂自大，他認為自己的奸詐比不上李林甫，入朝只畏懼李林甫一人。安祿山看不起楊國忠，入朝連正眼都不看楊國忠一眼。於是楊國忠對安祿山懷恨在心，又害怕安祿山的權勢影響自己的專權。於是楊國忠視安祿山為眼中釘，必欲拔之而後快。楊國忠扳不倒安祿山就挑動安祿山速反。安祿山入朝返回范陽後，楊國忠成天找事，煽動唐玄宗今日遣使察其行跡，明日派人宣召入朝。安祿山不會上楊國忠的當，他以不變應萬變，稱疾不出，楊國忠莫可奈何。天寶十四載四月，楊國忠指使京兆尹搜查安祿山在京師的府邸，逮捕安祿山的賓客李超，送到御史臺殺害。楊國忠的這一招點燃了導火索，安祿山決心發動反叛。天寶十四載七月，安祿山上表朝廷獻馬三千匹，每一匹馬配備兩名馬夫，派胡將二十二人帶領送京師，想藉此偷襲京師。河南尹達奚珣識透了安祿山的陰謀，上奏唐玄宗遣使告諭安祿山十月入朝，至冬送馬。安祿山見陰謀被識破，於是在十一月初九日甲子公然造反。安祿山以奉密旨將兵入朝討楊國忠為名反於范陽。安祿山蓄謀十年，兵強馬壯，全國承平日久，老百姓幾代人沒見過戰爭，突然聽到范陽兵起，遠近震駭。楊國忠達到了挑動安祿山反叛的目的，得知消息揚揚得意。楊國忠大言，只是安祿山一個人造反，將士都不追隨他，不出十天，一定有人把安祿山的首級獻到朝廷。滿朝文武相顧失色，楊國忠卻看得如此輕易。這說明無行無才的楊國忠，既不懂政治，也不懂軍事，不顧大局，只為私利，輕易玩火。楊國忠也不懂安祿山造反是一把雙刃劍，一邊砍向唐王朝，一邊砍向楊國忠。安祿山以清君側，誅楊國忠為名，一旦官軍失利，全國軍民的憤怨都會指向楊國忠。楊國忠點燃導火索，他是火藥桶爆炸首當其衝的蒙難者，楊氏族滅，罪有應得。可這時楊國忠還沾沾自喜。如此蠢豬把握朝政，焉能不亂。

第三，唐玄宗自毀長城。安祿山叛軍南下，河南、河北郡縣望風投降。封常清、高仙芝都是久經沙場的驍勇戰將，奉命東出平叛。封常清在東都洛陽臨時招募義勇，百姓踴躍從軍，十天時間就招募了六萬人。人數雖眾，都是烏合之眾，沒有受過軍事訓練，用他們抵擋安祿山的鐵甲是很不現實的。封常清守河陽失利，退守洛陽也連遭敗北，再向西退到了陝郡。這時高仙芝率領的飛騎、彍騎、河西邊兵以及新募兵五萬人從長安趕到了陝郡。陝郡太守及原有官兵早已逃得無影無蹤。人心惶惶，陝郡無險可守，野戰又不敵叛軍。為了保存實力，屏障京師長安，高仙芝採納了封常清的建議，立即退守潼關。官軍剛到潼關，叛軍先鋒隨即追殺到了潼關。這時，朝廷向各道徵兵勤王，都沒有趕到，關中震恐。適逢安祿山在洛陽謀劃稱帝，沒有急攻潼關，封常清與高仙芝得以在潼關完善守備，穩定了局勢。高仙芝東征，唐玄宗派宦官邊令誠監軍，邊令誠不懂軍事，卻偏偏干預高仙芝的行動。高仙芝不理睬，邊令誠入朝奏事，誣陷封常清、高仙芝畏敵，丟失陝郡，剋扣軍餉，動搖軍心。京師的大臣，尤其楊國忠大言安祿山狂悖，用不了多大力氣就能斬首。唐玄宗不察，輕信宦官謊報軍情，下令誅殺二將。封常清臨刑上遺表說：「臣死，希望陛下不要輕視安祿山這個叛賊。」高仙芝臨刑，指天發誓說：「如果說我臨敵退卻該死，蒼天在上，說我剋扣軍餉，實在冤枉。」在場士兵，齊聲呼喊冤枉，聲音震天動地。

當封常清、高仙芝被冤殺之時，河北、河南義士起兵抗賊。河北顏真卿、顏杲卿、河南真源令張巡率領軍民，大破叛軍。顏杲卿失敗，從容就義，激發了軍民鬥志。河東節度使李光弼收復常山，解饒陽之圍，大敗史思明。安祿山叛亂，不得人心，官軍穩住陣腳，四面圍剿，原本可以很快剿滅。可惜封常清、高仙芝二將被冤殺，大大打擊了軍民的士氣。安祿山反叛，唐玄宗還沒有從昏睡中驚醒，特別是信用宦官，為唐朝中期以後的政治腐敗開了一個惡例，直到唐朝滅亡，也未能割除宦官這一個腫瘤。唐玄宗冤殺二將，自毀長城，僅僅是悲劇的開始。其後，哥舒翰守潼關，唐玄宗聽信楊國忠讒言，派遣一批又一批宦官督戰，迫使哥舒翰輕出兵敗，導致河北戰局官軍全線敗退，長安不守，玄宗蒙塵。皇權政治，沒有問責的制衡，當君王由明轉昏，再讓他醒過來，那就太難了。

卷第二百十八

唐紀三十四

起柔兆涒灘（丙申　西元七五六年）五月，至九月，不滿一年。

【題解】本卷記事起西元七五六年五月，迄當年九月，凡五個月。當唐肅宗初即位之至德元載。因事繁劇變，不及半年而成一卷。半年間，政治軍事發生重大變化，安史之亂出現了拐點。哥舒翰守潼關，扼制了叛軍主力的進攻，河北官軍郭子儀、李光弼大破史思明，官軍由敗退轉入了反攻。由於唐玄宗的錯誤指揮，迫使哥舒翰輕出潼關，尋求全力決戰，唐玄宗妄想畢其功於一役，結果官軍大敗，安祿山長驅入長安，導致河北官軍全線敗退，叛軍達到了勢力的巔峰。唐玄宗驚慌失措，西逃入蜀，至馬嵬驛兵變，楊氏滿門被誅，楊貴妃也香消玉殞。安祿山無遠略，進兵長安，血洗皇族，沒有乘勝追擊，太子李亨留鎮討賊，從容北上靈武即位，是為肅宗。河西兵入援靈武，郭子儀勤王佐肅宗，李泌出山盡心輔佐，肅宗納諫，君臣和諧，靈武新政權出現了新氣象。唐玄宗聽到太子即位，自動稱太上皇，傳國寶玉冊於肅宗，至是全國政令統一。河南、河北義軍奮起討賊，雙方形勢轉入相持。唐王朝渡過了險灘。

肅宗文明武德大聖大宣孝皇帝上之下

至德元載（丙申　西元七五六年）

五月丁巳❶，炅眾潰，走保南陽，賊就圍之。太常卿張垍薦夷陵太守虢王巨有勇略，上徵吳王祗為太僕卿，以巨為陳留譙郡太守、河南節度使，兼統嶺南節度使❷何履光、黔中節度使❸趙國珍❹、南陽節度使魯炅。國珍，本牂柯夷也。戊辰❺，巨引兵自藍田出，趣南陽。賊聞之，解圍走。

令狐潮復引兵攻雍丘。潮與張巡有舊，於城下相勞苦如平生❻。潮因說巡曰：「天下事去矣，足下堅守危城，欲誰為乎？」巡曰：「足下❼平生以忠義自許，今日之舉，忠義何在！」潮慚而退。

郭子儀、李光弼還常山，史思明收散卒數萬踵其後。子儀選驍騎更挑戰，三日，至行唐❽。賊疲，乃退。子儀乘之，又敗之於沙河❾。蔡希德至洛陽，安祿山復使將步騎二萬人北就❿思明，又使牛廷玠發范陽等郡兵萬餘人助思明，合五萬餘人，而同羅、曳落河居五分之一。子儀至恆陽，思明隨至，子儀深溝高壘以待之。賊來則守，去則追之，晝則耀兵，夜斫其營，賊不得休息。數日，子儀、光弼議曰：「賊倦矣，可以出戰。」壬午⓫，戰于嘉山⓬，大破之，斬首四萬級，捕虜千餘人。思明墜馬，露髻跣足步走⓭，至暮，杖折槍歸營，奔于博陵。光弼就圍之，軍聲大振。於是河北十餘郡皆殺賊守將而降，漁陽路再絕⓮，賊往來者皆輕騎竊過，多為官軍所獲，將士家在漁陽者無不搖心。

【章　旨】以上為第一段，寫郭子儀、李光弼在河北大破史思明。

【注　釋】❶丁巳　五月初四日。❷嶺南節度使　使職名，為嶺南方鎮差遣長官。天寶十五載（西元七五六年，即至德元載）升嶺南五府（廣、桂、容、邕、交）經略討擊使為嶺南節度使，其目的在於鎮撫嶺南五府，治所在今廣東廣州。❸黔中節度使　黔中郡，天寶元年（西元七四二年）黔州改名。按《新唐書・方鎮表》，開元二十六年（西元七三八年）黔州置五溪諸州經略使；天寶十四載增領守捉使。代宗大曆四年（西元七六九年）始置辰、溪、巫、錦、業五州都團練守捉觀察處置使。大順元年（西元八九〇年）黔州觀察使始號武泰軍節度使。故此言黔中為節度使疑記載有誤，或另有所據。❹趙國珍　（？—西元七六八年）西南地區牂柯蠻族後裔，天寶中為黔府都督，在五溪十餘年，封境無虞。代宗時召拜工部尚書。傳見《舊唐書》卷一百十五。❺戊辰　五月十五日。❻相勞苦如平生　彼此慰問如同平時一樣。勞苦，慰勞。平生，平時；平素。❼足下　古代下稱上或同輩相稱的敬詞。❽行唐　縣名，縣治在今河北行唐。❾沙河　河名，在今河北行唐、曲陽兩縣之間。❿就　靠近；趨向。⓫壬午　五月二十九日。⓬嘉山　在今河北曲陽附近。⓭露髻跣足步走　披頭散髮赤腳逃走。髻，髮髻。跣，赤腳。⓮漁陽路再絕　指通往范陽的道路再次被隔斷。前次為天寶十四載常山太守顏杲卿起兵，河北十七郡皆響應，漁陽路絕。唐人多以范陽、漁陽通稱。此漁陽即指安祿山的根基范陽。

【語　譯】肅宗文明武德大聖大宣孝皇帝上之下

至德元載（丙申　西元七五六年）

五月初四日丁巳，魯炅的部眾潰散，逃走守衛南陽，賊軍趕來包圍南陽。太常卿張垍推薦夷陵太守虢王李巨有勇有謀，玄宗徵召吳王李祗為太僕卿，任命李巨為陳留太守、譙郡太守、河南節度使，兼統嶺南節度使何履光、黔中節度使趙國珍、南陽節度使魯炅。趙國珍，本是牂柯夷人。十五日戊辰，李巨帶兵從藍田出發，去往南陽。賊軍聽說後，解圍逃走。

令狐潮又率軍攻打雍丘。令狐潮和張巡有舊交，在城下就像平時一樣互道勞苦。令狐潮趁機勸說張巡，說：「天下大勢已去，您堅守危城，想為哪個人呢？」張巡說：「您平生以忠義自許，今天的舉止，忠義在哪裡！」令狐潮慚愧而退。

郭子儀、李光弼返回常山，史思明收攏幾萬散兵跟隨在後面。郭子儀挑選驍勇的騎兵輪番挑戰，三天，到達行唐縣。賊軍疲憊，就撤退了。郭子儀乘機出擊，又在沙河把賊軍打敗了。蔡希德抵達洛陽，安祿山又派他率領步兵騎兵兩萬人向北靠近史思明，又派牛廷玠調發范陽等郡的士卒一萬多人協助史思明，合起來五萬多人，而同羅、曳落河佔了五分之一。郭子儀到了恆陽，史思明跟著就到了，郭子儀深溝高壘以待。賊軍來了就固守，離開就追擊，白天則炫耀兵力，夜裡就砍殺敵營，賊軍不得休息。幾天後，郭子儀、李光弼商議說：「賊兵疲倦了，可以出去交戰了。」五月二十九日壬午，戰於嘉山，大敗賊軍，斬首四萬，抓獲敵人一千多。史思明墜落馬下，散髮赤足，步行逃走。到了傍晚，拄著折斷了的長槍回到營地，逃到博陵。李光弼進軍包圍博陵，軍隊聲勢大振。於是河北十多個郡都殺了賊軍的守將而歸降朝廷，通往漁陽的道路再次被切斷，賊兵來來往往都是輕騎偷著通過，大多被官軍所抓獲，家在漁陽的賊軍將士無不心中動搖。

祿山大懼，召高尚、嚴莊詬❶之曰：「汝數年教我反，以為萬全。今守潼關，數月不能進，北路已絕，諸軍四合，吾所有者止汴、鄭數州而已，萬全何在？汝自今勿來見我！」尚、莊懼，數日不敢見。田乾真自關下來，為尚、莊說祿山曰：「自古帝王經營大業，皆有勝敗，豈能一舉而成！今四方軍壘雖多，皆新募烏合之眾，未更行陳❷，豈能敵我薊北勁銳之兵，何足深憂！尚、莊皆佐命元勳，陛下一旦絕之，使諸將聞之，誰不內懼！若上下離心，臣竊為陛下危之。」祿山喜曰：「阿浩，汝能豁❸我心事。」即召尚、莊，置酒酣宴❹，自為之歌以侑酒❺，待之如初。阿浩，乾真小字也。祿山議棄洛陽，走歸范陽，計未決。

是時，天下以楊國忠驕縱召亂，莫不切齒。又，祿山起兵以誅國忠為名，王思禮❻密說哥舒翰，使抗表❼請誅國忠，翰不應。思禮又請以三十騎劫取以來，至潼關殺之。翰曰：「如此，乃翰反，非祿山也。」或說國忠：「今朝廷重兵盡在翰手，翰若援❽旗西指，於公豈不危哉！」國忠大懼，乃奏：「潼關大軍雖盛，而後無繼，萬一失利，京師可憂，請選監牧小兒❾三千於苑中訓練。」上許之，使劍南軍將李福德等領之。又募萬人屯灞上❿，令所親杜乾運將之，名為禦賊，實備翰也。翰聞之，亦恐為國忠所圖，乃表請灞上軍隸潼關。六月癸未⓫，召杜乾運詣關，因事斬之。國忠益懼。

會有告崔乾祐在陝，兵不滿四千，皆羸弱無備。上遣使趣哥舒翰進兵復陝、洛，翰奏曰：「祿山久習用兵，今始為逆，豈肯無備！是必羸師以誘我，若往，正墮其計中。且賊遠來，利在速戰，官軍據險以扼之，利在堅守。況賊殘虐失眾，兵勢日蹙⓬，將有內變，因而乘之，可不戰擒也。要在成功，何必務速！今諸道徵兵尚多未集，請且待之。」郭子儀、李光弼亦上言：「請引兵北取范陽，覆其巢穴，質賊黨妻子以招之，賊必內潰。潼關大軍，唯應固守以弊⑬之，不可輕出。」國忠疑翰謀己，言於上，以賊方無備，而翰逗留，將失機會。上以為然，續遣中使趣⑭之，項背相望⑮。翰不得已，撫膺慟哭⑯。丙戌⑰，引兵出關。

己丑⑱，遇崔乾祐之軍於靈寶⑲西原。乾祐據險以待之，南薄⑳山，北阻河，隘道㉑七十里。庚寅㉒，官軍與乾祐會戰。乾祐伏兵於險，翰與田良丘浮舟中流以觀軍勢，見乾祐兵少，趣諸軍使進。王思禮等將精兵五萬居前，龐忠等將餘兵十萬繼之，翰以兵三萬登河北阜㉓望之，鳴鼓以助其勢。乾祐所出兵不過萬人，什什伍伍㉔，散如列星，或疏或密，或前或卻，官軍望而笑之。乾祐嚴㉕精兵，陳於其後。兵既交，賊偃旗如欲遁者，官軍懈，不為備。須臾，伏兵發，賊乘高下木石，擊殺士卒甚眾。道隘，士卒如束，槍槊㉖不得用。翰以氈車駕馬為前驅，欲以衝賊。日過中，東風暴急，乾祐以草車數十乘塞氈車之前，縱火焚之，煙焰所被，官軍不能開目，妄自相殺，謂賊在煙中，聚弓弩而射之。日暮，矢盡，乃知無賊。乾祐遣同羅精騎自南山過，出官軍之後擊之。官軍首尾駭亂，不知所備，於是大敗。或棄甲竄匿山谷，或相擠排入河溺死，囂聲㉗振天地，賊乘勝蹙㉘之。後軍見前軍敗，皆自潰，河北軍㉙望之亦潰，瞬息間兩岸皆空[1]。翰獨與麾下百餘[2]騎走，自首陽山㉚西度河入關。關外先為三塹，皆廣二丈，深丈，人馬墜其中，須臾而滿，餘眾踐之以度㉛，士卒得入關者纔八千餘人。○辛卯㉜，乾祐進攻潼關，克之。

翰至關西驛㉝，揭牓㉞收散卒，欲復守潼關。蕃將火拔歸仁等以百餘騎圍驛，入謂翰曰：「賊至矣，請公上馬。」翰上馬出驛，歸仁帥眾叩頭曰：「公以二十萬眾一戰棄之，何面目復見天子！且公不見高仙芝、封常清乎？請公東行。」翰不可，欲下馬，歸仁以毛縶㉟其足於馬腹，及諸將不從者，皆執之以東。會賊將田乾真已至，遂降之，俱送洛陽。安祿山問翰曰：「汝常輕我，今定㊱何如？」翰伏地對曰：「臣肉眼不識聖人。今天下未平，李光弼在常山，李祗在東平，魯炅在南陽，陛下留臣，使以尺書招之，不日皆下矣。」祿山大喜，以翰為司空、同平章事。謂火拔歸仁曰：「汝叛主，不忠不義。」執而斬之㊲。翰以書招諸將，皆復書責之。祿山知不效，乃囚諸苑中。潼關既敗，於是河東㊳、華陰㊴、馮翊㊵、上洛㊶防禦使皆棄郡走，所在守兵皆散。

【章　旨】以上為第二段，寫潼關兵輕出戰敗，導致河北官兵全線潰退。

【注釋】❶詬 罵。❷未更行陳 指沒有經歷過戰事。更，經歷；經過。行，行伍；隊列。陳，通「陣」。❸豁 開通；使之開朗。杜甫〈觀江潮呈竇詩〉：「攜我豁心胸。」❹酣宴 盡情飲宴。❺侑酒 勸酒。❻王思禮 （？—西元七六一年）高麗人，少習戎旅，官至戶部尚書，封霍國公。傳見《舊唐書》卷一百十、《新唐書》卷一百四十七。❼抗表 臣下有不同意見，向君主上表直言力諫。❽援 執。❾監牧小兒 指飼養國馬諸牧監的士卒。當時監牧、五坊、禁苑的士卒通稱小兒。❿灞上 亦作霸上，地名，在今陝西西安東灞水西高塬上。為古代咸陽、長安附近的軍事要地。⓫癸未 六月初一日。⓬蹙 窘迫。⓭弊 困乏；疲憊。此處用作動詞，使其疲弊。⓮趣 通「促」。催促。⓯項背相望 指前後相繼，相互之間能看見脖子和脊背。項，脖子。背，脊背。⓰撫膺慟哭 指按住胸脯痛哭。膺，胸。慟，極度悲哀。⓱丙戌 六月初四日。⓲己丑 六月初七日。⓳靈寶 縣名，縣治在今河南靈寶。⓴薄 迫近。㉑隘道 狹窄的道路。㉒庚寅 六月初八日。㉓阜 土山。㉔什什伍伍 指隊伍分散，猶言三三兩兩。㉕嚴 整肅。㉖槍槊 槍，長竿上裝有金屬尖頭的兵器。槊，長矛。槍槊都是長兵器。㉗囂聲 喧譁吵鬧之聲。㉘蹙 追逼。㉙河北軍 指哥舒翰自己所率領的軍隊，當時在黃河北岸。㉚首陽山 胡注：「當是『首山』，衍『陽』字。首山在蒲州河東縣界，與湖城縣之荊山隔河相對。」山在今山西永濟南。㉛度 通「渡」。渡過。㉜辛卯 六月初九日。㉝關西驛 古驛名，在今陝西華陰東。㉞揭牓 指張榜，貼布告。牓，同「榜」。㉟縶 束縛。㊱定 究竟；終竟。㊲執而斬之 火拔歸仁賣主求榮，安祿山也看不起他，故執而斬之。㊳河東 郡名，天寶元年（西元七四二年）蒲州改名，治所在今山西永濟西。㊴華陰 郡名，即華州，治所在今陝西華縣。㊵馮翊 郡名，即同州，治所在今陝西大荔。㊶上洛 郡名，天寶元年商州改名，治所在今陝西商州。

【校　記】[1]瞬息間兩岸皆空 原無此句。據章鈺校，十二行本、乙十一行本、孔天胤本皆有此句，張敦仁《通鑑刊本識誤》、張瑛《通鑑校勘記》同，今據補。[2]百餘 原作「數百」。據章鈺校，十二行本、乙十一行本皆作「百餘」，今從改。

【語　譯】安祿山大為恐懼，叫來高尚、嚴莊，大罵他們說：「你們多年來教我反叛，認為萬無一失。現在駐守潼關，幾個月不能前進，北方的歸路已被切斷，各路軍隊從四面合圍，我所佔有的僅汴州、鄭州數州而已，萬全之策在哪裡？你們從今天以後不要來見我！」高尚、嚴莊很恐懼，幾天不敢見安祿山。田乾真從潼關下回來，替高尚、嚴莊勸說安祿山說：「自古以來帝王經營大業，都有勝敗，怎麼能夠一舉成功！現在四方官軍營壘雖然很多，全是新招募的烏合之眾，沒有經歷過戰事，怎麼能敵得過我們薊北強勁精銳的部隊，怎麼值得深為憂慮！高尚、嚴莊都是輔佐王命的元老功臣，陛下一旦拋棄他們，讓將領們聽到了，哪一個不心中恐懼！如果上下離心，臣私下替陛下感到危險。」安祿山高興地說：「阿浩，你真能使我的心開朗。」立刻叫來高尚、嚴莊，擺設酒席，開懷暢飲，安祿山自己唱歌助酒，待他們像早期一樣。阿浩，是田乾真的小字。安祿山商議放棄洛陽，撤回范陽，計策沒有決定下來。

這時，天下的人認為楊國忠驕奢放縱導致大亂，無不切齒痛恨。還有，安祿山起兵是以討伐楊國忠為名，王思禮就暗中勸說哥舒翰，讓他上表極諫，請求玄宗殺了楊國忠，哥舒翰不答應。王思禮又請求用三十個騎兵把楊國忠劫持出來，到潼關後殺掉他。哥舒翰說：「如果這樣，就是哥舒翰反叛，而不是安祿山了。」有人勸說楊國忠：「當今朝廷的重兵全在哥舒翰的手裡，哥舒翰如果持旗西向京城，對您豈不是很危險啊！」楊國忠大為驚懼，就上奏說：「潼關大軍雖然聲勢很大，但沒有後繼部隊，萬一失利，京師可就令人擔心了，請求選擇監牧士卒三千人在禁苑中訓練。」玄宗答應了，派劍南軍將李福德等人統領。又招募了一萬人駐紮灞上，命令他親信的杜乾運率領，名義上是防禦賊軍，實際上是防備哥舒翰。哥舒翰聽到這一消息，也擔心被楊國忠謀害，就上表請求把灞上軍隊隸屬於潼關。六月初一日癸未，哥舒翰把杜乾運叫到潼關，藉故把他殺了。楊國忠更加恐懼了。

適逢有人報告崔乾祐在陝郡，兵力不滿四千人，全都疲憊瘦弱，不設防備。玄宗派遣使者催促哥舒翰進兵收復陝郡和洛陽，哥舒翰上奏說：「安祿山長期用兵，現在剛作逆反叛，怎麼可能沒有防備呢！這一定是故意用衰弱的士兵來引誘我們，如果前往，正落入他的計謀之中。而且賊軍遠道而來，利在速戰，官軍佔據險要扼守，利在堅守。況且賊軍殘酷暴虐，失去民眾，兵勢日益衰退，將有內亂，到時加以利用，可以不戰就活捉敵人。關鍵在於取勝，何必追求快速呢！現在各道徵調的士卒大都還沒有集中，請求暫且等待一段時間。」郭子儀、李光弼也上書說：「請求帶兵北進奪取范陽，摧毀敵人的巢穴，抓住叛賊黨羽的妻子兒女作為人質來招降他們，叛賊一定內部崩潰。潼關的大軍，只應固守，使賊兵疲憊，不可輕率出關進擊。」楊國忠懷疑哥舒翰算計自己，對玄宗說，叛軍正無防備，而哥舒翰逗留不進，將會失去機會。玄宗認為是這樣，接著派宮中使者催促哥舒翰，使者前後相望。哥舒翰迫不得已，撫胸痛哭。六月初四日丙戌，率軍出關。

六月初七日己丑，在靈寶西原官軍與崔乾祐的軍隊相遇。崔乾祐佔據險要等待官軍，南靠大山，北依黃河，狹隘的小道有七十里。初八日庚寅，官軍和崔乾祐會戰。崔乾祐在險要的地方埋伏士兵，哥舒翰和田良丘乘船在黃河中觀察軍事形勢，看見崔乾祐兵少，督促各軍，讓他們前進。王思禮等率領精兵五萬人走在前面，龐忠等率領剩下的士兵十萬相繼於後，哥舒翰帶兵三萬人登上黃河北岸的高坡觀望大軍，鳴鼓助長大軍的氣勢。崔乾祐所出動的軍隊不過一萬人，三五成群，散落得就像天上的星星，或疏或密，或前或退，官軍看見了都笑話他們。崔乾祐整備精兵，列陣於後。兩軍交戰後，賊兵偃旗息鼓，像打算逃跑的，官軍鬆懈，不作防備。不一會兒，賊軍伏兵出動，敵人乘高推落滾木石，打死很多士兵。道路狹窄，士兵如同被捆綁起來，用不上刀槍。哥舒翰命令馬拉氈車為前鋒，想要衝擊賊軍。過了中午，東風大作，崔乾祐命令利用幾十輛草車堵塞在氈車的前面，放火焚燒，煙火所覆蓋的地方，官軍睜不開眼，妄自相殺，說賊兵在煙霧之中，集中弓箭弩機射擊敵人。傍晚，箭沒有了，才知道沒有敵人。崔乾祐派遣同羅精銳騎兵從南山繞過去，出現在官軍背後進攻。官軍首尾驚亂，不知道怎樣防備，於是大敗。有的丟盔棄甲逃竄山谷藏起來，有的互相擁擠掉入黃河淹死，喊叫聲震天動地，賊軍乘勝追逼。官軍後面的部隊看見前面的部隊失敗了，都自我潰散，河北的部隊看見後也潰散了，瞬息之間兩岸皆空。哥舒翰僅與部下一百多騎兵逃脫，從首陽山西去渡過黃河進入潼關。潼關外面先前挖了三條深溝，全都寬兩丈，深一丈，進關的人馬墜落溝裡，很快就填滿了，其餘的部眾踏著他們通過，士兵能夠進入潼關的才八千多人。○初九日辛卯，崔乾祐進攻潼關，攻了下來。

哥舒翰逃到關西驛，張貼告示招收逃散的士卒，打算重新駐守潼關。蕃人將領火拔歸仁等帶領一百多名騎兵圍住驛站，進去對哥舒翰說：「賊兵到了，請您上馬。」哥舒翰上馬出了驛站，火拔歸仁率領部眾磕頭說：「您率領二十萬軍隊一戰就全軍覆沒，有什麼臉面再去見天子！而且您沒看到高仙芝、封常清的下場嗎？請您往東走。」哥舒翰不同意，想要下馬，火拔歸仁用毛繩把哥舒翰的腳捆在馬肚上，連同諸將中不服從的，全都捆綁起來向東走。適逢賊軍將領田乾真已經到了，就投降了他，把他們全部送往洛陽。安祿山問哥舒翰說：「你常常小看我，今天究竟怎麼了？」哥舒翰伏地回答說：「臣肉眼不識聖人。現在天下沒有平定，李光弼在常山，李祗在東平，魯炅在南陽，陛下留下我，讓我寫信招降他們，沒有幾天都會歸降。」安祿山大為高興，任命哥舒翰為司空、同平章事。對火拔歸仁說：「你背叛主人，不忠不義。」把他捆起來殺了。哥舒翰寫信招降各位將領，他們都回信責罵他。安祿山知道沒有收效，就把哥舒翰囚禁在東都的宮苑中。潼關既然失守，於是河東、華陰、馮翊、上洛的防禦使全都棄郡逃走，各郡的守兵都潰散了。

是日，翰麾下來告急，上不時召見，但遣李福德等將監牧兵赴潼關。及暮，平安火❶不至，上始懼。壬辰❷，召宰相謀之。楊國忠自以身領劍南，聞安祿山反，即令副使崔圓陰具儲偫，以備有急投之。至是首唱幸蜀之策，上然之。癸巳❸，國忠集百官於朝堂，惶懅❹流涕，問以策略，皆唯唯不對。國忠曰：「人告祿山反狀已十年，上不之信。今日之事，非宰相之過。」仗下❺，士民驚擾奔走，不知所之，市里蕭條。國忠使韓、虢入宮，勸上入蜀。

甲午❻，百官朝者什無一二。上御勤政樓，下制云欲親征，聞者皆莫之信。以京兆尹魏方進為御史大夫兼置頓使❼，京兆少尹❽靈昌崔光遠❾為京兆尹，充西京留守，將軍邊令誠掌宮闈❿管鑰⓫。託以劍南節度大使穎王璬將赴鎮，令本道設儲偫。是日，上移仗北內⓬。既夕⓭，命龍武大將軍陳玄禮整比⓮六軍⓯，厚賜錢帛，選閑廄馬九百餘匹，外人皆莫之知。乙未⑯，黎明，上獨與貴妃姊妹、皇子、妃、主、皇孫、楊國忠、韋見素、魏方進、陳玄禮及親近宦官、宮人出延秋門⑰，妃、主、皇孫之在外者，皆委⑱之而去。上過左藏⑲，楊國忠請焚之，曰：「無為賊守。」上愀然⑳曰：「賊來不得，必更斂於百姓，不如與之，無重困吾赤子㉑。」是日，百官猶有入朝者，至宮門，猶聞漏聲㉒，三衛立仗㉓儼然㉔。門既啓，則宮人亂出，中外擾攘㉕，不知上所之。於是王公士民四出逃竄，山谷細民爭入宮禁及王公第舍，盜取金寶，或乘驢上殿。又焚左藏、大盈庫㉖。崔光遠、邊令誠帥人救火，又募人攝府、縣官分守之，殺十餘人，乃稍定。光遠遣其子東見祿山，令誠亦以管鑰獻之。

上過便橋㉗，楊國忠使人焚橋。上曰：「士庶各避賊求生，柰何絕其路！」留內侍監㉘高力士，使撲滅乃來。上遣宦者王洛卿前行，告諭郡縣置頓㉙。食時㉚，至咸陽望賢宮㉛，洛卿與縣令俱逃，中使㉜徵召，吏民莫有應者。日向中㉝，上猶未食，楊國忠自市胡餅㉞以獻。於是民爭獻糲飯㉟，雜以麥豆，皇孫輩爭以手掬㊱食之，須臾而盡，猶未能飽。上皆酬其直㊲，慰勞之。眾皆哭，上亦掩泣㊳。有老父郭從謹進言曰：「祿山包藏禍心，固非一日。亦有詣闕告其謀者，陛下往往誅之，使得逞其姦逆，致陛下播越。是以先王務延訪忠良以廣聰明，蓋為此也。臣猶記宋璟為相，數進直言，天下賴以安平。自頃㊴以來，在廷之臣，以言為諱㊵，惟阿諛取容㊶。是以闕門之外，陛下皆不得而知。草野之臣，必知有今日久矣。但九重㊷嚴邃㊸，區區㊹之心，無路上達。事不至此，臣何由得睹陛下之面而訴之乎！」上曰：「此朕之不明，悔無所及。」慰諭㊺而遣之。俄而尚食㊻舉御膳而至，上命先賜從官，然後食之。令[1]軍士散詣村落求食，期未時㊼皆集而行。夜將半，乃至金城㊽。縣令亦逃，縣民皆脫身走，飲食器皿具在，士卒得以自給。時從者多逃，內侍監袁思藝亦亡去。驛中無燈，人相枕藉㊾而寢，貴賤無以復辨。王思禮自潼關至，始知哥舒翰被擒。以思禮為河西、隴右節度使，即令赴鎮，收合散卒，以俟東討。

【章旨】以上為第三段，寫唐玄宗撤離長安，蒙塵入蜀。

【注釋】❶平安火　唐代邊塞，約隔三十里設一烽候，作為報警哨所。每日早晨及初夜，舉一火，依次傳至京師，稱為平安火，無火則有警訊。當時守兵潰散，已無人舉火。❷壬辰　六月初十日。❸癸巳　六月十一日。❹惶懅　惶恐驚慌。❺仗下　唐代朝會由左右衛所轄的親、勳、翊三衛擔任儀仗。朝罷，三衛立仗者皆退下，稱為仗下。此處借指朝會完畢。仗，儀仗。❻甲午　六月十二日。❼置頓使　使職名，職掌皇帝外出途中，驛務食宿的安排料理。❽京兆少尹　官名，唐代在京兆、河南、太原等府各設府牧，又設尹一員，少尹二員。尹、少尹為府牧副官，職責是綱紀眾務，通判列曹。❾崔光遠　（？—

西元七六一年）滑州靈昌（今河南滑縣）人。傳見《舊唐書》卷一百十一、《新唐書》卷一百四十一。⑩宮闈　指宮中后妃所居之處。闈，宮中的旁門。⑪管鑰　鑰匙。⑫移仗北內　指玄宗自興慶宮遷住大明宮。移仗，遷移仗衛，指皇帝遷移住地。北內，指大明宮，興慶宮在南，大明宮在北，故名。⑬既夕　已經到晚上。⑭整比　整頓排列。整，整理；整頓。比，排列。⑮六軍　泛指護衛皇帝的軍隊。此時北衙禁軍只有左右羽林、左右龍武四軍。⑯乙未　六月十三日。⑰延秋門　長安禁苑西門。⑱委　拋棄；捨棄。⑲左藏　唐代國庫有左藏、右藏，均歸屬太府寺，下設左藏署、右藏署，各有令、丞。左藏掌錢帛雜綵、天下賦調，右藏掌金玉、珠寶、銅鐵、骨角、齒毛、綵畫。⑳愀然　容色變動，淒慘愁苦。㉑赤子　指黎民百姓。㉒漏聲　漏壺滴水的聲音。漏壺又名「漏刻」、「刻漏」、「壺漏」，是古代的計時器。㉓三衛立仗　三衛，指親衛、勳衛、翊衛，掌殿庭儀衛之事。仗，左右衛所轄的親、勳、翊三衛分為五仗：親仗、供奉仗、勳仗、翊仗、散手仗，擔任皇帝朝會儀仗。立仗，朝會儀式。凡朝會日，平明傳點完畢，開內門，百官進入立班，皇帝升御座，金吾將軍奏左右廂內外平安，通事舍人贊引宰相、兩省官再拜升殿之後，由內謁者承旨喚仗，儀仗便由東西閤進入，按一定位置站立左右，稱為立仗。㉔儼然　整齊莊重。㉕擾攘　混亂；紛亂。㉖大盈庫　又稱百寶大盈庫。玄宗開元時所置天子內庫，儲藏供天子燕享、賞賜之錢物，由宦官掌管。㉗便橋　又稱西渭橋、便門橋。在長安城西北、咸陽宮東南的渭水上。因長安城西門曰便門，橋北與門對，故稱便橋。故址在今陝西咸陽南。其時長安人送客西行，多到此相別。唐末廢。後代或用舟渡，或用浮橋，或冬春用橋，夏秋用渡。㉘內侍監　玄宗始置，秩三品，以高力士、袁思藝任此官。㉙置頓　安排停留食宿事宜。㉚食時　該吃飯的時候。㉛望賢宮　在當時咸陽縣東。㉜中使　宮中使者，皆由宦官充任。㉝日向中　太陽已升至天空正中，指中午。㉞胡餅　元代謂之蒸餅。或云胡人所食，故名。㉟糲飯　粗飯。㊱掬　用雙手捧起。㊲直　通「值」。價錢。㊳掩泣　掩面哭泣。㊴頃　近來；不久前。㊵以言為諱　忌諱向皇帝進言，不敢進諫。㊶阿諛取容　諂媚奉承，取悅於人。㊷九重　君門九重，言其宮廷深遠，宮門重重。㊸嚴邃　森嚴而幽深。㊹區區　自稱的謙詞。㊺慰諭　以好話安慰。㊻尚食　主御膳之官。殿中省有尚食局，設奉御二人，直長五人，食醫八人，掌御膳供應。㊼未時　十二時辰之一。相當於現在午後一時至三時。㊽金城　縣名，縣治在今陝西興平。㊾枕藉　相互為枕而臥。

【校　記】 1令　據章鈺校，十二行本、乙十一行本皆作「命」。

【語　譯】 這一天，哥舒翰的部下前來告急，玄宗沒有即時召見，僅派李福德等人率領監牧兵奔赴潼關。等到晚上，平安火沒有傳到京城，玄宗才開始恐懼。六月初十日壬辰，玄宗召集宰相商議對策。楊國忠因自己兼任劍南節度使，聽說安祿山反叛，立刻命令副使崔圓暗中備辦物資，以備危急時使用。到這時，他首先提出玄宗駕臨蜀中的計畫，玄宗同意了。十一日癸巳，楊國忠把百官召集在朝堂上，大家驚恐不安痛哭流涕，楊國忠問他們有什麼對策，全都說「是是」不作回答。楊國忠說：「人們告發安祿山謀反的情況已有十年，皇上不相信。今天的事變，不是宰相的過錯。」罷朝後，士人百姓驚慌忙亂，跑來跑去，不知所往，街市里巷蕭條。楊國忠派韓國夫人、虢國夫人進入宮中，勸說玄宗到蜀中去。

六月十二日甲午，百官上朝的不到十分之一二。玄宗在勤政樓，下制書說要親自征討，聽說的人沒有相信的。任命京兆尹魏方進為御史大夫兼置頓使，京兆少尹靈昌人崔光遠為京兆尹，充西京留守，將軍邊令誠掌管宮禁的鑰匙。玄宗藉口劍南節度大使潁王李璬將要前往鎮守之地，命令劍南道準備所需物資。這一天，玄宗移居大明宮。已經到了晚上，命令龍武大將軍陳玄禮整飭六軍，多賜錢帛，挑選了閑廄中的九百多匹馬，外面的人都不知道。十三日乙未，黎明，玄宗只與楊貴妃姐妹、皇子、妃子、公主、皇孫、楊國忠、韋見素、魏方進、陳玄禮以及親近的宦官、宮人從延秋門出發，妃子、公主、皇孫在宮外的，都委棄而去。玄宗經過國庫左藏，楊國忠請求燒毀它，說：「不要為叛賊守著。」玄宗淒慘地說：「叛賊來了沒有得到財寶，必然又要向百姓斂取，不如留給他們，不要加重我的子民的困苦。」這一天，百官還有上朝的，到了宮門，還聽到更漏的聲音，左右三衛儀仗隊仍然整齊莊重。宮門打開後，宮裡的人亂哄哄地跑出來，宮禁內外一片混亂，不知道玄宗到哪裡去了。於是王公和士人百姓四處逃竄，山野小民爭相進入宮禁和王公宅第盜取金銀財寶，有的人還騎驢上殿。又焚燒了左藏、大盈庫。崔光遠、邊令誠帶人救火，又招募人員代理府、縣官吏分別守衛，殺了十多個人，才逐漸穩定。崔光遠派他的兒子去東邊進見安祿山，邊令誠也把鑰匙獻給他。

玄宗過了便橋，楊國忠派人燒橋。玄宗說：「士人百姓各自避賊求生，怎麼能斷絕他們的活路呢！」留下內侍監高力士，讓他滅掉火以後再趕來。玄宗派宦官王洛卿在前面走，告訴各郡縣安排停留食宿諸事。吃飯的時候，到達咸陽望賢宮，王洛卿與縣令都逃跑了，中使去徵召，官吏百姓沒有應徵的。中午，玄宗還沒有吃飯，楊國忠親自買了胡餅進獻玄宗。於是百姓爭相進獻粗米飯，摻雜一些麥豆，皇孫們爭著用雙手捧著吃，不一會兒就吃完了，還沒有吃飽。玄宗按價付給他們錢，並慰勞他們。大家都哭了，玄宗也掩面哭泣。有一位老人郭從謹進言說：「安祿山包藏禍心，的確不是一天的事了。也有到宮闕舉報他的陰謀的，陛下常常殺了這些人，使得安祿山為奸作亂能夠得逞，導致陛下流亡。因此先王致力延訪忠良之士，使自己更加耳聰目明，就是因為這個道理。臣還記得宋璟做宰相，多次進獻直言，天下得以平安。近來，在朝大臣忌諱直言，只會阿諛奉承，取悅陛下。因此宮門以外的事情，陛下都無從知曉。草野的臣民，很久就知道一定會有今天。但是宮禁森嚴，區區之心，沒有途徑上達陛下。事情不到這種地步，臣怎麼能夠得見陛下而當面訴說呢！」玄宗說：「這都是朕不明察，後悔已經來不及了。」好話安慰郭從謹，讓他走了。不一會兒主管御食的官員拿著玄宗的膳食到了，玄宗命令先賜予隨從的官員，然後自己才吃，命令軍士分散到各個村落尋找食物，約好下午未時全都集中出去。快到半夜的時候，才到了金城縣。縣令也逃走了，縣裡的百姓全都脫身跑掉了，飲食器皿都在，士卒得以自己做飯吃。當時隨從的人大多逃跑了，內侍監袁思藝也逃跑了。驛站沒有燈，人們互相枕著睡覺，無法再分辨貴賤。王思禮從潼關到來，才知道哥舒翰被活捉了。任命王思禮為河西、隴右節度使，立刻命令他赴任，收拾潰散的士兵，等待東征。

丙申❶，至馬嵬驛❷，將士飢疲，皆憤怒。陳玄禮以禍由楊國忠，欲誅之，因東宮宦者李輔國❸以告太子❹，太子未決。會吐蕃使者二十餘人遮❺國忠馬，訴以無食。國忠未及對，軍士呼曰：「國忠與胡虜謀反！」或射之，中鞍。國忠走至西門內，軍士追殺之，屠割支體，以槍揭其首於驛門外，并殺其子戶部侍郎暄及韓國、秦國夫人。御史大夫魏方進曰：「汝曹何敢害宰相！」眾又殺之。韋見素聞亂而出，為亂兵所檛❻，腦血流地。眾曰：「勿傷韋相公。」救之，得免。軍士圍驛。上聞諠譁，問外何事，左右以國忠反對。上杖屨❼出驛門，慰勞軍士，令收隊，軍士不應。上使高力士問之，玄禮對曰：「國忠謀反，貴妃❽不宜供奉❾，願陛下割恩正法。」上曰：「朕當自處之。」入門，倚杖傾首而立。久之，京兆司錄❿韋諤⓫前言曰：「今眾怒難犯，安危在晷刻⓬，願陛下速決！」因叩頭流血。上曰：「貴妃常居深宮，安知國忠反謀！」高力士曰：「貴妃誠無罪，然將士已殺國忠，而貴妃在陛下左右，豈敢自安，願陛下審思⓭之。將士安則陛下安矣。」上乃命力士引貴妃於佛堂，縊殺之，輿尸寘驛庭，召玄禮等入視之。玄禮等乃免冑釋甲，頓首請[1]罪，上慰勞之，令曉諭軍士。玄禮等皆呼萬歲，再拜而出，於是始整部伍為行計。諤，見素之子也。國忠妻裴柔與其幼子晞及虢國夫人、夫人子裴徽皆走，至陳倉⓮，縣令薛景仙帥吏士追捕，誅之。

【章旨】以上為第四段，寫馬嵬驛兵變，楊氏一門被誅，楊貴妃被賜死。

【注釋】❶丙申　六月十四日。❷馬嵬驛　驛站名，在今陝西興平西南。❸李輔國　（？—西元七六二年）宦官。本名靜忠，安史亂中，在靈武勸太子即位，肅宗即位後賜名護國，後改名輔國。官至兵部尚書，封郕國公、博陸王。傳見《舊唐書》

卷一百八十四、《新唐書》卷二百八。❹太子　李亨，後即位為肅宗。❺遮　阻攔。❻檛　擊打。❼杖屨　扶杖穿鞋。杖，用作動詞。持杖；扶杖。屨，踐屨；穿鞋。❽貴妃　指楊貴妃。❾供奉　侍奉皇帝。❿京兆司錄　即京兆府司錄參軍。官名，為京兆府僚屬，掌糾舉六曹。⓫韋諤　宰相韋見素之子，官至給事中。傳見《舊唐書》卷一百八、《新唐書》卷一百十八。⓬晷刻　瞬息之間。⓭審思　慎重考慮。⓮陳倉　縣名，縣治在今陝西寶雞。

【校　記】①請　據章鈺校，十二行本、乙十一行本皆作「謝」。

【語　譯】六月十四日丙申，玄宗到達馬嵬驛，將士飢餓疲勞，都很憤怒。陳玄禮認為禍亂起自楊國忠，想要殺死他，通過東宮宦官李輔國轉告太子，太子沒有決定下來。適逢吐蕃使者二十多人擋住楊國忠的馬，說沒有吃的。楊國忠沒有來得及回答，軍士們就呼喊說：「楊國忠與胡人謀反！」有人射楊國忠，射中了他的馬鞍。楊國忠逃到馬嵬驛的西門內，軍士們追上去殺了他，切割了他的屍體，在驛站門外用槍挑著他的頭顱，同時殺了他的兒子戶部侍郎楊暄和韓國夫人、秦國夫人。御史大夫魏方進說：「你們怎麼敢殺害宰相！」大家又把魏方進殺了。韋見素聽說發生變亂便走了出來，被亂兵擊打，腦血流在地上。大家說：「不要傷害韋相公。」救了他，免於一死。軍士們包圍了驛站。玄宗聽到喧譁聲，詢問外面發生了什麼事，身邊的人回答說楊國忠謀反。玄宗拄著杖，穿著鞋，走出驛站的大門，慰勞軍士，命令收攏隊伍撤走，軍士們不答應。玄宗派高力士去詢問他們，陳玄禮回答說：「楊國忠謀反，楊貴妃不宜侍奉陛下，希望陛下割捨恩愛，把楊貴妃處死正法。」玄宗說：「朕應該自己處置她。」進入驛站大門，依杖側首，站在那裡。過了很久，京兆司錄韋諤上前說道：「如今眾怒難犯，安危就在頃刻之間，希望陛下迅速決斷！」接著就磕頭流血。玄宗說：「貴妃長期居住在深宮裡，哪裡知道楊國忠造反的陰謀！」高力士說：「楊貴妃確實沒有罪過，然而將士們已經殺了楊國忠，而貴妃還在陛下左右，他們怎麼能夠自感安穩呢，希望陛下仔細考慮。將士們安穩了，那麼陛下才會安穩。」玄宗於是命令高力士把楊貴妃帶到佛堂，勒死了她，把屍體抬到驛站的庭院中，叫陳玄禮等人進去查看屍體。陳玄禮等人才脫掉甲冑，磕頭請罪，玄宗慰勞他們，命令向軍士們說明。陳玄禮等人都高呼萬歲，再三拜謝而去，於是開始整飭部隊，為前行作準備。韋諤，是韋見素的兒子。楊國忠的妻子裴柔和她的小兒子楊晞，以及虢國夫人和她的兒子裴徽都逃走了，到了陳倉，縣令薛景仙帶領官吏和士兵追捕，殺死了他們。

丁酉❶，上將發馬嵬，朝臣惟韋見素一人，乃以韋諤為御史中丞，充置頓使。將士皆曰：「國忠謀反，其將吏皆在蜀，不可往。」或請之❷河、隴，或請之靈武，或請之太原，或言還京師。上意在入蜀，慮違眾心，竟不言所向。韋諤曰：「還京，當有禦賊之備。今兵少，未易東向，不如且至扶風，徐圖去就。」上詢❸于眾，眾以為然，乃從之。及行，父老皆遮道請留，曰：「宮闕，陛下家居，陵寢，陛下墳墓，今捨此，欲何之？」上為之按轡久之，乃令太子於後宣慰父老。父老因曰：「至尊❹既不肯留，某等願帥子弟從殿下東破賊，取長安。若殿下與至尊皆入蜀，使中原百姓誰為之主？」須臾，眾[1]至數千人。太子不可，曰：「至尊遠冒險阻，吾豈忍朝夕離左右；且吾尚未面辭，當還白至尊，更稟進止。」涕泣，跋馬❺欲西。建寧王倓❻與李輔國執鞚❼諫曰：「逆胡犯闕，四海分崩，不因❽人情，何以興復！今殿下從至尊入蜀，若賊兵燒絕棧道，則中原之地拱手授賊矣。人情既離，不可復合，雖欲復至此，其可得乎！不如收西北守邊之兵，召郭、李於河北，與之併力東討逆賊，克復兩京，削平四海，使社稷危而復安，宗廟毀而更存，掃除宮禁⑨，以迎至尊，豈非孝之大者乎！何必區區溫凊⑩，為兒女之戀⑪乎！」廣平王俶⑫亦勸太子留。父老共擁⑬太子馬，不得行。太子乃使俶馳白上。上總轡⑭待太子，久不至，使人偵之，還白狀，上曰：「天也！」乃命[2]分後軍二千人及飛龍廄⑮馬從太子，且諭將士曰：「太子仁孝，可奉宗廟⑯，汝曹善輔佐之。」又諭太子曰：「汝勉之，勿以吾為念。西北諸胡，吾撫之素厚，汝必得其用。」太子南向號泣⑰而已。又使送東宮內人⑱於太子，且宣旨欲傳位，太子不受。俶、倓，皆太子之子也。

己亥⑲，上至岐山⑳。或言賊前鋒且至，上遽過，宿扶風郡。士卒潛懷去就，往往流言不遜㉑，陳玄禮不能制，上患之。會成都貢春綵㉒十餘萬匹，至扶風，上命悉陳之於庭，召將士入，臨軒諭之曰：「朕比來㉓衰耄㉔，託任失人㉕，致逆胡亂常，須遠避其鋒㉖。知卿等皆蒼猝㉗從朕，不得別父母妻子，茇涉㉘至此，勞苦至矣，朕甚愧之。蜀路阻長，郡縣褊小㉙，人馬眾多，或不能供。今聽卿等各還家，朕獨與子孫、中官前行入蜀，亦足自達。今日與卿等訣別㉚，可共分此綵，以備資糧。若歸見父母及長安父老，為朕致意，各好自愛也。」因泣下霑襟㉛。

眾皆哭，曰：「臣等死生從陛下，不敢有貳！」上良久曰：「去留聽卿。」自是流言始息。

【章旨】以上為第五段，寫唐玄宗西行入蜀，太子李亨留鎮討賊。

【注釋】❶丁酉 六月十五日。❷之 往；去。❸詢 問；徵求意見。❹至尊 對帝王的尊稱。❺跋馬 勒馬使回轉。❻建寧王倓 （？—西元七五六年）肅宗第三子。封建寧郡王。後為宦官李輔國讒構，肅宗下令賜死。代宗即位，追諡曰承天皇帝。傳見《舊唐書》卷一百十六、《新唐書》卷八十二。❼執鞚 抓住馬絡頭。鞚，帶嚼子的馬絡頭。❽因 因依；依靠。❾宮禁 漢朝以後稱皇帝居住的地方。因宮中禁衛森嚴，臣下不得任意出入，故稱。❿區區溫清 一點點冬暖夏涼的孝心。區區，少；小。溫，溫暖。清，冷；寒冷。⓫兒女之戀 兒女之間的依戀，指纏綿悱惻，依戀不捨。⓬廣平王俶 （西元七二六—七七九年）肅宗長子，即代宗李豫，西元七六二—七七九年在位。事見《舊唐書》卷十一、《新唐書》卷六。⓭擁 圍著。⓮總轡 控轡；結轡；停馬。總，總控各馬的轡繩。⓯飛龍廄 武則天萬歲通天元年（西元六九六年）置仗內六閑廄（飛龍、祥麟、鳳苑、鸞、吉良、六群），飛龍廄為首，其馬最為優良。⓰奉宗廟 敬奉祭祀宗廟，猶言繼承帝位。奉，奉祠。⓱南向號泣 玄宗已南行，太子留在後，故拜別之禮，向南號泣。號泣，放聲哭泣。⓲東宮內人 指太子妻妾。⓳己亥 六月十七日。⓴岐山 縣名，縣治即今陝西岐山縣。㉑流言不遜 流傳不恭敬的語言，即抱怨、不滿的語言。遜，恭順。㉒貢春綵 進貢彩色春蠶絲織品。貢，進貢，把物品進獻給皇帝。綵，彩色絲織品。㉓比來 近來。㉔衰耄 衰老。耄，年老。㉕託任失人 委託任命沒有選對人。㉖鋒 鋒芒；銳氣。㉗蒼猝 同「倉猝」。匆忙急促。㉘茇涉 同「跋涉」。㉙褊小 指地方狹小。褊，衣服狹小。㉚訣別 告別。㉛霑襟 浸溼衣襟。

【校記】[1]眾 據章鈺校，十二行本作「聚」。[2]命 原無此字。據章鈺校，十二行本、乙十一行本皆有此字，今據補。

【語譯】六月十五日丁酉，玄宗即將從馬嵬驛出發，朝臣僅有韋見素一人，於是任命韋諤為御史中丞，充置頓使。將士們都說：「楊國忠謀反，他的將領和官吏全在蜀地，不能去那裡。」有的人請求前往河、隴一帶，有的人請求前往靈武，有的人請求前往太原，有的人說返回京師。玄宗的想法是進入蜀地，考慮到和大家的想法不合，最終沒有說明去哪裡。韋諤說：「返回京師，應當有抵禦賊軍的準備，現在兵力缺少，不能輕易向東走，不如暫時到扶風，慢慢考慮去向。」玄宗向大家徵詢意見，大家認為可以，就聽從了。等到上路時，當地的父老鄉親全都攔住道路請求玄宗留下，說：「宮殿，是陛下居家之處；陵寢，是陛下先人的墳墓，現在放棄了這些，想到何處去呢？」玄宗因此勒住馬韁繩，停留了很久，才派太子在後面安慰父老鄉親。父老鄉親利用這個機會，對太子說：「皇上既然不肯留下，我們這些人願意率領子弟隨從殿下向東去打敗敵人，奪取長安。如果殿下和皇上都進入蜀地，讓誰為中原百姓做主呢？」不一會兒，群眾多達好幾千人。太子不同意，說：「皇上冒著艱險遠去，我怎麼能夠忍心早晚離開他的身旁；況且我還沒有當面告辭，應當回去稟告皇上，再承命進止。」太子哭泣，勒馬調頭想要西去。建寧王李倓與李輔國拉住太子的馬絡頭勸告說：「逆胡進犯朝廷，天下分崩離析，不依賴民心，靠什麼復興國家！現在殿下隨從皇上入蜀，如果賊兵燒毀棧道，那麼中原之地就拱手送給叛賊了。人心離散後，不能再攏在一起，即使想再到這個地方，還辦得到嗎！不如收攏西北守邊的部隊，召集在河北的郭子儀、李光弼，和他們合力東討逆賊，收復兩京，平定天下，使國家轉危為安，宗廟毀而復存，清理宮禁，迎接皇上，這難道不是孝道中的大孝嗎！何必盡一點點冷暖之情，行兒女之戀呢！」廣平王李俶也勸太子留下來。父老鄉親一起圍住太子的馬，太子不能前行，就派李俶驅馬去報告玄宗。玄宗控轡停馬，等待太子，太子好久沒有到來，派人去察看，回來向玄宗說明情況，玄宗說：「這是天意啊！」於是命令分出後軍二千人和飛龍廄的馬跟隨太子，並且曉諭將士說：「太子仁愛孝順，可以繼承帝業，你們要好好地輔助他。」又曉諭太子說：「你要努力，不要掛念我。西北地區各部胡人，我待他們一向優厚，你一定能得到他們的幫助。」太子聽後只有面朝南號啕大哭。玄宗又派人把東宮內人送給太子，並且宣旨打算傳位太子，太子不接受。李俶、李倓，都是太子的兒子。

六月十七日己亥，玄宗到了岐山。有人說賊軍的前鋒即將到達，玄宗很快過了岐山，住宿在扶風郡。士兵們暗中懷有或去或留的不同想法，往往流言飛語，出言不遜，陳玄禮不能制止，玄宗很擔憂。適逢成都貢獻春天織的彩色絲綢十多萬匹，送到了扶風，玄宗命令全部擺放在庭院中，叫將士進來，站在門檻前對他們說：「朕近來衰老了，委任官員沒有選對人，以致逆胡破壞了國家的正常秩序，需要遠走躲避它的鋒芒。知道你們都是倉促之間跟隨著朕，沒有和父母妻兒告別，跋山涉水到達這裡，極為勞苦，朕特別慚愧。入蜀的路途險阻漫長，沿途郡縣狹小，人馬眾多，有時不能供給充足。今天聽任你們各自回家，朕只和兒孫以及宮中宦官前往蜀地，也完全可以自己到達。今天和你們分別，可以一起分掉這些彩色絲綢，備作資糧。如果回去見到你們的父母和長安父老，替朕向他們致意，每個人好自珍重。」說罷淚流沾襟。大家都哭了，說：「臣等死活都隨從陛下，不敢有二心！」玄宗過了很久說：「是去是留聽從你們。」從此流言飛語才消失了。

太子既留，莫知所適❶。廣平王俶曰：「日漸晏❷，此不可駐，眾欲何之？」皆莫對。建寧王倓曰：「殿下昔嘗為朔方節度大使，將吏歲時致啟❸，倓略識其姓名。今河西、隴右之眾皆敗降賊，父兄子弟多在賊中，或生異圖。朔方道近，士馬全盛，裴冕衣冠名族❹，必無貳心。賊入長安方虜掠，未暇徇地，乘此速往就之，徐圖大舉，此上策也。」眾皆曰：「善！」至渭濱，遇潼關敗卒，誤與之戰，死傷甚眾。已，乃收餘卒，擇渭水淺處，乘馬涉度，無馬者涕泣而返。太子自奉天❺北上，比至新平❻，通夜馳三百餘[1]里，士卒、器械失亡過半，所存之眾不過數百。新平太守薛羽棄郡走，太子斬之。是日，至安定❼，太守徐瑴❽亦走，又斬之。

庚子⑨，以劍南節度留後崔圓為劍南節度等副大使。○辛丑⑩，上發扶風，宿陳倉。

太子至烏氏⑪，彭原⑫太守李遵出迎，獻衣及糗糧。至彭原，募士，得數百人。是日至平涼⑬，閱監牧馬⑭，得數萬匹；又募士，得五百餘人，軍勢稍振。

壬寅⑮，上至散關⑯，分扈從⑰將士為六軍。使潁王璬先行詣劍南，壽王瑁⑱等分將六軍以次之。丙午⑲，上至河池郡⑳，崔圓奉表迎車駕，具陳蜀土豐稔㉑，甲兵全盛。上大悅，即日以圓為中書侍郎、同平章事，蜀郡長史如故。以隴西公瑀㉒為漢中王、梁州都督、山南西道㉓采訪．防禦使。瑀，璡㉔之弟也。

王思禮至平涼，聞河西諸胡亂，還詣行在。初，河西諸胡部落聞其都護㉕皆從哥舒翰沒於潼關，故爭自立，相攻擊。而都護實從翰在北岸，不死，又不與火拔歸仁俱降賊。上乃以河西兵馬使周泌為河西節度使，隴右兵馬使彭元耀為隴右節度使，與都護思結進明等俱之鎮，招其部落。以思禮為行在都知兵馬使。

戊申㉖，扶風民康景龍等自相帥㉗擊賊所署宣慰使薛總，斬首二百餘級。○庚戌㉘，陳倉令薛景仙殺賊守將，克扶風而守之。

安祿山不意上遽西幸，遣使止崔乾祐兵留潼關，凡十日，乃遣孫孝哲將兵入長安。以張通儒為西京留守，崔光遠為京兆尹，使安忠順[2]將兵屯苑中，以鎮關中。孝哲為祿山所寵任，尤用事，常與嚴莊爭權。祿山使監關中諸將，通儒等皆受制於孝哲。孝哲豪侈，果於殺戮，賊黨畏之。祿山命搜捕百官、宦者、宮女等，每獲數百人，輒以兵衛送洛陽。王、侯、將、相扈從車駕家留長安者，誅及嬰孩。陳希烈以晚節失恩，怨上，與張均、張垍等皆降於賊。祿山以希烈、垍為相，自餘朝士皆授以官。於是賊勢大熾㉙，西脅汧、隴㉚，南侵江、漢㉛，北割河東之半㉜。然賊將皆粗猛無遠略，既克長安，自[3]以為得志，日夜縱酒，專以聲色寶賄㉝為事，無復西出之意。故上得安行入蜀，太子北行亦無追迫之患。

【章旨】以上為第六段，寫反賊安祿山入長安滯留，太子順利北行，唐玄宗從容入蜀，部署討賊。

【注釋】❶適　去。❷晏　晚；遲。❸歲時致啓　一年按時寫來信箋。❹裴冕衣冠名族　河中河東（今山西永濟西南蒲州鎮）人，冠族世家，時為行軍司馬。玄宗入蜀，太子為兵馬元帥，拜冕御史中丞兼左庶子副之。傳見《舊唐書》卷一百十三、《新唐書》卷一百四十。❺奉天　縣名，文明元年（西元六八四年）置，縣治在今陝西乾縣。❻新平　郡名，天寶元年（西元七四二年）豳州改名，治所在今陝西彬縣。❼安定　郡名，天寶元年涇州改名，治所在今甘肅涇川縣北。❽轂　同「珏」。❾庚子　六月十八日。❿辛丑　六月十九日。⓫烏氏　縣名，縣治在今甘肅涇川縣北。⓬彭原　郡名，天寶元年寧州改名，治所在今甘肅寧縣。⓭平涼　郡名，天寶元年原州改名，治所在今寧夏固原。⓮監牧馬　指諸監畜牧的馬。唐代在西北各地設有許多國家畜養馬匹的牧場，稱為牧監。⓯壬寅　六月二十日。⓰散關　即今陝西寶雞關西南大散關。⓱扈從　隨從；侍從。⓲壽王瑁　即玄宗第十八子壽王清，改名瑁。傳見《舊唐書》卷一百七、《新唐書》卷八十二。⓳丙午　六月二十四日。

⑳河池郡　郡名，天寶元年鳳州改名，治所在今陝西鳳縣東。㉑豐稔　豐收。稔，莊稼成熟。㉒隴西公瑀　睿宗長子李憲的第六子，初為隴西公，後封漢中王。傳見《舊唐書》卷九十五、《新唐書》卷八十一。㉓山南西道　道名，山南道為唐貞觀十道之一，開元時分為東西二道。山南西道治所在今陝西漢中。㉔璡　李璡（？—西元七四八年），睿宗嫡長孫，封汝陽王。傳見《舊唐書》卷九十五、《新唐書》卷八十一。㉕都護　都護府長官，掌撫慰諸蕃，輯寧外寇，維護朝廷對邊地的統治。㉖戊申　六月二十六日。㉗自相帥　自己相互帶領。帥，同「率」。帶領。㉘庚戌　六月二十八日。㉙大熾　即聲勢大盛。熾，火旺。㉚西脅汧隴　西邊威脅到汧水、隴山一帶。脅，威脅。汧，汧水，渭河支流。今名千河。源出甘肅六盤山，流至陝西寶雞注入渭河。隴，隴山，在今陝西隴縣至甘肅平涼一帶。㉛南侵江漢　南面侵犯至江、漢一帶。侵，侵略；進犯。江，長江。漢，漢水。㉜北割河東之半　北面奪取了半個河東地區。割，割取。河東，泛指今山西全省。㉝寶賄　珍寶財物。

【校記】①餘　原無此字。據章鈺校，十二行本、乙十一行本皆有此字，張敦仁《通鑑刊本識誤》同，今據補。②安忠順　嚴衍《通鑑補》改作「安守忠」。③自　原無此字。據章鈺校，十二行本、乙十一行本、孔天胤本皆有此字，張敦仁《通鑑刊本識誤》同，今據補。

【語譯】太子留下後，不知道該去哪裡。廣平王李俶說：「天色漸漸晚了，這裡不能屯留，大家想到哪裡去？」大家都不回答。建寧王李倓說：「殿下過去曾擔任朔方節度大使，將領和官吏每年按時呈送信箋，我大體記得他們的姓名。現在河西、隴右的部眾都失敗投降了叛賊，父兄子弟大多身在叛賊之中，可能圖謀不軌。朔方路近，兵馬完備，氣勢旺盛，裴冕仕宦名族，肯定沒有二心。賊軍進入長安正在搶掠，沒有時間攻掠土地，乘這個機會趕快前往朔方，慢慢商量大計，這是上策。」大家都說：「好！」到達渭水岸邊，遇到潼關戰敗的士兵，發生誤會，和他們打了起來，死傷很多。戰鬥結束，便收拾剩餘的士兵，選擇渭水淺處，乘馬過河，沒有馬的人，哭哭啼啼地回去了。太子從奉天北上，等到了新平，一整夜奔跑了三百多里，士兵和器械損失過半，所剩下來的部眾不過幾百人。新平太守薛羽棄郡逃走，太子把他殺了。這一天，到達安定，太守徐轂也逃跑了，太子又把他殺了。

六月十八日庚子，玄宗任命劍南節度留後崔圓為劍南節度等副大使。○十九日辛丑，玄宗從扶風出發，住宿在陳倉。

太子到達烏氏，彭原太守李遵出來迎接，送上衣服和乾糧。到達彭原，招募士兵，得到幾百人。這一天到達平涼，檢閱監牧馬，得到好幾萬匹；又招募士兵，得到五百多人，軍隊的氣勢逐漸提升。

六月二十日壬寅，玄宗到達散關，把隨從的將士分為六軍。派潁王李璬先行到達劍南，壽王李瑁等分別率領六軍繼踵其後。二十四日丙午，玄宗到了河池郡，崔圓手持表文迎接玄宗車駕，詳細介紹了蜀地豐足，兵馬強盛。玄宗非常高興，當天任命崔圓為中書侍郎、同平章事，蜀郡長史的職位照舊。任命隴西公李瑀為漢中王、梁州都督、山南西道采訪・防禦使。李瑀，是李璡的弟弟。

王思禮到了平涼，聽說河西各胡族部落叛亂，返回來到了玄宗的住處。當初，河西各胡族部落聽說他們的都護全都跟隨哥舒翰死於潼關，所以爭著自立為王，互相攻擊。而實際上都護隨從哥舒翰在黃河北岸，沒有死，也沒有和火拔歸仁一起投降賊軍。於是玄宗任命河西兵馬使周泌為河西節度使，隴右兵馬使彭元耀為隴右節度使，和都護思結進明等人一起前往鎮守的地方，招撫每個部落。任命王思禮為行在都知兵馬使。

六月二十六日戊申，扶風郡的民眾康景龍等人自己相互組織起來攻打叛賊所任命的宣慰使薛總，斬獲敵人首級二百多。〇二十八日庚戌，陳倉縣令薛景仙殺死叛賊守將，攻克扶風郡，派兵駐守。

安祿山沒有想到玄宗急速西行，派使者叫崔乾祐把軍隊屯留潼關，總共十天，才派孫孝哲率領軍隊進入長安。任命張通儒為西京留守，崔光遠為京兆尹，派安忠順率軍駐守禁苑，鎮守關中。孫孝哲被安祿山所寵信，特別專權用事，常常與嚴莊爭權奪勢。安祿山派他監督關中各位將領，張通儒等人都受制於孫孝哲。孫孝哲豪放奢侈，敢於殺戮，叛賊黨徒都懼怕他。安祿山命令搜捕朝廷百官、宦官、宮女等，每當抓到幾百人，就派兵護送洛陽。王、侯、將、相扈從玄宗車駕而家留在長安的，連嬰兒也殺掉。陳希烈因為晚年失去玄宗的恩遇，抱怨玄宗，與張均、張垍等人都投降了叛賊。安祿山任命陳希烈、張垍為宰相，其餘的朝臣都授予官職。這時叛賊聲勢大盛，向西威脅汧、隴地區，向南侵擾江、漢流域，向北割取了河東道的一半。然而賊軍將領全都粗魯勇猛，沒有遠大謀略，攻克長安後，自以為志滿意得，日夜縱酒，專以追逐聲色寶物為能事，再沒有向西出兵的意圖。所以玄宗得以平安地進入蜀地，太子北去也沒有被急逼的憂患。

李光弼圍博陵未下，聞潼關不守，解圍而南。史思明躡其後，光弼擊卻之，與郭子儀皆引兵入井陘，留常山太守王俌❶將景城、河間團練兵守常山。○平盧節度使劉正臣將襲范陽，未至，史思明引兵逆擊之，正臣大敗，棄妻子走，士卒死者七千餘人。○初，顏真卿聞河北節度使李光弼出井陘，即斂軍還平原，以待光弼之命。聞郭、李西入井陘，真卿始復區處河北軍事。

太子至平涼數日，朔方留後杜鴻漸❷、六城水陸運使❸魏少遊❹、節度判官崔漪、支度判官盧簡金、鹽池判官❺李涵❻相與謀曰：「平涼散地❼，非屯兵之所。靈武❽兵食完富，若迎太子至此，北收諸城兵，西發河、隴勁騎，南向以定中原，此萬世一時❾也。」乃使涵奉牋於太子，且籍朔方士馬、甲兵、穀帛、軍須之數以獻之。涵至平涼，太子大悅。會河西司馬裴冕入為御史中丞，至平涼見太子，亦勸太子之朔方，太子從之。鴻漸，暹❿之族子⓫。涵，道⓬之曾孫也。鴻漸、漪使少遊居後，葺次舍⓭，庀資儲⓮，自迎太子於平涼北境，說太子曰：「朔方，天下勁兵處也。今吐蕃請和，回紇內附，四方郡縣大抵堅守拒賊，以俟興復。殿下今理兵靈武，按轡長驅⑮，移檄四方，收攬忠義，則逆賊不足屠也。」少遊盛治宮室，帷帳皆倣禁中，飲膳備水陸⑯。秋，七月辛酉⑰，太子至靈武，悉命撤之。

甲子⑱，上至普安⑲，憲部侍郎房琯來謁見。上之發長安也，羣臣多不知，至咸陽，謂高力士曰：「朝臣誰當來，誰不來？」對曰：「張均、張垍父子受陛下恩最深，且連戚里⑳，是必先來。時論皆謂房琯宜為相，而陛下不用，又祿山嘗薦之，恐或不來。」上曰：「事未可知。」及琯至，上問均兄弟，對曰：「臣帥與偕㉑來，逗遛不進，觀其意，似有所蓄㉒而不能言也。」上顧㉓力士曰：「朕固知之矣。」即日，以琯為文部侍郎、同平章事㉔。

初，張垍尚寧親公主㉕，聽於禁中置宅，寵渥㉖無比。陳希烈求解政務，上幸垍宅，問可為相者，垍未對。上曰：「無若愛壻。」垍降階拜舞㉗。既而不用，故垍懷怏怏，上亦覺之。是時均、垍兄弟及姚崇之子尚書右丞奕㉘、蕭嵩之子兵部侍郎華㉙、韋安石之子禮部侍郎陟、太常少卿斌，皆以才望至大官。上嘗曰：「吾命相，當偏舉故相子弟耳。」既而皆不用。

裴冕、杜鴻漸等上太子牋，請遵馬嵬之命，即皇帝位。太子不許。冕等言曰：

「將士皆關中人，日夜思歸，所以崎嶇㉚從殿下遠涉沙塞㉛者，冀尺寸之功。若一朝離散，不可復集。願殿下勉徇㉜眾心，為社稷計。」牋五上，太子乃許之。是日，肅宗即位於靈武城南樓，羣臣舞蹈，上流涕歔欷。尊玄宗為[1]上皇天帝，赦天下，改元㉝。以杜鴻漸、崔漪並知中書舍人事，裴冕為中書侍郎、同平章事。改關內采訪使為節度使㉞，徙治安化，以前蒲關㉟防禦使呂崇賁為之。以陳倉令薛景仙為扶風太守，兼防禦使，隴右節度使郭英乂為天水㊱太守，兼防禦使。時塞上精兵皆選入討賊，惟餘老弱守邊，文武官不滿三十人，披草萊㊲，立朝廷，制度草創，武人驕慢。大將管崇嗣在朝堂，背闕㊳而坐，言笑自若。監察御史李勉㊴奏彈之，繫於有司。上特原之，歎曰：「吾有李勉，朝廷始尊！」勉，元懿㊵之曾孫也。旬日間，歸附者漸眾。

張良娣㊶性巧慧，能得上意，從上來朔方。時從兵單寡，良娣每寢，常居上前。上曰：「禦寇非婦人所能。」良娣曰：「蒼猝之際，妾以身當之，殿下可從後逸去。」至靈武，產子，三日起，縫戰士衣。上止之，對曰：「此非妾自養之時。」上以是益憐之。

【章　旨】以上為第七段，寫唐肅宗即位於靈武。

【注　釋】❶王倕　初辟范陽節度使張守珪幕府。安祿山叛，拜博陵、常山太守。傳見《新唐書》卷一百十六。倕，同「輔」。❷杜鴻漸　（西元七〇九—七六九年）宰相杜暹姪子。官至兵部侍郎、同中書門下平章事，封衛國公。傳見《舊唐書》卷一百八、《新唐書》卷一百二十六。❸六城水陸運使　使職名。六城，指朔方節度使所轄的三受降城以及豐安、定遠、振武三城，都在黃河以北。水陸運使，為節度使幕職，負責從水陸運輸貨物供應六城戍兵。❹魏少遊　（？—西元七七一年）鉅鹿（今河北寧晉）人。傳見《舊唐書》卷一百十五、《新唐書》卷一百四十一。❺鹽池判官　朔方節度使幕職，因屬地有鹽池，故設此職以經營。❻李涵　（？—西元七八四年）唐高祖從父弟（堂弟）李韶之子李道的曾孫，官至尚書右僕射。傳見《舊唐書》卷一百二十六、《新唐書》卷七十八。❼散地　人口稀散之地。❽靈武　郡名，天寶元年（西元七四二年）靈州改名，治所在今寧夏靈武西南。亦為朔方節度使治所。❾萬世一時　一萬代才遇到的一次機會。❿暹　即開元宰相杜暹。⓫族子　同族兄弟之子。⓬道　李道，唐高祖堂弟李韶之子，嗣叔父永安王孝基，封高平郡王。傳見《舊唐書》卷六十、《新唐書》卷七十八。⓭葺次舍　用茅草蓋起的臨時住房。葺，本謂用茅草蓋屋。此謂修建。次舍，住宿的房屋。⓮庀資儲　準備物資儲蓄。庀，具備。資儲，物資儲備。⓯按轡長驅　控轡長驅直入；控馬長驅。⓰水陸　水陸珍饈，即山珍海味。⓱辛酉　七月初九日。⓲甲子　七月十二日。⓳普安　郡名，天寶元年劍州改名，治所在今四川劍閣。⓴戚里　帝王外戚聚居之地。此泛指外戚。張垍尚玄宗之女，故為外戚。㉑偕　共同；一起。㉒蓄　藏；隱瞞。㉓顧　回頭看。㉔以琯為文部侍郎同平章事　新舊《唐書・房琯傳》都作「文部尚書、同中書門下平章事」，新舊《唐書・玄宗紀》亦云「即日拜吏部（文部）尚書、同中書門下平章事」。此言「文部侍郎」或另有所據。㉕寧親公主　玄宗元獻楊皇后生，為玄宗第八女。見岑仲勉《唐史餘瀋》卷二〈玄宗諸子〉。㉖寵渥　寵愛優厚。渥，優厚。㉗拜舞　叩拜舞蹈，皆為禮儀。㉘奕　姚奕，開元宰相姚崇第二子。傳見《舊唐書》卷九十六、《新唐書》卷一百二十四。㉙華　蕭華，開元宰相蕭嵩之子，肅宗時官至中書侍郎、同中書門下平章事。傳見《舊唐書》卷九十九、《新唐書》卷一百一。㉚崎嶇　道路險阻不平，指處境困難艱險。㉛沙塞　沙漠邊塞。㉜勉徇　勉強順從。㉝改元　改天寶十五載為至德元載。㉞改關內采訪使為節度使　關內采訪使，開元二十一年（西元七三三年）所置地方監察使職，以京官領，無治所，今改為關內節鎮長官，治所在安化（今甘肅慶陽），領京兆、同、岐、金、商五州。㉟蒲關　關名，即蒲津關，在今陝西大荔東。㊱天水　郡名，天寶元年（西元七四二年）秦州改名，治所在今甘肅天水市東北。㊲披草萊開闢荒地，借指當時建立朝廷的簡陋狀況。披，開闢。草萊，荒蕪未墾的土地。㊳闕 宮闕，帝王所居之處。㊴李勉（西元七一六—七八八年）唐高祖玄孫，官至吏部尚書、同平章事。傳見《舊唐書》卷一百三十一、《新唐書》卷一百三十一。㊵元懿 李元懿（?—西元六七三年），高祖第十三子，封滕王、鄭王。傳見《舊唐書》卷六十四、《新唐書》卷七十九。㊶張良娣（?—西元七六二年）唐玄宗姨母之孫女，初為太子良娣，肅宗即位，冊為淑妃，乾元元年（西元七五八年）冊為皇后，與宦官李輔國持權禁中，干預政事。肅宗崩，以矯詔謀立越王係而被幽禁死。傳見《舊唐書》卷五十二、《新唐書》卷七十七。良娣，太子內官名，正三品，為地位最高的皇太子妾。

【校　記】1為　據章鈺校，十二行本、乙十一行本皆作「曰」。

【語　譯】李光弼包圍博陵，沒有攻克，聽說潼關失守，就解除包圍向南走。史思明跟隨在後面，李光弼打退了他，和郭子儀都率軍進入井陘，留下常山太守王俌率領景城、河間的團練兵守衛常山。○平盧節度使劉正臣準備襲擊范陽，沒有到達，史思明帶兵迎擊他，劉正臣大敗，丟下妻子兒女逃跑了，士兵死了七千多人。○當初，顏真卿聽說河北節度使李光弼從井陘出發，就收兵返回平原，以等待李光弼的命令。這時又聽說郭子儀、李光弼向西進入井陘，顏真卿又開始指揮河北地區的軍事行動。

太子到達平涼好幾天，朔方留後杜鴻漸、六城水陸運使魏少遊、節度判官崔漪、支度判官盧簡金、鹽池判官李涵互相商議說：「平涼是人口稀散之地，不是駐紮軍隊的處所。靈武的兵力和糧食充足，如果迎接太子到這個地方，向北搜集各城的士卒，向西徵調河西、隴右強勁的騎兵，向南進軍以平定中原，這是千載難逢的機遇。」便派李涵奉送牋表給太子，並且把朔方的兵馬、武器、糧食、布帛以及各種軍需物資登記在冊獻給太子。李涵到了平涼，太子非常高興。適逢河西司馬裴冕入朝任御史中丞，到平涼去拜見太子，也勸太子前往朔方，太子同意了。杜鴻漸，是杜暹同族兄弟之子。李涵，是李道的曾孫。杜鴻漸、崔漪讓魏少遊留在後面，修理房屋，準備物資儲備，他們親自在平涼北部邊界迎接太子，勸太子說：「朔方，是天下精兵強將聚集的地方。如今吐蕃請求和好，回紇歸附朝廷，四面八方的郡縣大都堅守抗敵，等待朝廷的復興。殿下今日治兵靈武，控馬長驅，傳檄四方，收攬忠義之士，那麼叛賊很容易被消滅。」魏少遊大修宮室，帷帳都模仿宮中的樣子，飲食水陸珍饈齊備。秋，七月初九日辛酉，太子到達靈武，命令全都撤掉這些東西。

七月十二日甲子，玄宗到達普安，憲部侍郎房琯前來謁見。玄宗從長安出發時，群臣大多數不知道，到了咸陽，玄宗對高力士說：「朝中大臣誰應當趕來，誰不會趕來？」高力士回答說：「張均、張垍和他們的父親受陛下的恩愛最深，而且情連姻親，所以他們一定先趕來。當時的議論都說房琯應該做宰相，但陛下沒有任用，還有安祿山曾經推薦過他，恐怕他不會趕來。」玄宗說：「此事還不可預料。」等房琯到了，玄宗詢問張均兄弟，房琯回答說：「臣約他們一起來，他們逗留不走，看他們的意思，好像有什麼難言之隱。」玄宗回頭對高力士說：「朕早就知道啊。」當天，任命房琯為文部侍郎、同平章事。

當初，張垍娶寧親公主為妻，玄宗允許他在宮禁安排宅第，寵愛優厚，無人能比。陳希烈請求解除政務，玄宗親臨張垍宅第，詢問哪個人可以做宰相，張垍沒有回答。玄宗說：「沒有人比得上我的愛婿。」張垍走下臺階行跪拜舞蹈禮儀。但後來沒有任用，所以張垍心裡怏怏不樂，玄宗也察覺到了。當時張均、張垍兄弟以及姚崇的兒子尚書右丞姚奕、蕭嵩的兒子兵部侍郎蕭華、韋安石的兒子禮部侍郎韋陟、太常少卿韋斌，都因有才能和聲望升至高官。玄宗曾經說：「我任命宰相，應當從先前宰相的子弟中普遍挑選。」但後來都沒有任用。

裴冕、杜鴻漸等人向太子呈上牋表，請求他遵守玄宗在馬嵬驛的命令，即皇帝位。太子沒有答應。裴冕等人說：「將士們全是關中人，日夜想回去，之所以涉歷險阻隨從殿下遠走邊塞荒漠，是希望建立細微功業。如果這些人一旦離散，就不能重新聚集起來。希望殿下勉強順從大家的心願，為國家著想。」牋表呈上五次，太子才答應了。這一天，肅宗在靈武城南樓即位，群臣舉行舞蹈禮儀，肅宗深為感動，流下了眼淚。尊崇玄宗為上皇天帝，赦免天下，改換年號。任命杜鴻漸、崔漪同知中書舍人事，裴冕為中書侍郎、同平章事。改關內采訪使為節度使，把治所遷徙到安化，任命前蒲關防禦使呂崇賁擔任節度使。任命陳倉縣令薛景仙為扶風郡太守，兼防禦使，隴右節度使郭英乂為天水郡太守，兼防禦使。當時塞外精兵都選入塞內討伐叛賊，僅剩下老弱守衛邊塞，文武官員不滿三十人，披荊斬棘，建立朝廷，制度草創，武將驕橫傲慢。大將管崇嗣在朝堂上，背對宮門坐著，談笑自如。監察御史李勉上奏彈劾他，拘禁在有關機構。肅宗特別下令寬免他，感歎說：「我有李勉，朝廷才開始有尊嚴！」李勉，是李元懿的曾孫。肅宗即位十天左右，歸附的人逐漸多起來。

張良娣性情乖巧聰明，能符合肅宗的心意，跟隨肅宗來到朔方。當時扈從的士兵很少，張良娣每次入寢，常常睡在肅宗的前面。肅宗說：「抵禦賊寇不是婦人所能做的事情。」張良娣說：「意外時刻，妾用身體抵擋賊寇，殿下可從後面逃走。」到達靈武，生下一個兒子，三天起身，縫補戰士的衣服。肅宗制止她，她回答說：「現在不是妾自我保養的時候。」肅宗因此更加憐愛她。

丁卯❶，上皇制❷：「以太子亨充天下兵馬元帥，領朔方、河東、河北、平盧節度都使❸，南取長安、洛陽。以御史中丞裴冕兼左庶子，隴西郡司馬劉秩試守❹右庶子。永王璘充山南東道❺、嶺南・黔中・江南西道節度都使，以少府監❻竇紹為之傅❼，長沙太守李峴為都副大使❽。盛王琦❾充廣陵❿大都督⓫，領江南東路⓬及淮南、河南等路節度都使，以前江陵都督府長史劉彙⓭為之傅，廣陵郡長史李成式⓮為都副大使。豐王珙⓯充武威都督，仍領河西、隴右、安西、北庭等路節度都使，以隴西太守濟陰鄧景山⓰為之傅，充都副大使。應須士馬、甲仗、糧賜等，並於當路自供。其諸路本節度使虢王巨等並依前充使。其署置官屬及本路郡縣官，並任自簡擇⓱，署訖聞奏。」時琦、珙皆不出閤，惟璘赴鎮。置山南東道節度使，領襄陽等九郡。升五府經略使為嶺南節度，領南海等二十二郡。升五溪經略使為黔中節度，領黔中等諸郡。分江南為東、西二道⑱，東道領餘杭⑲，西道領豫章⑳等諸郡。先是，四方聞潼關失守，莫知上所之。及是制下，始知乘輿所在。彙，秩之弟也。

安祿山使孫孝哲殺霍國長公主㉑及王妃、駙馬等於崇仁坊㉒，刳㉓其心，以祭安慶宗。凡楊國忠、高力士之黨及祿山素所惡者皆殺之，凡八十三人。或以鐵棓㉔揭㉕其腦蓋，流血滿街。己巳㉖，又殺皇孫及郡、縣主㉗二十餘人。

庚午㉘，上皇至巴西㉙，太守崔渙㉚迎謁。上皇與語，悅之，房琯復薦之，即日，拜門下侍郎、同平章事，以韋見素為左相。渙，玄暐㉛之孫也。

【章旨】以上為第八段，寫唐玄宗入蜀至巴西，安祿山在長安血洗皇族。

【注釋】❶丁卯　七月十五日。❷上皇制　七月十二日甲子，太子在靈武即位，七月十五日丁卯，玄宗下此制書。彼此相隔甚遠，下此制書時，玄宗尚不知太子即位設官之事。❸節度都使　使職名，總領數鎮節度使的差遣職。亦云節度大使。❹試守　試，試用，屬敕授而非正命之官。守，高宗咸亨以後，凡散官品秩與職事官品秩相差一階的都叫守。❺山南東道　道名，開元二十一年（西元七三三年）由山南道分置，其采訪使治所在今湖北襄樊。❻少府監　官名，少府寺長官，掌供百工伎巧之事。❼傅　官名，親王府最高屬官，掌贊導、匡過、諮議、謀劃。❽都副大使　節度都使的副職。❾盛王琦　（？—西元七六四年）玄宗第二十一子，初名沐，開元十三年封盛王。傳見《舊唐書》卷一百七、《新唐書》卷八十二。❿廣陵　郡名，天寶元年（西元七四二年）揚州改名，治所在今江蘇揚州，亦為大都督府治所。⓫大都督　官名，大都督府長官。唐代都督府有大、中、下之分。開元時有并州、益州、荊州、揚州、潞州五大都督府。大都督府長官大都督，一般由親王遙領，不赴鎮，由長史主持常務，主要職責是督率所轄諸州兵馬、甲械、城隍、鎮戍、糧廩等軍政事務。⑫江南東路　即江南東道。開元二十一年分江南道置，其采訪使治所在今江蘇蘇州。⑬劉彙　史學家劉知幾之子。歷官給事中、尚書右丞、左散騎常侍、荊州長沙節度。傳見《舊唐書》卷一百二、《新唐書》卷一百三十二。⑭李成式　僅知其先後任廣陵采訪使、長史、節度副大使、御史中丞。其事散見《舊唐書》卷一百七、《新唐書》卷八十二〈永王璘傳〉。⑮豐王珙　(?—西元七六三年)玄宗第二十六子，初名澄，開元二十三年封為豐王，廣德元年(西元七六三年)以口出狂悖之詞，賜死。傳見《舊唐書》卷一百七、《新唐書》卷八十二。⑯鄧景山　(?—西元七六一年)曹州(今山東曹縣西北)人。任各路節度都副大使。由於豐王珙雖為各路節度都使，但並不赴鎮，所以，實際職權由鄧景山統攝。傳見《舊唐書》卷一百十、《新唐書》卷一百四十一。⑰署置官屬及本路郡縣官二句　各大都督、節度都使所屬的幕府官員及所轄各郡縣官吏，都由自己選擇任命，而不通過吏部選授。⑱分江南為東西二道　本書卷二百十三載開元二十一年已分江南東、西二道置采訪使。⑲餘杭　郡名，天寶元年杭州改名，治所在今浙江杭州。⑳豫章　郡名，天寶元年洪州改名，治所在今江西南昌。㉑霍國長公主　(?—西元七五六年)睿宗之女。傳見《新唐書》卷八十三。㉒崇仁坊　長安崇仁坊在皇城東，永興坊之南。㉓刳　剖開。㉔鐵棓　即鐵棍。棓，同「棒」。㉕揭　掀開。㉖己巳　七月十七日。㉗郡縣主　唐外命婦之制，皇太子之女為郡主，諸王之女為縣主。㉘庚午　七月十八日。㉙巴西　郡名，天寶元年綿州改名，治所在今四川綿陽。㉚崔渙　武則天朝宰相崔玄暐之孫，官至門下侍郎、同平章事。傳見《新唐書》卷一百二十。㉛玄暐　崔玄暐，博陵安平(今河北安平)人，本名曅，因「曅」字下體「華」犯武則天祖諱，乃改為玄暐，官至鸞臺侍郎、同鳳閣鸞臺平章事，封博陵王。傳見《舊唐書》卷九十一、《新唐書》卷一百二十。

【語　譯】七月十五日丁卯，太上皇玄宗下達制書說：「任命太子李亨充任天下兵馬元帥，統領朔方、河東、河北、平盧節度都使，南進攻取長安、洛陽。任命御史中丞裴冕兼任左庶子，隴西郡司馬劉秩試守右庶子。永王李璘充任山南東道、嶺南、黔中、江南西道節度都使，任命少府監竇紹為傅，長沙太守李峴為都副大使。盛王李琦充任廣陵大都督，統領江南東路及淮南、河南等路節度都使，任命前江陵都督府長史劉彙為傅，廣陵郡長史李成式為都副大使。豐王李珙充任武威都督，仍舊統領河西、隴右、安西、北庭等路節度都使，任命隴西太守濟陰人鄧景山為傅，充任都副大使。所該需求的士卒、馬匹、武器、儀仗、糧食、賞賜等物品，全由當地自己提供。各路原來的節度使號王李巨等人都依舊為節度使。各王委任的官吏以及本路的郡縣官員，都聽任由自己選擇，委任後奏報。」當時李琦、李珙都沒有出宮就任，只有李璘赴鎮就職。設置山南東道節度使，統領襄陽等九郡。提升五府經略使為嶺南節度，統領南海等二十二郡。提升五溪經略使為黔中節度，統領黔中等各郡。分割江南道為東、西二道，東道統領餘杭，西道統領豫章等各郡。此前，天下人聽說潼關失守，不知道玄宗去向。等到這道制書下達，才知道玄宗所在。劉彙，是劉秩的弟弟。

安祿山派孫孝哲在崇仁坊處死霍國長公主以及王妃、駙馬等人，挖了他們的心，用以祭祀安慶宗。凡是楊國忠、高力士的黨羽以及安祿山一向厭惡的人全都殺掉，總共八十三個人。有的用鐵棍撬開腦蓋骨，血流滿街。七月十七日己巳，又殺掉皇孫以及郡主、縣主二十多人。

七月十八日庚午，太上皇到了巴西，太守崔渙迎接拜見。太上皇和他談話，很喜歡他，房琯又推薦他，當天，任命為門下侍郎、同平章事，任命韋見素為左相。崔渙，是崔玄暐的孫子。

初，京兆李泌❶幼以才敏著聞，玄宗使與忠王遊。忠王為太子，泌已長，上書言事。玄宗欲官之，不可。使與太子為布衣交❷，太子常謂之先生。楊國忠惡之，奏徙蘄春❸，後得歸隱，居潁陽❹。上自馬嵬北行，遣使召之，謁見於靈武。上大喜，出則聯轡❺，寢則對榻，如為太子時，事無大小皆咨之，言無不從，至於進退將相亦與之議。上欲以泌為右相，泌固辭曰：「陛下待以賓友，則貴於宰相矣，何必屈其志！」上乃止。

同羅、突厥從安祿山反者屯長安苑中。甲戌❻，其酋長阿史那從禮帥五千騎，竊廄馬二千匹逃歸朔方，謀邀結諸胡，盜據邊地。上遣使宣慰之，降者甚眾。

賊遣兵寇扶風，薛景仙擊卻之。○安祿山遣其將高嵩以敕書、繒綵誘河、隴將士，大震關使❼郭英乂擒斬之。

同羅、突厥之逃歸也，長安大擾，官吏竄匿，獄囚自出。京兆尹崔光遠以為賊且遁矣，遣吏卒守孫孝哲宅。孝哲以狀白祿山，光遠乃與長安令蘇震❽帥府、縣官十餘人來奔。己卯❾，至靈武，上以光遠為御史大夫兼京兆尹，使之渭北招集吏民；以震為中丞。震，瓌❿之孫也。祿山以田乾真為京兆尹。侍御史呂諲、右拾遺⓫楊綰⓬、奉天⓭令安平崔器⓮相繼詣靈武。以諲、器為御史中丞，綰為起居舍人、知制誥⓯。

上命河西節度副使李嗣業將兵五千赴行在。嗣業與節度使梁宰謀，且緩師以觀變。綏德府⓰折衝⓱段秀實讓嗣業曰：「豈有君父告急而臣子晏然不赴者乎！特進⓲常自謂大丈夫，今日視之，乃兒女子耳！」嗣業大慚，即白宰如數發兵，以秀實自副，將之詣行在。上又徵兵於安西，行軍司馬李栖筠⓳發精兵七千人，勵以忠義而遣之。○敕改扶風為鳳翔郡。

庚辰⓴，上皇至成都，從官及六軍至者千三百人而已。

【章　旨】以上為第九段，寫李泌出山佐肅宗，河西兵入援靈武。唐玄宗入蜀。

【注　釋】❶李泌　（西元七二二—七八九年）字長源，京兆（今陝西西安）人，初以遁隱名山自適，後仕肅、代、德宗三朝。官至中書侍郎、平章事。傳見《舊唐書》卷一百三十、《新唐書》卷一百三十九。❷布衣交　平民百姓之交。❸蘄春　郡名，天寶元年（西元七四二年）蘄州改名，治所在今湖北蘄春蘄州鎮西北。❹潁陽　縣名，縣治在今河南登封潁陽鎮。❺聯轡　並轡；並馬而行。❻甲戌　七月二十二日。❼大震關使　使職名，戍守大震關口的軍事差遣官。大震關在今陝西隴縣西隴山下。❽蘇震　雍州武功（今陝西武功）人，安祿山陷長安，蘇震夜馳靈武，拜御史中丞，遷文部侍郎。收復長安、洛陽後，官河南尹。傳見《新唐書》卷一百二十五。❾己卯　七月二十七日。❿瓌　蘇瓌（？—西元七一〇年），歷仕武則天、中宗、睿宗三朝。官至尚書右僕射、同中書門下三品，封許國公。傳見《舊唐書》卷八十八、《新唐書》卷一百二十五。⓫右拾遺　官名，武則天垂拱元年（西元六八五年）置左右拾遺，左隸門下省，右隸中書省，掌供奉諷諫。⓬楊綰　華州華陰（今陝西華陰）人，官至中書侍郎、同中書門下平章事、集賢殿崇文館大學士。傳見《舊唐書》卷一百十九、《新唐書》卷一百四十二。⓭奉天　兩《唐書》崔器本傳均作「奉先」。奉天在今陝西乾縣，奉先在今陝西蒲城。疑「奉先」為是。⓮崔器　（？—西元七六〇年）深州安平（今河北安平）人。先任唐奉天令，安祿山陷長安，崔器又為叛軍守奉天，後來投奔靈武。傳見《舊唐書》卷一百十五、《新唐書》卷二百九。⓯知制誥　制誥，詔令。唐代詔令，例由中書舍人起草。六位中書舍人中，一人負責草詔進畫，稱「知制誥」。如果以他官兼掌制誥者，則稱為「兼知制誥」。⓰綏德府　折衝府名，在今陝西綏德。⓱折衝　即折衝都尉，武官名，折衝府長官。平時職掌本府軍士的教練和番上宿衛，戰時應調領兵出征。⓲特進　李嗣業曾以戰功散階升至特進。⓳李棲筠　字貞一，有吏才，官至御史大夫，封贊皇縣子。傳見《新唐書》卷一百四十六。⓴庚辰　七月二十八日。

【語　譯】當初，京兆人李泌幼小時以才思聰敏聞名，玄宗讓他與忠王遊處。忠王成為太子，李泌已經長大，上書進言國事。玄宗想用他為官，他不同意。玄宗讓他與太子像平民百姓一樣的交友，太子常常稱他為先生。楊國忠討厭李泌，奏請把他遷徙到蘄春，後來得以歸隱，居住在潁陽縣。肅宗從馬嵬坡向北行進，派使者召他前來，在靈武拜見肅宗。肅宗非常高興，出外時並馬而行，睡覺時對床而臥，如同做太子的時候，事情無論大小都諮詢他，言無不從，甚至於任免將相也和他商議。肅宗想任命李泌為右丞相，李泌堅決推辭說：「陛下把我作為賓客朋友來對待，比宰相還尊貴，何必要違背我的志願呢！」肅宗這才作罷。

同羅、突厥中隨從安祿山反叛的屯駐在長安禁苑中。七月二十二日甲戌，他們的酋長阿史那從禮率領五千名騎兵，偷竊廄馬二千匹逃回朔方，籌劃約請各胡人部落聯合，竊據邊疆地區。肅宗派使者去宣諭安撫他們，降附的人很多。

叛賊派兵進犯扶風，薛景仙打退了他們。〇安祿山派他的將領高嵩帶著敕書、絲綢引誘河、隴一帶的將士，大震關使郭英乂把他活捉後殺掉了。

同羅、突厥人逃回朔方，長安大亂，官吏逃匿，監獄裡的囚犯自己跑出來。京兆尹崔光遠以為叛賊即將逃遁，就派官吏士卒守護孫孝哲的宅第。孫孝哲把情況告訴了安祿山，崔光遠就和長安縣令蘇震帶領府、縣官員十幾個人前來投奔朝廷。七月二十七日己卯，到了靈武，肅宗任命崔光遠為御史大夫兼京兆尹，派他到渭水北面招集官吏和民眾。任命蘇震為御史中丞。蘇震，是蘇瓌的孫子。安祿山任命田乾真為京兆尹。侍御史呂諲、右拾遺楊綰、奉天縣令安平人崔器相繼抵達靈武。任命呂諲、崔器為御史中丞，楊綰為起居舍人、知制誥。

肅宗命令河西節度副使李嗣業率兵五千人赴靈武。李嗣業與節度使梁宰商議，暫且慢些發兵以觀察形勢的變化。綏德府折衝都尉段秀實斥責李嗣業說：「哪裡有君父告急而臣子安然不動的呢！特進您經常自稱為大丈夫，如今看來，不過是個小兒女罷了！」李嗣業大為慚愧，立刻告訴梁宰如數發兵，以段秀實為自己的副將，帶兵前往靈武。肅宗另在安西徵兵，行軍司馬李栖筠調發精兵七千人，用忠義加以勉勵，然後送走了他們。〇肅宗敕令改扶風為鳳翔郡。

七月二十八日庚辰，太上皇到達成都，隨從官員和護衛六軍到達的一千三百人而已。

令狐潮圍張巡於雍丘，相守四十餘日，朝廷聲問❶不通。潮聞玄宗已幸蜀，復以書招巡。有大將六人，官皆開府、特進，白巡以兵勢不敵，且上存亡不可知，不如降賊，巡陽許諾。明日，堂上設天子畫像，帥將士朝之，人人皆泣。巡引六將於前，責以大義，斬之，士心益勸❷。

中城矢盡，巡縛藁❸為人千餘，被以黑衣，夜縋城下。潮兵爭射之，久乃知其藁人，得矢數十萬。其後復夜縋人，賊笑不設備。乃以死士五百斫❹潮營，潮軍大亂，焚壘而遁，追奔十餘里。潮慚，益兵圍之。

巡使郎將雷萬春於城上與潮相聞❺，語未絕[1]，賊弩射之，面中六矢而不動。潮疑其木人，使諜問之，乃大驚，遙謂巡曰：「向見雷將軍，方知足下軍令矣，然其如天道何❻！」巡謂之曰：「君未識人倫❼，焉知天道！」未幾，出戰，擒賊將十四人，斬首百餘級，賊乃夜遁，收兵入陳留，不敢復出。

頃之，賊步騎七千餘眾屯白沙渦❽，巡夜襲擊，大破之。還至桃陵❾，遇賊救兵四百餘人悉擒之，分別其眾，嬀、檀及胡兵悉斬之，滎陽、陳留脅從兵皆散令歸業，旬日間，民去賊來歸者萬餘戶。

河北諸郡猶為唐守，常山太守王俌欲降賊，諸將怒，因擊毬縱馬踐殺之。時信都太守烏承恩麾下有朔方兵三千人，諸將遣使者宗仙運帥父老詣信都，迎承恩鎮常山，承恩辭以無詔命。仙運說承恩曰：「常山地控燕、薊，路通河、洛，有井陘之險，足以扼其咽喉。頃屬⑩車駕南遷⑪，李大夫⑫收軍退守晉陽，王太守權統後軍，欲舉城降賊，眾心不從，身首異處。大將軍兵精氣肅，遠近莫敵。若以家國為念，移據常山，與大夫首尾相應，則洪勳盛烈，孰與為比。若疑而不行，又不設備，常山既陷，信都豈能獨全！」承恩不從。仙運又曰：「將軍不納鄙夫之言，必懼兵少故也。今人不聊生，咸思報國，競相結聚，屯據鄉村。若懸賞招之，不旬日十萬可致，與朔方甲士三千餘人相參用之，足成王事。若捨要害以授人，居四通而自安，譬如倒持劍戟，取敗之道也。」承恩竟疑不決。承恩，承玼⑬之族兄也。

是月，史思明、蔡希德將兵萬人南攻九門。旬日，九門偽降，伏甲於城上。思明登城，伏兵攻之。思明墜城，鹿角⑭傷其左脅，夜奔博陵。

【章旨】以上為第十段，寫河北、河南戰事，張巡在河南，顏真卿在河北，以寡擊眾，英勇殺賊。

【注釋】❶聲問　音訊。❷益勸　更加受到勉勵。❸藁　同「槀」。莊稼稈；秸稈。❹斫　砍。此指攻擊。❺相聞　相互通話。❻其如天道何　指你的軍令再嚴，能把（註定你要滅亡的）天命怎麼樣。意即無法改變註定滅亡的下場。其，代詞，指軍令嚴明。如……何，把……怎麼樣。天道，指自然規律，古人認為它是天神意志所支配。❼人倫　人世的倫理道德。此指君臣之道。❽白沙渦　地名，在今河南寧陵北。❾桃陵　縣名，縣治在今河南延津北。❿頃屬　近來正值。頃，近來。屬，適逢；恰好。⓫車駕南遷　指玄宗赴蜀。⓬李大夫　指李光弼。此時光弼以雲中太守攝御史大夫，充河東節度副使、知節度事。⓭承玼　烏承玼，張掖（今甘肅張掖）人，開元中與烏承恩皆為平盧先鋒，沉勇果決，號「轅門二龍」。依李光弼，表為冠軍將軍，封昌化郡王，為石嶺軍使。傳見《新唐書》卷一百三十六。⓮鹿角　軍營的防禦物，以帶枝的樹木削尖埋在營區周圍，以阻敵軍。因形似鹿角，故名。

【校　記】1語末絕　原無此三字。據章鈺校，十二行本、乙十一行本、孔天胤本皆有此三字，張敦仁《通鑑刊本識誤》、張瑛《通鑑校勘記》同，今據補。

【語　譯】令狐潮在雍丘包圍張巡，彼此對峙四十多天，朝廷音訊不通。令狐潮聽說玄宗已臨幸蜀地，又用書信招降張巡。張巡有大將六人，官位都是開府、特進，告訴張巡兵力打不過敵人，況且肅宗生死也不知道，不如投降叛賊，張巡假裝答應了。第二天，在庭堂上擺設了天子畫像，率領將士們朝拜，人人都哭了。張巡把六個大將帶到前面，申明大義，加以斥責，殺了他們，軍心更加激勵。

城中的箭沒有了，張巡綑紮秸稈做了一千多個草人，穿上黑色的衣服，夜間縋到城下。令狐潮的士兵爭相射箭，好長時間才知道是秸草人，張巡得到幾十萬支箭。後來又在夜間用繩子把人縋到城下，賊兵發笑，不加防備。於是派敢死隊五百人去砍殺令狐潮的軍營，令狐潮的軍隊大亂，焚營逃遁，張巡的軍隊追趕敗兵十多里。令狐潮很慚愧，增加兵力包圍雍丘。

張巡派郎將雷萬春在城上與令狐潮通話，話沒有說完，賊兵用弩機射他，雷萬春臉上被射中了六箭而不搖動。令狐潮懷疑他是木頭人，派間諜去打聽，才大為吃驚，遠遠地對張巡說：「剛才見到雷將軍，才曉得了您的軍令，然而這奈何得了天道嗎！」張巡對他說：「您不懂得人間倫理，怎麼知曉天道！」不久，出城交戰，活捉賊兵將領十四人，斬首一百多級，賊兵便趁夜逃走，收兵進入陳留，不敢再出兵。

沒多久，叛賊步兵騎兵七千多人屯駐在白沙渦，張巡夜間去襲擊，把叛賊打得大敗。返回時到達桃陵，遇到叛賊救兵四百多人，全部活捉了他們，把他們分類，嬀州、檀州兵以及胡人兵全部殺掉，滎陽、陳留被脅從的士兵全都解散，命令他們回家從業，十來天的時間，民眾離開叛賊前來歸附的有一萬多戶。

河北各郡還在為唐室堅守，常山太守王俌打算投降叛賊，各位將領大怒，就利用擊毬的機會縱馬踩死了他。當時信都太守烏承恩的部下有朔方兵三千人，各位將領派使者宗仙運率領父老前往信都，迎接烏承恩鎮守常山，烏承恩推辭說沒有肅宗詔令。宗仙運勸烏承恩說：「常山地域控制著燕、薊，道路通往河、洛，據有井陘關之險，足以扼住叛軍咽喉。近來正值皇上南遷，李大夫收兵退守晉陽，王太守暫時統領後軍，想要以城降賊，民心不從，王太守身首異處。大將軍您兵卒精銳，軍威嚴整，遠近無人可敵。如果能心繫國家，移師據守常山，與李大夫首尾遙相呼應，那麼豐功偉績，哪一個人能比得上呢。如果疑慮不動，又不設防備，常山陷落後，信都怎麼能夠獨自保全下來呢！」烏承恩不聽從。宗仙運又說：「將軍您不採納鄙人所說的，一定是擔心兵少的緣故。如今民不聊生，都想報國，競相聚集，據守鄉村。如果懸賞招募他們，不到十天便可招到十萬人，和朔方甲士三千多人相互配合使用，足以成就大事。如果拋棄常山要害之地，送給敵人，處在四通八達的信都而自求安全，就如同倒拿劍戟，是自取失敗的一種方法。」烏承恩最終還是猶豫不決。烏承恩，是烏承玼同族的哥哥。

這個月，史思明、蔡希德帶兵一萬人南進攻打九門。過了十天，九門偽裝投降，在城上埋伏甲士。史思明登上城牆，伏兵攻擊他。史思明從城上墜落下來，被削尖了的樹枝刺傷了左脅部，夜晚逃往博陵。

顏真卿以蠟丸達表❶於靈武。以真卿為工部尚書兼御史大夫，依前河北招討、采訪、處置使，并致赦書，亦以蠟丸達之。真卿頒下河北諸郡，又遣人頒於河南、江、淮。由是諸道始知上即位於靈武，徇國❷之心益堅矣。

郭子儀等將兵五萬自河北至靈武，靈武軍威始盛，人有興復之望矣。○八月壬午❸朔，以子儀為武部尚書、靈武長史，以李光弼為戶部尚書、北都❹留守，並同平章事，餘如故。○光弼以景城、河間兵五千赴太原。

先是，河東節度使王承業軍政不修，朝廷遣侍御史崔眾交其兵❺，尋遣中使誅之。眾侮易❻承業，光弼素不平。至是，敕交兵於光弼。眾見光弼，不為禮，又不時交兵。光弼怒，收斬之，軍中股栗。

回紇可汗、吐蕃贊普相繼遣使請助國討賊，宴賜而遣之。

癸未❼，上皇下制，赦天下。

北海太守賀蘭進明遣錄事參軍第五琦入蜀奏事，琦言於上皇，以為：「今方用兵，財賦為急，財賦所產，江、淮居多，乞假臣一職，可使軍無乏用。」上皇悅，即以琦為監察御史、江淮租庸使❽。

史思明再攻九門。辛卯❾，克之，所殺數千人，引兵東圍藁城。

李庭望將蕃、漢二萬餘人東襲寧陵❿、襄邑⓫，夜，去雍丘城三十里置營。張巡帥短兵三千掩擊，大破之，殺獲太半。庭望收軍夜遁。

癸巳⓬，靈武使者至蜀，上皇喜曰：「吾兒應天順人，吾復何憂！」丁酉⓭，制：「自今改制敕為誥⑭，表疏⑮稱太上皇。四海軍國事皆先取皇帝進止⑯，仍奏朕知。俟克復上京，朕不復預事。」己亥⑰，上皇臨軒，命韋見素、房琯、崔渙奉傳國寶⑱玉冊詣靈武傳位。

辛丑⑲，史思明陷藁城。

初，上皇每酺宴⑳，先設太常雅樂㉑坐部、立部㉒，繼以鼓吹㉓、胡樂㉔、教坊㉕、府、縣散樂雜戲㉖，又以山車㉗、陸船㉘載樂往來，又出宮人舞霓裳羽衣㉙，又教舞馬㉚百匹，銜盃上壽，又引犀象㉛入場，或拜，或舞。安祿山見而悅之。既克長安，命搜捕樂工，運載樂器、舞衣，驅舞馬、犀、象皆詣洛陽。

【章旨】以上為第十一段，寫郭子儀勤王靈武。唐玄宗稱太上皇，傳國寶玉冊於肅宗。至是全國政令統一。

【注釋】❶蠟丸達表　奏表密藏於蠟丸，潛送給皇帝。❷徇國　為國難而死。徇，通「殉」。❸壬午　八月初一日。❹北都　武則天天授元年（西元六九〇年）始以太原為北都。❺交其兵　謂把兵權交給他人。即下文所云「交兵於光弼」。❻侮易　侮辱、輕慢。❼癸未　八月初二日。❽江淮租庸使　使職名，為專門經理江南、淮南道租庸賦稅以籌集兵費的差遣官。❾辛卯　八月初十日。❿寧陵　縣名，縣治在今河南寧陵南。⓫襄邑　縣名，縣治在今河南睢縣西。⓬癸巳　八月十二日。⓭丁酉　八月十六日。⓮誥　古代一種上對下的文告。朝廷頒布的命令叫誥命，唐代皇帝詔令稱制而不稱誥，故玄宗改制為誥，以區別於在位皇帝的命令。⓯表疏　臣下給皇帝的奏章。⓰進止　裁決。⓱己亥　八月十八日。⓲傳國寶　即天子八寶之一的授命寶。武則天改璽為寶。據傳，此璽為秦始皇取藍田玉刻，李斯書文「受命於天，既壽永昌」。歷代相傳。唐平竇建德得之。此璽要在舉行封禪大典或祭祀神祇時才得使用。⑲辛丑　八月二十日。⑳酺宴　古代皇帝詔賜臣民聚飲。㉑太常雅樂　又稱〈大唐雅樂〉，為帝王祭祀天地、祖先及朝賀等大典所用樂舞。㉒坐部立部　唐代十部樂的兩部。堂上坐奏，謂之坐部伎；堂下立奏，謂之立部伎。㉓鼓吹　即鼓吹樂。古代一種器樂合奏，用鼓、鉦、簫、笳等樂器演奏一定的樂曲。㉔胡樂　指來自少數民族和外國的音樂，如龜茲、疏勒、高昌、天竺諸部樂。㉕教坊　即教坊樂。原來雅樂和俗樂都隸屬太常寺，玄宗開元二年（西元七一四年），更置內教坊於蓬萊宮側，京都置左右教坊，以教俗樂，以中官為教坊使。以後凡歲時宴享，則用教坊諸部樂。㉖府縣散樂雜戲　府、縣，指京兆府及長安、萬年二赤縣。散樂雜戲，指宮廷樂以外的俳優歌舞雜奏，稱百戲、雜技、雜戲。㉗山車　即棚車。在車上構架棚閣，以彩色繒帛作成山林形狀，樂工歌舞於棚閣之上。㉘陸船　即旱船。用竹木捆成船的形狀，上施彩色繒帛，舞人站於船中，歌舞前進。㉙霓裳羽衣　樂舞名，開元中河西節度使楊敬述獻曲，經玄宗潤筆並製歌詞，改名〈霓裳羽衣曲〉。㉚舞馬　即馬舞。唐玄宗曾命馴馬百匹為樂，分為左右部，各有名稱，披以錦繡，絡以金銀，馬聞樂起舞，奮首鼓尾，縱橫應節。千秋節（玄宗生日），輒命馬舞於勤政樓下，銜杯上壽，其曲謂之〈傾杯樂〉。㉛犀象　犀牛、大象。

【語譯】顏真卿用蠟丸密封奏表送到靈武。肅宗任命顏真卿為工部尚書兼御史大夫，以前擔任的河北招討、采訪、處置使依舊不變，並且送去赦書，也用蠟丸密封送達。顏真卿頒布赦書，下達河北各郡，又派人頒布於河南、江、淮地區。因此各道才開始知道肅宗在靈武即位，殉身國家的信心更加堅定了。

郭子儀等人率領士兵五萬人從河北到達靈武，靈武的軍威開始強盛，人們有了復興大唐的希望。〇八月初一日壬午，任命郭子儀為武部尚書、靈武長史，任命李光弼為戶部尚書、北都留守，都任同平章事，其他官職依舊。〇李光弼率領景城、河間的士兵五千人前往太原。

先前，河東節度使王承業軍事政務管理欠佳，朝廷派侍御史崔眾把他的兵權交給別人，不久又派宮中使者把他殺了。崔眾侮慢王承業，李光弼平時就心中不平。到這時，肅宗下敕書讓崔眾把兵權交給李光弼。崔眾見到李光弼，不向他施禮，又不按時交出兵權。李光弼大怒，把崔眾抓起來殺了，軍中吏卒顫慄。

回紇可汗、吐蕃贊普相繼派遣使者請求幫助國家討伐叛賊，肅宗設宴賞賜使者，送走了他們。

八月初二日癸未，太上皇下制書，大赦天下。

北海太守賀蘭進明派遣錄事參軍第五琦入蜀奏事，第五琦對太上皇說，認為：「現在正在用兵打仗，財賦問題很急切，財賦所出，江、淮居多，請求給我一個職務，可以讓部隊不缺少財用。」太上皇很高興，立刻任命第五琦為監察御史、江淮租庸使。

史思明再次進攻九門。八月初十日辛卯，攻下了九門，殺死好幾千人，率軍東進包圍藁城。

李庭望帶領蕃、漢士兵兩萬多人東進襲擊寧陵、襄邑。夜間，距離雍丘城三十里安置營地。張巡率領三千名手持短兵器的士卒去偷襲，大敗叛軍，殺死和俘虜一大半的敵人。李庭望收兵趁夜逃走。

八月十二日癸巳，靈武的使者到達蜀地，太上皇高興地說：「我的兒子順應天道和民心，我還有什麼好憂慮的！」十六日丁酉，太上皇下制書說：「從今天開始改制書敕書為誥，上表上疏稱太上皇。國家的軍國大事都先聽取皇帝的裁決，然後再奏報朕知道就可以了。等收復京城後，朕就不再參與政事。」十八日己亥，太上皇親臨殿前臺階，命令韋見素、房琯、崔渙奉送傳國寶璽玉冊前往靈武傳皇帝位。

八月二十日辛丑，史思明攻陷藁城。

當初，太上皇每當與臣民聚飲時，都先讓太常雅樂的坐部和立部演奏，接著演奏鼓吹樂、胡人樂、教坊樂、京兆府與長安縣萬年縣的散樂和雜戲，又用山車、旱船載著樂工往來演奏，又讓宮女表演〈霓裳羽衣〉舞，又讓一百匹舞馬，銜杯祝壽，又引導犀牛、大象入場，或拜或舞。安祿山看了很喜歡。在攻克長安後，命令搜捕樂工，運載樂器和舞衣，驅趕舞馬、犀牛、大象全部前往洛陽。

臣光曰：「聖人❶以道德為麗，仁義為樂❷。故雖茅茨土階，惡衣菲食❸，不恥其陋❹，惟恐奉養之過❺以勞民費財。明皇恃其承平，不思後患，殫❻耳目之玩，窮聲技之巧。自謂帝王富貴皆不我如，欲使前莫能及，後無以踰，非徒娛己，亦以誇人。豈知大盜在旁，已有窺窬❼之心，卒致鑾輿播越❽，生民塗炭❾。乃知人君崇華靡❿以示人，適足為大盜之招⓫也。」

【章　旨】以上為第十二段，寫司馬光對唐玄宗驕奢淫逸的批評。

【注　釋】❶聖人　儒家的理想君王，如堯、舜、禹、湯、文、武等。❷以道德為麗二句　意謂以踐行道德為美，施行仁義為樂。❸茅茨土階二句　此二句意謂茅草屋，土臺階，劣質衣服，菲薄飲食。❹陋　簡陋；鄙陋。❺奉養之過　衣食住行用費過度。❻殫　盡；竭盡。❼窺窬　亦作「窺覦」。窺測方向，覬覦其位，伺隙而動。窺，暗中偷看。窬，門邊小洞。❽鑾輿播越　指天子流亡他鄉。鑾輿，天子的車駕，代指天子。❾生民塗炭　人民遭受深重災難。❿華靡　華麗奢侈。⓫招　箭靶；爭奪的目標。

【語　譯】司馬光說：「聖人以道德為美，以仁義為樂。所以雖然住著以茅草為頂、泥土為階的房屋，穿著劣質衣服，吃著菲薄食物，但並不以簡陋為羞恥，惟恐生活供給過度而勞民傷財。唐明皇靠著天下太平，不考慮後患，極盡享受耳目的玩樂，窮盡聲色舞技的精巧。自以為過去帝王的富貴都比不上他，想要使前代帝王沒有人能追上他，後代帝王也沒有辦法超過他，不只是娛樂自己，也用來向別人誇耀。他哪裡知道大盜就在身旁，已有覬覦皇位之心，最終導致皇輿流離，生靈塗炭。由此可知，人君崇尚華麗奢侈，用以向人誇耀，適足成為大盜覬覦的目標。」

祿山宴其羣臣於凝碧池❶，盛奏眾樂，梨園弟子❷往往歔欷泣下，賊皆露刃睨❸之。樂工雷海清不勝悲憤，擲樂器於地，西向慟哭。祿山怒，縛於試馬殿前，支解❹之。

祿山聞嚮日❺百姓乘亂多盜庫物，既得長安，命大索三日，并其私財盡掠之。又令府縣推按，銖兩之物❻，無不窮治，連引搜捕，支蔓無窮❼，民間騷然，益思唐室。

自上離馬嵬北行，民間相傳太子北收兵來取長安，長安民日夜望之，或時相驚曰：「太子大軍至矣！」則皆走，市里為空。賊望見北方塵起，輒驚欲走。京畿❽豪傑往往殺賊官吏，遙應官軍，誅而復起，相繼不絕，賊不能制。其始自京畿、鄜❾、坊❿至于岐⓫、隴⓬皆附之，至是，西門之外，率⓭為敵壘，賊兵力所及者，南不出武關⓮，北不過雲陽⓯，西不過武功⓰。江、淮奏請貢獻之蜀、之靈武者，皆自襄陽取上津⓱路抵扶風⓲，道路無壅⓳，皆薛景仙之功也。

九月壬子⓴，史思明圍趙郡。丙辰㉑，拔之。又圍常山，旬日城陷，殺數千人。

建寧王倓性英果㉒，有才略，從上自馬嵬北行，兵眾寡弱，屢逢寇盜。倓自選驍勇，居上前後，血戰以衛上。上或過時未食，倓悲泣不自勝，軍中皆屬㉓目向之。上欲以倓為天下兵馬元帥，使統諸將東征，李泌曰：「建寧誠元帥才，然廣平㉔，兄也。若建寧功成，豈可使廣平為吳太伯㉕乎！」上曰：「廣平，冢嗣㉖也，何必以元帥為重！」泌曰：「廣平未正位東宮㉗。今天下艱難，眾心所屬，在於元帥。若建寧大功既成，陛下雖欲不以為儲副㉘，同立功者其肯已乎！太宗、上皇，即其事也㉙。」上乃以廣平王俶為天下兵馬元帥，諸將皆以屬焉。倓聞之，謝泌曰：「此固倓之心也！」

上與泌出行軍，軍士指之，竊言曰：「衣黃者，聖人也。衣白者，山人㉚也。」上聞之，以告泌，曰：「艱難之際，不敢相屈以官㉛，且衣紫袍㉜，以絕羣疑。」泌不得已，受之。服之，入謝，上笑曰：「既服此，豈可無名稱！」出懷中敕，以泌為侍謀軍國㉝、元帥府行軍長史㉞。泌固辭，上曰：「朕非敢相臣，以濟艱難耳㉟。俟賊平，任行高志。」泌乃受之。置元帥府於禁中，俶入則泌在府，泌入俶亦如之。泌又言於上曰：「諸將畏憚天威，在陛下前敷陳㊱軍事，或不能盡所懷，萬一小差，為害甚大。乞先令與臣及廣平熟議，臣與廣平從容奏聞，可者行之，不可者已之。」上許之。時軍旅務繁，四方奏報，自昏至曉無虛刻，上悉使送府，泌先開視，有急切者及烽火㊲，重封㊳，隔門通進㊴，餘則待明。禁門鑰契㊵，悉委俶與泌掌之。

【章　旨】以上為第十三段，寫安史叛賊殘虐，肅宗子建寧王李倓忠勇仁孝。

【注　釋】❶凝碧池　池塘名，在唐東都苑的東邊，東西五里，南北三里，即隋煬帝的積翠池。❷黎園弟子　唐玄宗曾選坐部樂伎三百人，教授樂曲於梨園，親自訂正聲誤，號「皇帝梨園弟子」。又宮女數百，亦為梨園弟子，居於宜春北院。黎，同「梨」。❸睨　斜看。❹支解　分解四肢，古代酷刑之一。支，通「肢」。❺嚮日　往日。❻銖兩之物　指細小物品。唐制，權衡以中等大小的黑黍百粒之重為銖，二十四銖為兩。❼支蔓無窮　指彼此牽連，無休無止。支，通「枝」。枝條。蔓，藤。❽京畿　國都所在的千里之地。此指長安及其附近地區。❾鄜　州名，治所在今陝西富縣。❿坊　州名，治所在今陝西黃陵東南。⓫岐　州名，治所在今陝西扶風東。⓬隴　州名，治所在今陝西隴縣。⓭率　大多；一般。⓮武關　關名，在今陝西丹鳳東南。⓯雲陽　縣名，縣治在今陝西涇陽北。⓰武功　縣名，縣治在今陝西武功。⓱上津　縣名，縣治在今湖北鄖西縣西北上津鎮。⓲扶風　郡名，天寶元年（西元七四二年）岐州改名，治所在今陝西扶風東。⓳壅　堵塞。⓴壬子　九月初一日。㉑丙辰　九月初五日。㉒英果　威武果敢。㉓屬　通「矚」。注視。㉔廣平　即廣平王李俶。㉕吳太伯　周先祖太王長子。相傳太王欲傳位給第三子季歷（周文王之父），太伯和二弟仲雍避居江南，斷髮文身，開發吳地。事見《史記・吳太伯世家》。㉖冢嗣　嫡長子。㉗正位東宮　確立東宮的地位，指立為皇太子。㉘儲副　即儲君。被確定為君位的繼承者。㉙太宗上皇二句　指太宗、玄宗皆非嫡長繼位事。太宗，即唐太宗李世民（西元五九九—六四九年），西元六二七—六四九年在位。太宗本高祖次子，在唐初平定群雄的戰爭中，表現出卓越的謀略，屢建奇功，但不居儲君地位。武德九年（西元六二六年）發動玄武門兵變，殺兄誅弟，迫使其父立為太子，不久即帝位。事見《舊唐書》卷二、卷三，《新唐書》卷二。上皇，即唐玄宗李隆基（西元六八五—七六二年），西元七一二—七五五年在位，睿宗第三子。中宗皇后韋氏專權，李隆基率羽林軍殺韋氏及其黨羽，擁立睿宗，睿宗乃以隆基為太子。事見《舊唐書》卷八、卷九，《新唐書》卷五。㉚山人　山居者。指隱士一類人物。㉛相屈以官　以官相屈從，即強制做官。㉜紫袍　官服。唐章服制度，三品以上官穿紫色袍服。㉝侍謀軍國　肅宗臨時所置官名，職在皇帝左右參謀軍國大事。㉞元帥府行軍長史　元帥的最高屬官，協助元帥掌管所有軍政事務。㉟非敢相臣二句　此二句意謂不是膽敢來使你為臣，而是為了共渡難關罷了。敢，謙詞，冒昧的意思。相，相煩；以事委託。濟，渡過。㊱敷陳　鋪敘；詳細敘述。㊲烽火　古代邊防報警的信號。此指軍事報警文書。㊳重封　古時臣下上書奏事，為防止洩漏，用袋封緘。上奏非常機密的事，用雙重封緘，即為重封。封，封事。㊴隔門通進　宮禁門旁置有輪盤，夜晚關門後，如有緊急文書可放入輪盤，旋轉送入。㊵鑰契　指打開禁門的鑰匙。鑰，鑰匙。契，符契；憑證物。

【語　譯】安祿山在凝碧池宴請他的群臣，大規模演奏各種樂曲，梨園弟子常常歎息涕泣，賊兵全都抽出刀子斜視他們。樂工雷海清不勝悲憤，把樂器扔在地上，向西痛哭。安祿山大怒，把他綁在試馬殿前，把他肢解了。

安祿山聽說前些日子老百姓乘亂偷了很多國庫中的寶物，攻克長安後，命令大肆搜索三天，連老百姓的私人財物也全都搶走。又命令府縣官吏審訊，點滴財物，無不深加追究，互相牽連，搜查抓捕，枝蔓擴展，沒有止境。民間動亂，更加思念唐室。

自從肅宗離開馬嵬北進，民間相傳太子北進招集士兵前來收復長安，長安百姓日夜盼望，有時互相驚呼：「太子的大軍到了！」於是大家全跑走了，街頭里巷為之一空。叛賊看見北方起了塵土，就驚慌得想要逃走。京城附近的豪傑往往殺死叛賊的官吏，與官軍遙相呼應，殺死了原來的豪傑，又有新的起來，相繼不絕，叛賊不能制止。開始時從京城附近、鄜州、坊州直到岐州、隴州都起來響應，到這時，長安西門以外的地方，大多是抗敵的營壘，叛賊勢力所及，南面不出武關，北面不過雲陽，西面不過武功。長江、淮河地區所上奏疏和貢獻的物品送往蜀中或靈武的，都從襄陽取道上津抵達扶風，道路沒有斷絕，這全是薛景仙的功勞。

九月初一日壬子，史思明包圍趙郡。初五日丙辰，攻克趙郡。又包圍常山，十天常山城陷落，殺死了幾千人。

建寧王李倓性格英明果斷，有才智謀略，隨從肅宗從馬嵬北進，兵少勢弱，多次遭遇敵寇和盜賊。李倓親自選拔驍勇士兵，走在肅宗的前後，浴血奮戰保衛肅宗。肅宗有時過了吃飯的時間還未進食，李倓就悲傷哭泣不已，軍中都把目光投向他。肅宗想任命李倓為天下兵馬元帥，派他統領諸將東征，李泌說：「建寧王確實是元帥之才，然而廣平王是兄長。如果建寧王大功告成，難道可以讓廣平王做吳太伯嗎！」肅宗說：「廣平王是嫡長子，何必把元帥之職看得那麼重呢！」李泌說：「廣平王還沒有立為太子。如今天下處於艱難時期，民心所繫，在於元帥。如果建寧王大功告成，陛下您雖然不打算立他為君位繼承人，與他一起建立功業的人怎麼肯罷休呢！太宗和太上皇，就是這樣的事例。」肅宗便任命廣平王李俶為天下兵馬元帥，各位將領都歸他統轄。李倓聽說此事，感謝李泌說：「這才是我的心意啊！」

肅宗與李泌外出行軍，軍士們指著他們，偷偷地說：「穿黃衣服的是聖人。穿白衣服的是山裡人。」肅宗聽到這件事，把此事告訴了李泌，說：「國家艱難之際，我不敢讓您屈從為官，暫時穿上紫袍，以避免大家的猜疑。」李泌不得已，接受了紫袍。他穿上紫袍，入宮謝恩，肅宗笑著說：「既然穿上紫袍，怎麼可以沒有為官名稱呢！」肅宗拿出懷中敕書，任命李泌為侍謀軍國、元帥府行軍長史。李泌堅決推辭，肅宗說：「朕不敢任您為臣，是想藉此渡過國家的艱難時期。等到叛賊平定了，任憑您踐行崇高的志向。」李泌這才接受了任命。在宮禁中設置元帥府，李俶入宮，李泌就在府中，李泌入宮，李俶也如同李泌一樣。李泌又向肅宗進言，說：「各位將領都懼怕天子威嚴，在陛下面前陳述軍務，有時不能把心裡話全說出來，萬一有小差錯，造成的危害特別嚴重。請令諸將先與臣和廣平王深入討論，臣和廣平王再從容不迫地向陛下奏報，認可的就實行，不認可的就停止。」肅宗答應了。當時軍務繁多，四方奏報，從傍晚到拂曉，沒有一刻空閒，肅宗派人全部送到元帥府，李泌先打開閱視，如有緊急事情和烽火警情，就雙重密封，隔門通報進宮，其他的就等到天亮後處理。宮門的鑰匙和符契，都委託李俶和李泌掌管。

阿史那從禮❶說誘九姓府❷、六胡州諸胡❸數萬眾聚於經略軍❹北，將寇朔方，上命郭子儀詣天德軍❺發兵討之。左武鋒使❻僕固懷恩之子玢別將兵與虜戰，兵敗，降之，既而復逃歸，懷恩叱而斬之。將士股栗，無不一當百，遂破同羅❼。

上雖用朔方之眾，欲借兵於外夷以張軍勢，以豳王守禮❽之子承寀❾為敦煌王，與僕固懷恩使于回紇以請兵。又發拔汗那兵，且使轉諭城郭諸國⑩，許以厚賞，使從安西兵入援。李泌勸上：「且幸彭原⑪，俟西北兵將至，進幸扶風以應之，於時庸調亦集，可以贍軍。」上從之。○戊辰⑫，發靈武。○內侍邊令誠復自賊中逃歸，上斬之。

丙子⑬，上至順化⑭。韋見素等至自成都，奉上寶冊，上不肯受，曰：「比以中原未靖⑮，權⑯總百官，豈敢乘危，遽為傳襲！」羣臣固請，上不許，寘寶冊於別殿，朝夕事之，如定省之禮⑰。上以韋見素本附楊國忠，意薄之⑱，素聞房琯名，虛心待之。琯見上言時事，辭情慷慨，上為之改容，由是軍國事多謀於琯。琯亦以天下為己任，知無不為，專決於胸臆[1]，諸相拱手避之。

上皇賜張良娣七寶鞍。李泌言於上曰：「今四海分崩，當以儉約示人，良娣不宜乘此。請撤其珠玉付庫吏，以俟有戰功者賞之。」良娣自閤⑲中言曰：「鄉里之舊⑳，何至於是！」上曰：「先生為社稷計也。」遽命撤之。建寧王倓泣於廊下，聲聞於上。上驚，召問之，對曰：「臣比憂禍亂未已，今陛下從諫如流㉑，不日當見陛下迎上皇還長安，是以喜極而悲耳。」良娣由是惡李泌及倓。

上嘗從容與泌語及李林甫，欲敕諸將克長安，發其冢，焚骨揚灰。泌曰：「陛下方定天下，柰何讎㉒死者！彼枯骨何知，徒示聖德㉓之不弘耳。且方今從賊者，皆陛下之讎也，若聞此舉，恐阻其自新之心。」上不悅，曰：「此賊昔日百方危朕。當是時，朕弗[2]保朝夕。朕之全，特天幸耳！林甫亦惡卿，但未及害卿而死耳，柰何矜㉔之！」對曰：「臣豈不知！所以言者[3]，上皇有天下向㉕五十年，太平娛樂，一朝失意，遠處巴蜀。南方地惡，上皇春秋高，聞陛下此敕，意必以為用韋妃之故㉖，內慚不懌㉗。萬一感憤成疾，是陛下以天下之大不能安君親。」言未畢，上流涕被面，降階，仰天拜曰：「朕不及此，是天使先生言之也！」遂抱泌頸泣不已。

它夕，上又謂泌曰：「良娣祖母，昭成太后㉘之妹也，上皇所念。朕欲使正位中宮以慰上皇心，何如？」對曰：「陛下在靈武，以羣臣望尺寸之功，故踐大位，非私己也。至於家事，宜待上皇之命，不過晚歲月之間耳。」上從之。

南詔乘亂陷越巂㉙會同軍㉚，據清溪關㉛，尋傳㉜、驃國㉝皆降之。

【章　旨】以上為第十四段，寫唐肅宗納諫，李泌盡言，君臣和諧，朝廷以安。

【注　釋】❶阿史那從禮　回紇九姓部落之一同羅部落的酋長。❷九姓府　即九姓回紇，因為仍舊帶著原置羈縻府號，故稱九姓府，時居河曲一帶。❸六胡州諸胡　六胡州，調露元年（西元六七九年）於靈、夏州南境置魯、麗、含、塞、依、契六州，安置突厥降人，稱其地為六胡州，稱其人為六州胡。開元中，六州胡人反叛，平定後移六州殘胡五萬餘口於河南、江淮等地安置。開元二十六年（西元七三八年）敕還散隸諸州的六州胡，於鹽、夏二州間置宥州安置。此所謂六胡州諸胡即指此。❹經略軍　此指朔方節度使所統轄的經略軍，治靈州城內（在今寧夏靈武西南）。❺天德軍　軍鎮名，治所永濟柵，隋代稱大同城，在今內蒙古烏拉特前旗東北。❻左武鋒使　節度使幕職。即左先鋒使。❼同羅　此指同羅之內遷散居於河曲者。❽豳王守禮　即邠王李守禮，章懷太子第二子。傳見《舊唐書》卷八十六、《新唐書》卷八十一。❾承寀　邠王李守禮之第三子，封敦煌郡王。與父同傳。❿城郭諸國　城郭，泛指城邑。西域各國都築城邑而居，故稱城郭諸國。城，內城。郭，外城。⓫彭原　郡名，治安定，在今甘肅寧縣。⓬戊辰　九月十七日。⓭丙子　九月二十五日。⓮順化　郡名，天寶元年（西元七四二年）慶州改名，治所在今甘肅慶陽。⓯靖　平定。⓰權　權且；暫且。⓱定省之禮　語出《禮記・曲禮上》：「凡為人子之禮，冬溫而夏清，昏定而晨省。」指子女早晚向親長問安。⓲意薄之　心裡輕視他。⓳閤　宮閤。也可釋為殿閤旁門。⓴鄉里之舊　同鄉的交情。鄉里，指同鄉人。舊，故舊；老交情。張良娣母家在新豐（今陝西臨潼東北新豐鎮），李泌家居京兆（今陝西西安西），都在京畿，故云鄉里。㉑從諫如流　指帝王隨時都能樂意聽取臣下的勸諫。㉒讎　仇敵；仇人。㉓聖德　天子的道德。㉔矜　憐憫；同情。㉕向　接近；將近。㉖用韋妃之故　由於韋妃的原因。用，由。韋妃，韋堅之妹，肅宗為忠王時，納為孺人，升儲君後，立為太子妃。李林甫興獄，韋堅連坐賜死，太子懼，表請與韋妃離婚，唐玄宗應允，妃便削髮為尼居禁中佛舍。㉗內慚不懌　內心有愧而不愉快。懌，高興。㉘昭成太后　即睿宗皇后竇氏（？—西元六九三年），玄宗生母。武則天長壽二年（西元六九三年）遇害。睿宗即位後謚曰昭成皇后。睿宗崩，玄宗追尊為皇太后。傳見《舊唐書》卷五十一、《新唐書》卷七十六。㉙越巂　郡名，天寶元年巂州改名，治所在今四川西昌。㉚會同軍　軍鎮名，在今四川會理。㉛清溪關　關名，唐時軍事要塞，在今四川漢源西南與甘洛交界處。㉜尋傳　即尋傳蠻。唐時西南少數民族之一，居住在今緬甸伊洛瓦底江上游地區。㉝驃國　古代緬甸驃人（後同化於緬人）在今伊洛瓦底江流域地帶所建的國家。唐時其所屬有二百九十八部落、九個城鎮和十八個屬國。

【校記】①專決於胸臆　原無此五字。據章鈺校，十二行本、乙十一行本、孔天胤本皆有此五字，張敦仁《通鑑刊本識誤》、張瑛《通鑑校勘記》同，今據補。②弗　據章鈺校，十二行本、乙十一行本皆作「不」。③所以言者　原無此四字。據章鈺校，十二行本、乙十一行本、孔天胤本皆有此四字，張敦仁《通鑑刊本識誤》、張瑛《通鑑校勘記》同，今據補。

【語　譯】阿史那從禮勸誘九姓府、六胡州各部落的胡人好幾萬人聚集在經略軍的北面，即將侵犯朔方，肅宗命令郭子儀前往天德軍發兵討伐。左武鋒使僕固懷恩的兒子僕固玢另外帶兵與敵人交戰，軍隊失敗了，投降了敵人，不久又逃了回來，僕固懷恩叱責他，把他殺了。將士顫慄，無不以一當百，於是打敗了同羅。

肅宗雖然使用朔方的部隊，還是想從外夷借兵來擴大軍隊的聲勢，任命豳王李守禮的兒子李承寀為敦煌王，讓他和僕固懷恩出使回紇借兵。又調發拔汗那的軍隊，並讓他轉告居處城郭的各個國家，答應給他們重賞，讓他們跟隨安西部隊前來援助。李泌勸告肅宗說：「暫時親臨彭原，等西北的部隊即將到達時，再進入扶風接應，那時候庸調賦稅也集中起來了，可以供給軍隊。」肅宗同意了。〇九月十七日戊辰，肅宗從靈武出發。〇宦官邊令誠又從叛賊中逃了回來，肅宗把他殺了。

九月二十五日丙子，肅宗到了順化。韋見素等從成都過來，奉上傳國寶璽玉冊，肅宗不肯接受，說：「近來中原戰亂沒有平定，我暫時統理百官，哪裡敢乘著危難之際，急忙承襲皇位！」群臣一再請求，肅宗不肯同意，把傳國寶璽玉冊放在另外一個殿裡，早晚禮拜，猶如定省之禮。肅宗因為韋見素本來依附楊國忠，心裡很鄙視他，向來聽到房琯大名，很謙虛地對待他。房琯進見肅宗談論時事，言辭情緒慷慨激昂，肅宗被他感動得臉色都變了，因此軍國大事大都和房琯商議。房琯也以天下為己任，盡其所知道的去做，對軍國事專斷於胸，其他的丞相都拱手避讓。

太上皇賞賜張良娣七寶鞍。李泌向肅宗進言說：「如今天下分崩離析，應當以勤儉節約為人表率，良娣不應該乘坐這樣的馬鞍。請撤掉馬鞍上的珍珠玉飾，交給府庫官吏，等著賞賜給有戰功的人。」張良娣在宮中說：「我與李泌是同鄉，何至於這樣呢！」肅宗說：「李先生是為國家著想啊。」命令馬上拿掉馬鞍上的珍珠玉飾。建寧王李倓在廊下哭泣，哭聲被肅宗聽到了。肅宗很驚奇，叫來詢問他，建寧王李倓回答說：「臣近來憂慮禍亂沒有平定，今天陛下從諫如流，過不了多久就會看到陛下迎接太上皇返回長安，所以喜極而悲。」張良娣從此厭惡李泌和李倓。

肅宗曾經在閒暇時和李泌談及李林甫，想要下敕書命令諸將收復長安後，挖開李林甫的墳墓，焚骨揚灰。

李泌說：「陛下正在平定天下，何必仇恨死去的人！李林甫的屍骨有什麼知覺，只能顯示聖上的恩德不夠寬宏。再說如今追隨叛賊的人，都是陛下的仇人，如果他們聽到陛下這一舉動，恐怕斷了他們悔過自新的想法。」肅宗聽了不大高興，說：「這個賊子過去千方百計危害朕。在那時，朕朝不保夕。朕之所以能夠保住性命，只是天幸啊！李林甫也嫉恨您，只是沒有來得及害您而死去了，為什麼要可憐他！」李泌回答說：「臣怎麼會不知道！我所以這麼說，是考慮到太上皇擁有天下將近五十年，太平娛樂，一朝違意，遠處巴蜀。南方環境惡劣，太上皇年事已高，聽到陛下這道敕書，心裡一定以為是為了韋妃的緣故，內心慚愧不悅。萬一感憤交集生了病，那就是陛下以天下之大，不能使君親平安。」李泌還沒有說完，肅宗淚流滿面，走下臺階，仰天跪拜說：「朕沒有想到這一點，這是上天讓先生您來說給我啊！」於是抱著李泌的脖子哭泣不已。

另一天晚上，肅宗又對李泌說：「張良娣的祖母，是昭成太后的妹妹，太上皇思念她。朕想立良娣為皇后，慰藉太上皇的心，您看如何？」李泌回答說：「陛下在靈武時，因為群臣希望建立細微功業，所以陛下才登上帝位，這不是陛下自私。至於家事，應該等待太上皇的命令，不過晚一年半載的時間。」肅宗同意了李泌的意見。

南詔乘亂攻陷越巂郡會同軍，佔據清溪關，尋傳、驃國都降附了南詔。

【研析】本卷研析三大事件。哥舒翰潼關敗北、馬嵬驛兵變、唐肅宗即位靈武。

哥舒翰潼關敗北。哥舒翰率領二十萬大軍扼守潼關，兵多於賊，又佔地利，安祿山求戰不得，後退無出路，河北史思明連遭敗績，被困於博陵。河北十餘郡兵民都起來殺了叛軍守將投降官軍，叛賊老巢范陽告急。郭子儀、李光弼上奏唐玄宗，請引兵北取范陽，覆賊巢穴，賊必內潰。郭子儀、李光弼還告誡唐玄宗，潼關大軍，一定要固守拖住叛軍，切不可輕出。叛軍前敵將領崔乾祐行反間計，收買唐玄宗左右的人。報告說崔乾祐在陝，兵不滿四千。唐玄宗遣中使督促哥舒翰出戰。哥舒翰上奏唐玄宗，分析敵我形勢，指出叛兵利在速戰，官軍利在據險，堅守以待勤王之兵四集，找尋戰機然後出擊，可以一戰成功。楊國忠害怕哥舒翰擁兵圖己，極力配合叛賊反間，奏稱趁賊無備，要哥舒翰抓緊戰機出擊，不要擁兵逗留自重。這時的楊國忠唯恐哥舒翰不敗，他煽起了唐玄宗的猜疑心，派出一批又一批宦官中使去督戰。六月初四日丙戌，哥舒翰不得已，撫膺慟哭，引兵出關。六月初七日，官軍進抵靈寶，叛軍在七十里的隘道上設伏，只出動了一萬人來會戰，隊伍零零落落，散如列星，誘使官軍中伏。哥舒翰傾巢出動。十八萬大軍進擊，王思禮將精兵五萬為前鋒，龐忠將十萬為後繼，哥舒翰自領三萬登河北岸高阜鳴鼓助威。唐軍輕敵，全軍進入了叛軍的伏擊圈，既遭叛軍乘高下木石，又遭叛軍火攻，一日之內全軍覆沒。哥舒翰守關不出，叛軍河北告急，安祿山進退維谷，正要退出洛陽，眼看大勢已去，恰在此時昏君唐玄宗聽了奸相楊國忠的奸計，逼迫哥舒翰出關，轉眼間官軍大敗，叛軍轉危為安，安祿山攻入長安，唐王朝岌岌可危。唐玄宗倉皇出逃，河北官軍也全線崩潰。叛軍聲勢大振，唐朝官多數降賊，包括唐玄宗女婿張垍。如果叛軍策略得當，不濫殺無辜，以誅楊國忠清君側為辭，進入長安乘勝追擊，也許唐王朝就此顛覆，或重創不起，亦未可知。安祿山殘虐濫殺，激起民眾反抗，進了長安就想稱帝，使得唐玄宗能夠入蜀，唐肅宗得以在靈武即位，勤王之師四集，雙方進入了相持。

哥舒翰輕出潼關，全軍敗沒，唐朝不滅，實乃天幸。唐軍遭重創，叛軍勢力大振，延長了安史叛亂的時間，使兩京以及河南、河北生靈遭塗炭。哥舒翰的慘敗，影響歷史至鉅。哥舒翰輕出是迫不得已，責任在唐玄宗和權奸楊國忠，但哥舒翰仍要承擔三個方面的次要責任。第一，大敵當前，不應當內訌。哥舒翰的責任是守潼關，拒叛軍，不應捲入清除楊國忠的鬥爭中。清除楊國忠是政治家的責任，哥舒翰應全力負責軍事。哥舒翰併灞上之兵，殺楊國忠親信杜乾運，把楊國忠逼上了絕路。困獸猶鬥，結果哥舒翰反被楊國忠咬了一口。第二，全軍敗沒，哥舒翰應負全責。首先，哥舒翰不應傾巢出動，以致潼關不守。其次，兩軍會戰通過隘道，沒有分批進擊，雖分為前後兩軍，仍然是全軍中伏，哥舒翰親自率領的後備隊伍，隔河在北，救援不了河南岸之軍，也望風崩潰。第三，哥舒翰明知敵人以逸待勞，設伏殲擊官軍，卻輕敵冒進。哥舒翰身經百戰，只因恃眾輕敵，再一次驗證了驕兵必敗的硬道理，即便是良將，犯規必遭擒，概莫能外。

馬嵬驛兵變。馬嵬驛在今陝西興平西南。唐玄宗蒙塵入蜀，行軍至馬嵬驛，將士飢渴，全軍憤怒。禁軍首領陳玄禮在唐隆政變中助唐玄宗李隆基誅韋皇后，已有犯上前科。安祿山以誅楊國忠已是千夫所指。朝野上下都認為是楊國忠驕縱召亂，切齒痛恨。舊帳未了，又添新帳。逼迫哥舒翰出關，是楊國忠禍國的新帳。乘輿出逃長安，楊國忠先是要燒毀庫藏，隨後要焚毀便橋，均被唐玄宗制止。唐玄宗說，把庫藏留給叛軍，使百姓少遭禍害。又說，小民百姓也要逃生，為什麼要焚毀便橋斷了百姓逃命的生路。相比之下，唐玄宗還有一絲顧念百姓，而楊國忠的可憎面目昭然若揭，不是東西。正當兵變憤怒之時，恰好來了一隊吐蕃士兵，他們見了楊國忠就大喊：「楊國忠是反賊。」不由分說就是一箭，射中了楊國忠坐騎的馬鞍。楊國忠逃到了馬嵬驛的西門，被亂兵砍殺。楊國忠的兒子戶部侍郎楊暄，以及貴妃姐韓國夫人、秦國夫人皆被亂兵所殺。至此，譁變兵士仍聚而不散，包圍驛館，直到楊貴妃縊死，陳玄禮見了屍首，這才免胄釋甲，頓首請罪。唐玄宗慰勞軍士，眾人齊呼萬歲，兵變風波得以平息。

唐玄宗昏聵，奸臣當道，是致亂之源。安祿山反叛，唐玄宗和楊國忠並未反省，吸取教訓，改弦易轍，昏君奸臣仍在誤國，才又召來潼關之敗。楊國忠不除，禍亂未已。馬嵬驛兵變，殺了楊國忠和楊貴妃，兩條禍根被拔除，平息了眾怒，唐玄宗得以安然入蜀。馬嵬驛兵變，唐玄宗的權威受到挑戰，為新生政權的誕生掃清了障礙。

唐肅宗即位靈武。楊國忠兼劍南節度使，很多部屬爪牙在蜀。唐玄宗入蜀即為楊國忠首先提出。馬嵬驛兵變，誅殺了楊國忠，將士不願入蜀，有的提出到河隴，有的提出北上靈武，或到太原。唐玄宗執意入蜀，關中父老遮道請留。唐玄宗留下太子李亨安慰父老。關中父老對太子說：「皇上不願留下，請殿下留下率領關中子弟東向破賊，取長安。」如果殿下與皇上都到了蜀地，中原百姓沒了主人，那就真成了賊人的天下。不多會，來了幾千群眾，不讓太子西行。太子李亨的第三子建寧王李倓多謀善斷，他與宦官李輔國一齊拉著太子的馬韁繩勸諫留下討賊。李倓說：「如果殿下與皇上都到了蜀地，那麼中原之地拱手與賊。違背眾心，一旦人心散失，不可復聚，那時再想回來就不可能了。不如留下收攏西北守邊之兵，召回河北郭子儀、李光弼的軍隊，并力討賊，克復兩京，平定四海，興復國家，再打掃乾淨宮禁，迎請皇上回京，那才是大孝。國家存亡在此，不可效法兒女溫情。」太子的長子廣平王李俶也勸太子留下。關中父老趁此圍住太子坐騎，不讓西行。唐玄宗在前面等了很久，不見太子跟來，打探消息後說：「這是天意。」唐玄宗留下二千兵馬護衛太子，又派人送東宮內人給太子。唐玄宗還傳話太子，要傳位給他。於是父子分道揚鑣，唐玄宗入蜀，太子北上靈武。七月，太子李亨即位於靈武，改元至德，是為肅宗，唐王朝進入了平定叛亂的新局面。

唐玄宗入蜀，留下太子收拾亂局，並傳話傳位給太子，這是唐玄宗晚年辦的最重要的一件大事。作為開元盛世的明君，唐玄宗並不糊塗。他揮淚賜死楊貴妃，從眾留下太子並傳位給太子，表現了他的罪己悔過，與天寶時期的昏暗之主決裂。司馬光批評唐玄宗，恃其承平，驕奢淫逸，「殫耳目之玩，窮聲技之巧」，豈知大盜在旁，竊其國柄，終於導致大禍，玄宗蒙塵，生民塗炭。司馬光的結論是「乃知人君崇華靡以示人，適足為大盜之招也」。唐玄宗昏而不暴，沒有大惡，司馬光的批評還是中肯的。

卷第二百十九

唐紀三十五

起柔兆涒灘（丙申　西元七五六年）十月，盡彊圉作噩（丁酉　西元七五七年）閏月，不滿一年。

【題　解】本卷記事起西元七五六年十月，迄西元七五七年閏八月，凡十一個月。當唐肅宗至德元載十月到至德二載閏八月。這是安史之亂戰鬥最激烈的一年，雙方投入兵力有百萬之眾，互有進退。黃河南北、淮水之北，廣大中原地區到處是戰火。官軍方面，兩攻長安不克，房琯兵敗於前，郭子儀兵敗於後。河北官軍全線敗退，史思明全據河北，兵進太原為李光弼所阻。河南魯炅守南陽，淮北張巡、許遠守睢陽，保護了淮南與江東的安寧。總形勢，叛軍氣盛，處於進攻，官軍稍弱，處於防守。唐室新政權肅宗已站穩腳跟，官軍局部反攻，郭子儀收復了河東。由於雙方都有內訌，影響戰局發展。官軍方面，張巡守睢陽，鄰郡官軍觀望不救。永王李璘欲割據江東，差點危及大局。此時官軍資給，唐王室財貨，都要仰賴江淮。叛軍內訌，安慶緒弒父自立，史思明稱雄河北。叛軍勢分，從此走入下坡路，官軍日益佔上風。

肅宗文明武德大聖大宣孝皇帝中之上

至德元載（丙申　西元七五六年）

冬，十月辛巳❶朔，日有食之，既❷。○上發順化❸，癸未❹，至彭原。

初，李林甫為相，諫官言事皆先白宰相，退則又以所言白之，御史言事須大夫同署❺。至是，敕盡革其弊❻，開諫諍之塗。又令宰相分直政事筆、承旨，旬日而更❼，懲❽林甫及楊國忠之專權故也。

第五琦見上於彭原，請以江、淮租庸市輕貨，泝江、漢❾而上至洋川❿，令漢中王瑀⓫陸運至扶風以助軍，上從之。尋加琦山南等五道度支使⓬。琦作榷鹽法⓭，用以饒。

房琯喜賓客，好談論，多引拔⓮知名之士，而輕鄙庸俗⓯，人多怨之。北海太守賀蘭進明詣行在，上命琯以為南海太守，兼御史大夫，充嶺南節度使⓰，琯以為攝⓱御史大夫。進明入謝，上怪之。進明因言與琯有隙，且曰：「晉用王衍為三公，祖尚浮虛，致中原板蕩⓲。今房琯專為迂闊⓳大言，以立虛名，所引用皆浮華⓴之黨，真王衍之比也！陛下用為宰相，恐非社稷之福。且琯在南朝㉑佐上皇，使陛下與諸王分領諸道節制㉒，仍置陛下於沙塞空虛之地，又布私黨於諸道，使統大權。其意以為上皇一子得天下，則己不失富貴，此豈忠臣所為乎！」

上由是疏之。

房琯上疏，請自將兵復兩京。上許之，加持節、招討西京兼防禦蒲潼㉓[1]兩關兵馬・節度等使。琯請自選參佐，以御史中丞鄧景山為副，戶部侍郎李揖為行軍司馬，給事中劉秩為參謀。既行，又令兵部尚書王思禮副之。琯悉以戎務委李揖、劉秩。二人皆書生，不閑㉔軍旅。琯謂人曰：「賊曳落河雖多，安能敵我劉秩！」琯分為三軍：使裨將楊希文將南軍，自宜壽㉕入；劉貴哲將中軍，自武功入；李光進㉖將北軍，自奉天入。光進，光弼之弟也。

以賀蘭進明為河南節度使。

穎王璬之至成都也，崔圓迎謁，拜於馬首，璬不之止，圓恨之。璬視事兩月，吏民安之。圓奏罷璬，使歸內宅，以武部侍郎李峘㉗為劍南節度使，代之。峘，峴之兄也。上皇尋命璬與陳王珪㉘詣上宣慰。至是，見上於彭原。延王玢㉙從上皇入蜀，追車駕不及。上皇怒，欲誅之。漢中王瑀救之，乃命玢亦詣上所。

甲申㉚，令狐潮、王福德復將步騎萬餘攻雍丘。張巡出擊，大破之，斬首數千級，賊遁去。

房琯以中軍、北軍為前鋒，庚子㉛，至便橋。辛丑㉜，二軍遇賊將安守忠於咸陽之陳濤斜㉝。琯效古法，用車戰，以牛車二千乘，馬步夾之。賊順風鼓譟，牛皆震駭。賊縱火焚之，人畜大亂，官軍死傷者四萬餘人，存者數千而已。癸卯㉞，琯自以南軍戰，又敗，楊希文、劉貴哲皆降於賊。上聞琯敗，大怒。李泌為之營救，上乃宥之，待琯如初。

【章　旨】以上為第一段，寫房琯兵敗長安。

【注　釋】❶辛巳　十月初一日。❷既　蝕盡；日全蝕。❸順化　郡名，郡治順化縣，在今甘肅慶陽。❹癸未　十月初三。❺御史言事須大夫同署　據《唐六典・御史臺》載，御史彈劾百官，須先將彈奏之事告於大夫，小事署名同意，大事則親自寫表章彈奏。又載，凡是事應由侍御史彈奏的，要把事實寫成奏狀，由大夫、中丞署名同意而後上奏。大夫，即御史大夫，御史臺長官，正三品。❻至是二句　《通典・職官》諫議大夫條自注云：「至德元年九月制，諫議大夫議事，自今以後，不須令宰相先知。」《唐會要・彈劾》載：「至德元年九月十日詔，御史彈事，自今以後，不須取大夫同置〔署〕。」「至是」云云，時在九月。❼宰相分直政事筆承旨二句　分直政事筆，即宰相輪流擔任「執政事筆」。唐代宰相由數人組成，軍國政事多在政事堂參議。在政事堂議政的諸宰相中，有一位秉筆宰相，具有首席宰相的身分，主持政事堂會議，處理中書門下（政事堂）日常事務。承旨，承接詔旨，這是秉筆宰相一項重要任務，即皇帝有事要宰相辦理的，由秉筆宰相去見皇帝領受旨意，帶回政事堂共同商議辦理。唐代宰相執政事筆是輪換擔任的，但在開元天寶時，李林甫、楊國忠專權，長期把持政事筆。肅宗為了糾正這種情況，便明確規定宰相輪流執政事筆、承旨，十天一換。❽懲　懲戒，以過去的過失作為教訓。❾泝江漢　指溯長江、漢水而上。泝，逆水而上。江，長江。漢，漢水。❿洋川　郡名，天寶元年（西元七四二年）洋州改名，治所在今陝西西鄉。⓫漢中王瑀　即隴西公李瑀，肅宗至德元載（西元七五六年）七月封漢中王。⓬度支使　使職名，為取代並擴大戶部度支司職權而專門設置來執掌中央財政大權的差遣官。由開元天寶時判、知度支演變而來，至德元載第五琦任山南等五道度支使是此職的首次設置。⓭榷鹽法　榷鹽法是官府實行食鹽專賣的政策措施，唐代從第五琦開始推行。其辦法是：由官府派人在山海井灶產鹽之地收購其鹽，然後加價出賣；原來的亭戶（煮鹽戶）以及願意從事煮鹽的浮人，都隸屬鹽鐵使，免雜傜，嚴禁盜煮和私市。榷，專利；專賣。⓮引拔　推薦、提拔。⓯輕鄙庸俗　指瞧不起平常之輩。輕鄙，輕視；瞧不起。庸俗，平凡鄙俗。⓰以為南海太守三句　南海，郡名，天寶元年（西元七四二年）廣州改名，治所番禺，在今廣東廣州。此時天下兵起，出鎮方面的長官必兼帶臺省長官銜，甚至方鎮幕僚亦帶朝官銜。故賀蘭進明為南海太守，充嶺南節度使，帶御史大夫銜。⓱攝　凡官銜言攝，乃是敕授而非正命，有權代的意思，與並任的「兼」官，名分有所不同。⓲晉用王衍為三公三句　本句意為西晉任用王衍為宰輔，浮華不實，故弄玄虛，導致中原大亂。王衍（西元二五六—三一一年），字夷甫，琅邪臨沂（今山東臨沂北）人，西晉士族，官至尚書令、太尉。衍有盛才，常自比子貢，名傾一時，又善玄言，以談老、莊為事，義理若有不安，隨即更改，世號「口中雌黃」。居宰輔之位，周旋於諸王之間，唯求自全之計。東海王司馬越死，眾推衍為元帥，石勒破晉軍時被俘，臨殺時王衍悔悟道：吾曹「若不祖尚浮虛，戮力以匡天下，猶可不至今日。」傳見《晉書》卷四十三。三公，晉以太尉、司徒、司空為三公。輔助國君，「論道經邦」，為地位最高的官員。祖尚，崇奉；提倡。浮虛，浮華玄虛。板蕩，《詩經・大雅》有〈板〉、〈蕩〉二篇，譏刺周厲王無道，敗壞國家；後遂以板蕩指政局變亂或社會動盪不安。⓳迂闊　指不切實情。⓴浮華　輕浮不實。㉑南朝　指玄宗在成都的朝廷。玄宗避處成都（今四川成都），在關隴之南，故稱。㉒使陛下與諸王分領諸道節制　指玄宗天寶十五載（西元七五六年），亦即肅宗至德元載七月丁卯，在蜀中下制：以太子亨充天下兵馬元帥，領朔方、河東、河北、平盧節度都使，南取長安、洛陽；永王璘、盛王琦、豐王珙等充諸路節度都使。見本書上卷肅宗至德元載七月丁卯條。㉓蒲潼　皆關名，蒲關在今陝西大荔東黃河西岸，潼關在今陝西潼關縣北。㉔閑　熟習。㉕宜壽　縣名，天寶元年盩厔縣改名，縣治在今陝西周至。㉖李光進　兵部尚書、中書門下平章事李光弼之弟。官至太子太保、兼御史大夫、渭北節度使，先後封范陽郡公、武威郡王、涼國公。傳見《新唐書》卷一百三十六。㉗李峘　（？—西元七六三年）唐太宗第三子吳王恪之孫，封趙國公。傳見《舊唐書》卷一百十二、《新唐書》卷八十。㉘陳王珪　唐玄宗第二十五子，初名渙，封陳王。傳見《舊唐書》卷一百七、《新唐書》卷八十二。㉙延王玢　（？—西元七八四年）唐玄宗第二十子，初名洄，封延王。傳見《舊唐書》卷一百七、《新唐書》卷八十二。㉚甲申　十月初四日。㉛庚子　十月二十日。㉜辛丑　十月二十一日。㉝陳濤斜　或作「陳陶斜」，又名咸陽斜。地名，在今陝西咸陽東。㉞癸卯　十月二十三日。

【校記】[1]潼　原誤作「漳」。據章鈺校，十二行本、乙十一行本、孔天胤本皆作「潼」，張瑛《通鑑校勘記》同，今據校正。

【語　譯】肅宗文明武德大聖大宣孝皇帝中之上

至德元載（丙申　西元七五六年）

冬，十月初一日辛巳，日全蝕。○肅宗從順化出發，初三日癸未，到達彭原。

當初，李林甫做宰相，諫官奏言事情都要先告訴宰相，退朝後又要把在朝堂所說的內容告訴宰相，御史進言事情需要和大夫一起署名。到這時，肅宗下敕書把這些弊端全都革除，打開進諫的通道。又命令宰相在政事堂輪流執政事筆，接受皇帝的旨意，每十天一換，這些安排都是鑑於當初李林甫和楊國忠專權的緣故。

第五琦在彭原進見肅宗，請求用江、淮的租庸購買輕貨，沿長江、漢水而上，運到洋川，再令漢中王李瑀從陸路運到扶風以助軍用，肅宗聽從了他的意見。不久加任第五琦為山南等五道度支使。第五琦制定了榷鹽法，國家財用由此富足起來。

房琯喜歡結交朋友，愛好高談闊論，推薦提拔了很多知名人士，而瞧不起那些平凡庸俗之輩，不少人都怨恨他。北海太守賀蘭進明來到天子巡行所駐紮的地方，肅宗命令房琯任用他為南海太守，兼御史大夫，充嶺南節度使，而房琯卻任他為代理御史大夫。賀蘭進明入朝謝恩，肅宗感到奇怪。賀蘭進明乘機說自己與房琯有嫌隙，並且說：「晉朝任用王衍為三公，崇尚浮華虛名，導致中原地區動亂。現在房琯專門講一些不切實際的大話來建立虛名，所推薦任用的都是一些輕浮不實之輩，真是王衍同類之人！陛下任用他為宰相，恐怕不是國家的福氣。再說房琯在南方朝廷輔佐太上皇，讓陛下與諸王分別統領各道節制，而把陛下安排在沙漠邊塞人煙稀少的地方，又在各道布置私人黨羽，讓他們掌管大權。他的想法是太上皇的任何一個兒子得到天下，他自己都不會失去富貴，這難道是忠臣所應該做的嗎！」肅宗由此疏遠了房琯。

房琯上疏，請求親自率兵收復長安、洛陽這兩處京都。肅宗同意了，加任他為持節、招討西京兼防禦蒲潼兩關兵馬・節度等使。房琯請求自己挑選參佐人員，任命御史中丞鄧景山為副將，戶部侍郎李揖為行軍司馬，給事中劉秩為參謀。出發後，又命令兵部尚書王思禮做他的副手。房琯把軍務都委託給了李揖、劉秩。這兩個人都是書生，不熟悉軍旅之事。房琯對別人說：「賊兵精銳曳落河雖多，怎能敵得過我軍的劉秩！」房琯把部隊分為三軍：派裨將楊希文率領南軍，從宜壽進攻；派劉貴哲率領中軍，從武功進攻；派李光進率領北軍，從奉天進攻。李光進，是李光弼的弟弟。

任命賀蘭進明為河南節度使。

潁王李璬到成都時，崔圓迎候謁見，在馬前下拜行禮，李璬卻沒有停步，崔圓很恨他。李璬上任兩個月，官吏百姓都很安定。崔圓奏請罷免李璬，讓他回到行宮內宅去，任命武部侍郎李峘為劍南節度使，代替李璬。李峘，是李峴的哥哥。太上皇不久又命李璬與陳王李珪到肅宗那裡去慰問。到這時，在彭原見到了肅宗。延王李玢跟隨太上皇入蜀，一路追趕太上皇的車駕卻沒能趕上。太上皇發怒，想要殺掉他。漢中王李瑀救了他，於是命李玢也到肅宗那裡去。

十月初四日甲申，令狐潮、王福德又率領步兵騎兵一萬多人進攻雍丘。張巡出城迎擊，大敗叛軍，斬殺數千人，賊兵逃走。

房琯以中軍、北軍為前鋒，十月二十日庚子，到達便橋。二十一日辛丑，中、北二軍在咸陽的陳濤斜遭遇賊將安守忠。房琯模仿古代戰法，採用車戰，用了牛車兩千輛，讓騎兵、步兵夾雜在周圍。賊兵順風擊鼓喊叫，牛都受到驚嚇。賊兵又放火焚燒，人畜大亂，官軍死傷四萬多人，活下來的不過幾千人。二十三日癸卯，房琯親自率南軍出戰，又被打敗，楊希文、劉貴哲都投降了叛賊。肅宗聽說房琯失敗，非常憤怒。李泌為他出面營救，肅宗這才寬赦了他，對待房琯像過去一樣。

以薛景仙為關內節度副使。

敦煌王承寀至回紇牙帳❶，回紇可汗以女妻之，遣其貴臣與承寀及僕固懷恩偕[1]來，見上於彭原。上厚禮其使者而歸之，賜回紇女號毗伽公主。

尹子奇圍河間，四十餘日不下，史思明引兵會之。顏真卿遣其將和琳將萬二千人救河間，思明逆擊，擒之，遂陷河間，執李奐送洛陽，殺之。又陷景城，太守李暐赴湛水死❷。思明使兩騎齎尺書❸以招樂安❹，樂安即時舉郡降。又使其將康沒野波將先鋒攻平原。兵未至，顏真卿知力不敵，壬寅❺，棄郡渡河南走。思明即以平原兵攻清河❻、博平❼，皆陷之。思明引兵圍烏承恩於信都，承恩以城[2]降，親導思明入城，交兵馬、倉庫，馬三千匹，兵萬人。思明送承恩詣洛陽，祿山復其官爵。

饒陽裨將束鹿❽張興，力舉千鈞，性復明辨❾。賊攻饒陽，彌年❿不能下。及諸郡皆陷，思明并力圍之，外救俱絕，太守李系窘迫，赴火死，城遂陷。思明擒興，立於馬前，謂曰：「將軍真壯士，能與我共富貴乎？」興曰：「興，唐之忠臣，固無降理。今數刻之人耳，願一言而死。」思明曰：「試言之。」興曰：「主上待祿山，恩如父子，羣臣莫及，不知報德，乃興兵指闕⓫，塗炭生人。大丈夫不能翦除凶逆，乃北面為之臣乎！僕有短策，足下能聽之乎？足下所以從賊，求富貴耳，譬如燕巢于幕⓬，豈能久安！何如乘間取賊，轉禍為福，長享富貴，不亦美乎！」思明怒，命張於木上，鋸殺之，詈⑬不絕口，以至於死。

賊每破一城，城中人[3]衣服、財賄⑭、婦人皆為所掠。男子壯者使之負擔，羸⑮病老幼皆以刀槊戲殺之。祿山初以卒三千人授思明，使定河北。至是，河北皆下之，郡置防兵三千，雜以胡兵鎮之。思明還博陵。

【章　旨】以上為第二段，寫賊將史思明攻陷河北郡縣，官軍全線敗沒。

【注　釋】❶牙帳　軍帳。將帥樹牙旗於帳前，故稱牙帳。❷赴湛水死　投入湛水自殺。湛水，古名湛水者有二，一源出今河南寶豐，至襄城縣境入北汝河；一在今河南濟源西南。二水均在河南，與河北景城郡（治所在今滄州）相距甚遠，李暐似不可能遠走河南而赴水死。《舊唐書・史思明傳》作「投河而死」，當是。此「河」應是指景城郡一帶的江河。❸尺書　信札；書信。❹樂安　郡名，天寶元年（西元七四二年）棣州改名，治所在今山東惠民南。❺壬寅　十月二十二日。❻清河　郡名，天寶元年貝州改名，治所在今河北南宮東南。❼博平　郡名，天寶元年博州改名，治所在今山東聊城東北。❽東鹿　縣名，本饒陽郡鹿城縣，天寶十五載改名東鹿縣，縣治在今河北辛集東北。❾性復明辨　意謂思想上又能明辨是非。性，性識，思想意識。明辨，清楚地辨別是非。❿彌年　經年；一年。⓫指闕　指向宮闕，即奪取中央政權。⓬燕巢于幕　語出《左傳》襄公二十九年吳季札說：「夫子之在此也，猶燕之巢於幕上。」燕子在帳幕上築巢，極其危險。⓭詈　罵。⓮財賄　財貨；財物。⓯羸　瘦弱。

【校　記】[1]偕　原作「皆」。據章鈺校，十二行本、乙十一行本皆作「偕」，今從改。[2]以城　原無此二字。據章鈺校，十二行本、乙十一行本、孔天胤本皆有此二字，張瑛《通鑑校勘記》同，今據補。[3]人　原無此字。據章鈺校，十二行本、乙十一行本、孔天胤本皆有此字，今據補。

【語　譯】任命薛景仙為關內節度副使。

敦煌王李承寀來到回紇牙帳，回紇可汗把女兒嫁給他為妻，並派回紇的親貴大臣與李承寀和僕固懷恩一起前來，在彭原拜見肅宗。肅宗對回紇使者禮遇優厚並送他回去，賜封回紇可汗女兒名號為毗伽公主。

尹子奇圍攻河間，四十多天攻不下來，史思明帶兵跟他會合。顏真卿派其部將和琳率一萬二千人去救河間，史思明迎擊，活捉和琳，於是攻克河間，捉住李奐送到洛陽，殺掉了他。又攻克景城，太守李暐投湛水自盡。史思明派兩名騎兵帶著書信去招降樂安郡，樂安郡馬上全郡投降。史思明又派其部將康沒野波率先鋒部隊去攻打平原郡。兵還沒到，顏真卿自知兵力不敵，十月二十二日壬寅，放棄平原郡渡黃河南撤。史思明就用攻打平原郡的兵馬去攻打清河、博平，都攻了下來。史思明又帶兵在信都圍住烏承恩，烏承恩舉城投降，親自帶史思明入城，交出兵馬、倉庫，共計有馬三千匹，士兵萬人。史思明送烏承恩到洛陽，安祿山恢復了他的官職、爵位。

饒陽裨將束鹿人張興，有千鈞之力，而且能明辨是非。賊兵進攻饒陽，一年了也沒能攻下來。等到各郡都被攻克後，史思明集中兵力圍攻饒陽，饒陽的外援全都斷絕，太守李系困窘已極，投火自盡，饒陽城於是被攻克。史思明捉住張興，站在馬前，對他說：「將軍真是位壯士，能和我共享富貴嗎？」張興說：「我張興，是唐朝的忠臣，原本就沒有投降的道理。現在我的性命只在數刻之間，希望能讓我說完這一番話再死。」史思明說：「你說說看。」張興說：「主上對待安祿山，恩同父子，群臣沒有一個及得上的，安祿山不知道報答恩德，反而興兵直指朝廷，使生靈塗炭。作為大丈夫不能消滅元兇逆賊，難道還能面朝北向他稱臣嗎！我有一個不成熟的建議，足下能聽一聽嗎？足下所以跟隨叛賊，不過是為了求得富貴，這好比燕子築巢在帳幕上，怎麼能長久安穩呢！何如乘機攻取叛賊，轉禍為福，長享富貴，這不很好嗎！」史思明大怒，下令把張興綁在木頭上，用鋸子鋸死他，張興罵不絕口，一直到死。

賊軍每攻破一城，城中人的衣服、財物、婦女都遭搶奪。男人強壯的就讓他們背扛肩挑從事運輸，老弱病幼的則都被叛軍用刀矛之類像玩遊戲一樣殺了。安祿山當初把士卒三千人交給史思明，讓他平定河北。到這時，河北各郡都被攻下了，每郡布置防守部隊三千人，並混雜胡兵來鎮守。史思明回到博陵。

尹子奇將五千騎度河，略北海，欲南取江、淮。會回紇可汗遣其臣葛邏支將兵入援，先以二千騎奄至范陽城下。子奇聞之，遽引兵歸。

十一月[1]戊午❶，回紇至帶汗谷，與郭子儀軍合。辛酉❷，與同羅及叛胡戰於榆林河北❸，大破之，斬首三萬，捕虜一萬，河曲皆平。子儀還軍洛交❹。

上命崔渙宣慰江南，兼知選舉。

令狐潮帥眾萬餘營雍丘城北，張巡邀擊，大破之，賊遂走。

永王璘幼失母，為上所鞠養❺，常抱之以眠，從上皇入蜀。上皇命諸子分總天下節制，諫議大夫❻高適諫，以為不可，上皇不聽。璘領四道節度都使❼，鎮江陵。時江、淮租賦山積於江陵，璘召募勇士數萬人，日費巨萬。璘生長深宮，不更❽人事。子襄城王瑒❾有勇力，好兵，有薛鏐等為之謀主，以為今天下大亂，惟南方完富，璘握四道兵，封疆數千里，宜據金陵❿，保有江表⓫，如東晉故事⓬。上聞之，敕璘歸覲⓭于蜀，璘不從。江陵長史李峴辭疾赴行在，上召高適與之謀。適陳江東利害，且言璘必敗之狀。十二月，置淮南節度使，領廣陵等十二郡⓮，以適為之，置淮南西道節度使⓯，領汝南等五郡⓰，以來瑱為之，使與江東節度使⓱韋陟共圖璘。

安祿山遣兵攻潁川⑱。城中兵少，無蓄積，太守薛愿、長史龐堅悉力拒守，繞城百里廬舍林木皆盡。期年，救兵不至，祿山使阿史那承慶益兵攻之，晝夜死鬬十五日，城陷，執愿、堅送洛陽。祿山縛於洛濱⑲冰[2]上，凍殺之。

上問李泌曰：「今敵彊如此，何時可定？」對曰：「臣觀賊所獲子女金帛，皆輸之范陽，此豈有雄據四海之志邪！今獨虜將或為之用，中國之人惟高尚等數人，自餘皆脅從耳。以臣料之，不過二年，天下無寇矣。」上曰：「何故？」對曰：「賊之驍將，不過史思明、安守忠、田乾真、張忠志、阿史那承慶等數人而已。今若令李光弼自太原出井陘，郭子儀自馮翊入河東，則思明、忠志不敢離范陽、常山，守忠、乾真不敢離長安，是以兩軍縶其四將也。從祿山者，獨承慶耳。願敕子儀勿取華陰，使兩京之道常通。陛下以所徵之兵軍於扶風，與子儀、光弼互出擊之。彼救首則擊其尾，救尾則擊其首，使賊往來數千里，疲於奔命。我常以逸待勞，賊至則避其鋒，去則乘其弊，不攻城，不遏路。來春復命建寧為范陽節度大使，並塞⑳北出，與光弼南北掎角以取范陽，覆其巢穴。賊退則無所歸，留則不獲安，然後大軍四合而攻之，必成擒矣。」上悅。

時張良娣與李輔國相表裏，皆惡泌。建寧王倓謂泌曰：「先生舉倓於上，得展臣子之效，無以報德，請為先生除害。」泌曰：「何也？」倓以良娣為言。泌曰：「此非人子所言。願王姑置之，勿以為先。」倓不從。

甲辰㉑，永王璘擅引舟師[3]東巡，沿江而下，軍容甚盛，然猶未露割據之謀。吳郡㉒太守兼江南東路采訪使李希言平牒㉓璘，詰其擅引兵東下之意。璘怒，分兵遣其將渾惟明襲希言於吳郡，季廣琛襲廣陵長史、淮南采訪使李成式於廣陵。璘進至當塗㉔，希言遣其將元景曜及丹徒㉕太守閻敬之將兵拒之，李成式亦遣其將李承慶拒之。璘擊斬敬之以徇，景曜、承慶皆降於璘，江、淮大震。高適與來瑱、韋陟會於安陸，結盟誓眾以討之。

于闐王勝㉖聞安祿山反，命其弟曜攝國事，自將兵五千入援。上嘉之，拜特進，兼殿中監。

令狐潮、李庭望攻雍丘，數月不下，乃置杞州㉗，築城於雍丘之北以絕其糧援。賊常數萬人，而張巡眾纔千餘，每戰輒克。河南節度使虢王巨屯彭城㉘，假㉙巡先鋒使。是月，魯㉚、東平㉛、濟陰陷于賊。賊將楊朝宗帥馬步二萬將襲寧陵㉜，斷巡後。巡遂拔雍丘，東守寧陵以待之，始與睢陽太守許遠相見。是日，楊朝宗至寧陵城西北，巡、遠與戰，晝夜數十合，大破之，斬首萬餘級，流尸塞汴而下，賊收兵夜遁。敕以巡為河南節度副使。巡以將士有功，遣使詣虢王巨請空名告身㉝及賜物。巨唯與折衝、果毅㉞告身三十通㉟，不與賜物。巡移書責巨，巨竟不應。

是歲，置北海節度使㊱，領北海等四郡㊲；上黨節度使㊳，領上黨等三郡㊴；興平節度使㊵，領上洛等四郡㊶。

吐蕃陷威戎、神威、定戎、宣威、制勝、金天、天成等軍㊷，石堡城、百谷城㊸、雕窠城㊹。

初，林邑王范真龍㊺為其臣摩訶漫多伽獨所殺，盡滅范氏。國人立其王頭黎之女為王。女不能治國，更立頭黎之姑子諸葛地，謂之環王，妻以女王。

【章旨】以上為第三段，寫永王李璘圖謀割據江淮，河南張巡苦戰雍丘。

【注釋】❶戊午　十一月初八日。❷辛酉　十一月十一日。❸榆林河北　榆林，郡名，天寶元年（西元七四二年）勝州改名，治所在今內蒙古準噶爾旗東北十二連城。河北，指流經榆林郡境內的黃河之北。❹洛交　郡名，天寶元年鄜州改名，治所在今陝西富縣。❺鞠養　撫養；養育。❻諫議大夫　官名，門下省屬官，掌侍從贊相，規諫諷諭。❼四道節度都使　都制山南東道、嶺南、黔中、江南西道的節度使。❽更　經歷。❾襄城王瑒　瑒，《舊唐書・永王璘傳》作「偒」。永王李璘子，至德元載（西元七五六年）父子舉兵謀反，兵敗而死。傳見《舊唐書》卷一百七。❿金陵　唐時或指今江蘇鎮江。此當指今江蘇南京。⓫江表　古地域名，指長江以南之地。⓬如東晉故事　指像東晉王朝一樣，建立割據江南的政權。東晉（西元三一七—四二〇年），西晉末年中原大亂之際，王室成員司馬睿（晉元帝）在建康（今江蘇南京）建立的偏居江南的政權。故事，先前事例。⓭歸覲　回去朝見帝王。覲，朝見帝王。⓮領廣陵等十二郡　十二郡為揚州廣陵郡、楚州山陽郡、滁州全椒郡、和州歷陽郡、壽州淮南郡、廬州合肥郡、舒州同安郡、蘄州蘄春郡、安州安陸郡、黃州齊安郡、申州義陽郡、沔州漢陽郡。《新唐書・方鎮五》有光州弋陽郡共領十三郡，但云光州尋隸淮西，故實為十二郡。⑮淮南西道節度使　使職名，為淮南西道差遣長官。至德元載（西元七五六年）始置，治所初在潁川（許州），其後屢有變遷，大曆（西元七六六—七七九年）以後治所在蔡州（今河南汝南縣）。⑯汝南等五郡　汝南，郡名，天寶元年蔡州改名，治所在今河南汝南縣。五郡，據《新唐書・方鎮二》是：蔡州汝南郡、鄭州滎陽郡、許州潁川郡、光州弋陽郡、申州義陽郡。但此時申州義陽郡已屬淮南節度使。已難詳考其究竟。⑰江東節度使　使職名，至德元載（西元七五六年）永王璘起兵，肅宗令尚未到郡的吳郡太守兼江南東道采訪使韋陟與淮南節度使高適、淮西節度使來瑱共同圖謀討璘，遂授韋陟江東節度使職名。此後未見再有授置。⑱潁川　郡名，天寶元年（西元七四二年）許州改名，治所在今河南許昌。⑲洛濱　洛水水邊。洛水，即今河南洛河，發源於陝西秦嶺山脈，流經河南偃師，匯合伊河，於鞏縣入黃河。⑳塞　指長城。㉑甲辰　十二月二十五日。㉒吳郡　郡名，天寶元年蘇州改名，治所在今江蘇蘇州。㉓平牒　地位等同官員之間的往來文書。㉔當塗　縣名，縣治在今安徽當塗東南。㉕丹徒　胡三省注：「唐未嘗以丹徒名郡。『徒』當作『楊』。」丹楊，或作「丹陽」，郡名，治丹徒，在今江蘇鎮江。㉖于闐王勝　于闐，西域國名，又作于窴，在今新疆和田一帶。唐於其地置毗沙都督府，屬安西都護府。其王姓尉遲氏。勝，即尉遲勝，于闐國王，天寶年間朝唐，玄宗妻以宗室女，授右威衛將軍、毗沙府都督。後以平安祿山之功，官至驃騎大將軍、武都王，加開府儀同三司。德宗時官至御史中丞、右威衛大將軍。傳見《舊唐書》卷一百四十四、《新唐書》卷一百十。㉗杞州　唐初曾在雍丘縣（今河南杞縣）置杞州，貞觀元年（西元六二七年）廢。安史軍復置，用以逼降雍丘守軍。㉘彭城　郡名，天寶元年徐州改名，治所在今江蘇徐州。㉙假　此指非正式任命。㉚魯　郡名，天寶元年兗州改名，治所在今山東曲阜。㉛東平　郡名，天寶元年鄆州改名，治所在今山東東平東。㉜寧陵　縣名，縣治在今河南寧陵南。㉝空名告身　即空白委任狀，可隨時填寫人名。告身，委任官職的文憑。㉞果毅　即果毅都尉，軍官名，本為軍府折衝都尉副官。府兵制衰微以後，成為邊帥請置的徒具其名的低級軍官，往往一制同授千人。㉟通　量詞，用於文書，表示件、份。㊱北海節度使　使職名，為北海等郡差遣長官，至德元載置，治所在今山東昌樂西。㊲北海等四郡　指青州北海郡、密州高密郡、登州東牟郡、萊州東萊郡。㊳上黨節度使　使職名，為上黨等郡差遣長官，至德元載置，治所在今山西長治西。㊴上黨等三郡　指潞州上黨郡、澤州長平郡、沁州陽城郡。㊵興平節度使　使職名，為上洛等郡差遣長官，至德元載置，治上洛，今陝西商州。㊶上洛等四郡　上洛，郡名，天寶元年商州改名，治所在今陝西商州。四郡，據《新唐書・方鎮四》是：商州上洛郡、金州安康郡、均州武當郡、房州房陵郡。

㊷威戎神威定戎句　「威戎」等皆為軍鎮名，威戎軍在今青海門源，神威軍在今青海海晏，定戎軍在今青海西寧西南，宣威軍在今青海西寧北，制勝軍不詳所在，金天軍在今青海貴德西，天成軍在今甘肅臨夏西。㊸百谷城　城名，在今青海貴德西南。㊹雕窠城　城名，在今青海同仁。㊺林邑王范真龍　林邑，國名，故地在今越南中南部。西元一九二年建國，中國史籍初稱之為林邑，唐至德以後改稱環王。范真龍（？—西元六四五年），又稱范鎮龍，林邑王頭黎之子，貞觀十九年（西元六四五年）為其臣所殺，其宗族並誅滅。范氏自晉以來稱王於林邑，至此被滅。

【校　記】1十一月　原作「十二月」。據章鈺校，十二行本、乙十一行本皆作「十一月」，張敦仁《通鑑刊本識誤》同，今據改。2冰　據章鈺校，十二行本、乙十一行本皆作「木」，熊羅宿《胡刻資治通鑑校字記》同。3舟師　原作「兵」。據章鈺校，十二行本、乙十一行本、孔天胤本皆作「舟師」，今從改。

【語　譯】尹子奇率五千騎兵渡過黃河，進犯北海，想要南下攻取江、淮一帶。適逢回紇可汗派他的大臣葛邏支率兵前來救援，並先派了兩千騎兵突然抵達范陽城下。尹子奇聽到此事後，匆忙帶兵趕了回去。

十一月初八日戊午，回紇軍到帶汗谷，與郭子儀軍會合。十一日辛酉，與同羅和反叛的胡兵在榆林郡黃河以北地區交戰，大敗賊軍，殺死了三萬，俘虜了一萬，河曲一帶都被平定。郭子儀回軍來到洛交。

肅宗命令崔渙到江南宣諭撫慰，並兼管選舉事務。

令狐潮率部眾一萬多人在雍丘城北紮營，張巡攔截攻擊，把這些人打得大敗，賊兵就逃走了。

永王李璘幼年就失去母親，由肅宗撫養，常常抱著他睡覺，他跟隨太上皇入蜀。太上皇命令各個兒子分別統領天下的節度都使，諫議大夫高適進諫，認為這樣做不行，太上皇不聽。李璘兼領四道節度都使，鎮守江陵。當時江、淮地區的租賦在江陵堆積如山，李璘召募了勇士幾萬人，每日花費巨大。李璘生長在深宮，沒有經歷過人世間的各種事情。他的兒子襄城王李瑒勇武有力，喜好軍事，有薛鏐等人替他做出謀劃策的人，認為如今天下大亂，只有南方完整富足，而李璘掌握著四道的兵馬，分封的疆土有好幾千里，應該佔據金陵，保有江東，像先前的東晉王朝那樣。肅宗聽說後，敕令李璘回蜀中朝見太上皇，李璘沒有聽從。江陵長史李峴藉口有病辭別李璘奔赴肅宗所在之地，肅宗召高適和他商議。高適陳述了江東的形勢，並且分析了李璘必敗的情況。十二月，設置淮南節度使，統領廣陵等十二郡，任命高適擔任這一職務，設置淮南西道節度使，統領汝南等五個郡，任命來瑱擔任這一職務，讓他們與江東節度使韋陟共同對付李璘。

安祿山派兵攻打潁川。城中兵少，沒有積蓄，太守薛愿、長史龐堅盡全力守衛抵抗，城周圍百里之內的房屋林木被毀殆盡。過了整整一年，救兵還不來，安祿山派阿史那承慶增兵攻城，白天黑夜拼死戰鬥了十五天，城被攻陷，把薛愿、龐堅抓住送到洛陽。安祿山把他們綁在洛水之濱的冰上，凍死了他們。

肅宗問李泌說：「如今敵人強大到這種地步，什麼時候才能夠平定？」李泌回答說：「臣看到叛賊所掠獲的子女和金銀財帛，都被送到了范陽，這哪裡有雄踞天下的志向啊！如今只有胡人將領或許還在為安祿山效力，中原地區的人則只有高尚等幾個人，其餘的人都不過是被脅迫而跟著的。據臣所料，不出兩年，天下就沒有賊寇了。」肅宗說：「什麼緣故？」李泌回答說：「叛賊中驍勇的將領，不過史思明、安守忠、田乾真、張忠志、阿史那承慶等幾個人罷了。如今要是命令李光弼率軍從太原出井陘關，郭子儀率軍從馮翊進入河東，那麼史思明、張忠志就不敢離開范陽、常山，安守忠、田乾真就不敢離開長安，這樣用兩支部隊拴住了他的四員將領。跟隨安祿山的，就只有阿史那承慶了。希望陛下敕令郭子儀不要攻取華陰，讓兩京之間的道路經常保持暢通。陛下把所徵調的兵力布置在扶風，與郭子儀、李光弼的軍隊交替出擊。叛賊要是救頭部，我們就攻擊其尾部，要是救尾部，我們就攻擊其頭部，迫使叛賊在幾千里戰線上調動兵力，疲於奔命。我軍經常以逸待勞，叛賊來後我們避其鋒芒，叛賊離開時我們就乘其疲憊而取勝，我們不攻打城池，也不阻斷道路。第二年春天，再任命建寧王為范陽節度大使，沿長城向北出擊，與李光弼南北夾擊構成掎角之勢以攻取范陽，傾覆叛賊的巢穴。叛賊要是後退則無處可回，要是留下來則得不到安寧，然後大軍四面合圍向叛賊發起進攻，就必定能活捉安祿山。」肅宗聽了很高興。

當時張良娣與李輔國內外勾結，都厭惡李泌。建寧王李倓對李泌說：「先生在皇上面前舉薦我，使我得以展現做臣子的成效，我沒有什麼可以用來報答先生的恩德，請為先生除去禍害。」李泌說：「怎麼回事？」李倓說了張良娣的事。李泌說：「這不是做兒子的該說的話。希望您姑且擱置此事，不要先動手。」李倓沒有聽從。

十二月二十五日甲辰，永王李璘擅自率領水軍東巡，沿長江而下，軍容十分壯盛，但尚未暴露出割據一方的圖謀。吳郡太守兼江南東路采訪使李希言發文書給李璘，責問他擅自帶兵東下的意圖，李璘很生氣，分兵派其部將渾惟明在吳郡襲擊李希言，派季廣琛在廣陵襲擊廣陵長史、淮南采訪使李成式。李璘進軍到當塗，李希言派部將元景曜及丹徒太守閻敬之率兵抵禦，李成式也派部將李承慶抵禦。李璘擊敗斬殺了閻敬之來示眾，元景曜、李承慶都投降了李璘，江、淮一帶大為震動。高適與來瑱、韋陟在安陸相會，結盟誓師討伐李璘。

于闐王尉遲勝聽說安祿山謀反，命其弟尉遲曜代理國家政務，他親自率兵五千人前來救援。肅宗嘉獎他，授予特進之位，兼殿中監。

令狐潮、李庭望進攻雍丘，幾個月都攻不下來，於是便設置杞州，在雍丘北面築城以斷絕雍丘的糧食支援。賊兵經常保持幾萬人的兵力，而張巡的部隊才一千多人，每戰則勝。河南節度使虢王李巨駐守彭城，讓張巡代理先鋒使。這個月，魯郡、東平郡、濟陰郡都陷落於叛賊。賊將楊朝宗率騎兵、步兵兩萬人準備襲擊寧陵，切斷張巡的後路。張巡便放棄雍丘，向東到寧陵防守，等待與叛賊交戰，這時才與睢陽太守許遠相見。這一天，楊朝宗率軍來到寧陵城西北，張巡、許遠的部隊與之交戰，晝夜間交戰幾十回合，大敗楊朝宗，賊兵被斬首的有一萬多人，屍體塞滿汴水順流而下，叛賊收兵夜逃。肅宗敕命張巡為河南節度副使。張巡因將士有功，派使者到虢王李巨那裡請求給予空白的委任狀及供賞賜的物品。李巨只給了折衝、果毅的委任狀三十份，沒有給供賞賜的物品。張巡移送文書責備李巨，李巨竟理都不理。

這一年，設置北海節度使，統領北海等四郡；設置上黨節度使，統領上黨等三郡；設置興平節度使，統領上洛等四郡。

吐蕃攻陷威戎、神威、定戎、宣威、制勝、金天、天成等軍，以及石堡城、百谷城和雕窠城。

當初，林邑王范真龍被他的大臣摩訶漫多伽獨所殺，范氏全被誅滅。林邑國的人又立他們國王頭黎的女兒為王。女王沒有能力治理國家，又改立頭黎的姑媽的兒子諸葛地，稱他為環王，把女王嫁給他為妻。

二載（丁酉 西元七五七年）

春，正月，上皇下誥，以憲部尚書李麟❶同平章事，總行百司。命崔圓奉誥赴彭原。麟，懿祖❷之後也。

安祿山自起兵以來，目漸昏，至是不復睹❸物。又病疽❹，性益躁暴，左右使令❺，小不如意，動加箠撻❻，或時殺之。既稱帝，深居禁中，大將希得見其面，皆因嚴莊白事。莊雖貴用事，亦不免箠撻，閹豎[1]李豬兒❼被撻尤多，左右人不自保。祿山嬖妾❽段氏生子慶恩，欲以代慶緒為後。慶緒常懼死，不知所出。莊謂慶緒曰：「事有不得已者❾，時不可失。」慶緒曰：「兄有所為，敢不敬從。」又謂豬兒曰：「汝前後受撻，寧有數乎！不行大事，死無日矣！」豬兒亦許諾。莊與慶緒夜持兵立帳外，豬兒執刀直入帳中，斫祿山腹。左右懼，不敢動。祿山捫枕旁刀，不獲，撼帳竿曰：「必家賊也。」腸已流出數斗，遂死。掘牀下深數尺，以氈裹其尸埋之，誡宮中不得泄。乙卯旦❿，莊宣言於外，云祿山疾亟⓫。立晉王慶緒為太子，尋即帝位，尊祿山為太上皇，然後發喪。慶緒性昏懦，言辭無序。莊恐眾不服，不令見人。慶緒日縱酒為樂，兄事莊，以為御史大夫、馮翊王，事無大小，皆取決焉，厚加諸將官爵以悅其心。

【章旨】以上為第四段，寫叛賊內訌，安祿山子安慶緒弒父自立。

【注釋】❶李麟 （西元六九二—七五八年）唐太宗姪孫。官至刑部尚書、同中書門下平章事，封褒國公。傳見《舊唐書》卷一百十二、《新唐書》卷一百四十二。❷懿祖 唐高祖李淵祖父李虎之父。❸睹 見；看見。❹疽 一種毒瘡。❺左右使令 身邊使喚的人。❻箠撻 用鞭子抽打。❼李豬兒 安祿山親信，宦官。本契丹人，十幾歲事安祿山，甚狡猾聰敏，後殺安祿山。❽嬖妾 愛妾。嬖，寵愛。❾事有不得已者 即事有不得已而為之者，指有些事情是被逼迫而做出來的。❿乙卯旦 正月初六早晨。⓫疾亟 指病勢來得急。亟，急；快。

【校記】[1]豎 原作「宦」。據章鈺校，十二行本、乙十一行本、孔天胤本皆作「豎」，今從改。

【語譯】二載（丁酉 西元七五七年）

春，正月，太上皇下達誥命，任命憲部尚書李麟同平章事，總管百官。命崔圓奉誥命奔赴彭原。李麟，是懿祖光皇帝李天錫的後代。

安祿山自起兵叛亂以來，眼睛漸漸模糊，到這時已經不再能看見東西。又長了毒瘡，性情更加暴躁，左右供使喚的人，稍微有點不如人意的地方，他動不動就加以鞭打，有時甚至殺掉。稱帝以後，深居宮禁之中，大將也很少能見到他的面，都通過嚴莊報告事情。嚴莊雖然地位尊貴，正在當權，也免不了挨打，宦官李豬兒被打尤多，安祿山左右人人都難以自保。安祿山寵愛的姬妾段氏生子名慶恩，想用安慶恩代替安慶緒成為繼承人。安慶緒經常害怕被殺死，不知道能有什麼好辦法。嚴莊對安慶緒說：「事情往往有迫不得已而不能不這樣做的時候，時機不可錯失。」安慶緒說：「哥哥有所行動，我怎敢不恭敬相從。」嚴莊又對李豬兒說：「你前前後後挨打，難道還能數得清嗎！如果再不幹點大事，不知道哪天就沒命了！」李豬兒也答應了。嚴莊和安慶緒夜晚手持兵器站立帳外，李豬兒提刀逕直闖進帳中，用刀砍安祿山的肚子。左右的人都很害怕，不敢動。安祿山去摸枕旁的刀，沒有摸到，就用力搖動帳竿說：「一定是個家賊。」這時腸子已經流出了好幾斗，於是死去。嚴莊等在床下挖了一個深達幾尺的坑，用氈裹著安祿山的屍體埋了，並警告宮中的人不得洩露。正月初六日乙卯早晨，嚴莊對外宣布說，安祿山病勢很急。立晉王安慶緒為太子，不久就即位稱帝，把安祿山尊為太上皇，然後發喪。安慶緒本性昏庸懦弱，又語無倫次。嚴莊擔心眾人不服，不讓他見人。安慶緒整日裡縱酒取樂，像兄長一樣對待嚴莊，任命他為御史大夫、馮翊王，事無大小，都由他決定，並優厚加封諸將的官職和爵位，讓他們內心高興。

上從容謂李泌曰：「廣平為元帥踰年，今欲命建寧專征，又恐勢分。立廣平為太子，何如？」對曰：「臣固嘗言之矣，戎事交切❶，須即區處。至於家事，當俟上皇。不然，後代何以辨陛下靈武即位之意邪！此必有人欲令臣與廣平有隙耳。臣請以語廣平，廣平亦必未敢當。」泌出，以告廣平王俶。俶曰：「此先生深知其心，欲曲成其美也。」乃入，固辭曰：「陛下猶未奉晨昏❷，臣何心敢當儲副！願俟上皇還宮，臣之幸也。」上賞慰之。

李輔國本飛龍小兒❸，粗閑書計❹，給事太子宮，上委信之。輔國外恭謹寡言，而內狡險，見張良娣有寵，陰附會之，與相表裏。建寧王倓數於上前詆訐二人罪惡，二人譖之於上曰：「倓恨不得為元帥，謀害廣平王。」上怒，賜倓死。

於是廣平王俶及李泌皆內懼。俶謀去輔國及良娣，泌曰：「不可，王不見建寧之禍乎？」俶曰：「竊為先生憂之。」泌曰：「泌與主上有約矣，俟平京師，則去還山，庶免於患。」俶曰：「先生去，則俶愈危矣。」泌曰：「王但盡人子之孝。良娣婦人，王委曲順之，亦何能為！」

上謂泌曰：「今郭子儀、李光弼已為宰相❺，若克兩京，平四海，則無官以賞之，柰何？」對曰：「古者官以任能，爵以酬功❻。漢、魏以來，雖以郡縣治民，然有功則錫以茅土❼，傳之子孫，至于周、隋皆然。唐初未得關東，故封爵皆設虛名，其食實封者給繒❽布而已。貞觀中，太宗欲復古制，大臣議論不同而止❾。由是賞功者多以官。夫以官賞功有二害，非才則廢事，權重則難制。是以功臣居大官者，皆不為子孫之遠圖，務乘一時之權以邀❿利，無所不為。嚮使⓫祿山有百里之國，則亦惜之以傳子孫，不反矣。為今之計，俟天下既平，莫若疏爵土以賞功臣，則雖大國，不過二三百里，可比今之小郡，豈難制哉！於人臣乃萬世之利也。」上曰：「善！」

上聞安西、北庭及拔汗那、大食⓬諸國兵至涼、鄯⓭，甲子⓮，幸保定⓯。丙寅⓰，劍南兵賈秀等五千人謀反，將軍席元慶、臨邛⓱太守柳奕討誅之。

河西兵馬使蓋庭倫與武威⑱九姓商胡安門物⑲等殺節度使周泌，聚眾六萬。武威大城之中，小城有七，胡據其五，二城堅守。支度判官⑳崔稱與中使劉日新以二城兵攻之，旬有七日，平之。

【章旨】以上為第五段，寫唐肅宗聽讒冤殺建寧王李倓，賊未平，已有猜忌功臣之心。

【注釋】❶交切　繁忙緊迫。❷奉晨昏　語出《禮記・曲禮上》：「冬溫而夏凊，昏定而晨省。」後來便以晨昏指對父母的侍養。❸飛龍小兒　飛龍，即飛龍廄，唐代宮內馬廄名。宮內有六廄馬，稱為仗內六閑，飛龍為六閑之首。小兒，唐代對宮中和官署供雜役人的稱呼，如苑監小兒、飛龍小兒、五坊小兒、廄牧小兒等。飛龍小兒是指在飛龍廄打雜的人。❹粗閑書計　指粗略懂一點文字與籌算的知識。粗，粗略；稍微。閑，熟習。書計，文字與籌算。❺郭子儀李光弼已為宰相　至德元載（西元七五六年）八月，肅宗以郭子儀為武部尚書、靈武長史，以李光弼為戶部尚書、北都留守，都加同平章事。❻官以任能二句　官職用來授任賢能之人，爵位用來酬賞有功之人。❼錫以茅土　封以王侯等爵位。錫，同「賜」。賜給。茅土，古代帝王社祭之壇以五色土建成，分封諸侯時，按封地所在方向取壇上一色土，以茅包之，稱為茅土，給受封者在封國內立社。後以茅土指分封王侯。❽繒　絲織品的總稱。❾貞觀中三句　貞觀十三年（西元六三九年），太宗詔宗室群臣襲封刺史。左庶子于志寧、侍御史馬周、司空兼趙州刺史長孫無忌等力諫不可，其事乃止。見本書卷一百九十五太宗貞觀十三年。貞觀，唐太宗年號（西元六二七—六四九年）。❿邀　求取；希望得到。⓫曏使　假使。⓬大食　唐代對阿拉伯帝國的稱謂。⓭涼鄯　州名，即涼州、鄯州。涼州治所在今甘肅武威，鄯州治所在今青海樂都。⓮甲子　正月十五日。⓯保定　郡名，至德元載（西元七五六年）涇州改名，治所在今甘肅涇川縣北。⓰丙寅　正月十七日。⓱臨邛　郡名，天寶元年（西元七四二年）邛州改名，治所在今四川邛崍。⓲武威　郡名，天寶元年涼州改名，治所在今甘肅武威。⓳九姓商胡安門物　九姓，指昭武九姓，據《新唐書・西域傳》昭武九姓為：康、安、曹、石、米、何、火尋、戊地、史。居住在今中亞阿姆、錫爾兩河流域。西元六世紀後期隸西突厥。唐永徽年間（西元六五〇—六五五年）皆內附，唐以其地分置康居、大宛等都督府和南謐、佉沙、貴霜、安息等羈縻州，隸安西都護府。安門物，當是安國商人。⑳支度判官　唐代節度使幕職有支度使，支度使屬官有支度判官，職掌兵馬錢糧等實際事務。

【語　譯】肅宗閒處時對李泌說：「廣平王做元帥的時間超過了一年，如今想命令建寧王專司征討，又擔心力量分散。立廣平王為太子，怎麼樣？」李泌回答說：「我曾說過，現在軍務繁忙緊迫，需要立即分別處置。至於立太子這樣的家事，應當等待太上皇的決定。否則，後代怎麼來弄清陛下在靈武即位的意圖呢！這一定是有人想讓我和廣平王之間產生嫌隙。臣請求把此事告訴廣平王，廣平王也一定不敢接受。」李泌出來，把此事告訴了廣平王李俶。李俶說：「這是先生深知我心，想多方促成美事。」於是進入宮內，堅決推辭說：「陛下即位後還來不及向太上皇盡早晚問安侍奉之禮，臣哪有什麼心思敢當太子呢！希望等太上皇回宮後再說，這是臣的幸運。」肅宗獎賞安慰了他。

李輔國本是在飛龍廄中從事雜役的小當差，略懂一些書寫和計算，在太子宮中供職，肅宗很信任他。李輔國外表恭敬謹慎寡言少語，內心卻狡詐陰險，見張良娣受寵，就暗中巴結依附她，與她內外勾結。建寧王李倓多次在肅宗面前揭發攻擊兩人的罪惡，兩人就在肅宗那裡誣陷李倓說：「李倓怨恨沒能當上元帥，要謀害廣平王。」肅宗大怒，賜李倓自殺。於是廣平王李俶和李泌心裡都很害怕。李俶設法要除掉李輔國和張良娣，李泌說：「不行，您沒有看見建寧王所遭之禍嗎？」李俶說：「我私下裡替先生擔憂啊。」李泌說：「我與皇上有過約定了，等平定京師後，我就離開朝廷回到山中去，這樣也許可以免除禍患。」李俶說：「先生離開了，那我更加危險了。」李泌說：「您只管盡人子的孝道。張良娣是婦道人家，您就勉強遷就順從她，她對您又能做些什麼呢！」

肅宗對李泌說：「如今郭子儀、李光弼已經官居宰相，如果收復兩京，平定了天下，那就再無更高的官職可以獎賞給他們，這怎麼辦？」李泌回答說：「古時候官職是用來任命給有才能的人的，爵位是用來酬答有功勞的人的。漢、魏以來，雖然設郡縣來治理百姓，但對有功的人則賜封爵位土地，讓他們傳給子孫，一直到北周和隋朝都是如此。唐朝初年沒有得到關東地區，所以賜封爵位都是設虛名，那些享受實封的人賞給一些絲綢布帛而已。貞觀年間，太宗想恢復古制，因大臣們有不同意見而中止。從此獎賞有功的人大多仍用官職。用官職獎賞有功的人有兩大危害，如果沒有這樣的才能就會荒廢政事，如果權柄太重就難以控制。因此，功臣中那些位居大官的，都不作替子孫著想的長遠打算，只是一心乘著一時的權勢來謀利，無所不為。假使安祿山有百里的封地，那麼他也會愛惜它以傳給子孫，他就不會謀反了。從現今的情形考慮，等天下平定後，不如分土封爵以獎賞功臣，那麼即使是大的封國，也不過兩三百里的地方，可以相當於現今的小郡，這難道不好控制嗎！而對於為臣子的人來說，則是可以萬代相傳的利益啊。」肅宗說：「好！」

肅宗聽說安西、北庭及拔汗那、大食諸國的兵馬到了涼州、鄯州，正月十五日甲子，駕臨保定郡。

正月十七日丙寅，劍南士兵賈秀等五千人謀反，將軍席元慶、臨邛太守柳奕討伐消滅了他們。

河西兵馬使蓋庭倫與武威九姓胡族商人安門物等殺了節度使周泌，聚集人員六萬。武威大城中小城有七個，胡人佔據其中的五個，兩個小城仍在堅守。支度判官崔稱與中使劉日新用這兩個城的兵馬攻打叛亂者，經過十七天，把他們平定了。

史思明自博陵，蔡希德自太行❶，高秀巖自大同，牛廷介自范陽，引兵共十萬寇太原。李光弼麾下精兵皆赴朔方，餘團練❷烏合❸之眾不滿萬人。思明以為太原指掌❹可取，既得之，當遂長驅取朔方、河、隴❺。太原諸將皆懼，議修城以待之。光弼曰：「太原城周四十里，賊垂❻至而興役，是未見敵先自困也。」乃帥士卒及民於城外鑿壕❼以自固。作墼❽數十萬，眾莫知所用。及賊攻城於外，光弼用之增壘於內，壞輒補之。思明使人取攻具於山東❾，以胡兵三千衛送之。

至廣陽⑩，別將慕容溢、張奉璋邀擊，盡殺之。

思明圍太原，月餘不下，乃選驍銳為遊兵⑪，戒⑫之曰：「我攻其北，則汝潛趣其南，攻東則趣西，有隙則乘之。」而光弼軍令嚴整，雖寇所不至，警邏⑬未嘗少懈，賊不得入。光弼購募軍中，苟有小技，皆取之，隨能使之，人盡其用，得安邊軍⑭錢工⑮三，善穿地道。賊於城下仰而侮詈⑯，光弼遣人從地道中曳⑰其足而入，臨城斬之，自是賊行皆視地。賊為梯衝⑱、土山以攻城，光弼為地道以迎之，近城輒陷。賊初逼城急，光弼作大礮⑲，飛巨石，一發輒斃二十餘人，賊死者什二三，乃退營於數十步外，圍守益固。光弼遣人詐與賊約，刻日⑳出降，賊喜，不為備。光弼使穿地道周賊營中，搘㉑之以木。至期，光弼勒兵㉒在城上，遣裨將將數千人出，如降狀，賊皆屬目㉓。俄而營中地陷，死者千餘人。賊眾驚亂，官軍鼓譟乘之，俘斬萬計。會安祿山死，慶緒使思明歸守范陽，留蔡希德等圍太原。

【章旨】以上為第六段，寫李光弼守太原，大破叛賊史思明。

【注釋】❶蔡希德自太行　言蔡希德軍自上黨下太行道而趨太原。❷團練　地方選取丁壯加以軍事訓練的民兵。❸烏合　倉卒集合之眾，如烏鴉之忽聚忽散。❹指掌　用手指頭對著手掌。比喻事情易辨。❺河隴　古地區名，即河西、隴右。河西，指今甘肅、青海兩省間黃河以西，即河西走廊與湟水流域。隴右，指今甘肅寧夏六盤山以西，黃河以東一帶。❻垂　臨近；將近。❼壕　溝；護城河。❽墼　磚坯。❾山東　指太行山以東。❿廣陽　縣名，縣治在今山西平定東南。⓫遊兵　流動出擊的兵士。⓬戒　同「誡」。告誡。⓭警邏　警戒、巡邏，都是軍隊防備敵人偷襲和制止敵人偵察而採取的保障措施。⓮安邊軍　軍鎮名，在今河北蔚縣。⓯錢工　鑄錢工匠。⓰侮詈　辱罵。⓱曳　拉；牽引。⓲梯衝　雲梯衝車。雲梯，古攻城戰具。以大木為床，下施六輪，上立二梯，各長二丈餘，中施轉軸，車四面以生牛皮為屏蔽，內以人推進，及城，則起飛梯於雲梯之上，以窺城中，或用以攀登城牆。衝車，古代兵車。轅端有大鐵，可用來衝城。⓳大礮　古代以機發石的戰具。⓴刻日　約定或限定時間。㉑搘　支撐。㉒勒兵　統領軍隊。㉓屬目　即注目，注視。屬，同「矚」。看。

【語　譯】史思明從博陵，蔡希德取道太行，高秀巖從大同，牛廷介從范陽，率軍共計十萬進犯太原。當時李光弼部下的精兵都奔赴朔方，剩下的團練烏合之眾不滿萬人。史思明以為太原很容易就可攻取，一旦得到後，就該長驅直入攻取朔方、河、隴之地了。太原眾將都很害怕，商議修築城池以等待敵人進攻。李光弼說：「太原城周圍有四十里，在叛賊快要到來的時候動工修城，這是還沒見到敵人就先讓自己疲憊不堪了。」於是率領士卒和百姓在城外挖壕溝以使自己的防守更加堅固。還做了幾十萬塊土磚，大家都不知道是用來幹什麼的。等到叛賊在外面攻城，李光弼用這些土磚在城內增加壁壘，毀壞了馬上就加以修補。史思明派人到太行山以東去取攻城的器具，派三千名胡兵護送。走到廣陽，別將慕容溢、張奉璋攔截阻擊，把他們全都殺掉了。

史思明包圍太原，一個多月攻不下來，於是挑選驍勇精銳的士兵組成遊兵，告誡他們說：「我攻打城北時，你們就祕密趕往城南，我攻打城東時，你們就趕往城西，找到空子就乘機進攻。」然而，李光弼軍令嚴整，即使在敵人沒有到達的地方，軍隊的警戒巡邏也絲毫沒有鬆懈，因此叛賊無法乘虛而入。李光弼在軍中懸賞招募人才，如果有一技之長，都被選取，根據才能加以安排，人盡其用。李光弼得到安邊軍三個鑄錢工匠，他們善於挖掘地道。叛賊在城下仰頭辱罵，李光弼就派人從地道中拉住辱罵者的腳，把他們拉進來，抓到城牆上斬首，從此叛賊行走時都低頭看著地下。叛賊做了雲梯衝車和土山來攻城，李光弼挖地道迎戰他們，叛賊和那些攻城器械一靠近城牆就陷入地中。叛賊起初逼近城下攻得很急，李光弼製作大炮，發射大石，一發就打死二十多人，叛賊被打死的有十分之二三，於是退兵在幾十步以外安營，而圍城和守衛則更加緊固。李光弼派人假裝與叛賊相約，定好日期出城投降，叛賊很高興，不作防備。李光弼派人在叛賊軍營四周挖地道，用木頭支撐住。到了約定日期，李光弼率兵站在城上，派裨將帶領幾千人出城，像是投降的樣子，叛賊的目光都被吸引住了。突然軍營中的地一下子塌陷下去，死了一千多人。叛賊驚慌混亂，官軍擊鼓呼喊乘機進攻，俘虜斬殺敵人數以萬計。適逢安祿山死了，安慶緒讓史思明回去守衛范陽，留下蔡希德等繼續包圍太原。

慶緒以尹子奇為汴州❶刺史、河南節度使。甲戌❷，子奇以歸❸、檀❹及同羅、奚兵十三萬趣睢陽❺。許遠告急于張巡，巡自寧陵引兵入睢陽。巡有兵三千人，與遠兵合六千八百人。賊悉眾逼城，巡督勵將士，晝夜苦戰，或一日至二十合。凡十六日，擒賊將六十餘人，殺士卒二萬餘，眾氣自倍。遠謂巡曰：「遠懦，不習❻兵，公智勇兼濟，遠請為公守，公請為遠戰。」自是之後，遠但調軍糧，修戰具，居中應接而已，戰鬭籌畫一出於巡。賊遂夜遁。

郭子儀以河東❼居兩京之間，扼賊要衝[1]，得河東則兩京可圖。時賊將崔乾祐守河東，丁丑❽，子儀潛遣人入河東，與唐官陷賊者謀，俟官軍至，為內應。

初，平盧節度使劉正臣自范陽敗歸❾，安東都護❿王玄志酖⓫殺之。祿山以其黨徐歸道為平盧節度使，玄志復與平盧將侯希逸⑫襲殺之，又遣兵馬使董秦將兵以葦筏⑬度海，與大將田神功⑭擊平原、樂安，下之。防河招討使李銑承制以秦為平原太守。

二月戊子⑮，上至鳳翔⑯。

郭子儀自洛交引兵趣河東，分兵取馮翊。己丑⑰夜，河東司戶⑱韓旻等翻河東城迎官軍，殺賊近千人。崔乾祐踰城得免，發城北兵攻城，且拒官軍，子儀擊破之。乾祐走，子儀追擊之，斬首四千級，捕虜五千人。乾祐至安邑⑲，安邑人開門納之，半入，閉門擊之，盡殪⑳。乾祐未入，自白逕嶺㉑亡去。遂平河東。

【章旨】以上為第七段，寫張巡、許遠守睢陽，郭子儀討賊平河東。

【注釋】❶汴州　州名，治所在今河南開封。❷甲戌　正月二十五日。❸歸　胡三省注云：「當作『嬀』，嬀州也。唐人雜史多有作歸、檀者，蓋誤也。」下文「自歸、檀南取范陽」之「歸」，亦當作「嬀」。治所在今河北懷來東南舊懷來。❹檀　州名，檀州治所在今北京市密雲。❺睢陽　郡名，郡治在今河南商丘南。❻習　熟悉；通曉。❼河東　郡名，郡治在今山西永濟蒲州鎮。❽丁丑　正月二十八日。❾劉正臣自范陽敗歸　至德元載（西元七五六年），平盧節度使劉正臣領平盧兵襲擊范陽，未至，被史思明打得大敗而歸。❿安東都護　唐六大都護府之一的安東都護府（治所初在今朝鮮平壤，後移遼東、新城、平州等城）長官，管理府內歸附少數民族事務。⓫鴆　用鴆鳥羽毛泡成的毒酒。⓬侯希逸　官至檢校尚書右僕射，封淮陽郡王。傳見《舊唐書》卷一百二十四、《新唐書》卷一百四十四。⓭葦筏　以蘆葦編織而成的渡水工具。⓮田神功　（？—西元七三三年）冀州（今河北冀州）人，武將。傳見《舊唐書》卷一百二十四、《新唐書》卷一百四十四。⓯戊子　二月初十日。

⑯鳳翔　本岐州扶風郡，至德二載（西元七五七年）十二月置鳳翔府，治所在今陝西鳳翔。⑰己丑　二月十一日。⑱司戶　即戶曹司戶參軍事。為州郡屬官，掌戶口、籍帳、婚姻、田宅、雜徭等事。⑲安邑　縣名，縣治在今山西夏縣北。⑳殪　死。㉑白逕嶺　在今山西解縣東。

【校　記】①扼賊要衝　原無此四字。據章鈺校，十二行本、乙十一行本皆有此四字，張敦仁《通鑑刊本識誤》、張瑛《通鑑校勘記》同，今據補。

【語　譯】安慶緒任命尹子奇為汴州刺史、河南節度使。正月二十五日甲戌，尹子奇帶領歸州、檀州以及同羅、奚的士兵十三萬人趕往睢陽。許遠向張巡告急，張巡從寧陵帶兵進入睢陽。張巡有士兵三千人，與許遠的士兵合計共六千八百人。叛賊出動全部人馬進逼睢陽城，張巡督促鼓勵將士，晝夜苦戰，有時一天交戰達二十回合。總共打了十六天，擒獲賊將六十多人，殺死士卒兩萬多人，官軍上下士氣倍增。許遠對張巡說：「我許遠生性懦弱，不熟悉軍事，您智勇雙全，我請求替您負責守備，請您為我指揮作戰。」從此之後，許遠只是負責調配軍糧，修整戰鬥器具，在城中接應而已，戰鬥籌劃完全由張巡決定。叛賊於是連夜逃遁。

郭子儀認為河東郡位居西京和東京之間，扼賊要衝，一旦得到河東郡，西京和東京就可謀取。當時賊將崔乾祐鎮守河東郡，正月二十八日丁丑，郭子儀祕密派人進入河東郡，與唐朝官員身陷叛賊之中者謀劃，等官軍一到，由他們作為內應。

當初，平盧節度使劉正臣從范陽兵敗而歸，安東都護王玄志用毒酒毒殺了他。安祿山任命其黨羽徐歸道為平盧節度使，王玄志又與平盧將領侯希逸襲擊殺死了徐歸道，還派兵馬使董秦率軍乘葦筏渡海，和大將田神功一起攻打平原、樂安，都攻了下來。防河招討使李銑稟承肅宗旨意任命董秦為平原太守。

二月初十日戊子，肅宗到達鳳翔。

郭子儀從洛交帶兵赴河東，分兵攻取馮翊。二月十一日己丑夜晚，河東司戶韓旻等人翻越河東城迎接官軍，殺死叛賊近千人。崔乾祐翻越城牆逃走得以幸免，調動城北的兵力攻城，抵抗官軍，郭子儀擊敗了他。崔乾祐逃走，郭子儀一路追擊，殺死四千人，俘虜五千人。崔乾祐逃到安邑縣，安邑人打開城門接納他們，叛賊部隊剛進到一半，關閉城門發起攻擊，把賊兵全部殺死。崔乾祐沒有進城，從白逕嶺逃走。於是平定了河東。

上至鳳翔，旬日隴右、河西、安西、西域之兵皆會，江、淮❶庸調亦至洋川、漢中❷。上自散關❸通表❹成都，信使駱驛❺。長安人聞車駕❻至，從賊中自拔而來者日夜不絕。

西師❼憩息既定，李泌請遣安西及西域之眾，如前策❽並塞東北，自歸、檀南取范陽。上曰：「今大眾已集，庸調亦至，當乘兵鋒❾擣❿其腹心。而更⓫引兵東北數千里，先取范陽，不亦迂⓬乎？」對曰：「今以此眾直取兩京，必得之。然賊必再彊，我必又困，非久安之策。」上曰：「何也？」對曰：「今所恃者皆西北守塞及諸胡之兵，性耐寒而畏暑。若乘其新至之銳，攻祿山已老之師，其勢必克。兩京春氣已深⓭，賊收其餘眾，遁歸巢穴，關東地熱⓮，官軍必困而思歸，不可留也。賊休兵秣馬⓯，伺官軍之去，必復南來，然則征戰之勢未有涯也。不若先用之於寒鄉，除其巢穴，則賊無所歸，根本永絕矣！」上曰：「朕切於晨昏之戀⓰，不能待此決矣！」

關內節度使王思禮軍武功，兵馬使郭英乂軍東原⑰，王難得⑱軍西原⑲。丁酉⑳，安守忠等寇武功，郭英乂戰不利，矢貫其頤㉑而走。王難得望之不救，亦走，思禮退軍扶風。賊遊兵至大和關㉒，去鳳翔五十里。鳳翔大駭，戒嚴。

李光弼將敢死士㉓出擊蔡希德，大破之，斬首七萬餘級，希德遁去。

安慶緒以史思明為范陽節度使，兼領恆陽軍事㉔，封嬀川王，以牛廷介領安陽軍㉕事，張忠志為常山太守兼團練使，鎮井陘口，餘各令歸舊任，募兵以禦官軍。先是，安祿山得兩京，珍貨悉輸范陽。思明擁彊兵，據富資，益驕橫，浸不用慶緒之命，慶緒不能制。

戊戌㉖，永王璘敗死，其黨薛鏐等[1]皆伏誅。○時李成式與河北招討判官㉗李銑合兵討璘，銑兵數千，軍于揚子。成式使判官裴茂將兵三千，軍于瓜步，廣張旗幟，列于江津。璘與其子瑒登城望之，始有懼色。季廣琛召諸將謂曰：「吾屬從王至此，天命未集，人謀已隳㉘。不如及兵鋒未交，早圖去就。不然[2]，死於鋒鏑㉙，永為逆臣矣。」諸將皆然之。於是廣琛以麾下奔廣陵，渾惟明奔江寧㉚，馮季康奔白沙㉛。璘憂懼，不知所出。其夕，江北之軍㉜多列炬火，光照水中，一皆為兩，璘軍又以火應之。璘以為官軍已濟江，遽挈㉝家屬與麾下潛遁。及明，不見濟者，乃復入城收兵，具舟楫而去。成式將趙侃等濟江至新豐㉞，璘使瑒及其將高仙琦將兵擊之。侃等逆戰，射瑒中肩，璘兵遂潰。璘與仙琦收餘眾，南奔鄱陽㉟，收庫物甲兵，欲南奔嶺表。江西㊱采訪使皇甫侁遣兵追討，擒之，潛殺之於傳舍㊲，瑒亦死於亂兵。○侁使人送璘家屬還蜀。上曰：「侁既生得吾弟，何不送之於蜀而擅殺之邪！」遂廢侁不用。

【章旨】以上為第八段，寫唐肅宗討叛賊，不納李泌先取范陽之計，兵指長安。永王璘兵敗身死。

【注釋】❶江淮　指江南道和淮南道。❷漢中　郡名，天寶元年（西元七四二年）梁州改名，治所在今陝西漢中。❸散關　關名，在今陝西寶雞西南大散嶺上。❹通表　上表。❺駱驛　往來不絕。❻車駕　本指馬駕的車。這裡用作帝王的代稱。❼西師　指自隴右、河西、安西、西域來的軍隊。❽前策　指上載十二月李泌向肅宗建議的滅敵之策。❾兵鋒　兵器尖端的鋒利，借指軍隊銳氣。❿擣　攻擊；攻打。⓫更　另；另外。⓬迂　陳舊不合時宜。⓭春氣已深　指春天已盡。⓮關東地熱　指關東地區氣候炎熱。關東，指潼關或函谷關以東的地區。⓯休兵秣馬　指休整軍隊，餵肥戰馬。秣，餵馬。⓰晨昏之戀　即昏定晨省的想念。此指急於收復兩京，迎父皇還宮。⓱東原　指武功城東高平地帶。⓲王難得　（？—西元七六二年）沂州臨沂（今山東臨沂）人，勇武善射，天寶初為河源軍使，累授金吾將軍。此時領興平軍及鳳翔兵馬使。傳見《舊唐書》卷一百八十三、《新唐書》卷一百四十七。⓳西原　指武功城西高平地帶。⓴丁酉　二月十九日。㉑頤　面頰；腮。㉒大和關　岐山的一關口。在今陝西岐山縣北。㉓敢死士　指作戰奮勇、敢於赴死之士。㉔領恆陽軍事　領，兼領較低級職務。恆陽軍，軍鎮名，在今河北正定城。㉕安陽軍　安慶緒以屯兵的鄴郡安陽縣為安陽軍。㉖戊戌　二月二十日。㉗招討判官　招討使幕僚。㉘隳　毀壞。㉙鋒鏑　泛指兵器。鋒，兵刃。鏑，箭鏃。㉚江寧　郡名，至德二載（西元七五七年）升江寧縣為郡，治所在今江蘇南京。㉛白沙　地名，在今江蘇儀徵。㉜江北之軍　指李成式等人率領的官軍，當時駐紮在江北。㉝挈　帶著；領著。㉞新豐　鎮名，在今江蘇常州。㉟鄱陽　郡名，天寶元年（西元七四二年）饒州改名，治所在今江西鄱陽東北。㊱江

西　即江南西道。開元二十一年（西元七三三年）分江南道置，采訪使治所在今江西南昌。㊲傳舍　驛傳之房舍，供往來官員休息住宿之所。

【校　記】①等　原無此字。據章鈺校，十二行本、乙十一行本、孔天胤本皆有此字，今據補。②不然　原無此二字。據章鈺校，十二行本、乙十一行本、孔天胤本皆有此二字，張敦仁《通鑑刊本識誤》同，今據補。

【語　譯】肅宗到達鳳翔，十天之間隴右、河西、安西、西域的部隊都來會合，江、淮一帶的庸調賦稅也輸送到了洋川、漢中。肅宗從散關送表文到成都，信使來往不絕。長安城中的人聽說肅宗駕到，從叛賊中脫離出來投奔朝廷的日夜不絕。

從西部趕來增援的部隊休整完成之後，李泌請求派遣安西及西域的部隊，照以前所建議的策略沿長城邊塞向東北進軍，從歸州、檀州向南攻取范陽。肅宗說：「現在大隊人馬已經集結，庸調賦稅也已運到，應當乘著我軍攻擊力正強的勢頭直搗叛賊腹心。然而卻另外帶兵向東北行進幾千里，首先攻取范陽，不是迂闊不合時宜了嗎？」李泌回答說：「現在用這些部隊直接攻取西京和東京，必定能攻下。然而叛賊必定會再次強大起來，我軍必定又會陷於疲困，這不是能長久安定的策略。」肅宗說：「為什麼？」李泌回答說：「現在我們所依靠的都是西北守衛邊塞以及各胡族的士兵，他們生性耐寒而怕熱。如果利用他們新近到達的銳氣，攻打安祿山那些已經衰弱的部隊，勢必取勝。但是西京、東京已經到了暮春季節，叛賊如果收拾其殘餘部隊，逃回巢穴，而關東地區天氣炎熱，官軍必定困乏而想回到原先的駐地，不可能留下來。叛賊休整兵馬，等官軍一離開，必定會再次南來，這樣官軍征戰從趨勢上看還不會有個盡頭。不如先用兵於寒冷的地方，除掉叛賊的巢穴，讓叛賊無處可回，叛亂的根源就永遠斷絕了！」肅宗說：「朕要把太上皇迎回京城奉養的心情十分急切，肯定不能再等實行你的這個策略了！」

關內節度使王思禮駐紮在武功，兵馬使郭英乂駐紮在東原，王難得駐紮在西原。二月十九日丁酉，安守忠等進犯武功，郭英乂交戰不利，因箭射穿了他的腮頰而率軍退走。王難得看到這種情況不去救援，也率軍退走了，王思禮則退軍到扶風。叛賊的遊兵到達大和關，離鳳翔五十里。鳳翔的人大為驚駭，全城戒嚴。

李光弼率領敢死的士兵出城攻擊蔡希德，把他打得大敗，殺死七萬多人，蔡希德逃走。

安慶緒任命史思明為范陽節度使，兼管恆陽軍的事務，封為嬀川王，任命牛廷介掌管安陽軍的事務，任命張忠志為常山太守兼團練使，鎮守井陘口，其餘的人都命令他們各自回到原先的任所，招兵抵禦官軍。此前，安祿山攻下兩京，那裡的珍寶財貨全都被運到范陽。史思明擁有強大的兵力，掌握著富足的財物，更加驕橫，逐漸不聽安慶緒的命令，安慶緒也不能控制他。

二月二十日戊戌，永王李璘兵敗而死，他的黨羽薛鏐等也都被處死。○當時李成式與河北招討判官李銑合兵討伐李璘，李銑的部隊幾千人，駐紮在揚子。李成式派判官裴茂率軍三千，駐紮在瓜步，廣樹旗幟，排列在長江渡口。李璘和他的兒子李瑒登上城牆遠望，開始顯出懼怕的神色。季廣琛召集眾將領說：「我們這些人跟隨永王到這裡，天命尚未降臨，人謀已經敗壞。不如趁雙方還沒有交戰，早早安排好去留。不然的話，死於刀箭之下，就永遠成為叛逆之臣了。」眾將領都認為他說得對。於是季廣琛帶領部下逃到廣陵，渾惟明逃到江寧，馮季康逃到白沙。李璘憂慮害怕，不知怎麼辦才好。這天晚上，長江北面的官軍點燃了許多火炬，火光照映到水裡，一個火炬都變成了兩個，李璘的部隊又點起火炬回應。李璘以為官軍已經渡江，急忙帶著家屬和手下的人悄悄逃走。等到天亮，沒有看見渡江的官軍，便又進城收拾部隊，準備好船隻離去。李成式的部將趙侃等人渡過長江到達新豐，李璘派李瑒及其部將高仙琦率兵攻打。趙侃等上前迎戰，一箭射中李瑒的肩膀，李璘的部隊便潰敗了。李璘與高仙琦收拾殘餘部隊，向南逃往鄱陽，搜集倉庫裡的物資和鎧甲兵器，想南逃嶺表。江南西道采訪使皇甫侁派兵追擊討伐，活捉了李璘，在驛站房中祕密殺死了他，李瑒也被亂兵所殺。○皇甫侁派人護送李璘家屬返回蜀地。肅宗說：「皇甫侁既然活捉了我的弟弟，為什麼不送到蜀地而擅自殺死他呢！」於是罷黜皇甫侁不再任用。

庚子❶，郭子儀遣其子旰❷及兵馬使李韶光、大將王祚濟河擊潼關，破之，斬首五百級。安慶緒遣兵救潼關，郭旰等大敗，死者萬餘人，李韶光、王祚戰死。僕固懷恩抱馬首浮度渭水，退保河東。

三月辛酉❸，以左相韋見素為左僕射，中書侍郎、同平章事裴冕為右僕射，並罷政事。

初，楊國忠惡憲部尚書❹苗晉卿，安祿山之反也，請出晉卿為陝郡太守，兼陝、弘農防禦使。晉卿固辭老病，上皇不悅，使之致仕❺。及長安失守，晉卿潛竄山谷。上至鳳翔，手敕❻徵❼之為左相，軍國大務悉咨之。

上皇思張九齡之先見❽，為之流涕，遣中使至曲江❾祭之，厚恤其家。

尹子奇復引大兵攻睢陽。張巡謂將士曰：「吾受國恩，所守，正死耳。但念諸君捐軀命，膏草野❿，而賞不酬勳⓫，以此痛心耳。」將士皆激勵請奮。巡遂椎牛⓬，大饗⓭士卒，盡軍出戰。賊望見兵少，笑之。巡執旗，帥諸將直衝賊陳，賊乃大潰，斬將三十餘人，殺士卒三千餘人，逐之數十里。明日，賊又合軍至城下。巡出戰，晝夜數十合，屢摧其鋒，而賊攻圍不輟⓮。

辛未⓯，安守忠將騎二萬寇河東，郭子儀擊走之，斬首八千級，捕虜五千人。

夏，四月，顏真卿自荊、襄北詣鳳翔，上以為憲部尚書。

上以郭子儀為司空⑯、天下兵馬副元帥，使將兵赴鳳翔。庚寅⑰，李歸仁以鐵騎五千邀⑱之於三原⑲北。子儀使其將僕固懷恩、王仲昇、渾釋之、李若幽⑳等[1]伏兵擊之於白渠㉑留運橋㉒，殺傷略盡，歸仁游水而逸㉓。若幽，神通㉔之玄孫也。子儀與王思禮軍合於西渭橋㉕，進屯潏㉖西，安守忠、李歸仁軍於京城西清渠㉗，相守七日，官軍不進。五月癸丑㉘，守忠偽退[2]，子儀悉師逐之。賊以驍騎九千為長蛇陳，官軍擊之，首尾為兩翼，夾擊官軍，官軍大潰。判官韓液、監軍孫知古皆為賊所擒，軍資器械盡棄之。子儀退保武功，中外戒嚴。

【章旨】以上為第九段，寫賊將尹子奇重兵圍攻睢陽。郭子儀兵敗長安。

【注釋】❶庚子　二月二十二日。❷旰　郭旰，郭子儀第二子。傳見《新唐書》卷一百三十七。❸辛酉　三月十三日。❹憲部尚書　即刑部尚書。❺致仕　辭官。❻手敕　皇帝親筆詔令。❼徵　徵召，特指君召臣。❽張九齡之先見　安祿山初為幽州節度使張守珪屬下將領，以恃勇輕進而戰敗。當時，宰相張九齡說：「祿山失律喪師，於法不可不誅。且臣觀其貌有反相，不殺必為後患。」力主誅之，而玄宗竟赦其罪。事見本書卷二百十四玄宗開元二十四年。❾曲江　縣名，縣治在今廣東曲江縣西，是張九齡的家鄉。❿捐軀命二句　捐獻身軀性命，滋潤原野大地。膏，滋潤。⓫賞不酬勳　賞賜的東西不足以酬報功績。指去年張巡請求虢王巨賞將士空名告身及物，但得折衝、果毅告身三十通，而不給賜物。⓬椎牛　殺牛。⓭饗　用酒食招待人。⓮輟　停止。⓯辛未　三月二十三日。⓰司空　官名，三公之一，正一品，唐代為加官，無實際職掌。⓱庚寅　四月十三日。⓲邀　攔擊。⓳三原　縣名，縣治在今陝西三原東北。⓴李若幽　（？—西元七六一年）肅宗賜名李國貞。官至戶部尚書、兼御史大夫。傳見《舊唐書》卷一百十二、《新唐書》卷七十八。㉑白渠 古代關中平原的人工灌溉渠，自谷口（今陝西禮泉東北）分涇水東南流，經高陵（今陝西高陵西南）、櫟陽（今陝西臨潼東北）東至下邽（今陝西渭南市東北）南注入渭水，長二百里。唐時自北而南，分為太白、中白、南白三渠，總稱三白渠。㉒留運橋 橋名，在今陝西三原北太白渠上。㉓逸 逃跑。㉔神通 即淮安王李神通。㉕西渭橋 又名便橋、便門橋、咸陽橋，西漢建，在今陝西咸陽東南渭河上。㉖滈 滈水。一作泬水，或訛作沈水。上游即今陝西長安東南的交河上游。正流穿漢長安城西，北流入渭河。隋唐時曾遏滈水西流匯交水，又遏交水西流匯灃水。後世遂統指自長安南皇子陂西至秦渡鎮入灃一段為滈河下游。㉗清渠 據程大昌《雍錄・漢唐要地參出圖》（已佚），清渠在灃渠之東，直秦之故杜南城稍東，即香積寺北。㉘癸丑 五月初六日。

【校　記】①等 原無此字。據章鈺校，十二行本、乙十一行本、孔天胤本皆有此字，今據補。②退 據章鈺校，十二行本、乙十一行本、孔天胤本皆作「遁」。

【語　譯】二月二十二日庚子，郭子儀派他的兒子郭旰及兵馬使李韶光、大將王祚渡過黃河攻打潼關，攻破敵軍防線，殺死五百人。安慶緒派兵救援潼關，郭旰等人大敗，死了一萬多人，李韶光、王祚戰死。僕固懷恩抱著馬頭浮水渡過渭水，退守河東。

三月十三日辛酉，任命左相韋見素為左僕射，中書侍郎、同平章事裴冕為右僕射，兩人一齊被罷除政事。

當初，楊國忠討厭憲部尚書苗晉卿，安祿山反叛時，請求皇上外派苗晉卿為陝郡太守，兼陝郡和弘農郡的防禦使。苗晉卿以年老多病為由堅決推辭，太上皇很不高興，讓他辭官歸居。等到長安失守，苗晉卿偷偷跑進了山谷裡。肅宗到達鳳翔，親手寫敕書徵召他為左相，軍國大事都要向他徵求意見。

太上皇思念張九齡有先見之明，為此流下了眼淚，派中使到他家鄉曲江去祭奠他，優厚撫恤他的家屬。

尹子奇又率領大軍攻打睢陽。張巡對將士們說：「我身受國恩，堅守在這裡，是為國家效命。只是想到大家為國捐軀，血浸原野，而所得賞賜卻不能酬報你們的功勳，因此十分痛心。」將士們都深受激勵，奮勇請戰。張巡便宰了牛，大規模犒勞士卒，率領全部兵力出城作戰。叛賊看見張巡的兵很少，嘲笑他們。張巡手執軍旗，率領眾將逕直衝向叛賊陣地，叛賊於是大敗，張巡的部隊殺死賊將三十多人，殺死叛賊士卒三千多人，追逐叛軍幾十里。第二天，叛賊又聚合部隊來到城下。張巡出城作戰，一晝夜交戰幾十回合，一次次摧折叛賊的鋒芒，然而叛賊圍城攻打依然不停。

三月二十三日辛未，安守忠率領騎兵兩萬人進犯河東，郭子儀把他們打跑了，殺死八千人，俘虜五千人。

夏，四月，顏真卿從荊州、襄陽向北到達鳳翔，肅宗任命他為憲部尚書。

肅宗任命郭子儀為司空、天下兵馬副元帥，讓他率軍赴鳳翔。四月十三日庚寅，李歸仁用鐵騎五千名在三原北面攔擊。郭子儀派部將僕固懷恩、王仲昇、渾釋之、李若幽等在白渠留運橋埋伏士兵進行攻擊，幾乎全殲叛軍，李歸仁游水逃脫。李若幽，是李神通的玄孫。

郭子儀與王思禮的軍隊在西渭橋會合，進駐潏水之西，安守忠、李歸仁的軍隊駐紮在京城西邊的清渠，兩軍相持七天，官軍沒有前進。五月初六日癸丑，安守忠假裝撤退，郭子儀出動全軍追逐。叛賊用驍勇的騎兵九千人排成長蛇陣，官軍發起攻擊，長蛇陣的首尾突然變成兩翼，夾擊官軍，官軍大敗。判官韓液、監軍孫知古都被叛賊所擒獲，軍用物資各種器械也全都拋棄了。郭子儀退守武功，內外戒嚴。

是時府庫無蓄積，朝廷專以官爵賞功。諸將出征，皆給空名告身，自開府❶、特進、列卿❷、大將軍❸，下至中郎、郎將❹，聽臨事注名❺。其後又聽以信牒❻授人官爵。有至異姓王者❼。諸軍但以職任相統攝，不復計官爵高下。及清渠之敗，復以官爵收散卒。由是官爵輕而貨重，大將軍告身一通，纔易❽一醉。凡應募入軍者，一切衣金紫❾。至有朝士❿僮僕衣金紫，稱大官，而執賤役者。名器⓫之濫，至是而極焉。

房琯性高簡⑫，時國家多難，而琯多稱病不朝謁⑬，不以職事為意，日與庶子⑭劉秩、諫議大夫李揖高談⑮釋、老⑯，或聽門客⑰董庭蘭鼓琴，庭蘭以是大招權利。御史奏庭蘭贓賄⑱，丁巳⑲，罷琯為太子少師⑳，以諫議大夫張鎬為中書侍郎、同平章事。上常使僧數百人為道場㉑於內，晨夜誦佛。鎬諫曰：「帝王當修德以弭㉒亂安人，未聞飯僧㉓可致太平也。」上然之。

【章　旨】以上為第十段，寫唐肅宗行在所大本營資糧匱乏。

【注　釋】❶開府　即開府儀同三司。❷列卿　指九卿，九寺（太常、光祿、衛尉、宗正、太僕、大理、鴻臚、司農、太府）的長官稱卿。❸大將軍　武散官階二十九等中，正三品以上稱大將軍，南衙十六衛、北衙六軍均各設大將軍一員，是職事官。❹中郎將　中郎，即中郎將。南衙十六衛均置中郎將、郎將，領本府屬兵宿衛；武散軍中亦有懷化、歸德中郎將和郎將。❺臨事注名　臨到有事需要使用時，在告身上填寫人名。臨，到；及。❻信牒　唐代授官，都發給憑證，叫告身，發告身之前，先給文書以為憑證，稱信牒。❼有至異姓王者　唐初封爵有非李氏不王的規定，但自武則天封諸武為王，張柬之等五人擁中宗即位同日封王後，異姓封王者不斷出現，主要是加封有功之臣。安史之亂，朝廷任官封爵多以空名告身，其中即有異姓封王者。❽易　換。❾金紫　金魚袋和紫服。唐代為三品以上高官的服飾。❿朝士　朝廷官吏；中央官吏。⓫名器　名分、彝器。表示等級的稱號和禮儀器物。⓬高簡　高明而簡慢，指性格高亢明爽而怠慢輕疏。⓭朝謁　上朝拜見帝王。⓮庶子　東宮官名，太子左右春坊長官，掌侍從贊相獻納。⓯高談　空談；大發議論。⓰釋老　釋迦與老子，即佛家與道家。⓱門客　門下食客。⓲贓賄　貪汙和行賄。⓳丁巳　五月初十日。⓴太子少師　官名，為東宮三少之一，掌教導太子。實際無具體職掌，一般用作權臣罷位後的任官。㉑道場　佛、道二教誦經禮拜的地方。㉒弭　停止。㉓飯僧　飯養；供養。

【語　譯】這時候朝廷的府庫裡沒有積蓄，朝廷只是用官爵來賞賜有功的人。眾將出征時，都給以姓名處空白的委任狀，上自開府、特進、列卿、大將軍，下到中郎、郎將等官爵，都允許將軍屆時按處事的需要填上姓名進行封賞。後來又允許用信牒向人授予官爵，甚至有異姓而封王的。各路軍隊只憑職務大小進行管轄，不再計較官爵的高低。等到這次清渠戰敗後，又用官爵來收攏散兵。從此官爵輕而財貨重，一張大將軍的委任狀，只能換得一次醉酒。凡是應募當兵的，一律穿紫袍佩金魚袋。甚至有朝廷官員的僕人也穿紫袍佩金魚袋，號稱大官，而依然在那裡從事卑賤的雜役的。原本表示等級的稱號和服飾器物被濫用，這時已達到了極點。

房琯性情高雅而待人簡慢，當時國家多難，而房琯卻經常藉口有病不上朝謁見，不把職事放在心上，每天和庶子劉秩、諫議大夫李揖就佛家、道家的話題高談闊論，有時聽門客董庭蘭彈琴，董庭蘭也藉機大肆謀取權利。御史上奏說董庭蘭貪贓受賄，五月初十日丁巳，罷去房琯原職而任他為太子少師，任命諫議大夫張鎬為中書侍郎、同平章事。肅宗經常讓幾百個僧人在宮內設道場，早晚誦念佛經。張鎬進諫說：「帝王應當修養德行來平息戰亂安撫百姓，從未聽說供養僧人可以導致太平的。」肅宗認為他說得對。

庚申❶，上皇追冊上母楊妃❷為元獻皇后。

山南東道節度使魯炅守南陽，賊將武令珣、田承嗣相繼攻之。城中食盡，一鼠直❸錢數百，餓死者相枕藉。上遣宦官將軍曹日昇往宣慰❹，圍急，不得入。日昇請單騎入致命❺，襄陽太守魏仲犀不許。會顏真卿自河北至，曰：「曹將軍不顧萬死以致帝命，何為沮❻之！借使不達，不過亡一使者；達則一城之心固矣。」日昇與十騎偕❼往，賊畏其銳，不敢逼。城中自謂望絕，及見日昇，大喜。日昇復為之至襄陽取糧，以千人運糧而入，賊不能遏。炅在圍中凡周歲❽，晝夜苦戰，力竭不能支。壬戌❾夜，開城帥餘兵數千突圍而出，奔襄陽。承嗣追之，轉戰二日，不能克而還。時賊欲南侵江、漢，賴炅扼其衝要，南夏❿得全。

司空郭子儀詣闕請自貶。甲子⓫，以子儀為左僕射。

尹子奇益兵圍睢陽益急，張巡於城中夜鳴鼓嚴隊⓬，若將出擊者。賊聞之，達旦⓭儆備⓮。既明，巡乃寢兵絕鼓⓯。賊以飛樓⓰瞰城中，無所見，遂解甲休息。巡與將軍南霽雲⓱、郎將雷萬春⓲等十餘將各將五十騎開門突出，直衝賊營，至子奇麾下⓳。營中大亂，斬賊將五十餘人，殺士卒五千餘人。巡欲射子奇而不識，乃剡⓴蒿為矢，中者喜，謂巡矢盡，走白子奇，乃得其狀。使霽雲射之，喪其左目，幾獲之。子奇乃收軍退還。

六月癸未㉑[1]，田乾真圍安邑。會陝郡賊將楊務欽密謀歸國，河東太守馬承光以兵應之，務欽殺城中諸將不同己者，翻城來降，乾真解安邑遁去。

【章　旨】以上為第十一段，寫魯炅守南陽、張巡守睢陽，拒敵於江北，江南得全。

【注　釋】❶庚申　五月十三日。❷楊妃　（？—西元七二九年）弘農華陰（今陝西華陰）人，景雲初年入東宮為良媛，生肅宗。至德二載（西元七五七年）追封元獻皇后。傳見《舊唐書》卷五十二、《新唐書》卷七十六。❸直　同「值」。價值。❹宣慰　代表皇帝表示慰勞。❺致命　傳達命令。此年四月顏真卿已從荊、襄北詣靈武，曹日昇單騎至襄陽「致命」，當在四月以前。❻沮　阻止。❼偕　共同；一起。❽炅在圍中凡周歲　肅宗至德元載（西元七五六年）五月，南陽節度使魯炅屯兵葉縣北，為安祿山將攻破，炅走保南陽，復為賊所圍，至此時已經一年。❾壬戌　五月十五日。❿南夏　華夏南部，泛指我國南方。⓫甲子　五月十七日。⓬鳴鼓嚴隊　擊鼓整肅軍隊。⓭達旦　通宵達旦；整夜。⓮儆備　警備；戒備。⓯寢兵絕鼓　指停止整軍和擊鼓。寢，息；止。⓰飛樓　高空偵察戰具。《通典》卷一百六十〈攻城戰具〉載有一種八輪車，上樹高竿，竿上安轆轤，以繩挽板屋止竿首，人在板屋中窺視城中情況，叫巢車，如鳥之巢。飛樓類此。⓱南霽雲　（？—西元七五七年）魏州頓丘（今河南浚縣北）人，善騎射，事張巡，為將軍。傳見《新唐書》卷一百九十二。⓲雷萬春　事張巡，為偏將。傳見《新唐書》卷一百九十二。⓳麾下　將旗之下。⓴剡　削尖。㉑癸未　六月初七日。

【校　記】①癸未　原無此二字。據章鈺校，十二行本、乙十一行本、孔天胤本皆有此二字，張敦仁《通鑑刊本識誤》、張瑛《通鑑校勘記》同，今據補。

【語　譯】五月十三日庚申，太上皇追封肅宗的生母楊妃為元獻皇后。

山南東道節度使魯炅鎮守南陽，叛賊將領武令珣、田承嗣相繼向他發起進攻。城中糧食已經吃盡，一隻老鼠都值幾百錢，餓死的人多得一個壓著一個。肅宗派宦官將軍曹日昇前往宣諭慰問，叛軍包圍得非常嚴密，進不了城。曹日昇請求單槍匹馬突入城中傳達皇命，襄陽太守魏仲犀不許。適逢顏真卿從河北來，說：「曹將軍為了傳達皇命萬死不顧，為什麼要阻止他！如果他不能到達，不過是失去一名使者，如果到達了，那麼全城的人心就得以穩固。」曹日昇和十個騎兵一起前往，叛賊害怕他們的銳氣，不敢緊逼。城中的人原本已自感絕望，等見到曹日昇，非常高興。曹日昇又替他們到襄陽去取糧，派一千人運糧進城，叛賊不能阻擋。魯炅在包圍中整整一年，日夜苦戰，力量用盡已經不能再堅持下去了。五月十五日壬戌夜晚，打開城門率領剩餘的士兵幾千人突圍出去，直奔襄陽。田承嗣追擊他們，轉戰兩天，不能取勝而返回。當時叛賊企圖向南進犯江、漢地區，幸虧魯炅扼守住了戰略要衝，南夏才得以保全。

司空郭子儀上朝請求自我貶官。五月十七日甲子，任命郭子儀為左僕射。

尹子奇增兵圍困睢陽，戰事更加緊急，張巡在城中深夜擊鼓整頓隊伍，像是要出擊的樣子。叛賊聽到鼓聲，整夜警戒防備。天亮以後，張巡才讓士兵休息停止擊鼓。叛賊用飛樓來窺探城中動靜，結果一無所見，便解甲休息。張巡和將軍南霽雲、郎將雷萬春等十幾個將領各帶五十個騎兵打開城門突然出擊，直衝賊營，到了尹子奇的將旗下。叛賊軍營大亂，官軍殺死賊將五十多人，殺死士卒五千多名。張巡想要射殺尹子奇，可是不認識他，就削禾稈為箭頭，被射中的叛軍心中暗喜，認為張巡的箭用完了，跑去告訴尹子奇，張巡這才知道他的相貌。讓南霽雲發箭射他，射瞎了他的左眼，幾乎把他捉住。尹子奇於是收兵退走。

六月初七日癸未，田乾真包圍安邑。適逢陝郡賊將楊務欽祕密謀劃歸順朝廷，河東太守馬承光派兵接應他，楊務欽殺死了城中那些與自己意見不同的將領，翻越城牆前來投降，田乾真解除對安邑的包圍逃走了。

將軍王去榮以私怨殺本縣令，當死。上以其善用礮，壬辰❶，敕免死，以白衣於陝郡效力。中書舍人賈至❷不即行下❸，上表，以為：「去榮無狀❹，殺本縣之君。易曰：『臣弒其君，子弒其父，非一朝一夕之故，其所由來者漸矣❺。』若縱去榮，可謂生漸❻矣。議者謂陝郡初復❼，非其人不可守。然則它無去榮者，何以亦能堅守乎？陛下若以礮石一能即免殊死❽，今諸軍技藝絕倫者，其徒寔❾繁。必恃其能，所在犯上，復何以止之！若止捨去榮而誅其餘者，則是法令不一，而誘人觸罪也。今惜一去榮之材❿而不殺，必殺十如去榮之材者，不亦其傷益多乎！夫去榮，逆亂之人也。焉有逆於此而順於彼，亂於富平⓫而治於陝郡，悖⓬於縣君⓭而不悖於大君⓮歟！伏惟⓯明主全其遠者、大者，則禍亂不日而定矣。」

上下其事，今百官議之。

太子太師韋見素等議，以為：「法者，天地大典⑯，帝王猶不敢擅殺，而小人得擅殺[1]，是臣下之權過於人主也。去榮既殺人不死，則軍中凡有技能者，亦自謂無憂，所在暴橫，為郡縣者，不亦難乎！陛下為天下主，愛無親疏，得一去榮而失萬姓，何利之有！於律，殺本縣令，列於十惡⑰。而陛下寬之，王法不行，人倫道屈，臣等奉詔，不知所從。夫國以法理，軍以法勝。有恩無威，慈母不能使其子。陛下厚養戰士，而每戰少利，豈非無法邪！今陝郡雖要，不急於法也。有法則海內無憂不克，況陝郡乎！無法則陝郡亦不可守，得之何益？而去榮末技⑱，陝郡不以之存亡。王法有無，國家乃為之輕重。此臣等所以區區⑲願陛下守貞觀之法⑳。」上竟捨之。至，曾㉑之子也。

【章旨】以上為第十二段，寫唐肅宗不能嚴法。

【注釋】❶壬辰　六月十六日。❷賈至　（？—西元七七〇年）官至京兆尹兼御史大夫。傳見《舊唐書》卷一百九十中、《新唐書》卷一百十九。❸不即行下　沒有立即頒下敕書。❹無狀　罪不可言狀；罪大惡極。❺臣弒其君四句　語出《易・坤卦・文言》。本句意為臣子殺國君，兒子殺父親，不是一早一晚的暫時原因造成，而是長久以來慢慢形成的。弒，古代稱子殺父、臣殺君為弒。漸，逐漸；慢慢地。❻生漸　產生逐漸的變化，即逐漸變化的開始。❼初復　剛剛收復。❽殊死　古代斬首之刑。❾寔　實；實在。❿材　同「才」。才能。⓫富平　縣名，縣治在今陝西富平東北。王去榮是富平人，殺本縣縣令。⓬悖　背叛；叛亂。⓭縣君　縣令為一縣之君長。⓮大君　指天子。⓯伏惟　俯伏思惟，用於下對上的敬詞。⓰法者二句　法律是天地之間的大法則。⓱於律三句　律，唐律，唐初房玄齡等修訂。十惡，據《唐律疏議》是：謀反、謀大逆、謀叛、謀惡逆、不道、大不敬、不孝、不睦、不義、內亂。犯十惡者，不得依議請減贖免罪之法，一律處以極刑。殺本縣令，屬於「不義」之條。⓲末技　小技。⓳區區　誠摯；誠懇。⓴貞觀之法　指唐太宗命房玄齡等修訂的刑法。㉑曾　賈曾（？—西元七二七年），河南洛陽（今河南洛陽）人，官至諫議大夫、知制誥。傳見《舊唐書》卷一百九十中、《新唐書》卷一百十九。

【校　記】①而小人得擅殺　原無此句。據章鈺校，十二行本、乙十一行本、孔天胤本皆有此句，張敦仁《通鑑刊本識誤》、張瑛《通鑑校勘記》同，今據補。

【語　譯】將軍王去榮因私仇殺了本縣縣令，應當處死。肅宗因為他善用炮車發石，六月十六日壬辰，下敕命免除他的死罪，讓他以平民身分在陝郡效力。中書舍人賈至沒有立刻頒下敕書，上表進諫，他認為：「王去榮罪大惡極，殺死本縣的長官。《周易》說：『臣子殺死他的君主，兒子殺死他的父親，其原因並非一朝一夕形成的，發展到這個地步有個漸進的過程。』如果放縱王去榮，可以說就會產生這種逐漸演進。有的議論這件事的人認為陝郡剛剛收復，沒有這個人不可能守得住。那麼其他沒有王去榮的地方，為什麼也能堅守呢？陛下如果因為他有善用炮車發石的一技之長就免除他被斬首的刑罰，那麼現今各軍中身懷絕技的人實在很多。他們必定會依仗自己的技能，在各地犯上作亂，朝廷又怎麼去制止他們！如果只是赦免王去榮而殺掉其他人，那就是法令不統一，而誘導人們犯罪啊。如今憐惜一個王去榮的才能而不殺他，今後必然會殺十個像王去榮這樣有才能的人，那樣傷害的人不也就更多了嗎！王去榮，是個叛逆作亂的人。他怎麼可能在這裡叛逆而在那裡順從，在富平作亂而在陝郡讓人太平，背叛一縣之長而不背叛天子呢！敬請聖明的君主著眼長遠，顧全大局，那麼禍亂很快就可以平定了。」肅宗把這件事交到下面，讓百官討論。

太子太師韋見素等人討論，認為：「法律是天地之間的大典，帝王尚且不敢擅自殺人，而王去榮竟敢擅自殺死縣令，這是臣下的權力超過了人主。既然王去榮殺人不會處死，那麼軍中凡是有一技之長的人，也就自認為可以不必擔憂了，到處橫行霸道，做郡縣長官的，不也太為難了嗎！陛下是天下的君主，推行仁愛不分親疏，如果得到一個王去榮而失去了百姓，又有什麼好處呢！從法律上講，殺死本縣縣令，罪名列在十惡罪之中。然而陛下卻寬赦他，致使王法得不到實行，人倫道德被扭曲，臣等奉行詔書，不知該怎麼做才好。國家靠法律進行治理，軍隊靠法令克敵制勝。如果只有恩情而沒有威嚴，就是慈母也不能支使她的子女。陛下厚待戰士，然而每次交戰卻很少出現有利局面，難道不是因為沒有嚴格的法令嗎！如今陝郡雖然重要，但不會比法律更要緊。有了法律那麼海內就不用擔心不能平定，何況陝郡呢！如果沒有法律那麼陝郡也不可能守住，得到王去榮又有什麼益處？而且王去榮不過有點小小的技能，陝郡不靠他來決定存亡。而有沒有王法，對於國家卻有舉足輕重的作用。這是臣等之所以誠懇地希望陛下遵守貞觀年間制定的法律的原因。」但肅宗最終赦免了他。賈至，是賈曾的兒子。

南充❶土豪何滔作亂，執本郡防禦使楊齊魯，劍南節度使盧元裕發兵討平之。

秋，七月，河南節度使賀蘭進明克高密❷、琅邪❸，殺賊二萬餘人。

戊申❹夜，蜀郡兵郭千仞等反，六軍兵馬使❺陳玄禮、劍南節度使李峘討誅之。

壬子❻，尹子奇復徵兵數萬，攻睢陽。先是，許遠於城中積糧至六萬石，虢王巨以其半給濮陽、濟陰二郡，遠固爭之，不能得。既而濟陰得糧，遂以城叛，而睢陽城至是食盡。將士人廩❼米日一合❽，雜以茶紙、樹皮為食。而賊糧運通，兵敗復徵。睢陽將士死不加益，諸軍饋救⑨不至，士卒消耗至一千六百人，皆飢病不堪鬭，遂為賊所圍，張巡乃修守具以拒之。賊為雲梯，勢如半虹⑩，置精卒二百於其上，推之臨城，欲令騰入⑪。巡豫⑫於城鑿三穴，候梯將至，於一穴中出大木，末置鐵鉤，鉤之使不得退；一穴中出一木，拄⑬之使不得進；一穴中出一木，木末置鐵籠，盛火焚之，其梯中折，梯上卒盡燒死。賊又以鉤車⑭鉤城上棚閣⑮，鉤之所及，莫不崩陷。巡以大木末置連鎖⑯，鎖末置大鐶⑰，搨⑱其鉤頭，以革車⑲拔⑳之入城，截其鉤頭而縱車令去。賊又造木驢㉑攻城，巡鎔金汁㉒灌之，應投銷鑠㉓。賊又於城西北隅以土囊㉔積柴為磴道㉕，欲登城。巡不與爭利，每夜，潛以松明㉖、乾蒿投之於中，積十餘日，賊不之覺。因出軍大戰，使人順風持火焚之，賊不能救，經二十餘日，火方滅。巡之所為，皆應機立辦㉗，賊服其智，不敢復攻。遂於城外穿三重壕，立木柵以守巡，巡亦於內作壕以拒之。

丁巳㉘，賊將安武臣攻陝郡，楊務欽戰死，賊遂屠陝。

崔渙在江南選補，冒濫者眾。八月，罷渙為餘杭太守、江東采訪、防禦使㉙。

○以張鎬兼河南節度、采訪等使，代賀蘭進明。○靈昌太守許叔冀㉚為賊所圍，救兵不至，拔眾奔彭城。

睢陽士卒死傷之餘纔六百人，張巡、許遠分城而守之。巡守東北，遠守西南，與士卒同食茶紙，不復下城。賊士攻城者，巡以逆順說之，往往棄賊來降，為巡死戰，前後二百餘人。

是時，許叔冀在譙郡㉛，尚衡㉜在彭城，賀蘭進明在臨淮㉝，皆擁兵不救。城中日蹙，巡乃令南霽雲將三十騎犯圍㉞而出，告急於臨淮。霽雲出城，賊眾數萬遮之。霽雲直衝其眾，左右馳射，賊眾披靡，止㉟亡兩騎。

既至臨淮，見進明，進明曰：「今日睢陽不知存亡，兵去何益！」霽雲曰：「睢陽若陷，霽雲請以死謝㊱大夫㊲。且睢陽既拔，即及臨淮，譬如皮毛相依㊳，安得不救！」進明愛霽雲勇壯，不聽其語，強留之，具食與樂，延霽雲坐。霽雲慷慨㊴，泣且語曰：「霽雲來時[1]，睢陽之人不食月餘矣！霽雲雖欲獨食，且不下咽。大夫坐擁強兵，觀睢陽陷沒，曾無分災救患之意，豈忠臣義士之所為乎！」因齧落㊵一指以示進明，曰：「霽雲既不能達主將之意，請留一指以示信㊶歸報。」座中往往為泣下。

霽雲察進明終無出師意，遂去。至寧陵，與城使㊷廉坦同將步騎三千人，閏月戊申㊸夜，冒圍，且戰且行，至城下，大戰，壞賊營，死傷之外，僅得千人入城。城中將吏知無救，皆慟哭。賊知援絕，圍之益急。

初，房琯為相，惡賀蘭進明，以為河南節度使，以許叔冀為進明都知兵馬使，俱兼御史大夫。叔冀自恃麾下精銳，且官與進明等，不受其節制。故進明不敢分兵，非惟疾㊹巡、遠功名，亦懼為叔冀所襲也。

戊辰㊺，上勞饗㊻諸將，遣攻長安。謂郭子儀曰：「事之濟㊼否，在此行也！」對曰：「此行不捷，臣必死之！」

辛未㊽，御史大夫崔光遠㊾破賊於駱谷㊿。光遠行軍司馬王伯倫、判官李椿將二千人攻中渭橋，殺賊守橋者千人，乘勝至苑門。賊有先屯武功者聞之，奔歸，遇於苑北，合戰，殺伯倫，擒椿送洛陽，然自是賊不復屯武功矣。

賊屢攻上黨，常為節度使程千里所敗。蔡希德復引兵圍上黨。

【章　旨】以上為第十三段，寫張巡困守睢陽，鄰郡官兵諸將擁兵不救。

【注　釋】❶南充　郡名，唐置果州，後更名南充郡，治所在今四川南充。❷高密　縣名，縣治在今山東高密。❸琅邪　縣名，秦置，治所在今山東膠南市琅邪臺西北。晉廢。隋開皇間於此置豐泉縣，大業初改名琅邪。唐武德初廢。此琅邪，當是用舊名。❹戊申　七月初二日。❺六軍兵馬使　為統率六軍的差遣軍官。六軍，為隨從玄宗入蜀的兵士。❻壬子　七月初六日。❼廩　通「稟」。給。❽合　容量單位，一升的十分之一。❾饋救　運糧救濟。❿半虹　半個懸空的彩虹。⓫騰入　跳入。⓬豫　同「預」。預先。⓭拄　支撐。⓮鉤車　有鉤梯的戰車。⓯棚閣　敵樓。於城牆上架木棚，使之伸出牆外，可以此瞭望敵人。⑯連鎖　成連環形狀的器物。⑰鐶　同「環」。圓形有孔可貫穿的東西。⑱搨　與另一物重疊相扣；套住。⑲革車　載兵車。⑳拔　提起來。㉑木驢　用木做，背脊長一丈徑一尺五寸，下安六腳，下闊上尖，高七尺，內可容六人，以溼牛皮蒙之，可直抵城下，木石鐵火不能傷敗，用來攻城，或叫小頭木驢。見《通典》卷一百六十〈攻城戰具〉。㉒鎔金汁　以火融化金屬成汁。㉓應投銷鑠　指隨著投去之處都被融化。應投，隨著投去之處。銷鑠，銷鎔。㉔土囊　盛土的袋子。㉕磴道　登城的道路。㉖松明　松樹枯乾後，樹內有松油可以燃燒，用以照明。㉗應機立辦　隨機應變，果斷行動。㉘丁巳　七月十一日。㉙江東采訪防禦使　江東，即江南東道。玄宗開元二十一年（西元七三三年）分江南道置，治所在今江蘇蘇州。采訪、防禦使，使職名，即采訪使和防禦使。㉚許叔冀　在安史亂中初為靈昌太守，後敗走，朝廷先後任為青州、汴州、宋州等州節度使及防禦使。乾元二年（西元七五九年）降史思明，受中書令之職。事跡散見《舊唐書》卷一百八十七下、《新唐書》卷一百九十二〈張巡傳〉等篇。㉛譙郡　郡名，天寶元年（西元七四二年）亳州改名，治所在今安徽亳州。㉜尚衡　衡先後為鄆州、徐州、青州刺史，充亳、潁、青、淄等數州節度使，兵部侍郎、御史大夫。事跡散見《舊唐書》卷一百五十二〈王栖曜傳〉、《新唐書》卷一百九十二〈張巡傳〉等篇。㉝臨淮　郡名，天寶元年泗州改名，治所在今江蘇盱眙西北。㉞犯圍　突圍。㉟止　同「只」。僅僅。㊱謝　謝罪。㊲大夫　賀蘭進明此時為河北節度使兼御史大夫。㊳皮毛相依　語出《左傳》僖公十四年：「冬，秦飢，使乞糴於晉，晉人弗與。慶鄭曰：『背施無親，幸災不仁，貪愛不祥，怒鄰不義，四德皆失，何以守國？』虢射曰：『皮之不存，毛將安傅？』」言晉前違約不給秦城，已結下深怨；哪裡還在乎拒給秦糴。皮比喻事物存在基礎，毛比喻承著在基礎之上的東西，二者互相依存。傅，通「附」。附著。㊴慷慨　意氣風發，情緒激動。㊵齧落　咬下來。齧，咬。㊶信　憑據。㊷城使　使職名，鎮守城池的差遣官。㊸戊申　閏八月初三日。㊹疾　同「嫉」。嫉妒。㊺戊辰　閏八月二十三日。㊻勞饗　犒勞。㊼濟　成功。㊽辛未　閏八月二十六日。㊾崔光遠　（？—西元七六一年）滑州靈昌（今河南滑縣東南）人。傳見《舊唐書》卷一百十一、《新唐書》卷一百四十一。㊿駱谷　在陝西周至西南。

【校　記】①時　原無此字。據章鈺校，十二行本、乙十一行本、孔天胤本皆有此字，今據補。

【語　譯】南充土豪何滔作亂，抓了本郡防禦使楊齊魯，劍南節度使盧元裕發兵討平了他。

秋，七月，河南節度使賀蘭進明攻克高密、琅邪，殺死叛賊二萬多人。

七月初二日戊申的夜晚，蜀郡士兵郭千仞等人謀反，六軍兵馬使陳玄禮、劍南節度使李峘討伐消滅了他們。

七月初六日壬子，尹子奇又徵調士兵數萬人，攻打睢陽。此前，許遠在城裡積聚糧食達六萬石，虢王李巨把其中的一半分給濮陽、濟陰二郡，許遠一再爭辯不同意，但沒能成功。不久濟陰郡得到了糧食，就舉城叛變，而睢陽城到這時糧食已經吃完。將士每人分到的米一天只有一合，夾雜著茶紙、樹皮一起吃。然而叛賊的糧食運輸暢通，士兵被打敗後就又去徵調。而睢陽城中的將士死後也得不到增補，各軍不來送糧救援，兵員消耗得只剩下一千六百人，都忍飢挨餓，疾病纏身，難以堅持戰鬥，因而被賊兵所圍困，張巡於是修整守城器具以繼續抵抗。叛軍製作了雲梯，形狀像半條懸空的彩虹，安排了精兵兩百人在雲梯上，把雲梯推到臨近城牆的位置，想讓這些精兵跳進城裡。張巡預先在城牆上鑿了三個洞，等雲梯將要到時，從一個洞裡伸出一根大木頭，末端裝上鐵鉤，鉤住雲梯使它不能後退；另一個洞裡再伸出一根木頭，頂住雲梯使它不能前進；還有一個洞裡也伸出一根木頭，末端安裝了鐵籠子，籠中盛火焚燒雲梯，雲梯從中間折斷，梯上的賊兵全被燒死。叛軍又用鉤車來鉤城上的棚閣，只要是鉤子所鉤到的，無不塌陷。張巡用大木頭末端安置連鎖，鎖頭又裝上大環，套住鉤車的鉤頭，用兵車把它提起來拉進城裡，截斷鉤頭後放車子離開。叛軍又製造木驢來攻城，張巡就鎔化了金屬液從上面澆下去，木驢遇上滾燙的金屬液立刻被銷毀。叛軍又在城西北角用盛土袋子和木柴堆成磴道，想要登城。張巡不和叛軍爭勝負，每天夜裡，悄悄地將松明和乾的禾稈放進正在堆積的磴道裡，一連十幾天，叛軍都沒有察覺。於是張巡出兵大戰，派人順風拿著火把焚燒磴道，賊兵無法救火，這把火燒了二十多天，方才熄滅。張巡的這些作為，都是依據戰事的變化，立即作出的應對，連叛軍都佩服他的智謀，不敢再進攻了。於是在城外挖了三重壕溝，立起木柵欄以圍困張巡，張巡也在城內挖濠溝以抵抗敵人。

七月十一日丁巳，賊將安武臣進攻陝郡，楊務欽戰死，賊兵於是入陝郡屠殺。

崔渙在江南主持選舉，濫竽充數的人很多。八月，罷免崔渙改任為餘杭太守、江東采訪、防禦使。○任命張鎬兼任河南節度、采訪等使，代替賀蘭進明。○靈昌太守許叔冀被叛賊包圍，救兵不來，於是率眾奔向彭城。

睢陽城裡士卒死傷所剩下來的纔六百人，張巡、許遠把城分成兩部分來守衛。張巡守東北，許遠守西南，與士卒一同吃茶紙，不再下城。賊兵來攻城的，張巡就叛逆還是歸順對他們曉以大義進行勸說，常常有人脫離叛賊前來投降，為張巡拼死作戰，前後有兩百多人。

這時，許叔冀在譙郡，尚衡在彭城，賀蘭進明在臨淮，都擁有兵力卻不來救援。睢陽城中的境況日益窘迫，張巡於是命南霽雲帶領三十名騎兵突圍出去，向臨淮告急。南霽雲出城，賊兵幾萬人攔截。南霽雲率騎兵逕直衝向敵人，騎馬飛馳中放箭射向左右敵人，敵人紛紛潰散，官軍只損失了兩名騎兵。

到臨淮後，見到賀蘭進明，賀蘭進明說：「現在睢陽不知道是存是亡，救兵去了又有什麼益處！」南霽雲說：「睢陽如果陷落，霽雲請求以死來向大夫您謝罪。況且睢陽如果被攻陷，敵人馬上就會到臨淮，這好比皮與毛相互依存，怎麼能夠不救呢！」賀蘭進明喜愛南霽雲勇武雄壯，不聽從他的意見，卻強行留下他，準備了酒食和音樂，請南霽雲入座。南霽雲慷慨激昂，哭著說：「霽雲來的時候，睢陽城裡的人沒有糧食吃已經有一個多月了！霽雲現在即使想獨自進食，也嚥不下去。大夫您坐擁強兵，看著睢陽陷落，卻毫無分擔災禍、救助患難的意思，這難道是忠臣義士所應該做的嗎！」說完咬下自己的一個手指頭給賀蘭進明看，說：「霽雲既然未能轉達主將的心願，請允許我留下一個指頭作為憑證以便回去覆命。」在座的人很多都為他落淚。

南霽雲觀察賀蘭進明最終還是沒有出兵的意思，就離開了。到了寧陵，與城使廉坦一起率領步兵騎兵三千人，在閏八月初三日戊申的夜晚，衝擊叛軍的包圍圈，邊戰邊走，來到城下，和敵人大戰，破壞了敵營，除去死傷人員外，僅有一千人進入城裡。城裡的將士官吏知道沒有救兵，都傷心大哭。叛軍知道睢陽城救援斷絕，圍攻更急了。

當初，房琯為宰相，討厭賀蘭進明，任命他為河南節度使，又任命許叔冀為賀蘭進明的都知兵馬使，兩人都兼御史大夫。許叔冀自己仗著部下是精銳之師，而且官階與賀蘭進明相等，不受他的指揮管轄。所以賀蘭進明不敢分兵救援睢陽，這不只是嫉妒張巡、許遠的功名，也是因為害怕被許叔冀所襲擊。

閏八月二十三日戊辰，肅宗犒勞諸位將領，派他們去進攻長安。肅宗對郭子儀說：「事情成功與否，就在此次行動！」郭子儀回答說：「此次行動如果不能取勝，臣一定以死相報！」

閏八月二十六日辛未，御史大夫崔光遠在駱谷擊敗敵人。崔光遠的行軍司馬王伯倫、判官李椿率領兩千人攻打中渭橋，殺死守橋叛軍一千人，乘勝追到長安的苑門。叛軍中先前駐紮在武功的部隊聽說後，逃回長安，在苑北與官軍遭遇，兩軍交戰，叛軍殺死王伯倫，捉住了李椿把他送到洛陽，然而從此叛軍不再駐紮在武功了。

叛軍屢次攻打上黨，經常被節度使程千里所擊敗。蔡希德又帶兵包圍上黨。

【研　析】本卷著重研析安史之亂戰鬥最激烈時期，雙方最高決策層的掌控者，他們的個人素質和決策是怎樣影響戰局發展的。唐肅宗李亨和安祿山父子是研析的中心。

安史之亂，來勢洶洶，但它只不過是一場海嘯，大洋總歸是要平靜的。因為唐王朝已有一百餘年的根基，出現了貞觀之治和開元之治兩個盛世，特別是開元之治，承平日久，生產發展，經濟繁榮，人口增長，國力強大。唐玄宗英年時期的開明，賢相治國的成就，恩澤深入人心。安祿山、史思明，只不過是兩個禍亂小丑，叛亂得勢，實乃唐王朝奸臣禍國，玄宗晚年驕侈，於是禍從上起，全國民眾，沒有禍亂之心。顏真卿、顏杲卿、張巡等地方小吏，以及清河青年李萼振臂一呼，兩河軍民踴躍奮起殺賊就是證明。唐室力量大於叛軍十倍，這場禍亂，本來可以很快平定，但唐王朝決策者的錯誤，才導致形勢急轉。

唐玄宗不聽郭子儀、李光弼取范陽之策，逼使哥舒翰輕出潼關，致使官軍大敗，全線潰退，長安不守，玄宗又遠逃西蜀，中原無主，國家命絕一線。唐肅宗臨危不懼，俯從馬嵬民眾之請，不追隨玄宗入蜀，肩負國難，靈武即位，豎起討賊大旗，使中原有主，凝聚軍民，挽救了危局，是他對祖宗社稷的一大貢獻。但唐肅宗心胸狹窄，多疑信讒，不是戡亂之主，失策，忌才，既昏又庸，把本該早日結束的戰亂拖延下來，這又是唐肅宗之過，之失。

唐肅宗不納李泌之言，先滅叛軍巢穴范陽，而要先復兩京，再次重犯唐玄宗之過，是最大的失策。唐肅宗曾問李泌，說：「叛賊如此猖狂，何時才能平定？」李泌說：「叛賊無遠略，又無良輔，只靠幾個驍勇賊將成不了大事。只要先滅其巢穴范陽，賊無所歸，留則不安，然後大軍四合，不過兩年，禍亂可平。」至德二載二月，郭子儀攻取河東，肅宗移行在所於鳳翔，西北諸鎮邊兵會集，江淮租庸調運到洋川、漢中。李泌請師長驅取范陽，肅宗認為攻克兩京必得，遠取范陽太迂。李泌說：「西北邊兵耐寒，趁春寒未盡，展其所長，北取范陽，斷賊歸路。如此官軍新集之眾，攻取兩京必克，但賊人歸逃河北，很快夏天到來，關東地熱，官軍困而思歸，叛軍休兵秣馬，捲土重來，賊勢再強，官軍再困，戰禍就會延長了。」肅宗不聽，說：「朕盼望太上皇回京以盡兒子之孝，不能等那麼長的時間。」事勢的發展不幸而被李泌言中，郭子儀繼房琯之後，再次兵敗於長安，官軍勝勢喪失，延長了戰禍。

李泌對敵我形勢的分析，瞭如指掌，唐肅宗心裡也明白。他為什麼不贊同呢？由於私心作怪，猜疑心重，於是一葉障目，不見泰山。唐肅宗乘危即帝位，形近於篡，儘管唐玄宗予以追認，已得到了傳國玉璽，但心裡仍不踏實，擔心有人立功搶在了他的前面。最親的弟弟永王李璘在江南公然反叛割據，已使唐肅宗落下了心病。建寧王李倓，自己的親兒子，有佐命之功，因賢能有英名，唐肅宗信讒將其賜死。如果官軍先取范陽，則是天下兵馬大元帥之任，功勞豈不歸長子廣平王李俶所有，擔心兒子效法自己逼宮，唐肅宗要自建大功以鞏固帝位，有了這個私心，是非不分，忠言不聽。他用早日迎立太上皇回京的理由作擋箭牌，用以杜塞李泌之口。由此可見，唐肅宗的失策不是無知，而是私心作祟。

唐肅宗忌才，信讒，忠奸不分，是非不明，害及親子，有虧帝德。房琯不懂軍事，迂腐好清談，大言長安可克，結果喪師四萬。因房琯無才，辦事合於心意，兵敗不給予懲罰，喪失正義。唐肅宗對待功臣，卻忌疑心重。郭子儀、李光弼屢建奇功，兩人是唐室賴以生存的中流砥柱，又在大敵未滅之時，唐肅宗卻已經擔心功高不賞。他對李泌說：「今郭子儀、李光弼都已經是宰相，如果收復了兩京，平定了四海，可沒有再更高的官職來酬勞他們，怎麼辦呢！」李泌回答說：「古代任命官職是給有才的人來擔任，有功的人用封爵來酬勞。」李泌又說：「用官職賞功，有兩大害處。才不勝任則廢事，權力太重又難以控制。如果功臣當了大官，官職不能傳子，他們就要充分發揮權力以謀當前自身利益，什麼事都幹得出來，安祿山就是這樣產生的。現今最好的辦法，是等到平亂以後，用封爵賞功，最大的封國不超過二三百里，很容易控制。」唐肅宗說：「很好。」這一段君臣對話，表現了唐肅宗的猜疑心有多重。唐肅宗對兒子也不放心。長子廣平王李俶任天下兵馬元帥討賊，唐肅宗擔心兒子建功勢大難制，打算立李倓為太子，把兵權交給建寧王李倓。唐肅宗是試探李俶的忠誠與孝心，被李泌看穿了，李泌巧妙地勸諫說：「當前討賊是緊急的國家大事，立皇太子是家事，還是等太上皇回京後再議吧。臣請轉告廣平王，廣平王一定不會贊同的。」李俶得知，立即懇請唐肅宗等太上皇還宮，那時再議立太子的事。唐肅宗非常高興。廣平王之弟建寧王李倓就沒有這樣的幸運。建寧王馬嵬勸留肅宗，乃為國深謀，肅宗以小人之心度兒子君子之腹，由是忌疑建寧王。唐肅宗妻張皇后與宦官李輔國勾結，兩個相互配合陷害建寧王，說建寧王要謀害廣平王，唐肅宗不調查，不問是非，賜死李倓，連李泌也不敢為之言。

唐肅宗猜忌，父子相疑。再看叛賊一方，安祿山、史思明，比唐肅宗更是等而下之，父子相殘。安、史兩人行伍出身，目不識丁，只知爭戰殺人，不懂治國要務，正如李泌所言，無遠略，無良輔，成不了大事。安祿山攻下長安，就認為天下已定，忙著當皇帝，失去了乘勝追擊徹底打擊唐王朝的良機。等到官軍緩過勁來，天下之兵四面合圍，叛軍只能被動挨打，坐以待斃。安慶緒殺父自立，叛軍內訌，雪上加霜。由於唐肅宗不採納李泌的正確策略，才延緩了叛軍掙扎的時日。

叛軍的內訌，安慶緒殺父自立，有以下幾個原因。

安祿山蓄謀叛亂，只是割據稱雄，他並無代唐全據天下的雄心。安祿山之所以能反叛，一是奸臣誤國，二是部下推動，也是為了自保。唐玄宗若措施得宜，不使安祿山兼領三鎮，或留京不遣，這場叛亂不應發生。儘管安祿山蓄謀十年，總是狐疑不決，因此沒有治國方略，所以得勝後就急於稱帝，遭受挫折就指責部屬，委過於人，沒有權威。兒子殺父，積漸使然。此其一。

唐玄宗有厚恩於安祿山，而安祿山以怨報德，壞了良心，喪失道義，為兒子臣屬立了榜樣，安慶緒弒父，史思明殺安慶緒，以臣弒君，其後史思明亦為子所殺，循環無已，是安祿山自作孽所立的榜樣。此其二。

安祿山征討奚、契丹，一貫殺良民冒功，養成習慣，叛軍上下沒有了是非之心。叛軍紀律極壞，史稱「賊每破一城，城中衣服、財賄、婦人皆為所掠。男子，壯者使之負擔，羸、病、老、幼皆以刀槊戲殺之。」如此惡劣的武裝集團，違背人性，不僅遭到民眾的堅決抵抗，而且叛賊內部也是強欺弱，眾暴寡。部屬輕易犯上，擴而大之，子弒父。此其三。

安祿山起兵以後，眼睛瞎了，又背長膿瘡，苦不堪言，無端責打身邊的人。稱帝後，深居宮中，與大臣不相見，只寵信一個嚴莊居中用事。這種情況，最易僨事。此其四。

安祿山寵妾段氏生子，名安慶恩。安祿山犯了許多平庸人常犯的共同錯誤，愛屋及烏，耳根子軟，依寵妾之請，想立安慶恩為嗣子，取代長子安慶緒，安慶緒憂鬱懼死，橫下心來，殺父自立。此其五。

以上五因，導致安氏父子火併。安慶緒一代不如一代，生性昏懦，連整句話都說不清。盤據老巢范陽的史思明看不起安慶緒，不聽他的指揮，叛賊勢分。此等情況，據有兩京的安慶緒，只是一個坐守之賊，官軍應予緩攻，集中兵力消滅范陽史思明，果真如此，安慶緒可以兵不血刃而降服。可惜的是，唐肅宗錯過了這一戰機，強攻兩京，把河北、河南的叛軍推擠為一個整體，郭子儀又不幸戰敗，提高了安慶緒的聲威，拖長了平亂時日。唐肅宗之過也。

新譯范文正公選集
新譯蘇洵文選
新譯蘇軾文選
新譯蘇軾詞選
新譯蘇軾詩選
新譯蘇轍文選
新譯曾鞏文選
新譯王安石文選
新譯唐宋八大家文選
新譯柳永詞集
新譯李清照集
新譯辛棄疾詞選
新譯陸游詩文選
新譯歸有光文選
新譯唐順之詩文選
新譯徐渭詩文選
新譯袁宏道詩文選
新譯薑齋文集
新譯顧亭林文集
新譯納蘭性德詞
新譯方苞文選
新譯閒情偶寄
新譯鄭板橋集
新譯袁枚詩文選
新譯李慈銘詩文選
新譯聊齋誌異選
新譯閱微草堂筆記
新譯浮生六記
新譯弘一大師詩詞全編

教育類

新譯爾雅讀本
新譯顏氏家訓
新譯聰訓齋語
新譯曾文正公家書
新譯三字經
新譯百家姓
新譯幼學瓊林
新譯增廣賢文・千字文
新譯格言聯璧

歷史類

新譯史記
新譯漢書
新譯後漢書
新譯三國志
新譯資治通鑑
新譯史記——名篇精選
新譯尚書讀本
新譯周禮讀本
新譯逸周書
新譯左傳讀本
新譯公羊傳
新譯穀梁傳
新譯春秋穀梁傳
新譯戰國策
新譯國語讀本
新譯說苑讀本
新譯新序讀本
新譯吳越春秋
新譯西京雜記
新譯列女傳
新譯越絕書
新譯燕丹子
新譯東萊博議
新譯唐六典
新譯唐摭言

宗教類

新譯金剛經
新譯高僧傳
新譯碧巖集
新譯百喻經
新譯楞嚴經
新譯梵網經
新譯圓覺經
新譯法句經
新譯六祖壇經
新譯禪林寶訓
新譯維摩詰經
新譯經律異相
新譯阿彌陀經
新譯無量壽經
新譯妙法蓮華經
新譯景德傳燈錄
新譯大乘起信論
新譯釋禪波羅蜜
新譯八識規矩頌
新譯永嘉大師證道歌
新譯華嚴經入法界品
新譯地藏菩薩本願經
新譯悟真篇
新譯无能子
新譯坐忘論
新譯列仙傳
新譯抱朴子
新譯神仙傳
新譯性命圭旨
新譯老子想爾注
新譯周易參同契
新譯道門觀心經
新譯養性延命錄
新譯樂育堂語錄
新譯沖虛至德真經
新譯長春真人西遊記
新譯黃庭經・陰符經

地志類

新譯山海經
新譯水經注
新譯佛國記
新譯大唐西域記
新譯洛陽伽藍記
新譯徐霞客遊記
新譯東京夢華錄

政事類

新譯商君書
新譯鹽鐵論
新譯貞觀政要

軍事類

新譯孫子讀本
新譯司馬法
新譯尉繚子
新譯三略讀本
新譯六韜讀本
新譯吳子讀本
新譯李衛公問對

◎新譯春秋繁露

朱永嘉、王知常／注譯

西漢大儒董仲舒「罷黜百家，獨尊儒術」的建議獲得漢武帝的認同，開啟了中國兩千年儒術獨尊的局面，同時影響到歷代政治制度，甚至中國人的思維模式。這樣一位影響深遠的儒者，他的思想全部記載在《春秋繁露》之中。書中除了闡述《春秋》一經的思想外，還引入當時廣泛流行於民間的陰陽五行之術數文化，完整呈現出一代大儒的思想體系。本書除了在文本的注解、語譯深入詳明之外，更扣合董仲舒所處的漢代政治背景，探究字裡行間的言外之意，是今人研讀《春秋繁露》的最佳依據。

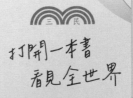